南通市2023年度精神文明建设
"五个一工程"重点作品扶持项目

沙到白时是纯色

沙白传

王子和 著

东南大学出版社
SOUTHEAST UNIVERSITY PRESS
·南京·

图书在版编目（CIP）数据

沙到白时是纯色：沙白传 / 王子和著. -- 南京：东南大学出版社，2024.10 -- ISBN 978-7-5766-1644-6

Ⅰ. K825.6

中国国家版本馆CIP数据核字第202458JC69号

责任编辑：谢淑芳　责任校对：张万莹　封面设计：季　珩
封面制作：毕　真　责任印制：周荣虎

沙到白时是纯色——沙白传
SHA DAO BAI SHI SHI CHUNSE——SHABAI ZHUAN

著　　　者：王子和
出 版 发 行：东南大学出版社
出　版　人：白云飞
出版社地址：南京市玄武区四牌楼2号　邮编：210096　电话：025-83793330
网　　　址：http://www.seupress.com
印　　　刷：南通超力彩色印刷有限公司
开　　　本：787毫米×1092毫米　　1/16
印　　　张：29.75
字　　　数：565 千字
版　　　次：2024年10月第1版
印　　　次：2024年10月第1次印刷
书　　　号：ISBN 978-7-5766-1644-6
定　　　价：88.00元

＊本社图书若有印装质量问题，请直接与营销部联系。电话：025-83791830

摄影：陈建华

沙白简介

沙白，中国当代著名诗人，中国作家协会会员。1925年中秋之夜生于江苏南通如皋白蒲古镇，曾就读于白蒲小学、如皋师范学校初中部、南通中学、私立南通学院。原名李乙、李涛，1949年2月参加工作后改名理陶，1962年春天起，改用笔名沙白。诗集《独享寂寞》获中国诗歌学会首届"艾青诗歌奖"。诗歌《水乡行》《红叶》《秋》等选入各地大中小学教材。作品被收入《中国新文艺大系》《中国四十年代诗选》《中华百年诗歌精华·典藏》等数十个选本。部分作品译成英、法、俄、阿尔巴尼亚、罗马尼亚等多国文字。1943年在南通中学读书时开始写诗。1958年起任上海《萌芽》诗歌编辑。1963年4月起任南通市文联副秘书长。1979年1月起任南通市文联副主席。1980年成为江苏省作家协会专业作家。出版诗集有《走向生活》《杏花春雨江南》《大江东去》《砾石集》《南国小夜曲》《沙白抒情短诗选》《独享寂寞》《八十初度》《沙白诗选》《音尘》等10部和《沙白散文选》《沙白文集》四卷本。另有诗歌《洞庭秋色赋》获《诗刊》优秀作品奖，诗集《大江东去》获首届江苏文学创作奖，《沙白抒情短诗选》《八十初度》分获第一届（2000年）、第三届（2008年）紫金山文学奖等奖项。

签名乃沙白先生题于百岁之际
原刊载于《江苏作家》杂志2024年第2期封二

作者与沙白先生（中）及次子李晓白（左1）合影，摄于2023年2月12日，于南通市妇幼保健院病房。　摄影：汤济新

作者与沙白先生（左1）合影，摄于2021年2月11日（除夕）沙白先生在南通市凤凰莱茵苑寓所。　摄影:汤济新

作者与沙白先生（右1）合影，摄于2018年春，于沙白先生南通市凤凰莱茵苑寓所。

摄影：汤济新

沙白先生（左2）携夫人顾婉冬（右2）回到故乡南通如皋探亲，受到时任南通如皋市文化局局长张权（左1）及夫人葛继延（右1，时任如皋市文化馆副馆长）的亲切接待。摄于如皋城镇水绘园。

摄影：范建华

1987年11月,第二届海洋文学笔会在江苏南通召开。其间,作者与沙白先生(中)和耿林莽先生(右)合影于南通有斐大酒店。

2005年11月15日,在由江苏省作家协会、南通市文联举办的沙白诗歌研讨会暨《沙白文集》首发式上,沙白与部分江苏著名诗人合影(左起:孙友田、黄东成、沙白、王辽生、赵恺)。

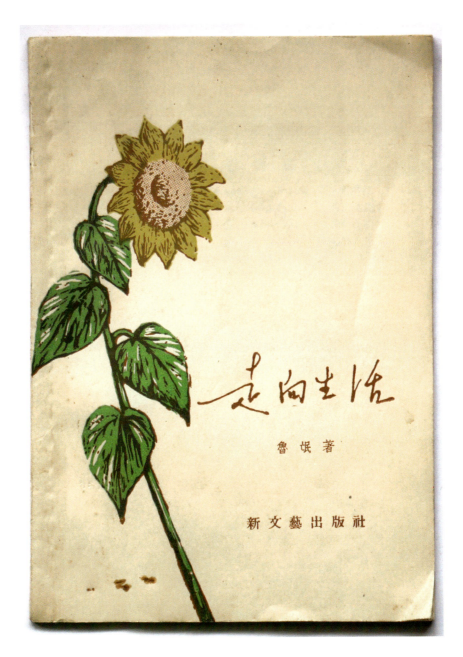

　　1956年9月，上海新文艺出版社为沙白先生出版了他的第一部诗集《走向生活》（当时署名：鲁珉）。1958年，沙白调入上海《萌芽》编辑部任诗歌编辑。自此，他一边忙碌于编辑工作，一边创作发表了大量作品，大踏步地走进了中国诗坛。

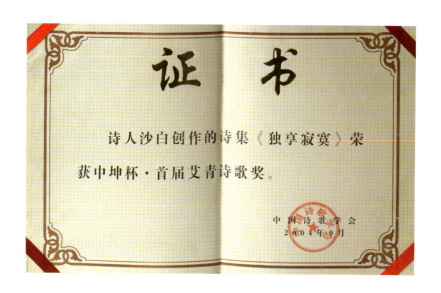

2004年9月16日,由中国诗歌学会主办的"首届艾青诗歌奖"颁奖典礼在北京人民大会堂隆重举行。沙白的诗集《独享寂寞》获"首届艾青诗歌奖"。

2008年9月,沙白先生的诗集《八十初度》获得江苏省紫金山文学奖(第三届)。这是沙白先生第二次获得此奖。在此之前的2000年,他的诗集《沙白抒情短诗选》曾获得第一届江苏省紫金山文学奖。

由江苏省作家协会、南通市文联举办的沙白诗歌研讨会暨《沙白文集》首发式,于2005年11月15日在南通文峰饭店举行的第二天下午,沙白诗歌朗诵会在南通市劳动人民文化宫盛大举行。照片为沙白诗歌朗诵会节目单封面及封底。

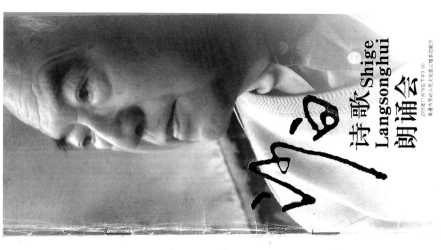

总顾问:杨承志 王臻中 张小平
总策划:张王飞 徐仁祥 尤世玮
总导演:高龙民
统　筹:徐晓华 陈建华 冯新民 姜泰祖
　　　 吴幼益 魏云华 王汪 张乐天
协　调:吴培军 倪 禹

舞美设计 胡 倬
音乐编辑 许荣庆 王 剑
解说词 朱友圣
图片摄影 宣 梁高 陈 颖
舞台监督 陈建华 陆一兵
灯光音响 南通艺术剧院襄美二心

2023年5月23日下午,南通市及如皋市相关单位在沙白先生的母校——如皋市白蒲小学,隆重举行《香蒲草之歌——沙白诗歌朗诵会》。图片为沙白诗歌朗诵会节目单封面及封底。

《香蒲草之歌——沙白诗歌朗诵会》结束后,有关方面领导及参加本次朗诵会的全体演职人员合影留念。
摄影:颜怀淮

沙白正式出版的部分著作

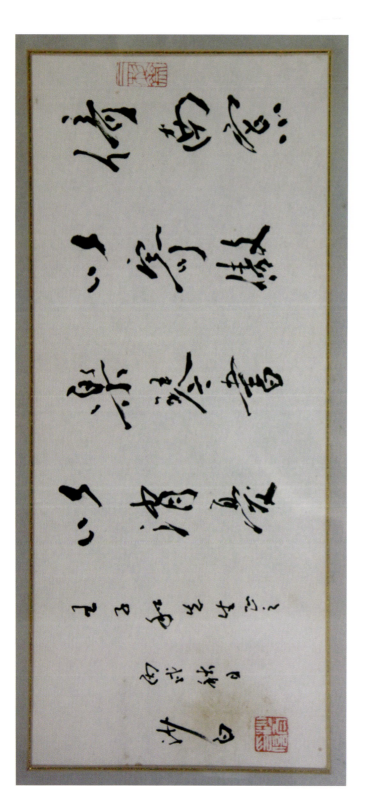

沙白先生赠予作者王子和的陶渊明《归去来兮辞》集句手书。集句为"倚南窗以寄傲,乐琴书以消忧"。

序

汪 政

  王子和先生的《沙到白时是纯色——沙白传》即将出版，嘱我为序，序是不敢当，但非常乐意赶在前面表示我的祝贺！

  沙白先生是我景仰的诗人，再加上他与我上辈的关系，所以在景仰之余又多了一分亲近。前些年，我经常代表江苏省作家协会到南通去看望沙白先生，门一开他就把我拉到沙发上一同坐下，迫不及待地打听他老朋友、老同事的近况，然后又总是留下一大段时间，询问我岳父母的生活，回忆他们一起在南通、南京工作的日子，而且我都能听到新的故事。沙白先生好像讲章回小说一样，每次给我讲几章，都不带重复的。他的记忆力之好真的让我非常惊讶。其实，这哪里是记忆力，那是他对老朋友、老同事的一往情深。因为情深，所以忘不掉。

  虽然王子和先生是我的老朋友，但是，直到读到这部《沙白传》，我才知道他与沙白先生几十年的友谊。这友谊是晚辈和长辈的忘年交，是一个学生对老师的爱戴，也是一个诗人与另一个诗人之间高山流水的知音。王子和先生军旅出身，在部队时就从事文艺工作，后来到了地方，又长期在宣传和文化部门供职。因为工作的关系，他擅长多种文体的创作，在诗歌和歌词创作上建树尤高。所以，由他来写《沙白传》真是再合适不过了。这合适来自他对沙白先生的了解之深，来自一个诗人对另一个诗人诗心的契合，更来自他对沙白先生的深情厚谊。也正因为这一点，我们看到了一本不同于一般的传记。通常的传记，为了保持对传主叙述的客观性，为了减少作者主观情感的过多渗透，为了不让自己的先入为主影响了读者对传主的判断，大都尽量克制自己的主观评价。但是，这部传记不一样，它特意写了两个人不同寻常的交往与情谊。这里不仅有他们文字上的交流，即使日常生活中的交往，也在传记中展现。我们不仅看到了沙白先生的内敛、随和、优雅，也看到了王子和先生的热情甚至激情。不一样的关系，不一样的情义，流淌在纸上，就成了不一样的文字。它是传记，也是诗；是叙述，也是吟唱。频繁的换行与短句，跳宕的思绪与节奏，数十万字，一路向前，没有任何的停顿，没有丝毫的倦怠，一种激情催促着文字如行云，如流水，如瀑布，如山泉，流淌、跳跃、奔腾、激荡。给诗人写传，就应该是这样吧？给自己亦师亦友的同道写传就更应该这样了。所以,这不仅是一部当代诗人的传记,更是一个诗人对另一个诗人的礼赞,是他们之间友谊的见证。也许,这会影响作者的判断,甚至,不无偏爱,但这又怎么样呢?唯其如此,才是性情的,才是磊落的,才是毫无保留的,也才如作者所言,是能了其夙愿的。这样的友情现在已经不多见了,我是真正地被感动了。有这样的友情是幸福的,它值得书写,值得分享,值得传扬。

  沙白先生是中国当代著名诗人。在写这些文字时,我特地查阅了资料,发现对沙白先生的研究并不是很多,可见,对这位拥有广大读者、在中国当代诗坛树立了自己鲜明风格的诗人研究得很不够,与他在新诗史上的地位严重不匹配。沙白先生从20世纪40年代初开始诗歌创作,其诗歌道路一直延续到新时期、新时代。他的作品与国家和民族的发展道路、与中国新民主主义革命、与社会主义现代化建设紧密联系,不同时代都在沙白先生的作品中留下了印记。中国古代有诗史互证的传统。沙白先生不同时期的作品就是中国社会变革的切片,从中可以看出时代的风云、社会的风尚与个人的情感。沙白先生是一个风格多样的诗人,是一个既注重生活积累、情感淬炼,又在诗艺上潜心钻研的诗人,所以,他的创作量并不大,但写一首成一首,如同他追随和敬仰的老师卞之琳一样。一个创作量并不算多的诗人,能形成多样的风格并被诗坛和读者认可,足以证明他在艺术上的成就。沙白先生的《苇笛》《江南行》《杏花春雨江南》《南国小夜曲》《水乡行》《秋》等等是当代诗坛"婉约"诗风的代表作,而他的《大江东去》《浙江潮》《太平天国石舫》《史可法衣冠墓》则是"豪放"风格的名篇。沙白先生诗歌创作受到西方诗风的影响,承继了中国新诗诞生以来的主流美学主张,同时,他又沉潜于中国古代诗歌文化,悉心揣摩,良有心得。中国的新诗道路也才百年有余,即使到现在都还在探索,远没有定型,其中,新诗如何民族化,如何与中国源远流长的诗歌传统相结合,更是困扰至今的课题。因此,哪怕是一点点成功的经验都弥足珍贵。纵观中国新诗史的研究,存在着两头重、中间轻的情形,也就是说,对五四时期的诗人与诗歌现象研究得颇多,对当下诗人与诗歌现象的研究也很热闹,但对两者间隔的诗歌关注就较少了。其实,从五四到当下,中间存在着广阔的诗歌地带,它是中国新诗道路的组成部分。这中间,不但许多诗人贡献了堪称经典的作品,而且,他们在新诗探索上的经验与教训弥足珍贵,是中国新诗发展的宝贵财富,值得认真对待,系统梳理,仔细研究、汲取,并在诗歌实践上继续验证和探索。由此,就可以看出王子和先生《沙白传》的价值了,它不仅是沙白研究的重要成果,同时也是新诗研究的重要收获,对我们重新认识中国新诗发展史中间地带的意义,有着不可忽视的价值。

王子和先生在本书的后记中说，他理想中的《沙白传》是一本"集他的履历、他的为人、他的诗歌观，以及关乎他的诗歌大体样貌的全书"，应该说，现在的作品已经实现了这一写作理想。作家和诗人有好多种类型，有的人经历丰富，故事远远大于作品，而有的人经历相对简单，为人又低调安静，不事张扬，对外界来说，只见作品不见人，沙白先生大抵上属于后一类。所以，王子和先生的《沙白传》可以说是因人设传，重点放在了沙白先生的作品上，放在其作品与社会生活的联系上，放在对沙白先生诗歌的品评解读上。它是一部人物传记，但从内容上说，更近于评传，也是一部诗传。作者与传主相识多年，了解传主，更对传主的诗作烂熟于心，几十年如一日，心慕手追，别有会心。同时，作者又不限于一家之言，而是知人论世，博采众说，既有沙白先生的夫子自道，又有诗界各家的评论解说，加上王子和先生的提要钩玄，沿波讨源，不但清晰地呈现出了沙白先生创作的轨迹、诗歌风格演变成型的过程和独具个性的诗歌艺术特点，而且能将其放在中国新诗发展的宏观背景中进行考量，荟集名家论点，让沙白先生的创作在纵横交叉的诗学坐标中得到了全面的解读。王子和先生本人就是位诗人，所以，他对沙白先生诗歌的解读既有上述的学术高度，同时又是感性的，是诗人与诗人的惺惺相惜、心灵感应，是诗艺与诗艺的美学对话。因此，这是一本诗人的传记，又是一本中国新诗鉴赏著作，一本难得的新诗普及读本。

再次祝贺《沙白传》的问世。它不仅让王子和先生得偿夙愿，也让沙白先生期颐之年能够通过它回顾自己的诗意人生。想到王子和先生与沙白先生对着这本传记凭窗宴语的场面，那是何等的温馨！不见沙白先生已经三年多了，每当故乡来人，总是问起，听说他老人家身体硬朗，耳聪目明，真是欣慰不已。

大江东去，正是杏花春雨江南时，祝沙白先生健康长寿，诗心永在！

2024年春，南京玄武湖畔

（汪政：江苏省作家协会副主席
江苏省文艺评论家协会主席
中国作家协会理论批评工作委员会副主任）

目 录

序章 忘老，走近期颐仍从容 …………………………………… 1

- 从2019年9月起，沙白先生有了他在南通的第四个家
- 这个家就是南通市妇幼保健院的一间独立的病房
- 这期间，由于疫情原因，我与沙白先生只见了两次面
- 在这间独立的病房，沙白先生决定授权于我撰写《沙白传》
- 在这间独立的病房，走近期颐之年的沙白先生还在写诗
- 他忘老，不知老之已至，他心中的诗歌持续张扬着生命的从容

第一章 忆少，桑梓育种待花发………………………………… 14

- 沙白的出生之地，是隶属于江苏省南通市的如皋白蒲镇
- 还是在白蒲读小学时，他的心中就埋下了诗歌的种子
- 在日本帝国主义入侵我中华的民族危亡中，少年沙白于颠沛流离中，深埋下民族仇恨的种子
- 进入南通中学读书是沙白日后成为著名诗人走出的关键第一步

第二章 入列，诗歌线上当尖兵 ………………………………… 26

- 1943年，沙白在南通中学读书时，发表了他的第一首诗
  这首诗发表在当年的《江北日报》副刊《诗歌线》上
  "诗歌线"真的是一个很好的寓意与象征
- 这首以《赑屃的叹息》为题的诗歌
  默默地喊出了对日本侵略者的无声而愤怒的反抗

・正是在《诗歌线》上，沙白像战士一样入列，
成为一个以诗歌为武器的突击向前的尖兵

第三章 初心，沙白之师卞之琳 …………………………………… 38

・江苏省南通中学是沙白当年的母校
・这里也是他诗歌生涯正式开始的地方
・他发表的第一首诗《飓风的叹息》就写作于此
・启蒙他的第一部诗集是著名诗人卞之琳的《鱼目集》
・沙白是卞之琳的私淑弟子

第四章 归队，上海唤醒诗人心 …………………………………… 55

・1949年2月，沙白家乡南通城解放，他开始参加新闻工作
・1953年，学过纺织工程的沙白归队，调到上海第八棉纺织厂工作
・有一万多名职工的上棉八厂的火热生活，唤醒了沙白诗人的心
・1956年，沙白的第一部诗集《走向生活》出版
・1958年，沙白调入上海市作协《萌芽》编辑部任诗歌编辑
・至1962年春，因《萌芽》停刊，沙白离开上海调回家乡南通市文联工作

第五章 木楼，风云岁月历春秋 …………………………………… 65

・沙白在这座木楼里，一住就是四分之一个世纪
・他改定笔名为沙白在这座楼
・他写作《递上一枚雨花石》《大江东去》等名篇在这座楼
・他与著名文艺评论家严迪昌绵延四十年的友情，也起始于这座楼
・他经历"文革"风暴在这座楼
・他迎来改革开放万丈春光也在这座楼
・他创作并编辑出版《杏花春雨江南》《大江东去》《砺石集》《南国小夜曲》等多部诗集，其案头工作还是在这座楼

第六章 笔名,沙到白时是纯色 ·················· 76

· 关于沙白这个笔名的由来,可以讲很长也很曲折的一段故事
· 这个故事在历史中跌宕起伏,贯穿着他人生纵向的漫长岁月
· 这个笔名形成并最后确定下来的故事,在长路上时隐时现
  却像是一支燃烧不息的心灵火把,一直照耀着他人生向往的赤子寻觅
· 沙白做人是纯净而纯粹的
  沙白的诗也是纯净而纯粹的
  沙到白时是纯色

第七章 血泪,递上一枚雨花石 ·················· 86

· 《江南人家》《杏花春雨江南》,让我们认识了新田园诗人沙白
· 《南国小夜曲》,让我们认识了山水诗人沙白
· 《独享寂寞》,让我们认识了哲思诗人沙白
· 而《递上一枚雨花石》和《大江东去》等则让我们认识了政治抒情诗人沙白

第八章 放歌,大江东去风涛声 ·················· 109

· 《大江东去》,诞生在1963年,成了我们民族精神的现代诗歌载体之一
· 《大江东去》,成了沙白一系列政治抒情诗的代表作,流传至今
· 《江南人家·三首》,代表的是沙白诗歌的婉约风格
· 《大江东去》,则开创了沙白的另一种诗风:豪放之风

第九章 铭记,春风归来那年月 ·················· 118

· 在改革开放春风的吹拂中,沙白迎来了喜气洋洋的丰收岁月
· 1979年1月,诗集《杏花春雨江南》由天津百花文艺出版社出版

- 1980年2月，诗集《大江东去》由上海文艺出版社出版
- 1980年6月，诗集《砾石集》由江苏人民出版社出版
- 1983年11月，诗集《南国小夜曲》由黑龙江人民出版社出版
- 四年间，沙白向读者也向伟大的改革开放年代，接连奉献出四部诗集

第十章　砾石，精卫填海垒寸心 …………………………… 131

- "您期待着珠玉，而我只有砾石"
- 这是沙白在《砾石集》中的题记
- 这是一直以谦恭为美德的沙白心声
- 但是，沙白又像是一只填海的精卫鸟
  或者用长啸一声又一声的长诗
  而更多的是用一粒粒如砾石般的小诗
  从不停歇地垒筑着他矢志不渝的诗歌理想
  擘画出了他那独特迷人的诗歌海平线

第十一章　月下，请听《南国小夜曲》 ………………………… 142

- 无论是对作者沙白而言，还是对千万读者而言
  《南国小夜曲》都是一部极为重要的著作
- 正是这部诗集中，收入了沙白的《秋》《红叶》《洞庭秋色赋》
  和《南国小夜曲》等传颂至今的代表作

第十二章　发现，水杉与花皆为镜 ……………………………… 158

- 沙白先生从住了四分之一世纪的那间风雨飘摇的小楼
  搬到新建的居民小区——新桥新村
- 推开书房的楼窗，面前笔直地站着三棵水杉
  从此，他把书房称为"三杉斋"
- 这是沙白先生在南通市区的第二个家
  他特别满意的是，楼下有一个小小的庭院
  从此，他就在这个庭院里，开始正儿八经地养花了

・从此,他就把窗前的水杉与庭院里的花
  当作自己的一面面人生之镜了
・由此,他不知获得了多少启迪感悟,也写出了诸多绝妙的诗文

第十三章 满爱,小草闲花论诗风 …………………………… 170

・当代著名诗人兼书画家忆明珠,是沙白一生的挚友
・2003年9月出版的《沙白散文选》的序言,是忆明珠撰写的
・忆明珠还为自己的挚友沙白的诗歌,撰写过万字评论长文
・这篇长文,分为四个章节,论述之深之细之精粹,令人叹为观止
・以《"小花闲草"也要一片蓝天——沙白部分诗歌印象》为总题
  忆明珠再以"惴惴不安的'小花闲草'""知天命的'小花闲草'"
  "平淡无奇的'小草闲花'""'小草闲花'的成熟季节"为分题
    娓娓道来

第十四章 挚友,沙白相映忆明珠 …………………………… 185

・沙白与忆明珠都是在全国有广泛影响的当代著名诗人
・自1962年相识之后,他们友好五十余载,挚友亦诤友
・祖国的大好河山不知留下了多少他俩并肩而行游历中的相伴足印
  风中雨中,日下月下,山上原上,江上河上
  也不知留下了多少他俩的欢颜笑语
・寻常日子里,两人书信不断,电话聊天不断
  沙白相映忆明珠,人生得一知己足矣
・忆明珠小沙白两岁,已于2017年10月25日辞世
  从此,忆明珠就只能活在沙白的诗里了
  也就一直活在沙白的念道和记忆里了

第十五章 三同,丁芒倾情论沙白 …………………………… 195

・沙白与丁芒同为当代著名诗人,除了这一同,他们还有三同
  即"同乡、同庚、同学"

- 他们共同的母校，是江苏省南通中学
  南通中学是个盛产诗人且英才辈出的地方
- 丁芒一直以一颗极为关切的心，并以诗人的目光关注着沙白
  曾写出了近万字的评论文章——《论沙白诗的艺术个性》

第十六章 释怀，五问五答纵论诗 ………………………………… 207

- 在很多人眼里，沙白是个低调谦恭且少言寡语的人
- 我很年轻的时候就结识了沙白师长
  那时的感觉就是这样
- 近些年来，我再去看望，感觉他的话多了起来
- 就是在他少言寡语的年月
  沙白先生只要把他关于诗歌的思考付诸文字
  是颇有些滔滔不绝、涛歌浪舞，并呈现出源远流长之态的
  如若不信，且听他的"五问五答纵论诗"
- 一论：与"未名诗人"论诗
- 二论：与《当代诗歌》主编阿红及其学员、读者论诗
- 三论：仍是那支苇笛（为《扬子江诗刊》创刊而作）
- 四论：答《扬子江诗刊》问
- 五论：答Z·S

第十七章 忘情，诗酒自当趁年华 ………………………………… 229

- "水明楼"牌白蒲黄酒，是沙白先生家乡的酒，他一直喜欢喝的
- 沙白先生喜欢喝酒，但酒量应该不大
- 作为沙白先生的弟子，我却从没有与他喝过酒，此乃一大憾事
- 沙白先生醉过一次酒，他说那还是少年的时候
  详情他不肯说，也就不得而知
- 曾有人撰写过《沙白醉酒》的文章，在诗歌圈传播
  为此，沙白曾戏说：我便十分荣幸地继"太白醉酒""贵妃醉酒"
  之后，成为二十世纪八十年代"醉酒"的主角
- 沙白先生有一篇关于醉酒的文章，洋洋洒洒四个章节，值得一读

第十八章 行吟,绿水青山留诗踪 …………………………… 241

- 自1978年起,随着改革开放春风一阵高过一阵地拂荡
  沙白便彻底地成为一位行吟诗人
- 读过万卷书的沙白,要成为行万里路的沙白
- 怀抱一颗赤子之心的诗人沙白,一直铭记着鲁迅的话:
  无穷的远方,无数的人们,都和我有关
- 这个"有关",就是他一路行走,一路写下的崭新诗歌
- 他把这些崭新的诗歌,献给升腾的生活,献给祖国的大地
  献给千千万万朴实劳作的人们和他的无数诗歌读者
- 沙白深知自己的写作是为了他们享有更丰美的精神生活

第十九章 情浓,自有诗文留墨香 …………………………… 265

- 沙白与诗人宁宇
- 沙白与诗人宫玺
- 沙白与诗人芦芒
- 沙白与诗人耿林莽
- 沙白与诗人青勃
- 沙白与诗人魏毓庆

第二十章 潜流,短诗抒情韵味长 …………………………… 285

- 太湖秋色山水间
- 山花一束燃亮眼
- 南国之什诗妖娆
- 绝句虽短多灿烂
- 纪念碑下须回眸
- 江南人家笑声欢

第二十一章　心曲，独享寂寞诗有声 ………………………………… 305

- 诗集《独享寂寞》获"首届艾青诗歌奖"
- "首届艾青诗歌奖"颁奖词及答谢词
- 《独享寂寞》是一种高尚的精神境界
- 寂寞中的新收获：《沙白文集》四卷本问世
- 寂寞中的"沙白诗歌朗诵会"引起一片欢乐反响

第二十二章　流年，八十初度意何如 ……………………………… 327

- 对于所有人来讲，离休或退休，都是个敏感的话题
- 诗人沙白，在离休将近二十年后，出版了诗集《八十初度》
  他以这样的一部诗集，来为自己的八十岁贺寿
- 《八十初度》中，沙白极为执着地在老之已至中
  寻找到了属于自己的生命尊严、泰然与淡然
- 人生七十古来稀，而年届八旬的沙白
  依然谦恭地面对诗神，唱着他
  "没有老去的，只有这一小点诗情"的歌

第二十三章　五洲，四海诗帆潮汐里 ……………………………… 338

- 沙白一直坦承，他是个深受中国古典诗词浸染与引领的人
- 但是，在诗歌乃至更宽阔的领域，沙白又是个有着国际视野的诗人
- 他对翻译诗，顺及诗歌的翻译，有着独到的一己之见
  但是，这并没有影响他对欧美等国家诗歌的阅读
  也没有影响他对世界上诸多诗人及其作品的关注与思考
- 于沙白而言，五洲四海的诗歌樯帆
  一直都在他热血澎湃的日潮夜汐里

第二十四章　音尘，与风共舞天地间 ……………………………… 347

- 在本书第三章，我有个命题："初心，沙白之师下之琳"

·很奇特的，沙白与其师卞之琳，谦恭与共，性情相邻
·他们有一首同题诗：《音尘》
·两首《音尘》，虽然写作于不同年代，甚至相隔70余载
　其表达的却都是关于人间冷暖与深爱的无穷意蕴
·与风共舞天地间，是他们别样的"音尘"
·在一个极特殊的年月，我再次拜读了沙白先生的诗集《音尘》

第二十五章　传承，血浓于水骨肉诗 …………………………… 361

　　·沙白先生是中国当代著名诗人
　　·沙白先生的长子李曙白也成了著名诗人
　　·传承之间，是血浓于水的骨肉诗

第二十六章　夕阳，诗星歌月抱在怀 …………………………… 383

　　·写到这本《沙白传》的尾声
　　　我想再找出几首沙白先生的诗
　　　并付诸一些文字，作为结语
　　·我找到了下面几首诗，一一录下
　　·这几首诗，或与夕阳及老了有关
　　　或与生命的哲学思考有关
　　　或与故乡与乡愁有关
　　　或与生命有涯却可以声名不息及精神不朽有关

第二十七章　归乡，诗声朗朗入童心 …………………………… 394

　　·江苏省如皋市白蒲小学是沙白的母校
　　　他在那里完成了初级小学的学业
　　　种下了最初的诗歌种子
　　·当沙白先生虚龄99岁的时候，他迎来了一次心灵的返乡
　　　这也是他的诗歌的返乡——2023年5月23日下午
　　　一场以"香蒲草之歌"为主题的"沙白诗歌朗诵会"

在白蒲小学溢香楼隆重举行
· 诗人沙白的故乡盛产蒲草
　蒲草干爽色愈白，白蒲因之而得名
　沙到白时是纯色，沙白因之而得诗坛盛名

附录一：诗集《回眸逝川》序一 ……………… 沙　白 422
附录二：诗集《回眸逝川》序二 ……………… 耿林莽 425
附录三：关于《散步与随想》的随想 …………… 沙　白 427

代跋：沙白，诗心不老 …………………… 储成剑 429
后　记 ……………………………………… 433
参考书目及资料 …………………………… 440
沙白创作出版年表 ………………………… 442

序章　忘老，走近期颐仍从容

- 从2019年9月起，沙白先生有了他在南通的第四个家
- 这个家就是南通市妇幼保健院的一间独立的病房
- 这期间，由于疫情原因，我与沙白先生只见了两次面
- 在这间独立的病房，走近期颐之年的沙白先生还在写诗
- 他忘老，不知老之已至，他心中的诗歌持续张扬着生命的从容

2023年2月12日，农历卯兔年正月二十二的下午，我又见到沙白师长了！

他1925年生人，按照虚岁算，当时已经是99岁了，是一个历经人生风风雨雨却无比坚韧地走近期颐之年的长寿之人了。

见到期颐之年的沙白师长，我无法抑制自己的幸福感与幸运感！

这是我与沙白老分别整整两年后，在他南通市区的第四个家的第一次见面。

他的第四个家，即南通市妇幼保健院住院区20楼的一间独立病房。从2019年岁末，他住进这个家算起，已经三年多了。

又见到我敬爱的沙白师长了啦！春天终于来到了，这间朝南且是最东边的房间，温暖怡人。

下面我简要记述一下，这几年与沙白老交往的一些往事——

2019年中秋节前夕，我携诗友姚振国等，去沙白老在凤凰莱茵苑的居所看望他老人家，祝贺他的生日（他的生日就是中秋节）。没料到，一进门，看到的是卧床不起的沙白师长。经询问在一旁照顾的他的长子、知名诗人李曙白，知道沙白师长病了有些日子了。起因是与其相濡以沫70余载的老伴顾婉芬，已在五月份离世了，这件事对他打击太大了，沙白老承受不起这样的打击，一下子躺倒在了床上，人也一下子消瘦下来。

见我们来看望，沙白老坚持要坐起来。于是，我们几个人帮扶着他，很吃力地起了床，坐在了一张椅子上。但是，他不想说什么话。

看到沙白老这个样子，我们心情都非常难受。本来前来是为了祝贺他的95岁生日，是一件欢欢喜喜的事，可是没想到会是这样。在这种情境下，生日快乐之类的话，已经不好说了，仔细交谈也很难进行，就这样匆匆告辞，心里又不安，犹豫再三，我还是决定以弟子的身份，劝慰一下他老人家。我说："沙

白老，无论如何，您要坚强起来。您只有坚强起来，把身体恢复好，保养好，健康长寿，才能更长久地怀念您的老伴，纪念您的老伴。我想，这也是师母的在天之灵最希望看到的。她肯定不希望因为她的离去，您就垮了下来。"

沙白老的大半生虽然坎坷不断，磨难频频，但他在精神上与体魄上，却是极为顽强的，他有一颗强大的心脏！年轻时，他曾经两次患肺结核，进入老年后，又两次中风，但是，都被他意志超强地闯过来了。

那这一次呢？

果然，到了岁末年初，在他住进南通市妇幼保健院的病房，经过科学治疗与身心调整后，其生命的河流在向前无畏地奔淌中、在与疾病的搏击中，又逐渐恢复了心力及体力。与此同时，作为在大半生中一直支撑他精神世界的最强大的支柱，也就是诗歌创造力的浪花，又开始不断地跳跃在日光与星空之下了。他又开始为读者写诗、为人民做事了。

是的，沙白老一直看重自己是否还能写诗这件事。

提起为读者写诗、为人民做事，我就想起2018年初春，我去他家拜年，同时奉上了我新出的旧体诗词集《北方河诗词选》。交谈中，他调侃自己说：

老而不死是为贼啊（语出孔子《论语·宪问》）！每年都拿着国家那么多俸禄，却不能写出好诗给读者，除了写诗，又别无所长，不能为国家做事，还拿那么多离休费，这真的是惭愧啊！

我深知，沙白老的话，一半属于戏言，一半也是过于自谦了！

作为江苏省作家协会的专业作家，作为1949年2月参加革命工作享受离休干部待遇的他，一直都在为读者写诗啊！就是2019年岁末，他因病住进医院后，待身体稍有好转，他就又开始创作诗歌了！要知道，写了近80年诗的他，此时已经是95周岁高龄了啊！

就让我们来读读他的两首新诗吧。

聊以卒岁·2020年1月在病房与郁金香、红月季同度新春

沙 白

清晨
下弦月的银钩
在窗口一闪
报道：岁云暮矣

除旧布新将从它的沉默开始
我以95岁的陈年浊醪
斟满郁金香的空杯
与俏丽的红月季同饮
共度新春
红月季大声笑言
新年里
它以每月一次的火红
征服病室白色的忧郁

(作于2020年1月23日农历除夕前一日)

这是95周岁的诗人写的诗吗?
如此透彻人生、意绪满满,
如此精神洋溢、洒脱旷达,
如此热血奔涌、气宇飞扬,
如此老骥伏枥,志在千里!
诗好,好诗!
情好,好情!
达观,观达!
语好,好语!

四 月

沙 白

柳絮有心
时而身前时而身后
总是不离不弃
而近处的小池塘
蛙声三两
终不成腔调
不知是蛙声寻柳絮开心
还是柳絮钟情于蛙鸣
亦或是它们合谋

戏弄我的白发
在这个四月
困顿无奈的午后

（2021年12月17日发表于《冯站长之家·读诗版》）

这就是热爱生活与生命、泰然走向人瑞的沙白先生啊！
他把诗歌当作如影相随的生命了！
他把诗歌当作每日的呼吸了！
他把诗歌当作供养思维的血脉了！
读着他新鲜出炉的和我们如此亲近的这些诗歌，自然祈愿沙白老诗思永在，与诗歌同命！
读这样的诗，读这样的人，就是在读一个奇迹，在读永不消逝的脚印与声音！
是的，沙白的诗是个奇迹，
是的，沙白的人更是个奇迹！
为此，青溪先生在《冯站长之家》上点评说：

> 写四月，居然没有写到春色，没有写到花开，梨花、桃花、杏花，甚至油菜花，一概排除在诗人的视线之外。诗人只选取了两个意象：柳絮和蛙声。这便是诗，是诗人独特视角所带给我们的独特感受。"亦或是它们合谋／戏弄我的白发"，这是诗眼所在。沙白先生这一句调侃，活脱脱地道出诗人此刻的心境：并未因人至暮年而叹息韶华流逝，也未因病痛缠身而颓伤怨天尤人，轻快的节奏和练达的语言，表达出一个睿智长者才有的人生境界。

沙白先生的次子李晓白说：

> 这次住到南通市妇幼保健院以后，他还写了蛮多的诗歌。都是在病房里写的。所以，他应当是从1943年上中学开始，一直到现在（2019年），95岁住院以后，一直都在写诗。他从来没有停过。写了一辈子，大概整整80年。他住院以来写的诗，有些还发表在了《扬子江诗刊》等刊物上。有的被我哥（指沙白长子李曙白）发在了网上的《冯站长之家》上。

这正如"江苏老作家影像——沙白"专辑的题目所言沙白先生是

伏枥未忘千里志，
识途犹抱百年心。

读到了沙白老在病房里写的诗，我分两次转发到了朋友圈，向热爱沙白老的友人们不断地传递信息。在转发《聊以卒岁·2020年1月在病房与郁金香、红月季同度新春》这首诗时，我说：

我们南通籍当代著名诗人沙白老今年（2020年）96岁了，虽然住在病房里，每天依然在20楼凭窗打量着家乡的城市，依然没有停止对生活的思考，依然在写着他或者大江东去，或者杏花春雨江南的诗。写下这首《聊以卒岁·2020年1月在病房与郁金香、红月季同度新春》，沙白师长不但在鼓励自己，也在激励我们这些后来者。

转发另一首新作《四月》时，我写了这样一段话：

沙白老在这首题为《四月》的诗中，依然抒发着对生活的热爱，体验着生活的情趣。他真的不但是我们的诗歌导师，也是人生的导师啊！他的生命在祥和与柔韧中，依然散发着诗性的不息光芒……

当时，我一边读着沙白先生于病房里创作的诗，一边内心里涌出了遗憾与叹息——沙白先生不同年代在南通的三个家，我都曾经常去，而且可以说是想去就去的。

但是，从2019年岁末起，他又有了第四个家，即南通市妇幼保健院住院部20楼1号单间，我却至今没有去过。多次想去探望却未成。

三年新冠疫情防控期间，我还是想方设法见过一次沙白先生的。不过，不是在他的第四个家——南通市妇幼保健院，而是在他的第三个家，也就是在他的次子李晓白家里。

自从2010年秋天，他与次子李晓白一起从新桥新村乔迁到凤凰莱茵苑28号楼后，他们就一直同住在一幢楼上同一个单元801和802两套门对门的两套房中。这样就像生活在新桥新村一个住在楼上一个住在楼下一样，互照应起来就很方便了。

那次见面是在2021年2月11日，这天是除夕。南通市妇幼保健院院方，特意允许沙白老上午回到家里，与家人团聚，一起吃个午饭，而下午必须返回医院。

我得知了这个消息，经与李晓白商量，就利用他们中午全家团聚前的一点时间，带着一篮鲜花和拜年的礼物去看望了他。借机也把我刚出的新诗集《叙事与抒情》送给他老人家。

在这本诗集里有两首与沙白老有关的诗，即《现代长江的第一抒情——再读沙白先生抒情长诗〈大江东去〉》和《沙到白时是纯色——再读诗集〈音尘〉并致诗人沙白》，我当场为他朗诵了两首诗的一些片段，老人家一边听，一边点头，开心的情状，洋溢在脸上。见到沙白师长开心，我也无比开心，觉得这是送给他的最好的春节礼物。

如本章开头我所记述的，时光来到2023年2月12日，随着疫情防控政策的调整，我终于来到南通市妇幼保健院看望沙白老师。这次见面，与2021年2月11日除夕那天的见面又过了两年。

知道我要来看他，老人家已经坐在床上等候了。

在他面前，摆放着一张特制的桌子，那是他平时吃饭、读书时用的。他在吸氧。李晓白说，自从住院，除了每日吃饭和洗澡，他就一直在吸氧。经过院方的精心治疗，他原有的症状居然基本消失，沙白老再次创造了生命的奇迹。

是的，沙白老一直都是个奇迹的创造者！

2022年岁末，沙白老不幸感染了新冠病毒，发烧到39度，而且持续了五六天，他躺在床上，有时手臂都在发抖，院方一度发出了病危通知。

奇迹再次发生，沙白老闯过了这次疫情风暴，再次康复了！

可是，就在这期间，他的亲密诗友、小他一岁的如皋同乡、中国当代著名散文诗人耿林莽，于2023年1月5日在青岛去世了。

听李晓白说，就是在病重的时候，沙白老也坚持吃好三顿饭。凡是被新冠病毒感染过的人，都有一个切身体验，就是吃什么都没滋味，厌食。但是，沙白老却是反其道而为之，没滋味也要把三顿饭吃好。他内心清楚，对病毒的抵抗力，除了服药治疗，来自身体内在的抵抗力，是万万不能缺少的。沙白老清醒的判断力和发自内心的强毅力行，再次创造了"山重水复疑无路，柳暗花明又一村"的人生风景。

2023年2月12日下午，在南通市妇幼保健院，我又一次见到沙白老！

握着他温暖柔润的双手，眼里泛出了喜悦的泪花。已届99虚岁的沙白老，看上去气色很好，脸上泛着红润柔和的光泽，再看他有些稀疏的花白发，梳理得也是一丝不苟。见此情状，我不由得想起了沙白先生的乳名：月儿。

啊！这个从出生到老年，都一直保持着面庞荣光的月儿呀！

我常想每个人随着年岁增长，会有越来越深的皱纹，既是岁月的无形之刀雕刻在脸上的沧桑、坎坷的河床，也是流淌思想与智慧的河床。但是，我眼前的沙白老，脸上却只有季节河般的一些浅浅的纹路。他的人生智慧与诗歌智慧，则深藏在他的从不张扬的心田里。

沙白先生之所以有如此好的状态，还有一个因素，就是多亏他请的24小时日夜护工吴美珠的精心照料。说来也巧，她和沙白老既不沾亲，也不带故，而是在医院随意找的。她居然刚巧也是如皋白蒲人。白蒲是沙白先生的老家，是他的衣袍之地啊！

既然是家乡人，双方便语言相通，习惯也相通了，交流就十分顺畅。这也算"他乡遇故知"啊！对于颐养天年的沙白老来说，这真的是一大慰藉了，是再亲切再妥切不过的命运安排了。一时间，竟然想到了我河北故乡的著名诗人李学鳌的两句诗：

千只金鸡鸣银山，怎比乡音一字亲。
万把丝竹歌一曲，怎比乡音语半声。

乡音就是最好的精神食粮啊！

三年多了，正是因为有南通市妇幼保健院与医务人员无微不至的治疗和吴美珠的精心照料，沙白老才安度着他的宁静致远的时光。为此，江苏省作家协会还特意在2022年春节，委派老干部处的同志给南通市妇幼保健院送了一面锦旗。

2023年2月12日，真的是一个极好极难得的好日子。

在向沙白老问过好后，我手执李晓白刚刚交给我的诗集《走向生活》，与沙白老一起合了影。许多人都知道，正是这部出版于1956年9月的诗集《走向生活》，改变了沙白先生的一生。

接着，我又送上几经周折买到的1962年第2期《诗刊》。沙白老的目光聚焦在这期已经泛黄的旧杂志上，因为上面刊载着他的《江南人家·三首》。当年，这三首诗引起了诗歌界的广泛关注，影响深广。有赞扬，也有争议。这是他第一次以沙白的笔名发表诗作，而且从此以后，他就只用这个笔名了。

与沙白老的交谈与合影继续：依次是我手执1963年第6期的《人民文学》与沙白老合影，因为这一期上刊登了他的政治抒情诗《递上一枚雨花石》；我又手执1963年第11期的《诗刊》与他合影，因为在这一期上刊登了他的影响巨大的政治抒情诗《大江东去》。正是这两首长诗，不但引起了诗歌界的热烈反响，也由此奠定了沙白先生政治抒情诗人的地位。

我一边向沙白老展示他的几首诗歌里程式的作品，一边与其交谈。目的有二：一是让沙白老看到我追根溯源的工作态度；二是与他老人家一起，再重温一下那些难忘的岁月，也借此表达我撰写好《沙白传》的心志。

2022年8月初，他委托我撰写《沙白传》是由他的次子李晓白转达的。这半年来，我的工作进展如何，理应当面向他汇报。

我向他老人家汇报了《沙白传》已经写出了十万字初稿的消息，同时，我把打印好的《沙白传》的写作提纲，即已明确的十几个章节目录，递到他的手中，再一章一章地逐一向他进行解读，以征询他的意见。他听得很认真，并不时地点头首肯。我还通过手机特意播放了一首歌，这是由作曲家王剑为沙白老的一代名作《水乡行》谱写的歌曲。他一边听一边和着歌曲的韵律与节拍轻轻地摇着身，点着头，整个身心很投入、很享受的样子。我猜想，此刻他老人家一定是再次进入创作这首诗歌、发表这首诗歌时的美好回忆中了。

由耄耋之年步入期颐之年的沙白老，在时光流淌的漫长岁月中，甚至在他住进南通市妇幼保健院之后，都一如既往地一直被热爱他和他的诗歌的人们记挂着。他们通过各种渠道，关注着他的消息，祝福着他的健康长寿。

其中有自1986年起一直担任《诗刊》编委、曾任江苏省作家协会副主席和诗歌委员会主任的当代著名诗人赵恺。他的代表作是《我爱》和《第五十七个黎明》，以及长诗《周恩来》等。有在改革开放新时期，以刊发在《诗刊》上的一组《我乡间的妻子》而闻名的十大"新乡土诗人"刘小放，他曾任河北省作家协会驻会副主席。

赵恺与刘小放这二位，时不时地会通过各种方式来表达对沙白先生由来已久的敬仰与诚挚问候。

我在2023年1月9日晚发给赵恺诗兄的微信消息：

  沙白老发烧五六天，终于挺过来了。他的经验之一，就是发烧时，也坚持好好吃好每顿饭。

赵恺诗兄回复我：

  精神平和，足不出户。多喝热水，卧床休息。祝福沙白老师吉祥康健。

2022年8月初起，我开始了《沙白传》写作的构思与资料的进一步收集，为此，有些事宜向赵恺诗兄商讨，得知沙白老在上海《萌芽》工作时结下的一生好友——诗人宫玺与宁宇,他们也是赵恺诗兄的好友。

为此,赵恺诗兄2022年8月25日发来微信说:

宫玺空军,宁宇海军。我认识他们,宁宇且是好友,老兵万岁!

我于2022年8月25日发微信询问赵恺诗兄:

沙白老担任过江苏省作家协会诗歌委员会主任吗?

赵恺诗兄回复我微信:

他没有担任过作协诗歌委员会主任。对于沙白先生,我只有一句话,像沙白一样做人。

回忆自己和敬佩的人的往事是一种幸福,比如回忆与沙白老有关的事,因为这些往事绝对如金。

随着年岁渐长,有些记忆可能会逐渐消退,一时淡忘。但只要记忆被激活,幸福便也会随之复活。比如,江苏省作协及南通市文联、南通市作协,曾在2005年11月15日,在南通召开过"沙白诗歌研讨会",并于次日举行了"沙白诗歌朗诵会"。这两件事,已经过去了多年,赵恺诗兄有些淡忘了,他曾经说:

沙白的南通研讨会没有通知我,我没有参加。这事现在提起来还很伤感。

为此,我曾发微信给赵恺诗兄:

2005年11月15日的沙白诗歌研讨会,南通一友人有记述,提到了您。还有王臻中、张王飞、汪政、黄东成、孙友田等多人。17年了,我也记不清都是谁来参加了。沙白老参加过上午的会后,就回家了,没有参加庆祝宴会。他多年来一直是这样,拒绝任何应酬,甚少在饭店吃饭。第二天下午,有一场沙白诗歌朗诵会,他也没有出席。

后来，我无意中找到了这次活动的现场记录，也确认了赵恺诗兄参加了。

赵恺诗兄回复我说：

您帮我回忆起来了：我出席过那次研讨会。岁月悠悠，一十七年。苍颜皓首，诗歌依旧。

我知道赵恺诗兄一直惦记着沙白老。为此，2022年春节前的2月3日晚，我发微信给他：

今年春节，没有看到沙白老。他两个儿子都在杭州，因为疫情，都回不来，沙白老没法儿出院回家过节，医院也不让进去。我与他儿子通电话，知道老人家状态还好。偶尔还在写诗。

赵恺诗兄随即回复：

沙白老师，康乐吉祥。赵恺敬礼！
沙白即诗，一切饱笔酣墨、佳句绝词，在他老人面前均黯然失色。

刘小放诗兄是我军校同学杨延欣在27军工作时的战友，经由介绍，我与刘小放诗兄相识。2019年10月金秋，我在一次石家庄之旅时有幸得以拜见了有"小兵张嘎之父"之称的当代著名作家徐光耀老前辈。徐光耀老前辈与沙白先生都是1925年出生，属于同庚之人。为此，我写了一篇散文《从〈白洋淀纪事〉说开来》，刊发在了南通《三角洲·文学版》2022年第三期上。这篇散文，既记述了2019年10月的河北之行，也回顾了我的漫长文学之旅。我将这期《三角洲·文学版》寄到了石家庄。

刘小放诗兄回信说：

子和兄，三角洲文学杂志收到了，《从〈白洋淀纪事〉说开来》洋洋洒洒、余音绕梁，溢满亲情、友情、乡情、燕赵赤子之情！我会送徐老一册杂志，让护工读给他听听。盼着你能再来石家庄，我和延欣陪你登太行去雄安，重温旧梦。

沙白老与徐光耀老都是离休干部，2019年秋天后，都先后住进了医院的专门病房。

我回复刘小放诗兄说：

永远都会深谢徐光耀老，他和沙白老一样，都是我的精神灯塔和人生号角。
永远都要深谢小放诗兄，您是我的榜样我的偶像，也是我的日夜念想与精神支柱。
永远都要深谢延欣兄，他是我们一世情意的桥梁啊！
燕赵子弟爱燕赵，
风萧萧兮易水暖，
渴望再见乡亲面……

刘小放诗兄回复说：

祝福沙白老与徐光耀这两位为中国文学事业做出特殊奉献的大家，一起健康长寿吧！

2023年1月12日，我发微信给刘小放诗兄：

希望徐光耀老千万不要感染（新冠病毒）。沙白老也长期住院，在这轮疫情风暴中，也感染了。发烧五六天，一度病危。但是老人家非常顽强，坚持好好吃饭，积极接受治疗，竟然挺过来了！两位文坛大师，都是1925年生人，希望他们继续创造生命的奇迹和文学艺术的奇迹！为他们祈祷！

我在2021年9月7日《南通日报》上发表了《长江的当代长篇抒情——重读沙白先生抒情长诗〈大江东去〉》一文，我把这篇文章转发给了赵恺与刘小放两位诗兄。

赵恺诗兄回复：

>祝福新作。不慕官,不发财,唯愿南通见沙白!

一提到沙白师长,赵恺诗兄就喜欢说这句话。

提起为沙白老撰写文章,不能忘记南通报业集团的资深媒体人宋捷先生。他的《百年激荡——世纪风云中的南通人》一书的写作计划,通过我联系过沙白老的次子李晓白商量采访一事。无奈人算不如天算,因为疫情而且连续三年,采访被迫延迟,最后无奈取消。为此,我想《沙白传》的撰写,也可看作是替宋捷先生弥补一些遗憾吧。

在这里我还要提及一个人,就是沙白先生的同乡、如皋市作家协会主席季健先生。他早年在如皋电视台工作时,曾策划拍摄过沙白先生的专题片,时任南通市作家协会主席冯新民和我陪同。2022年夏,季健受友人之托,想介绍青年学者周言,从上海专程来南通采访沙白老,我也及时与李晓白进行了联系,未果。一方面是因为疫情原因,医院不方便进出。我这次去过南通市妇幼保健院,见过沙白先生后,也觉得他老人家现在已经不适合再接受采访了。因为毕竟年事已高,他又患有耳疾,听力下降得厉害,不便与人过多交谈了。

由耄耋之年步入期颐之年的沙白师长,诚如南通本土作家白万清前些年所说:

>沙白依然保持着旺盛的创作欲,还陆陆续续在《诗刊》《中国诗人》《银河系》《扬子江诗刊》等刊物上,不断地发表作品。还接二连三地出版了《沙白诗选》《八十初度》和《音尘》等。沙白就是这样,一个脚印一首诗地诠释着人生的真谛。

沙白的生命奇迹还在继续。
沙白的诗歌步伐还在前行。
2023年2月12日下午,在与沙白老尽兴交谈一个多小时后,握手暂别。离开南通市妇幼保健院前,我对沙白师长说:

>祝福您期颐之寿,更要祝愿您坚定而稳步地迈上茶寿之旅!

这不但是当代诗人沙白之幸!
也是中国诗歌之幸!
还是江苏诗歌界之幸!
自然也是沙白先生的故乡——南通与如皋这两座历史文化名城之幸!

在前期写出《沙白传》十万字初稿之后,我更加要一丝不苟、兢兢业业地做好这件事,务必使这部文稿圆满地达成目标,好向沙白老交出一份对得起他的答卷。

这既无比光荣,也极为神圣。

离开沙白老的第四个家,乘坐电梯,从南通市妇幼保健院住院部20楼下来,我脑际升腾出了一种颇为安宁的情绪。

沙白老在期颐之年,住在医院里的他的第四个家,应该是最好的选择了。在这里,有院方领导的亲切关怀与医务人员的随时治疗与照顾,有他的白蒲老乡24小时的陪护与精心照料,还有省作协与南通市宣传文联部门的时时牵挂,以及热爱他和他的诗的众多弟子的惦记,还有虽在天南地北却没有忘记他的诗歌的人们。沙白老是不会寂寞孤独的。

况且,在沙白老心中,一直都有不会离开他的诗歌!

蓦地,陆游的一首《十一月四日风雨大作》,浮现在了我的脑海:

> 僵卧孤村不自哀,
> 尚思为国戍轮台。
> 夜阑卧听风吹雨,
> 铁马冰河入梦来。

是的,如果可以与陆游老年时的处境相比,沙白老肯定是无比幸福的。

他不是"僵卧孤村",而是生活在四季如春的有人随时照料的单间病房里。

沙白老一生以诗为伴,作为江苏省作协的专业作家、享受离休干部优厚待遇的当代著名诗人,只要去想他的诗歌的"千军万马入梦来",就是他的持续向前的幸福。

我谨以上面一些文字,以《忘老,走近期颐仍从容》作为序章,徐徐开启《沙白传》这本传记之门。

接下来,我要用27章的篇幅,追寻沙白先生自1925年中秋节出生,至期颐之年的"路漫漫其修远兮"的岁月,展开其"吾将上下而求索"的人生与诗歌之旅。

第一章　忆少，桑梓育种待花发

- 沙白的出生之地，是隶属于江苏省南通市的如皋白蒲镇
- 还是在白蒲读小学时，他的心中就埋下了诗歌的种子
- 在日本帝国主义入侵我中华的民族危亡中，少年沙白于颠沛流离中，深埋下民族仇恨的种子
- 进入南通中学读书是沙白日后成为著名诗人走出的关键第一步

1925年的一个秋夜，一个男婴呱呱坠地于江苏南通如皋白蒲古镇沈桥村的一户书香门第的李姓人家。此夜，恰逢中秋月圆，这孩子又是长子，脸庞如月，长得煞是可爱，其父满腹欣喜，当即为这新生儿取了乳名：月儿。

这乳名有些女孩儿美好温婉的意味，实际却寄托了为人父者的一片怜爱之意，一片暖意祝福。这真的应了鲁迅先生在《答客诮》中流传至今的两句诗：

无情未必真豪杰，怜子如何不丈夫？

只是其父当时肯定没有料想到，他万分疼爱的乳名月儿的长子，日后会成为享誉当代中国诗坛的著名诗人，并以沙白之诗名，闻名中外。也许，月儿这个充满千古诗意的乳名，就是一粒等待开花的种子吧。

一个人的出生地太重要了，白蒲古镇对于日后成为中国著名诗人的沙白，就是如此重要。

"彼泽之陂，有蒲与荷"（出自先秦·泽陂）。沐着海风，喝着江水的先民，世世代代在这方水域打鱼垦植。长江北岸扬泰沙嘴上，形成东延条状沙脊。春秋时期，白蒲镇域逐渐成陆。东晋义熙七年（411），蒲涛与如皋同一年置县，白蒲镇为蒲涛县县治。作为县治，历时167年。北周宣政元年（578），遭海侵，蒲涛县废；隋大业

年间(605—616),江流渐缓,白蒲一带重新淤积成陆,属宁海县。唐代,白蒲镇复设。南唐保大十年(952),如皋县重新设置,白蒲一带属如皋县。这方有着1600余年历史的水土,自1925年中秋节起,成了日后的著名诗人沙白的故乡。

入学后,要有大名,他在家乡的几座学校辗转上学时,包括在如皋县城孔庙小学上学,名叫李乙。后来一度改名为李涛。但是,到了解放初期,他发现解放军有个发言人叫李涛,国民党有个将军也叫李涛,再加上那时非常强调阶级出身,为了免得惹麻烦,遂改名为理陶(至今身份证上的姓名还是理陶)。当然,这已经是后来的事了。至于笔名定为沙白,这更是他1925年出生37年之后,到了1962年间春天的事情了。

沙白在家乡白蒲镇小学读完初小四年,接受了良好的初等教育。

沙白回忆说:

> 这时,一位当校长的堂兄把我带到附近小镇上的学校,跳了一级,上六年级。期间,发生了一件事,也许和我以后写诗有一点关系。一位朱姓的国文老师对我做的一篇作文比较欣赏,把我叫到他的宿舍,教了我几首古诗,使我以后对诗歌产生了一些兴趣。

在沙白的记忆里,那位朱姓的国文老师教他的第一首古诗是白居易的五绝《问刘十九》:

> 绿蚁新醅酒,
> 红泥小火炉。
> 晚来天欲雪,
> 能饮一杯无?

这是一首颇具温度的诗歌,氤氲着友人之情。在天将降大雪之时,好客的白居易恳切地请好友刘十九留下来(这个刘十九,是白居易在江州时的朋友,乃唐代大名鼎鼎的诗人刘禹锡的堂兄刘禹铜),一起饮用"红泥小火炉"温热的家中新酿的米酒。此诗蕴含的温暖友情,千年不冷,热流直抵少年沙白的那颗聪慧之心。为此,这首诗他一直牢记于心,时不时地会想起,并伴随其一生。

第二首教的是苏东坡的一首题画诗,七绝《惠崇春江晚景》(其一):

> 竹外桃花三两枝，
> 春江水暖鸭先知。
> 蒌蒿满地芦芽短，
> 正是河豚欲上时。

《春江晚景》是苏东坡的朋友惠崇所作的名画，共两幅，一幅是"鸭戏图"，一幅是"飞雁图"。上面这首便是苏东坡题写在"鸭戏图"上的诗。

此诗形象生动，鲜活灵动，所描述的情景逼真入眼，情趣盎然，对于自小生活在白蒲古镇的沙白来说，太熟悉也太亲近了，他一下子就记住了。甚至虽事过多年，历经岁月淘洗，沙白对彼时的情景依然记忆如新：

> 朱老师一边自斟自饮着白蒲黄酒，一边诵读讲解。我听得入了神，也许这就是诗的种子吧。

沙白继续回忆与他的诗歌启蒙及诗歌种子有关的情景，他说：

> 后来，还是这位堂兄，帮我转到如皋县城的孔庙小学重读六年级。转学是为了考取中学方便一些（那时只有县城才有中学）。

那是抗战全面爆发前的1936年。

> 我在如皋孔庙小学读书时，见到校园里有两匹驮碑的石龟（即赑屃），立在大成殿前，给我的印象极深。这是孔庙的遗物，蹲伏在校园一角，背上的石碑不知什么时候已被掀去，青石的身躯被学生们磨试得青光闪闪。它们是低年级同学的宠物，一下课，孩子们争先恐后爬上它们的背脊，骑上它们的脖子。它们则斯文地、默默无声地昂起头，眯着小小的眼睛，注视着孩子们的奔跑追逐，爬上爬下，仿佛是个忠厚的长者。

过了六七年，也就是到了1943年，沙白写出了他正式发表的第一首诗，即《赑屃的叹息》。沙白回忆说："《赑屃的叹息》，便是由此联想起来的。"

对于这首题为《赑屃的叹息》的诗，沙白说：

这首诗写得很幼稚，语言也生硬，但却反映出一种要求从历史重压下解放出来的期望。

上完高小，沙白考入如皋师范初级中学，初一没读完，日本鬼子来了，如皋沦陷。少年沙白离开了如皋这座故乡之城，开始逃难。

逃难之前的一些日子里，在语文课本里，沙白读到了法国作家都德的《最后一课》。课文是描写普法战争中，法国战败后，将亚尔萨斯和劳兰两省割让给德国，小学生上最后一堂法语课的情景。

沙白是这样回忆他的老师上《最后一课》情景的：

而我们这位年轻老师，教得格外别致。他是从《松花江上》开始讲课的。先问大家会不会唱这首刚刚开始流行的歌曲，当时音乐课上才学过，孩子们众口一声回答："会！"老师便用沉重的低音唱起"我的家在东北松花江上……"全教室的同学都觉得突然，怎么语文课成了音乐课，大家都把眼睛瞪得大大的，盯着这位年轻老师。唱完，老师便说："日本鬼子来了，东北三省的学生已经上过了他们的最后一课，华北已经安放不下一张书桌，我们这里似乎很平静，但怕这种平静的日子，不会太久了……"

沙白继续回忆说：

我们的最后一课与都德笔下所写大不一样。即将被德军占领的亚尔萨斯的学生们的最后一课，虽然悲痛沉重，但依然十分镇定从容。我们的最后一课，则充满恐惧与慌乱。这天早上，下着蒙蒙细雨，我撑着一把油纸伞，夹着书包，依旧像往日一样走进学校。上课了，老师也像往日一样拿着粉笔盒、教鞭走进教室。奇怪的是课堂上，只坐了一半的学生。原来日军已在离如皋只有百里之遥的南通长江边的任港登陆，有些家长得到消息，根本没有让孩子再来上学了。课上了不到一半，陆续有家长接回孩子。老师阻止，有位家长干脆嚷了起来："日军都快到城下了，你们还有心思上课，快逃命吧！"于是，学生们一哄而散。我们的"最后一课"，其实是半课。那也是一堂语文课，教的是陶渊明的《桃花源记》……在日寇铁蹄的践踏下，大半个中国只能寻到瓦砾废墟，哪儿也找不到一寸桃花源式的清净之地！

回到寄居之地，家中已来人接我回乡。衣服被褥书籍什么也顾不上带，便紧随家人冒着蒙蒙春雨，挤出城门，跨过了护城河上的吊桥。出得城来，我向高高的城墙，向住了不到两年的古城，望了一眼。只见风雨剥蚀的城墙砖缝中，一朵金黄色的蒲公英正在细雨中摇曳。明天，或者后天，古城也将沦入黑暗。细细望去，蒲公英的花瓣上沾着泪水，它正低着头哭泣呢！呵，那是一朵哭泣着的蒲公英。

  半个世纪过去，我已是年过古稀的老人，对这朵长在城墙砖缝里、金黄金黄的蒲公英，始终无法忘怀。我的无忧无虑的童年，便是和它一起被埋葬在侵略者的战火中的。

老诗人沙白的这段痛苦回忆，浸透了亡国愁、民族恨。
美好的家园已经不复存在，留在记忆里的，除了仇恨，只有往日的欢乐。

沙白说：

  如皋县城给我留下的最深印象，莫过于一圈儿城墙。乡下孩子，只从课本里知道有城市，当高高的砖砌的城墙突现于眼前时，那一份惊奇是很难形容的。我所寄居的一家亲戚，又恰好在城墙脚下。于是，沿着长满青草的内侧斜坡，登上城头，远眺俯瞰，奔跑欢跳，便成为我课后最得意的娱乐。

  我是个惯爬城墙的孩子。

这一段刻骨铭心的生活经历，在诗人心中居然深埋了七十余载。到了沙白近九十岁时，他写出了一首《又是七七》，收录进了他九十周岁那年出版的诗集《音尘》之中，而且是压卷之作（《音尘》，上海文艺出版社，2015年6月第一版）。

让我们来读一下这首《又是七七》吧：

又是七七

  母亲的纺车和摇篮曲
  被长长的封锁线割断
  流亡三部曲让一个孩子
  第一次懂得仇恨和忧伤
  四分之三个世纪过去

旋律仍在心底激荡

最后一课上完
向小城仓皇告别
城墙缝里一朵蒲公英开在雨中
金色花瓣上闪着泪光
也向童年告别
它被铁蹄军靴踩作污泥

七七，又是七七
又是七七
第七十五次重复
重复两个皇军少尉的杀人竞赛
重复无人村的瓦砾和烛天火光

三千万白骨那是一座山
鲜血的河流不是忘川

  一座有着1600余年历史的如皋古城，是沙白骄傲的故乡之城。城墙上少年沙白奔跑中的欢乐笑声，被日本侵略者的枪炮声撕裂埋葬掉了。
  而有着5000年文明历史的父母之邦，是沙白一生的至爱祖国。耄耋之年的诗人沙白，用手中的遒劲之笔，为我们留下了这首备忘录般的泣血之作《又是七七》。
  这是民族屈辱史的实录。这是民族要崛起的呐喊！
  前事不忘，后事之师。
  诗人的声音，飘荡在当下的自强不息的强国强军的新征程中！
  逃难期间，远房堂兄为其补习《古文观止》。日后，沙白庆幸自己竟在少年时代就读到了这部名著。逃难一年之后，沙白得知母校已在海边的一个小镇复课，便不远百里，越过鬼子的封锁线直奔学校读书。读到初三，学校停办。
  1941年下半年，沙白考入江苏省南通中学读高中。
  沙白当年就读的江苏省南通中学，是南通城里最负盛名的学校。它是由被习近平总书记盛赞的清末状元，伟大的爱国者、教育家、实业家张謇先生首议，官绅共筹，秉承着"父教育、母实业"的家国情怀，及"诚恒"校训，于

1909年亲手创建的，至今已有114年的历史。毛主席曾经说过："中国的轻工业不能忘记张謇。"2008年，时任中共中央总书记、国家主席的江泽民视察通中，并欣然为南通中学题词："百年通中，英才辈出"。

从这座学校走出去的一批批莘莘学子中，有20多位中国科学院、中国工程院院士，32位革命烈士，10余位享誉海内外的艺术大师，6位世界体育冠军，以及一大批党政军领导人和实业家。

南通中学南面有一条东西走向的街道，西通寺街，叫中学堂街，当年的学校大门是朝南开向中学堂街的。那里，至今仍保留着中学堂街及学堂街支路的街牌。之所以有南北走向的学堂街支路的街牌，是因为地处南通中学南面的原南通市人民政府，于2004年7月搬迁到城市南面的新城区后，就把靠近学校的一大半空地，让给了南通中学，建成了南部校区，（另一半地建成了供市民休闲的市民广场，即钟楼广场）。南通中学的南校区朝东开了一个大门，这样门前就有了很短的一条南北走向的学堂街支路。而南通中学南校区的大门旁，除了挂着"江苏省南通中学"的校牌外，还增挂了一块"空军青少年航空学校"的校牌，校园里停着一架退役的"强-5强击机"，成为这座"空军青少年航空学校"的象征。而这座"空军青少年航空学校"，是全国16个同类学校之一，承担着为国家培养空军后备人才预备队的职能。

这条中学堂街上，除了南通中学，朝西的寺街柳家巷15号，1905年曾在此诞生了由张謇、张詧、陈启谦和徐联莘等创办的中国第一所设本科的中等女子师范学校（辛亥革命后，改称为"南通县立女子师范学校"）。该校后来虽然迁出了柳家巷，但新址依然在南通中学附近；1929年，这里还曾成立过"江苏省立南通中学实验小学校"（为南通中学师范科学生实习服务），后改名为"江苏省立南通小学校"；通中附近的东北方向，在旧称"东北营"的地方，还有南通市实验中学（始建于1917年，原名崇敬中学，著名电影表演艺术家赵丹及知名电影人顾而已、钱千里等人的母校）；紧靠南通中学西北，有南通市实验小学（始建于1902年）；南通中学东面，仅隔着一条北濠桥路（旧称蒋家巷），就是南通师范第二附属小学了（始建于1906年）。所以，把这里称为中学堂街，不但名副其实，而且与周边的这些历史名校一起，形成了南通最负盛名的中小学教育区。

包括南通中学在内的寺街这片街区，可谓南通教育的发源地。

中学堂街上的南通中学，既是沙白先生永远的母校，也是他的诗歌摇篮。

如前所述，由于原来的南通市人民政府南迁到新城区，就把这里的一大块空出来的地给了南通中学。于是，北面的主校区与南面的新校区，通过穿过中学堂街的空中走廊，就连为一体了。而就在南通中学南校区的南面，便是南通市的地标性建筑——中西合璧的钟楼与谯楼了。

南通的钟楼有点像英国伦敦的大本钟，1914年，张謇与其兄用南通潘氏捐给通崇海总商会的5000元，在上海买来了巨钟，在谯楼前建造了这座钟楼。钟楼由南通建筑师孙支厦设计，在风格上明显受到西方艺术的影响。

张謇撰书的"畴昔是州今是县，江淮之尾海之端"对联，也被刻于木板上悬于楼前。这副对联不仅点明了南通所处的地理位置，而且指出南通由州变县的历史性变迁，成为传颂遐迩的名联。

而钟楼后面的谯楼，其前身是南宋淳熙年间建造的用以瞭望的戍楼，后毁于火。元代至正九年（1349），重建成华美庄严的谯楼，但未及20年又毁于火。明洪武三年（1370），又在其原址重建，后又重修。至清代也先后修缮。谯楼是当时通州城内的最高建筑，内设有计时的刻漏（漏壶），并采用更鼓报时。清道光八年（1828），通州知州周焘将谯楼维修一新，撤去原来悬挂的"海山要郡"匾额，换上新命名的"星枢楼"匾额。楼名星枢，是依星相学说，希望因此使通州文化发达、人才兴旺。钟楼与谯楼所面对的，就是南通市中心被称为十字街的这条最悠久也最繁华的大街了。

可见，南通真的是一座有着尊师重教光荣传统的城市啊！

历史走到了新世纪，把这样一块寸土寸金的地方，交给南通中学，可见南通市市领导对教育的重视。

至今，在基础教育业内，有一种说法：全国教育看江苏，江苏教育看南通。为此，南通又一直被称为教育之乡。

南通之所以被称为教育之乡，南通中学的创建与历史、发展与辉煌，功不可没。

沙白作为享誉全国的当代诗人，有幸于耳濡目染之中，在南通中学度过了一段珍贵的成长时光。

已有110多年历史的江苏省南通中学，形成了"正道直行、积健为雄"的学校传统，并与周边多所历史悠久的名校，以集团存在的样貌及磅礴气势，张扬着南通这座城市崇文尚学的传统，书声琅琅地世代传承着教育之乡的宣言，与身旁的万里长江一样，源源不断地后浪推举着前浪，为实现中华民族伟大复兴的中国梦，输送着一代代优秀的莘莘学子，国之良才！

从中学堂街朝西，就可以进入南通最古老的街区，即寺街了。寺街的得名，是因为那里有一个天宁寺。寺街被誉为南通城历史文化的根脉。现有天宁寺、谯楼、钟楼和李方膺（清代诗画家，扬州八怪之一，擅画松竹兰梅，尤以画梅著称）故居、胡长龄（乾隆五十四年状元，为官清正廉明，刚正不阿）

故居、范当世（近代诗人，早年即有才名，与张謇、朱铭盘号"通州三生"）故居等丰富的历史文化遗存。街区总面积14公顷。街区格局完整，街巷肌理清晰，是以名寺、名人为特色的历史文化街区。

天宁寺里，有一座光孝塔，此塔建于公元864年，即唐咸通五年，为五级八面砖木塔，塔身别具一格，顾长玲珑，极富美学观赏意味，亦为南通濠河一景，是"南通三塔"（另有支云塔，文峰塔)中最古老的一位。光孝塔亦称支提塔，支提塔与居于中国佛教八小名山之首狼山之巅的支云塔，可谓南北呼应。又因光孝塔矗立在有千年历史的护城河即濠河之畔，支云塔则耸立在临长江之滨可登高望海的千古狼山，更可谓双辉齐耀南通文脉之光了。

南通狼山支云塔的钟声，于晨昏之际，悠扬于"长啸一声山鸣谷应，举头四顾海阔天空"之中；而在天宁寺，它撞击出的古寺钟声，则以其"紧十八、慢十八、不紧不慢又十八"的独特，曾入列崇川（南通又一古称）八景之一。

在江苏南通，光孝塔更因其历史最久，还有"未有城，先有塔，前人就塔建城"之说。是的，光孝塔要比通州（南通旧称）建城还要早百余年。

因天宁寺而得名的寺街，处于老城中心，南北走向，600多米长，不到3米宽，路面当年是由紫红的五山石碎石铺就（现在已改为黑色沥青了。南通临江有五座山，简称五山，分别为狼山、军山、剑山、马鞍山、黄泥山，但以狼山为首。因狼山山石为紫红色，又称紫琅山）。寺街历代名人辈出、英烈辈出，这里保留着多处他们的故居，也一代代地传颂着他们的故事。

这里略举几例：

胡长龄，乾隆五十四年（1789年）状元，他以清正廉洁、用心血为民做主做事而得千古美名。

史白（1908—1946），上海美术专科学校毕业，曾担任十九路军政训干事，加入中国"左翼"戏剧家联盟南京分盟，积极参加抗日救亡宣传工作。回到南通后参加组织新民剧社。抗日战争中，他曾担任苏中四分区政治部宣传科长、四专署文教科长。他创作的歌词《别处哪儿有》，经由著名作曲家沈亚威（新中国成立后曾任原南京军区文化部部长）谱曲，不但在当年的苏中解放区传唱一时，是至今仍被人们喜爱的红色歌曲（毛泽东的七律《人民解放军占领南京》，也是经由沈亚威谱曲，一直流传）。

江村（1917—1944），是位在抗日战争时期，闻名于大后方的戏剧表演艺术家及诗人，曾得到周恩来及郭沫若的赞赏。他所出演的《闺怨》《夜上海》

《雾重庆》《棠棣之花》及电影《白云故乡》等,对于教育鼓舞群众反对投降、坚持抗战、争取民主而斗争,产生了积极的影响。

当年的沙白,就是在南通这样的一座城市之中,在这样深厚的历史氛围的熏陶下和校园周边浓厚人文气息中度过了他的青春期。

诚如我的文友、南通本土女作家施宁在《寺街——通州古城的缩影》一书中所绘声绘色、沟通古今描述的那样:

> 在南通城区西北隅,有一片与飞檐翘角的天宁寺、高耸屹立的光孝塔、百载千年的古寺街和明清民居相互渗透、相辅相成的文化街区。这片粉墙黛瓦已斑驳、雕梁画栋已泅蚀、青春不再的古建筑群落所在地,却是备受南通历代文人雅士青睐的风水宝地:他们或在此择地而居,或在此办学兴教,或创诗社、办杂志,或建琴社、说评话……文风鼎盛,文气盎然。其文化积淀、家族传承,形成了方圆14公顷的古街区,打磨出一片含金量极高的南通历史文化积淀带。
>
> 天文地文人文神文合一的寺街,如词如诗如画。
>
> 那一条条长长短短、宽宽窄窄的古街老巷,仿佛一阕阕平平仄仄、清清丽丽的婉约词;
>
> 那一座座历朝历代、古朴深幽的庭院庙宇,仿佛一首首从古到今、风云际会的凝固的诗;
>
> 那一个个花木扶疏的园林、错落有致的民居,仿佛一幅幅浓墨淡彩、赏心悦目的风情画。

施宁之所以能写出这样清丽的文字,能如此精妙地描述出寺街历史上的经纬与岁月中的样貌,在于她就出生在寺街。寺街119号就是她的家。而《别处哪儿有》的词作者史白(原名施椿寿),就是她的二伯。这个弟兄姊妹五人的大家族一直没有分家。寺街119号是一座占地八分多、有着八间住房、二三百平方米的大院子。

当年南通中学的学子沙白,就是日复一日地出入于这样一片历史悠久、文气沛然的文化街区之中。他当年的瘦削身影,于晨昏、于风雨中,于月下、于日光中,行走着、思考着,如此千百个日夜,沙白度过了他人生中一段最为珍贵的学子岁月。

沙白先生有一首写于1997年5月的《小巷》,就艺术化地再现了他当年在南通中学读书时,对比邻学校的寺街那些小巷的真切感受——

小 巷

小巷,曲曲折折
幽深
如五十年前的记忆

五十年,黑漆大门
剥蚀于无数风雨
一方庭院
可还贮满月色
与丹桂的香气

该没有一柄刺刀
将夜色刺穿
一声"八格亚鲁"
落花惊坠一地
狼犬已去
走过依然心悸

小提琴如泣如诉
在问,谁是知音
不再是那双手了
带着对黑夜的诅咒
他倒在了血泊里
春天,我去过那
摇着狗尾草的墓地

手伸向门环
没有叩击

  一个人的成长环境太重要了!
  沙白诗歌的种子,带着恨也带着爱,就是在这片天空下、在这片土壤上、在这座校园里、在这些小巷里发芽展叶的。
  正如沙白自己所说:

> 即使走遍天涯，无论什么职业，诗歌的种子，始终如存活的生命，深埋在我的心底。

孩子会长大，无论经历多少凄风苦雨，少年沙白，桑梓育种待花发！种子要发芽，无论闯过多少风吹浪打，少年沙白，且等时机，蓄势待发！

沙白出生96年后，他的家乡于2021年8月，在由江苏人民出版社出版的《江苏名镇志·白蒲镇志》中，是这样描述他的：

> 漫步秀才巷（沙白结婚后，离开了沈桥村，迁居到了白蒲镇上的居住地），仿佛有莘莘学子的琅琅书声盘旋回荡。条石铺就的丈余宽街巷，走出去数百名出类拔萃的蒲塘子弟。明清时，盛极一时的蒲塘文化被誉为"文阵雄师"。流风余韵，硕德高风，代代延续，薪火传承。少将郑学龄、博士生导师吴迪镛、台湾首席督学吴敬基、著名诗人沙白等，将蒲塘文脉传承光大。

第二章 入列，诗歌线上当尖兵

· 1943年，沙白在南通中学读书时，发表了他的第一首诗
  这首诗发表在当年的《江北日报》副刊《诗歌线》上
  "诗歌线"真的是一个很好的寓意与象征
· 这首以《飙风的叹息》为题的诗歌
  默默地喊出了对日本侵略者的无声而愤怒的反抗
· 正是在《诗歌线》上，沙白像战士一样入列
  成为一个以诗歌为武器的突击向前的尖兵

    沙白先生的诗歌之路，虽然经历过少年时代的启蒙阶段，但真正起始的地方，是在他就读的江苏省南通中学，在那里他正式发表了第一首诗。

    这与他的一些同学和几个关键人物有关，也与一份报纸的文艺副刊有关。

    发表沙白先生诗歌处女作的这份报纸，即1943年代南通的《江北日报》。其文艺副刊有一个很有意思的名字，叫作《诗歌线》。

    就像一个战士，勇敢地加入开拔战斗前线的队伍一样，当年，沙白先生是如何入列的？他是如何走上《诗歌线》的？

    又为什么后来者居上，成为《诗歌线》上的尖兵的？

    对于这段历史，沙白先生有很详细的回忆。

    这篇回忆文章的题目，就叫作《我和〈诗歌线〉》。

    为了更好地了解沙白先生，不妨仔细录之，好在不长，诸君不妨耐心读上一读。

    沙白先生写道：

        南通市委党史办公室与南通市文联，决定重印1943年至1946年的《诗歌线》与《诗》。这份资料是钱健吾烈士的遗物（现珍藏于南通博物苑和南通市图书馆——笔者注），他（指钱健吾烈士）自己就是一个热爱新诗、积极从事新诗创作、积极支持《诗歌线》的热血青年。在这40多期《诗歌线》与《诗》中，也发现了我用白默、白水、莎白、伯

屿等十多个笔名所写的习作二十多首。这些作品浅薄、幼稚，完全是初学者的习作。

我于1941年考入南通中学，是个只知用功读书、两耳不闻窗外事的所谓好学生，当时爱好的是数学。进入高二，班上的一些进步同学穆德辉(即穆煊)、周国锟等借给我一些进步书籍，除了鲁迅、茅盾、巴金等的作品外，还有几本新诗。我读到的第一本是卞之琳的《鱼目集》，接着是臧克家的《烙印》、艾青的《大堰河》，从而对新诗产生了兴趣，并试着写一些新诗。当时学校中有一些同学向报纸副刊投稿（这些副刊多由我党隐蔽战线的同志与进步青年主持），我也跟着把自己的习作寄去。记得第一篇被采用的是《羸顽的叹息》，发在副刊的下角。发后数日，编辑顾迅逸（即顾迅一），特地到学校找我，予以鼓励，并带来二元钱稿费。关于这二元钱稿费，还有个小小的插曲：我收到稿费后，即去南门外一所旧书店买了一本苏联小说《铁流》，这本书便在同学间传阅。一个多月后回到我手中时，已成了《文史通义》。归还的同学解释说，为防止日本人突然检查，把书的封面换了。这篇《羸顽的叹息》，后来又在《诗歌线》的"线外"增刊上重发了一次。

从此，我便不断地把自己的习作寄给《诗歌线》。但又不愿意别人知道，因而经常更换笔名，甚至借用同学的笔名。特别1945年我因肺结核在家休养期间，写得更多一些。但这些诗作都是学生习作，题材局限于同学间的友情与对于"冬天"的诅咒，对于"春天"的想望之类。艺术上更不成熟，有些还是模仿之作，如《空夜的心》，便是模仿艾青的《透明的夜》的。对于诗歌需要精练、含蓄这些艺术规律，理解更少，如我在写了《羸顽的叹息》之外，觉得这个题材尚未尽情发挥，于是又写了画蛇添足的《羸顽的心》。我的这些习作，与同发在《诗歌线》上的章品镇、严格、钱素凡、顾迅逸、钱健吾等同志的诗作比较，思想性艺术性都差了一个档次。我常想他们如果不是过早地为革命事业献出了生命，或出于种种原因过早地放下了诗笔，一定会取得比我更高的成就。

然而，《诗歌线》对我来说，毕竟是一座启蒙学校，启发了我对诗歌的爱好，在心田播下了诗的种子。后来我虽因读工科大学与从事新闻工作，放下了诗笔，但对新诗的爱好依旧。1953年调入工厂（上海国棉八厂)工作后,接触到工人生活,又重拾诗笔。1958年担任《萌芽》诗歌编辑之后,终于走上诗歌创作之路。当年《诗歌线》播下的种子,终于萌芽生根。对于《诗歌线》,我是怀着深深的感激之情的。

附带说明一下:1980年代初,重庆出版社编选《中国四十年代诗选》时,我曾经根据章品镇同志的意见,从《诗歌线》上抄录了部分作品寄给编者,选入《中国四十年代诗选》的有石作蜀(严格)的《关于云》、郑注岩的《长江梦着恒河》、夏理亚的《拾垃圾去》、钱素凡的《和一小兵喝酒》、钱健吾的《学唱戏》、顾迅逸(另名顾迅一)的《十五夜》等。[沙白的《刀丛诗草》(三首)及《火的想望》亦入选——作者注]。其中,郑注岩的《长江梦着恒河》、顾迅逸的《十五夜》、钱素凡的《和一小兵喝酒》、钱健吾的《学唱戏》等,还被选入公木主编的《中国新文艺大系1937—1949·诗集》,可见当年《诗歌线》的水平,比之全国其他报刊,并不逊色。

在如实地录下了沙白先生的这篇《我和〈诗歌线〉》之后,为了更好地了解沙白先生与《诗歌线》,需要补缀几点。

其一,沙白当年发表在《诗歌线》上的作品,以及写在1940年代的其他作品,有三篇收入陈荒煤总主编、公木主编的《中国新文艺大系1937—1949·诗集》中,该诗集由中国文联出版公司1996年10月出版。这三篇分别是:《贔屃的叹息》(曾刊于《诗歌线》)、《刀丛诗草》(以上两篇署名均为沙白)、《火的想望》(署名为穆雷,这是沙白当年的笔名之一)。

其二,据当年《诗歌线》某一阶段的策划人章品镇(中华人民共和国成立后曾任江苏《雨花》《钟山》主编,江苏省作家协会秘书长等职)在2001年2月撰写的《关于〈诗歌线〉》一文中回忆说:

《诗歌线》共出了43期。现在回头想想,是什么力量使这些青年一时间都成为诗人的呢?我觉得是生活在敌伪统治的低气压下的愤恨和苦闷。愤恨与苦闷的青年得到或感觉到党的指引,因而认清了方向,于是满怀热烈的追求和憧憬。

章品镇在这篇文字中还特意回忆说:

这些人中,据我所知,现在还在坚持写的,只有沙白、耿林莽、丁芒和徐泽霖了。沙白已出版6本诗集,博得了全国的声誉。

其三,据沙白先生在南通中学时的学友兼好友穆煊回忆说:

《诗歌线》创刊后,好多青年成了诗歌作者,而且大家写"三十六行画像"一类反映劳动人民生活的诗,在本地"诗坛"形成风气,其影响是好的。我统计了《诗歌线》合订本中的署名(绝大多数用笔名),共111个,已查出真名的,有23人,其中有钱素凡、顾迅逸、钱健吾、郑注岩、章品镇、丁芒、严格、夏里亚、徐虎、沙白、王彪、季修甫、程灼如、徐泽霖、向荣、穆煊、丁图、耿林莽、沙遥等。

穆煊还说:

在当年50多个青年诗作者中,沙白是一直写诗写到80多岁还未停笔,而且是出类拔萃的一个。

好了,交代了沙白先生开始正式写诗发诗的时代背景之后,就让我们来读读这位诗人平生发表的第一首诗歌《赑屃的叹息》吧。这首诗在《诗歌线》上首次发表时,沙白用的笔名是"白默"。

赑屃的叹息
白 默

绿草中又捡起一年,
已记不清岁月了,
记忆在背上。

在生之边涯,
驼起了它——
这沉重的石碑。

没有了生,
也不曾死,
只僵伏在重压下。

看寺庙成了墟丘，
　　绿苔记着沧桑，
　　朝代过去了。

　　早被封闭了嘴，
　　喊不出声来，
　　噙着血泪画几串叹息。

　　人，在远方，
　　神，在天上，
　　把叹息递给谁呢？

　　（注：选自南通《江北日报》副刊《诗歌线》。初次发表是在1943年。后又在"新26期"再次刊登）

　　这首诗意象千钧，苍凉压抑，基调凝重沉郁，思绪悠远浩渺，节奏余音舒缓，语言意味深长，既是对那个民族危亡时代的喟叹与不屈，也是对生灵涂炭岁月的抗争。以我这个沙白弟子的一己之见，这首诗绝不像沙白先生自己一再表明的，只是一个初学者的作业，而是一首不可多得的佳作，是思之所至、情之所至的可遇而不可求的珍贵诗品的结晶，是抗争精神犹如寒梅花朵的一次激情怒放，值得历史永远留存。

　　据不完全统计，沙白曾以伯屿、白木、草南、莎白、白默、穆雷、伯婉、谷风、弥丁、雷芒、郁垒、尚白、循逸、柯仑等14个笔名，在《诗歌线》上，先后发表了28首诗，可谓是后来居上者，并与丁芒、章品镇、钱健吾、严格、穆煊、夏理亚、郑注岩、钱素凡、顾迅逸、徐泽霖、任哲维等人一起，成了奔走呼号在《诗歌线》前列的尖兵。

　　下面，就再记录几首沙白当年发在《诗歌线》上的诗歌作品，录以备忘吧。

　　当下，想再读到这样的诗歌作品，机会已经是非常地难得了。通过阅读这些沙白先生早期的作品，我们可以看到他在那些年月的所思所想，所爱所恨，看到沙白这个诗人还在很年轻的时候，是怎样用诗歌这种艺术形式和他的语言方式来表达他对那个世界的看法的，同时，他又是怎样向着那个异族入侵、内忧外患的黑暗世界坦露表达着自己的内心世界的。借此机会，我们也可以看看，那个时候的沙白，就已经具有了怎样的一种寓于情感跌宕中的爱恨与悲悯的情怀。

夜 醒
白 木

风打着胡哨,
夜又更深了一寸。
依旧有续断的叫卖声,
撕碎零落的梦片……

想外面惨淡的灯光下,
正有人拖一条孤影,
闪进幽暗的长巷里,
颤抖着一头白发。

一千声呼叫,
(声声是挨着生活鞭子的哀号)
仍叫不开半扇紧闭的门,
(暗地吐着一千声叹息)。

终于,唤声跟着漏声断了,
剩下冷落的一片风——
遥想人间苍白的拾草的孩子,
今夜正有个奇遇的梦。

（该诗发表于1945年8月27日,署名"白木",这是那个时期沙白的笔名之一）

在这首诗中,我们读到了那个年代普通百姓的艰难处境,也读到了沙白先生对于艰辛劳作者的悲悯情怀。在那个暗无天日的悲凉年代里,只有诗人的同情心是温热的。

再读一首《读〈静静的顿河〉》吧——

读《静静的顿河》
郁 垒

从高尔基，
我随着
那些小偷，苦工
和流浪汉们，
漫游过
用船夫的歌声
装点的伏尔加。

现在，
因为你
肖洛霍夫，
我又走到
用草原
和哥萨克的村落
着色的静静的顿河，
和用血
用战争
用尸身
和寡妇
修饰的静静的顿河了。

而我是在
辽远的没有草原的
暗绿的静静的扬子江啊。

对于那些
草原，哥萨克的歌声，
和那些
灾难中涂血的土地
我要悬想。

> 而今
> 已不是一九一七年代了。
>
> 我读你的诗时
> 是在
> 血染过
> 顿河,乌克兰
> 彩色的欧罗巴,
> 甚至这片东方的
> 暗绿的大地
> 是一九四五年代啊。
>
> 随处我可以
> 掇拾灾难的烙印,
> 但是
> 肖洛霍夫
> 我想借你的笔……

（这首诗发表在《诗歌线》改刊后1946年1月9日的《诗》周刊。郁垒是那个年代沙白的笔名之一）

回想沙白先生的当年,用《诗歌线》编辑顾迅逸亲手送给他的第一笔两元稿酬,在旧书店里购买了苏联小说《铁流》来读之后,从上面这首诗里,我们又读到了些什么呢?

我们又再次读到了沙白开始把视野放远到了俄罗斯和当年的苏维埃了吗?

但是,我们知道,当高尔基与肖洛霍夫走近了沙白,当《静静的顿河》之水流进了沙白的心,沙白已经不再是原来的来自苏中乡间的少年了。

天下的生活苦难是一样的。从小说与诗歌对于苦难生活的观照来讲,是一样的血与泪,是一样的战争与和平。

或许,这不仅仅是一首感叹世界的小诗了。

那时,沙白的脚步与目光,已经抵达了世界。

接下来,我们再来读一首意味深远、含义深沉的《别》吧——

别

伯 屿

"河阳?"
"不,黑水!"
"别了!"
"别了!"
无言……
夕阳也无言
冷落西下。

该剪不断记忆吧!
濠河边的漫步;
灰色黄昏里,
欸乃一叶舟。

"黄莺久住浑相识,
欲别频啼四五声。"
去年的今日,
有人用靛色的字,
涂上粉白的墙。
而今,
又将是没底的别!

如果暮色中也看到
黯然低垂的眉,
该以为是担不起
沉重的离愁吧!
柳梢头游泊的炊烟,
芦管笛嗦哨着
六月的晚风,
这些,
将永锁住记忆!

"明春,
请寄我故乡的春草;
如果有新柳,
也顺便折一枝。"

"当然!
随春风,
也请带下点
异地的春讯!"
……

上弦月,
如今是催别的使者。
"再会!"
"再会!"
再会在几时?

明夜,
千里外的异地,
将有颗思乡的心,
怀念北濠河上的轻舟。
异地,
依然有星河,
有月,
但这次的十五夜,
怕不再是满月了!

（这首诗1943年12月发表时署名是伯屿,这是沙白那个年代的笔名之一）

这是一首送别诗。沙白送的是哪位学友我们不好确定。可能不是"河阳",而是"黑水",也可能是没有提到名字的学友吧。可是,那位学友为何离去?他将去向哪里?我们也不知道。如今,离开这首诗的发表,已过去了八十载。诗中一再提到了故乡,而且是千里之外,让人费思量。我们读过这样的诗句,了解的只有沙白的少年伤感。沙白一直是个极为重情重义之人,只是他很少溢于言表,数十年他一直都是如此。

送别大概就是在北濠河畔,那是距离沙白中学母校南通中学近到只相隔数十米的护城河,即濠河。啊!不知那个年代,母校是否有北大门,反正现在是有的,那与濠河就是隔路相望了。

濠河已有千年之久,被称为南通的母亲河。那个时代,北濠河上是有客运码头的。那个被送别的同学,该不是就是乘船离去的吧。用诗歌写离别,或者用诗歌赠友人,似乎是中国读书人的传统,更是诗人的习性。后来,沙白又写过许多这样的诗。但是,这首诗无疑是最早的,也是最珍贵的。这首诗的写作年代,距今已经太遥远了。可是,为什么我们读起来依然很亲切呢?这就是沙白诗歌的魅力了,也是他的诗歌特色之一了。这个特色在沙白诗歌起步阶段就形成了。

沙白先生一直是个让人容易亲近的人。他在叙事中抒情,描述了送别的许多情景,勾勒出了一幅幅的送别画面,情境亲近得如在眼前,给人以往事如昨之感。读罢,就感觉有一股温热之情,像流水一般汩汩流淌,通达心脏与周身。

村 暮
沙 白

小路钻进
树木与茅屋的林;
独轮车的旋律
有北风合奏。
暮色掠过
每株枯凋的树梢,
凝结在波动的麦畴;
和忧郁地
私语的溪流。

寒鸦负着炊烟
描画怕人的冷落——
再找不到
往昔梦般的和谐

（村女的无邪的笑
和老人们没尽头的
神话故事）。

大门关住了
每颗悬着的心；
油灯下再没有
嘹亮的牌唱。
狗的号叫
沿户散下
恐怖的战抖……

（这首诗发表于1944年11月署名为莎白，是沙白那个年代的笔名之一）

这首写了些什么？读过就一切明了了。这是对那个日寇入侵后国破家败年代的控诉啊！诗题《村暮》既写村庄的夜晚，也在写村庄的垂暮。白天是垂暮的，夜晚是更甚的垂暮——

小路是落寞的。
树木与茅屋是落寞的。
独轮车是落寞的。
麦田是落寞的。
连寒鸦与炊烟都是落寞的。
再也听不到
"村女的无邪的笑"了。
再也听不到
"老人们没尽头的神话故事"了。
有的只是"狗的号叫"和"沿户散下恐怖的颤抖"。

那个年代，沙白就是这样用诗歌为武器，在敌占区发出一个战士的声音的。
为此，当年的《诗歌线》就是沙白的"抗战前线"啊！
就在这个"抗战前线"上，沙白成了一个以诗歌为武器，并突击在最前沿的一个勇敢而出色的尖兵！

第三章 初心，沙白之师卞之琳

- 江苏省南通中学是沙白当年的母校
- 这里也是他诗歌生涯正式开始的地方
- 他发表的第一首诗《飙屃的叹息》就写作于此
- 启蒙他的第一部诗集是著名诗人卞之琳的《鱼目集》
- 沙白是卞之琳的私淑弟子

  1941年下半年，沙白考入江苏省南通中学读高中。那时的南通城处于日本侵略者统治之下，抗日的愤懑、爱国的情愫、忧国忧民的思虑、向阳奔流的热血，无时不在莘莘学子心中涌动。读高二时，在穆煊等进步同学的影响下，沙白开始阅读进步书籍。

  当时在向往进步、爱好文艺的同学中，流传着三本诗集，即卞之琳的《鱼目集》、臧克家的《烙印》和艾青的《大堰河》。由于卞之琳先生是南通地区海门人，与南通中学的学子们，同样都生长于大江之东这片乡土，这就让沙白及部分学生，对卞之琳先生多了一份认同感与亲近感，因此争先恐后地学习卞之琳，抑或是应了"近水楼台先得月"这句话。

  无论是站在桥上还是楼上，也无论是在月光下还是在梦幻中，沙白和同学们，都在读卞之琳先生的诗，特别是《鱼目集》中的《断章》和写于日本的那首《尺八》。

  尺八者，一种中国传统吹管乐器也。以管长一尺八寸而得名。唐宋时期传入日本。

  而《鱼目集》这部诗集的命题来历，及其发散出来的处世哲学和极为风趣的诱人格调，也深深地吸引着沙白和同学们。

  因为卞之琳先生在《鱼目集》"题记"中，是这样说的：

    因为屡次宣传出书，朋友们要，答应了又不能送，仿佛欠了债……我倒真的为了这些小玩意（指诗集没能如愿及时出版），欠了一小笔钱债。现在这笔小债就成了一口网，一口怪网，大约如蜘网可以捞露珠。捞出来的，说得好听是"鱼目"，其实没有那么纯，也无非泥沙杂石而已。想象到这儿,我仿佛站在一片潮退后的海滩上。

在阅读热潮中,同学们纷纷模仿卞之琳的诗进行创作,遂形成了一种时尚。当时由我党隐蔽战线同志主持的南通《江北日报》文艺副刊上的一个子栏目,即《诗歌线》,就发表过好几首仿制之作。

沙白先生回忆说:

> 我之与新诗结缘,便源于《鱼目集》,从此时起开始试着写诗,我也曾写过一首《尺八·仿卞之琳》。因诗中反日倾向过于显露,未敢拿出发表,只记在自己的小本子上。

2004年9月16日,沙白先生以诗集《独享寂寞》,在北京人民大会堂获颁中国诗歌学会"首届艾青诗歌奖"。

正是在《独享寂寞》这部诗集的序言中,沙白再次深情地表达:

> 我是从学习卞之琳开始试着写诗的。

是的,历史就是这样写成的:沙白没有成为卞之琳的入室弟子、亲授弟子,但他却一直把长自己15岁且早已在诗坛声名鹊起的卞之琳,视为自己所敬仰而不能从学的前辈师长。

毫无疑问,沙白是卞之琳的私淑弟子(语出《孟子·离娄下》)——

> 予未得为孔子徒也,予私淑诸人也。

虽然沙白在高中二年级时,因最初读到并且非常喜爱的现代诗歌是卞之琳的《鱼目集》,就认定卞之琳是他的诗歌导师,但与他一直心仪崇拜的卞之琳初见,却是在过了22年后的1964年。

沙白记得很清楚:

> 一天夜晚,我与忆明珠(沙白诗友,后同为江苏省作家协会专职作家)去南京大学宿舍,拜访诗人赵瑞蕻教授(赵瑞蕻教授译著有《红与黑》、论文集《诗歌与浪漫主义》;其夫人杨苡也是著名翻译

家，译著有《呼啸山庄》等）。赵家座上恰有一客，头发灰白，面容清癯，身材瘦削，经介绍，始知即卞（之琳）先生。当我提及我读的第一本诗集是他的《鱼目集》时，他谦逊地说："那只是过时的小摆设。"

沙白与卞之琳的第二次晤面，又过去15年了，中间经历了十年"文革"，卞之琳与沙白的命运，都曾在那场"风暴"中，经历了不堪回首的折磨与煎熬。

沙白当时的观察很敏感，他一直记得第二次晤面时的情景：

在1979年1月的全国诗歌座谈会上，又一次见到卞先生。此时的他，头发已经全白，身体瘦弱，略显老态。他的话似乎也像他的诗"喜爱淘洗，喜爱提炼，期待结晶，期待升华"（见《雕虫纪历》自序——人民文学出版社，1979年9月版）。

又过了5年，沙白与一直敬仰的卞之琳先生有了第三次相见的机缘。沙白继续回忆说：

1984年12月，在中国作家协会第四次代表大会期间，他（卞之琳）特意到江苏代表团所住房间，来看望"老乡"。此时却见他虽瘦削如故，却精神矍铄，神采奕奕，似乎比1979年年轻了。

沙白心里明白，卞之琳先生之所以"似乎比1979年年轻了"，他是感同身受的，这是因为改革开放事业的春风一旦吹起，那就是对自由呼吸的吹拂与心灵的抚慰啊！大家也都得益于改革开放事业的春之甘霖，对身心舒畅的温馨润泽啊！

沙白先生继续回忆说：

我的第一本诗集《杏花春雨江南》出版后（此处指沙白先生"文革"后的第一本诗集。他的第一本诗集应该是1956年上海新文艺出版社出版的《走向生活》），曾寄去一册请他指点。他回赠了一本由三联书店（香港）出的《雕虫纪历》，书中错漏之处，一一用红笔作了校正。收到他的赠书后，我把他的诗重读了一遍，曾写下一首《重读〈雕虫纪历〉》：

一支尺八，响起，
在一座沦陷的小城。
我开始在你的圆宝盒中，
架设我的梦境。
没有搭成一道虹桥，
通向别人的心灵。
我仍然只是个
在桥上看风景的人。

沙白先生在这首诗中，不但又一次深情地写到了卞之琳的《尺八》，还巧妙地写到了卞之琳的《断章》。由此，我们读到了他对诗歌导师卞之琳发自内心的数十年如一日的虔诚敬仰，也读到了他在追随卞之琳人格与诗风的漫漫历程中，对自身诗歌创作谦恭的审视。

其实，自1942年沙白初读卞之琳的《尺八》之后，从他当时写出的没敢发表的那首模仿之作《尺八·仿卞之琳》，到这首重读之作，可以明显感受到卞之琳的思绪与诗风，对沙白诗歌创作的潜移默化的浸染与熏陶，也依稀看到了一种心悦诚服的承继与执着地前行。

沙白对引领自己走上诗歌创作之路的导师卞之琳，一直在中国新诗的大视野之中，在阅读中追随学习，在关注中揣摩领悟，在比较中仔细研判。他在应《诗刊》刊授学院《未名诗人》执行主编王燕生之约，写作《答〈未名诗人〉问》一文之余，曾写了一篇题为《从雨想起》的散文，更为随意却浮想联翩地谈起了诗歌创作，再次提起了卞之琳。他是这样表述的：

　　在（写雨的）新诗中，我首先想到的是戴望舒的《雨巷》，这是一首名诗，戴望舒也因它而被称为"雨巷诗人"。几乎每个选本都选，甚至被选入课本。

沙白先生太喜欢《雨巷》这首诗了！为了下面记述上的连贯性，我们不妨依照沙白先生《从雨想起》这篇文章的起承转合，依照原样次序，再录如下：

　　　　雨　巷
　　　　戴望舒

撑着油纸伞，独自

> 彷徨在悠长、悠长
> 又寂寥的雨巷,
> 我希望逢着
> 一个丁香一样地
> 结着愁怨的姑娘。
>
> 她是有
> 丁香一样的颜色,
> 丁香一样的芬芳,
> 丁香一样的忧愁,
> 在雨中哀怨,
> 哀怨又彷徨
> ……

我们继续沙白先生的论述:

　　由《雨巷》,联想到前些年才读到的余光中的《等你,在雨中》。余光中写于1962年的《等你,在雨中》这首诗,与戴望舒写于二十多年前的《雨巷》相比较,在意象上、语言上、表现方式上,已很难看到旧诗的痕迹。由雨,想到《雨巷》,想到《等你,在雨中》,由此,我想到了卞之琳的《雨同我》。

　　卞之琳是自有新诗以来富有艺术个性的"只此一个"的诗人之一(戴望舒、余光中也是)。尽管前些年出版的部分现当代文学史中未曾提及,却无法抹掉他在新诗读者中的影响。卞之琳的《雨同我》,也是诸多写雨的诗中"只此一首"的诗。

就让我们一起来读读卞之琳的这首《雨同我》吧——

雨同我

卞之琳

> "天天下雨,自从你走了";
> "自从你来了,天天下雨":
> 两地友人雨,我乐意负责,

> 第三处没有消息,寄一把伞去?
>
> 我的忧愁随草绿天涯,
> 鸟安于巢吗?人安于客枕?
> 想在天井里盛一只玻璃杯,
> 明朝看天下雨今夜落几寸。

沙白继续饶有兴趣地谈他的卞之琳《雨同我》的读后感:

  诗人从两位友人极普通的对于久雨的埋怨,生发出一连串的想象,由一句玩笑"两地友人雨,我乐意负责",联想到"第三处没有消息",再联想到"鸟",到"人",到用玻璃杯来测量一下"今夜落几寸"。由一及二,由二及三,乃至无穷。说它小,只是由于久雨,展开的一串联想(小到一只小小的玻璃杯),说它大,却是从鸟到人,普天下的苦难都在诗人的忧思中。

  很可能有人说,这样的联想我也能,但请别忘了第一个是卞之琳。正如他的《断章》:

> 你站在桥上看风景,
> 看风景人在楼上看你。
>
> 明月装饰了你的窗子,
> 你装饰了别人的梦。

  明白如话,而又含义无穷。似乎人人都能见到,人人都可写出,但第一个仍是卞之琳。

沙白如是评说卞之琳和卞之琳的《断章》诗。

沙白又说:

  在诗坛,我是个偶然的闯入者。从小学到高中二年级,几乎没有读过什么文学作品(国文课本除外),直到高二,有几位进步同学用文学作品向一些埋头读书的学生"做工作",我才接触文艺。第一本是卞之琳的《鱼目集》(谁会想到卞之琳的诗,会成为启发我进步的启蒙教材)!

沙白总是情不自禁地想起、说起卞之琳的导师之恩。

2000年12月2日上午,卞之琳先生突然去世,这令无数亲朋好友无比震惊与哀伤。再过5天,就是他的九十周岁生日了,许多人正为其准备贺寿。沙白闻讯,哀伤难已,思念难已,写下了一篇悼念文字——《为卞之琳送行》。

沙白在文中说:

> 卞先生虽然一生只留下一百多首诗,但其中的《断章》《寂寞》《尺八》等,将流传下去,也许要比那些所谓的"著作等身"的人的作品,寿命更长。因为他的诗,是经过"淘洗""提炼",达到"结晶""升华"的真正的诗。

在这篇悼念文章中,沙白先生再次发出了铭刻于他内心深处的声音:

> 卞之琳是我永远崇敬的诗人!

从那以后,沙白对于卞之琳先生,就是永远的缅怀了。
从那以后,他不会再有与卞之琳先生第四次晤面的机会了!

唐代韩愈早就说过:

> 古之学者必有师。师者,所以传道受业解惑也……生乎吾前,其闻道也固先乎吾,吾从而师之。

沙白先生正是依照先人古训,在自己学诗起步的年代,就情不自禁地、心悦诚服地以卞之琳为师了,这是一种心灵上的敬佩与认同,这是先他一步的穆煊、周国锟同学推荐的结果,也是沙白先生心有灵犀一点通的结果。

高山仰止,景行行止,这应该是一种独特的跨越时空的充满敬畏的师生传承。

也许，人只有得到大智者的指引与火花点燃，自己才有可能也成为大智者。数十年在追随诗神的长路上走下来，于功成名就的沙白而言，回眸遥望，卞之琳正是指引他与点燃他的大智者。

卞之琳先生的一首《断章》，让沙白看到了在诗歌里，可以是桥上与楼上的风景无限、月光无限、梦境无限，并用从自己心上流淌出来的泉水般的诗章，接续着诗歌导师也是心灵导师的《断章》。

《断章》不断，才有了他的纺机轰鸣中的诗歌《走向生活》，才有了他的风景这边独好的诗意《杏花春雨江南》，才有了他的吹奏不止的悠扬天地、亲近人心的诗情《苇笛》。

卞之琳的一首《寂寞》，让沙白较早地把思考人生的根系，一寸寸地扎进生养自己的土地深处，扎进父母之邦五千年文化积淀的土壤深处，既做爱山的仁者，也做爱水的智者。

他与卞之琳都生长在长江边，一个在江苏海门汤家镇，一个在江苏如皋白蒲镇，两座镇相距不过百余里之遥。

那是一片他们共同拥有的长江入海口北岸的江海大平原。

正是那已经流到长江口的同一江水，以同样的甘甜喂养了他们。既然大乡贤卞之琳先生用诗歌的涛声唤醒了他，沙白便执着地不断去开启并守望生活的本真与生命的尊严了，也就绝不甘心虚掷年华地《寂寞》了，这才有了沙白后来的《大江东去》的势不可挡和涛声依旧的不绝于耳，才有了护卫一己心灵领地不被侵犯的《独享寂寞》。

卞之琳先生的一首《尺八》，那悠悠的笛声，把飘拂中托载着的乡愁，于昼夜的起伏中，送入沙白的心中与诗中，更把不甘日本侵略者对我巍巍中华的占领与掠夺，化作了一种仇恨中的抵抗，这才有了他1943年的第一首诗《赑屃的叹息》。多年以后沙白又写出了另外一首代表作《苇笛》（原载《星星诗刊》）。正是在《苇笛》这首诗中，沙白再次提到了卞之琳，提到了那首影响他数十载诗歌人生的《尺八》。

2002年3月，应《扬子江诗刊》创刊之约，沙白写出了《仍是那支苇笛》一文，又将这首《苇笛》写了进去。诗集《独享寂寞》出版时，这篇文章则成了诗集的《代序》。

2004年9月，《独享寂寞》获得了中国诗歌学会"首届艾青诗歌奖"，为沙白带来了更加广泛的声誉。他一直追随的卞之琳先生，也就成了沙白一路走来形影不离的幸运星与护佑神。

苇 笛

沙 白

儿时被芦苇割破手指
母亲为我卷一支苇笛

长大后羡慕别人的尺八
偷偷向竹管去寻韵律

也曾钟情于一支号角
梦想着与飙风同呼吸

老来细看自己的手中
仍是那支喑哑的苇笛

虽然喑哑,依然珍惜
有母亲的爱,自己的血

沙白说:

这首诗可以说是我写诗的"雕虫纪历"。

一有机会,沙白总忘不了感念他的诗歌导师卞之琳。
在谈到他的这首《苇笛》时,沙白又一次动情地回忆说:

我读到的第一本诗集是卞之琳的《鱼目集》,这便是我在《苇笛》中所说的:"长大后羡慕别人的尺八"(《鱼目集》中有一首《尺八》,在我所在的小城里风靡一时)。我是从学习卞之琳的诗后开始试着写诗的。但是,我既无卞之琳那样的外国文学修养,所处的时代也大不相同,写不出卞之琳那样的诗来。只能根据自己的生活感受,写出《赑屃的叹息》,当时沦陷区正在敌人铁蹄之下,灾难深重。龙生九子,其一为赑屃,它只能在现实与历史的重压下,无奈地"叹息"。以后读艾青、臧克家、田间,以至解放后读郭小川、贺敬之的作品,"也曾钟情于一支号角",所以一度写出过《大江东去》《递上一枚雨花石》等。

沙白在这首《苇笛》诗中所写的母亲，既指生他的母亲，也指艺术上的母亲。

纵观沙白的诗歌人生，卞之琳先生之于诗人沙白的导师意义，一再被证明。两代诗人的相互烛照，便走进了中国现当代诗歌史。

谈卞之琳先生之于诗人沙白的导师意义，绝不能忘记徐志摩之于诗人卞之琳的导师意义。让我们顺势上溯一下吧——

1933年毕业于北京大学英文系的卞之琳，曾是徐志摩和胡适的学生，也是徐志摩亲自授课的最后一位成为大诗人的学生，深受赏识。

历史常常是在巧合中写成的——

1930年秋天，徐志摩得到北京大学文学院院长胡适的帮助，离开上海到了北京，第二次任教于北大。于是，卞之琳成为徐志摩的亲授弟子了。

当时20岁的卞之琳是北大英文系学生，刚刚开始诗歌创作。

徐志摩是怎样关心卞之琳这个他的亲授弟子的呢？

卞之琳先生回忆说：

> 大概是第二年（1931年）初，诗人徐志摩来教我们英诗一课，不知怎地，堂下问起我也写诗吧，我觉得不好意思，但终于老着脸皮，就拿那么一点点给他看，不料他把这些诗带回上海，跟小说家沈从文一起读了，居然大受赞赏，也没有跟我打招呼，就分交给一些刊物发表，也亮出了我的真姓名（从此我发表作品还想用什么笔名也就难了）。这使我惊讶，却也是不小的鼓励。

徐志摩与卞之琳的师生缘分，就是这样写在中国新诗史上了。

卞之琳继续回忆说：

> 就人的关系说，我做他的正式学生，时间很短，那就是在1931年初他回北京大学教我们课，到（1931年）11月19日他遇难为止这不足一年的时间；就诗的关系说，我成为他诗的读者，却远在1925年（沙白出生的那年），我还在乡下上初级中学的时候。我（从上海新月书店）邮购到一册《志摩的诗》初版线装本。这在我读新诗的经历中，是介乎《女神》和《死水》之间的一大振奋。

晚年，卞之琳先生回忆起徐志摩给他们上课的情景，仍然绘声绘色，津津乐道：

徐志摩是才华横溢的一路诗人。他给我们在课堂上讲英国浪漫派诗，特别是讲雪莱，眼睛朝着窗外，或者对着天花板，实在是自己在作诗，天马行空，天花乱坠，大概雪莱就是化在这一片空气里了……

徐志摩是中国文坛上耀眼的一颗明星，他的明珠般的作品被人们争相阅读，而他与卞之琳的师生情缘，则广受关注。

卞之琳曾深情地说：

十年是并不短的时间，一个人能有几个十年？

1941年，值徐志摩逝世十周年，卞之琳编就《十年诗草》（1930—1939），这是卞之琳的诗总集，为纪念徐志摩而出版。卞之琳在"初版题记"中说，"我算是向老师的墓上交了卷"。

卞之琳师承徐志摩，沙白师承卞之琳。

卞之琳曾得徐志摩亲授，沙白则在学习卞之琳的过程中汲取了神韵，成了卞之琳的私淑弟子。

生于1897年的徐志摩长卞之琳13岁，生于1910年的卞之琳长沙白15岁。

三位诗人都为中国新诗做出了杰出贡献，在不同的年代，分别留下了传世佳作名篇。这真的是一个很有趣味的传承，串联在了一条中国诗歌的翡翠项链上，为独具特色的中国新诗的银河增添了永不熄灭的光芒。

犹如一条诗歌的长江，他们则像是分别航行在上游、中游、下游的船帆（当然时序上会有些交叉与重叠，并不是绝对的上游、中游、下游）。而他们奔向的却是共同的大海，拥抱的是同样温暖的东方朝阳。

徐志摩是中国新诗百年来的一位极为重要的诗人，仅一首《再别康桥》，不断被一代代国人诵读，何止千千万万人、千千万万次！

而谈及卞之琳，有两位大家是这样说的：

卞之琳的新诗好比是古风，他的格调最新，他的风趣却最古了

（废名语）。

【废名（1901年11月9日—1967年10月7日），湖北黄梅人，原名冯文炳，中国现代作家、诗人、小说家，在文学史上被视为"京派文学"的鼻祖】

朴素的诗将来的最好成就，或者应当归给之琳的（沈从文语）。

徐志摩、卞之琳及沙白的作品，不但都走进了中国新诗史，也都走进了我国大中小学的教材，陶冶着一代代的学子，也丰富着一代代读者的精神生活。

徐志摩的《再别康桥》，被多所大学选入教材；
卞之琳的《断章》，被收入教育部新编初中语文教材；
名诗随着这两位名人，得以永流传。
而沙白呢，仅一首曾被收入苏教版六年级上学期语文练习的《秋》，便让一代代读者，接续而久长地记住这首诗与他的作者了：

> 湖波上
> 荡着红叶一片
> 如一叶扁舟
> 上面坐着秋天

沙白的诗作选入教材的还有诗集《南国小夜曲》中的《红叶》，被选入八年级第一学期语文二期课改中。而久负盛名的《水乡行》，则被选入冀教版四年级第二学期语文第四单元第19课。

诚如俄罗斯伟大作家列夫·托尔斯泰所说：

> 作为作家，我此生最重要的作品不是《战争与和平》，而是选入国家语文教科书的一篇散文。孩子的教科书引领民族未来。

托翁此语有深意！
或许，借此机缘，也应该再次提及沙白老对于我的导师意义了。
自我1970年代初，在南通认识沙白老，已有五十多年了。已经记不清他有多少次与我促膝谈心、谈诗论诗、耳提面命了。但永不会忘记的是，他为我的第一本诗集特意作序的情景,他为我的散文随笔集专意撰文的情景,他精心从陶渊明《归去来辞》中集句,并赠手书"倚南窗以寄傲,乐琴书以消忧",鼓励我好好读书,陶冶性情,彼时的情景,如在眼前。

记得那次我登门送散文随笔集给沙白老后,他不但翻阅了全书,而且特意写了《关于〈散步与随想〉的随想》一文,发表在2007年1月15日南通《江海晚报》上。他在这篇文章中,也谈到了师生传承问题。

但是,与他因受益匪浅而一生尊卞之琳为师不同,此文却用一种极为谦恭平易又轻松愉悦的笔调,写了下面这些话:

> 王子和同志赠书的扉页上,称我为老师。其实我这个人,在工厂里修过机器,在农村挑过粪、种过菜、养过猪,在报社杂志社当过编辑,就是没有上讲台当过老师。我比他年长二十一年零一天,但当老师还是很不够格的。他生于中秋节后一天,我比他早一天,恰逢中秋。一个是十五的月亮,一个是十六的月亮,还是如他书中所写的互相辉映的两个月亮吧(指我书中谈朋友之道的《两个月亮在一起的感觉》一文)!当然,"十五的月亮十六圆"。

沙白老,自从读过您的这篇文章。我一直惭愧至今。您是长者,我是后辈。您是当代大诗人,我只是个酷爱诗歌的后学。对于您,我只有仰望追随,聆听教诲,高山仰止,景行行止。自在中央人民广播电台聆听过您的长篇抒情诗《大江东去》和《递上一枚雨花石》之后,热爱之心从来没有冷却过,追随的脚步也从来没有停止过。

是的,在下之师是沙白。

在我们这座江海之城,似我一样,深得沙白先生的教诲、心悦诚服地做他的诗歌学子的人还有很多。正如在沙白先生的韶华岁月,以卞之琳为师的南通中学同学还有很多一样。

不过,沙白是其中的佼佼者。

关于师生的理念,我必须尊重沙白老对于人际交往(包括师生交往)中所有美好的理解把握与自身感受,毕竟这是因人而异的,是极为现实的。沙白坚守师生之间是相互平等、相互尊重、相互学习这一观念的一己操守,这是他数十年来一直坚守的师生观。正因为如此,沙白先生在与我交往的数十年间,包括与他的众多弟子的交往中,总是平易近人的,和蔼可亲的,善于倾听的。每当他叙述自己的观点时,又是循循善诱的,点到为止,每次谈诗,从不指指点点,轻率否定。

与沙白老在一起，感受到的永远是亲切与温暖，温馨与幸福。

在我的印象里，一直追随着沙白，并深受他的教诲与熏陶的南通诗人中，也就是可以称为沙白弟子的诗人中，有如下几位，应该是受益匪浅。

他们分别是冯新民、李军、吴丕能、李民族、朱友圣、仇红、卢庆平、王志清、姚振国、严清、鲍冬和、石瑞礼、葛继延、蔡起泉、庄锦生等等。

而我作为他的弟子之一，深知沙白先生特别不喜欢居高临下、自命不凡、不尊重人的人。他特别喜欢与自己交谈的人自由地发表意见，这也是他对于我的另一种教诲。我必须牢记并践行。千万不能好为人师，一点都不能。否则，我就愧对沙白先生了。

沙白以私淑弟子的身份，以卞之琳先生终生为师，并终有大成。

我以一个诗歌爱好者的身份，以沙白先生终生为师。

这就够了！

行文至此，我觉得有必要把卞之琳先生的两首诗及其解读文字，附录于本章最后，因为这两首诗，曾经深刻影响过沙白先生。

附一：

尺 八

卞之琳

像候鸟衔来了异方的种子，
三桅船载来了一枝尺八。
从夕阳里，从海西头，
长安丸载来的海西客。
夜半听楼下醉汉的尺八，
想一个孤馆寄居的番客。
听了雁声，动了乡愁，
得了慰藉于邻家的尺八。
次朝在长安市的繁华里
独访取一枝凄凉的竹管……
（为什么霓虹灯的万花间，
还飘着一缕凄凉的古香？）
归去也，归去也，归去也——
像候鸟衔来了异方的种子，
三桅船载来了一枝尺八。

> 尺八乃成了三岛的花草。
> （为什么霓虹灯的万花间，
> 还飘着一缕凄凉的古香？）
> 归去也，归去也，归去也——
> 海西人想带回失去的悲哀吗？

1935年6月19日
（原载1935年11月22日《大公报文艺副刊》）

关于这首《尺八》的写作背景与动机，卞之琳先生有一篇《尺八夜》的长文，绘声绘色地进行了记述。他说：

我第一次听到尺八是在去春三月的一个晚上，在东京。

那时候我正在早稻田附近一条街上，在若有若无的细雨中，正在和朋友C以及另一位朋友一块儿走路。我到日本小住，原是出于一时的兴致，由于偶然的机会，事前没有学过一点日文日语，等轮船"长安九"一进神户，一靠码头，就把自己完全交给了为我作向导的C，紧接着发现，也就交给了经常监视他的一个便衣警察。他们现在正要带我去老远的一家吃茶店。我却不感兴趣，故意（小半也因为累了）落在他们后面，走得很慢，心中怏怏的时候，忽听得远远的，也许从对街一所神社吧，传来一种管乐声，如此陌生，又如此亲切，无限凄凉，而仿佛又不能形容为"如怨如慕如泣如诉"。我不问（因为有点像箫）就料定是所谓尺八了，一问他们，果然不错。在茫茫不辨东西中，我悠然想起了苏曼殊的绝句：

> 春雨楼头尺八箫，
> 何时归看浙江潮？
> 芒鞋破钵无人识，
> 跨过樱花第几桥？

这首诗虽然没有什么了不得，记得自己在初级中学的时候，却读过了不知多少遍，不知道小小年纪，有什么了不得的哀愁，想起来心里真是"软得很"。我就在无言中跟了他们转入了灯光疏一点的一条僻街。

回到京都……是在五月间的一个夜里吧,我听见尺八就在我们楼下吹起来了……第二天我告诉说我要写一篇散文,记昨夜……过了一个月光景,不知道怎么回事,竟写了一首短诗,设想一个中土人在三岛夜听尺八,而想象多年前一个三岛客,在长安市夜闻尺八而动乡思,像自鉴于历史风尘满面的镜子。写成后自己觉得好玩,于可解不可解之间,加上了一个题词:

正是江南好风景,
落花时节又逢君。

1936·5·8

（选自《沧桑集:1936—1946》·江苏人民出版社·1982）

附二:

寂 寞
卞之琳

乡下孩子怕寂寞,
枕头边养一只蝈蝈;

长大了在城里操劳,
他买了一个夜明表。

小时候他常常羡艳,
墓草做蝈蝈的家园;

如今他死了三小时,
夜明表还不曾休止。

（作于1935年）

　　卞之琳先生上面的这两首诗,调子都是委婉的,甚至是悲凉的。《尺八》是写去国离乡人对故国的思念,起因是在他日本听到了故国尺八的吹奏之声；《寂寞》一诗，是作者感叹一个孩子在乡下可以找到排解寂寞生活的方式，而长大后到了城里，却又死在城里而无人过问的哀情。八句诗，写出了一个进城孩子短暂的一生，令人唏嘘。

不由得想起范仲淹在《岳阳楼记》里的诗句——"登斯楼也，则有去国怀乡……满目萧然，感极而悲者矣"。

这样的生活感触，这样的意象选择，这样的情感抒发，这样的情调倾诉，对沙白的诗歌行旅都有着深深的影响。正所谓：家国情怀是优秀诗人所具有的最根本也最丰盈的内心世界。

沙白之师卞之琳如此。
追随卞之琳的沙白亦如此。

第四章　归队，上海唤醒诗人心

- 1949年2月，沙白家乡南通城解放，他开始参加新闻工作
- 1953年，学过纺织工程的沙白归队，调到上海第八棉纺织厂工作
- 有一万多名职工的上棉八厂的火热生活，唤醒了沙白诗人的心
- 1956年，沙白的第一部诗集《走向生活》出版
- 1958年，沙白调入上海市作协《萌芽》编辑部任诗歌编辑
- 至1962年春，因《萌芽》停刊，沙白离开上海调回家乡南通市文联工作

　　在沙白的中学及大学时代，国家处于抗日民族战争与解放战争的炮火连天之中。那时，他从未想过自己会成为一个职业诗人，用自己的全部热血、毕生精力、所有才华及赤诚心声，歌唱五千年的悠悠神州、广袤土地及美丽山河，歌唱他深爱着的身边的人民，及自己身处各个历史时期的各种令其感叹、慨叹、咏叹、长叹的生活。

　　战争时代的职业选择往往是身不由己的，而且，从其自身的爱好及天赋出发，沙白一直对数学的奥秘情有独钟。为此，高中毕业后，他于1946年秋，考入私立南通学院学习"纺织工程"。私立南通学院的前身，曾称私立南通大学。

　　私立南通大学是中国私立技术大学的代表，有着悠久而辉煌的办学历史。该校成立于1928年9月17日，张孝若任校长，设医、农、纺织三科，由清末状元、著名实业家、教育家张謇之子张孝若遵照父亲遗愿，将私立南通农科大学、私立南通纺织大学、私立南通医科大学合并组建而成（这些大学，都是张謇先生亲自创建的）。而改名为私立南通学院，则是在1930年11月，因中华民国《大学组织法》中尚无纺织学院，故暂称私立南通学院，设农科、医科、纺织科。1952年8月，私立南通学院撤销，南通学院纺织科再次迁往上海，与其他院校相关系科组建成华东纺织工学院，后发展为东华大学。

　　抗战胜利后，一度迁往上海的南通学院，1946年秋从上海迁回南通，在南通招收第一批学生。当时纺织科设"纺织工程"与"染化工程"两个系，每个系各招一个班。沙白得以考进"纺织工程"系。一年级时在南通城里上课，二年级时迁往南通唐闸镇上课，后又迁往上海上课。到1949年初，沙白在学

校放寒假时回南通休假。此时，解放战争战事激烈，江南江北交通阻隔，本应1950年毕业的沙白，只好肄业。

需要说明一下的是，沙白考入南通学院纺科"纺织工程"系的第二年，之所以迁往南通唐闸古镇上课，是因为由张謇先生领衔创办的南通大生纱厂就设在那里。而沙白先生就读的南通纺织专科学校，就位于1899年正式开机投产的这家大生纱厂的厂区，有宿舍楼和图书馆楼。在那里上课，自然是有利于学工结合和进入车间现场实习。

因功课紧张，在南通学院读纺织工程专业时，沙白一度辍笔。

但是，沙白的喜爱与天赋不仅仅限于数学领域，还有一个与生俱来的爱好咏诗的情愫，流淌于他的心中。少年时种下的诗歌种子，似乎总是在等待着发芽、展叶、开花。

他说：

> 即使走遍天涯，无论什么职业，诗歌的种子始终如存活的生命，深埋在我的心底。

1949年2月，沙白的家乡如皋解放。随即，又听到了南通城也解放的好消息。南通城，是沙白读过中学与大学的地方，是他的青春驿站与诗歌摇篮。

南通城的解放，也是沙白心灵的解放，打开的是他梦寐已久的崭新天地。于是，他的一颗热烈的心跳动了起来。他与顾永昌等5位同学步行60里，从家乡白蒲赶到南通参加工作。经他熟悉的原南通我党隐蔽战线负责人陈永新与学生支部负责人王飚介绍，沙白进入江海报社担任编辑。创刊于1942年的《江海报》是抗日战争时期苏中四分区的机关报，在解放战争中又转为苏中九分区的机关报。1978年改革开放后，曾有一份《新江海报》，属于南通地委的机关报，也就是1983年南通地区与南通市合并为南通市后的《南通日报》的前身吧。

1950年，《江海报》停刊，沙白转入南通人民广播电台做编辑。由于工作出色，后又转调江苏人民广播电台，继续从事编辑工作。

也许是一种机缘吧，也许是诗歌之神特意选择了一个被称为东方国际大都市的上海，在向沙白遥遥招手发出了召唤了！

1953年，为了加快经济发展，有关部门下发了"技术人员归队"的政策规定，沙白因读过"纺织工程"，被调到上海国棉八厂任技术员离开了南京。1954年入党之后，担任党委秘书、宣传部长。正是在这期间，沙白来到车间，走进纺织女工群体，观察生活，写出了一批反映纺织工人生活的新诗，诗歌大都发表在《解放日报》《劳动报》和《萌芽》等报刊上。

生活的激流是如何激荡了诗人，如何让这颗心在上海醒来的呢？需要如实道来。

沙白先生回忆说：

> 刚参加工作的几年，几乎与诗歌绝缘，文学作品读得也很少。当时环境是不容有个人爱好的。一直到1953年调入（上海）工厂，从事宣传工作，管全厂的（即上海国棉八厂）黑板报，通讯员中，有个叫毛炳甫的，写了一首快板诗《千言万语对党说》，报上发表后，在工人中产生不小影响。他文化水平不高，写稿常找我问字，比较熟悉后，他动员我重新拿起笔来，这才陆续写了一些反映工人生活的短诗，在上海《解放日报》《劳动报》发表。1956年由上海新文艺出版社编成一本薄薄的小册子，印刷出版，笔名鲁珉。正是由于这本小册子，1958年我被调进《萌芽》。

是的，正是因为当年的沙白公开发表的诗歌多了起来，引起了出版社的注意，这才有了这本薄薄的小册子《走向生活》的正式出版。

《走向生活》是沙白先生正式出版的第一部诗集。那年，他31岁。这部诗集，现在已经很难见到了。

其实，这部诗集对于沙白来说，既是他1943年在南通《江北日报》的副刊上，发表了一批诗歌作品，后又因故辍笔多年之后，重回诗坛的一个昭示、一个信号，也是他再次投入诗歌怀抱的一声礼炮、一个宣言。

正是因为这部诗集的出版，沙白才从上海国棉八厂调到了上海市作家协会主管的《萌芽》编辑部，当起了诗歌编辑，不但恢复了他1943年起的诗人身份，也彻底改变了沙白先生的生活轨迹。

诗集《走向生活》引导他走向了诗人的道路。

这册开本极小的《走向生活》诗集，只有1.9万字。当年印数1.1万册。

诗集扉页的"内容提要"是这样写的：

> 这是一个工厂业余作者鲁珉的诗集，包括短诗20首（应是21首），大部分是对劳动生活的颂歌；从实际的感受出发，歌唱纺织工业生产上的新气象和工人们工作的积极性。也有一些是抒发对世界和平、祖国建设以及农业合作化运动热情的诗篇。

沙白走向专业的诗歌道路，应该感谢上海第八棉纺织厂。上大学时，上棉八厂是他实习过的工厂。应着归队的召唤，他又回到了上棉八厂。

上海第八棉纺织厂，简称上棉八厂，曾是个万人国企。

上海自开埠以来一直是中国工业和制造业龙头，出现过一大批享誉全国的品牌。上海制造有着辉煌的历史，在近代工业史中，上海是中国近代工业产生最早、设厂最多、投资规模最大的城市。比如轻工领域诸多上海品牌，因其品质精良、匠心独具而风靡全国。而上棉八厂曾是上海轻工纺织领域的领头羊。

1958年春调入《萌芽》任诗歌编辑后，再次萌发出诗歌之芽的沙白，便与《萌芽》一起，开始尽情地舒展枝叶、蓬勃生长于新中国的天空之下，开始嘹亮地歌唱了！

对于那段岁月的回忆，沙白既有诸多成功的喜悦，也有一些事后的反思：

  刚解放时，对解放前的文艺作品（包括诗歌），全盘否定，一律作为资产阶级和小资产阶级的东西。一些进步作品，即连茅盾、郭沫若、老舍的作品也不例外。诗歌更是如此，卞之琳、徐志摩、戴望舒等不必说了，即便艾青、臧克家解放前的作品也不例外，只剩下民歌、快板、标语口号式的东西。知识分子一律被视为改造对象，只能夹着尾巴做人。

  当时我对以前写过的一些不像样的东西，甚至读过的一些作品，也一概否定，正是这种否定，让新诗走了一段很长的弯路。

无论历史当年的样貌如何，社会的风潮如何，沙白的诗歌生涯总算是又接续上了。

这期间，他继续以鲁珉为笔名，在《人民日报》《诗刊》等报刊上陆续发表了《试航》《引水员》等反映工人生活的一系列作品，受到读者的广泛好评，引起了诗歌界的关注。

对于大步走向诗歌道路的沙白来说，因学过纺织专业而被调到上海国棉八厂，又因再次开始诗歌创作而引起关注，再从工厂调到《萌芽》编辑部，这就为他的诗歌发展铺就了一条更为广阔的道路。这对于后来成为闻名全国的著名诗人沙白来说，真的是天赐良机。

更为珍贵且十分难得、不得不提起的是，上海作协当时有一个藏书十分丰富的资料室,这正是沙白梦寐以求、心仪已久的宝地啊。

沙白如沐甘霖,开始如饥似渴地汲取知识的养料。

沙白日以继夜,开始饱读诗书,以甘霖灌溉自己那渴望汲取的一颗枯旱的心。

在《萌芽》编辑部工作的三年,沙白如同上了三年"自修大学":从中国古代的李白、杜甫、白居易、陆游、辛弃疾等诗词,到现代的徐志摩、戴望舒、何其芳、卞之琳等的作品,还有外国的马雅可夫斯基、普希金、莎士比亚……从中国的《三国演义》《红楼梦》到外国的托尔斯泰、高尔基、雨果等大师的作品,他如海绵吸水般地阅读,为他日后成为一个学贯中西、纵横千年、学养厚实、才华横溢的大诗人打下了厚重而坚实的基础。

在上海,在《萌芽》编辑部,沙白兢兢业业地工作着。

诗人刘希涛回忆说:

> 1958年,沙白在《萌芽》任诗歌编辑,我还是个学生,因爱好诗歌,订了《萌芽》并开始投稿。有一年暑假,我问清去巨鹿路675号的乘车路线,到《萌芽》编辑部拜访。接待我的正是诗歌编辑"理陶"(沙白正式参加工作后的用名。至今身份证上仍用此名)。他个头不高,讲话带浓重的如皋口音。他鼓励我课余多读点书,不光读诗,还要广搜博采,为今后写诗打好基础。

受到了沙白老师的鼓励,刘希涛一直感恩在心,一直与沙白先生保持着联系。同时他也更加关注沙白的行踪与作品。

刘希涛继续回忆说:

> 1962年春,我读到了他(沙白)发表在《诗刊》上的《江南人家·三首》,其中的一首是《水乡行》:
>
> > 水乡的路,
> > 水云铺。
> > 进庄出庄,
> > 一把橹。

这是《水乡行》第一小节中的4句。整首诗仅四节，押一个韵脚，节奏舒缓平和，展示了一幅宁静恬美、秀丽淡雅的江南水乡图。

再选一节：

>　　要找人，
>　　稻海深处；
>　　一步步，
>　　踏停蛙鼓……

清新迷人的诗句，虽然过了50余年，我依然能脱口而出，仿佛又跟着诗人走进烟雨迷离中，心中泛起朦胧美意。

诗人刘希涛继续回忆说：

　　法国诗人瓦雷里曾说："我宁愿我的诗被一个人读了一千遍，也不愿被一千个人只读一遍。"我最早读到《大江东去》，是在1963年11月号的《诗刊》上，当时，我正在战士演出队创作辞旧迎新节目，决定精选这首长诗朗诵。

诗人刘希涛节选了沙白的《大江东去》，带着战士们一起激情地诵读——

>　　浪迫着浪，
>　　浪挤着浪，
>　　浪拽着浪，
>　　浪推着浪，
>　　向东呵向东，
>　　大海在前，
>　　旭日在前！
>　　……

刘希涛回忆当时的情景说：

　　诵读结束，在激越的音乐声中，一个集体造型定格，台下掌声炸响。

第四章　归队，上海唤醒诗人心

刘希涛感叹道：

在中国当代诗人中，沙白是既能"婉约"，又能"豪放"，并在"两路"都留有代表作的诗人。

沙白于1962年调南通市文联（他在信中告诉了我这一消息，那时我在福建部队——刘希涛）。

2005年11月16日，沙白诗歌朗诵会举行，40余名诗人、作家及上千观众到场聆听，我却因故只能在朗诵会后赶到南通，在新桥新村看望诗翁沙白，为他80岁生日祝寿。沙白脸色红润，谈笑风生，握别时，送我一册《沙白诗歌朗诵会作品选》，至今依然珍藏在我身边。

无疑，在上海《萌芽》，沙白获得了许多读者与作者的喜爱与敬爱，至今，许多人依然像刘希涛一样，铭记在怀；

无疑，在上海《萌芽》，沙白也获得了纵览全国、瞩目世界的眼光。

上海既是个视野高远的瞭望台，又是个可以纵情演的大舞台。

沙白有一双敏感而锐利的目光，又有一颗善于接受诗歌清泉滋润与洗涤的灵感的心，这并不是一般的诗歌业者可以轻易所拥有的。

至今，沙白依然难忘一件事，他回忆说：

1950年代，我在上海一家工厂（即国棉八厂）工作，是个诗歌业余作者，读过公刘写云南的一些诗，很感兴趣。但总认为，边疆少数民族生活特色鲜明，写来容易引人入胜（容易入诗）。乃至他第一次到上海，写了《上海夜歌》：

上海关，钟楼。
时针和分针
像一把巨剪，
一圈，又一圈，
铰碎了白天。
夜色从二十四层高楼上挂下来，

　　　　　　如同一幅垂帘；
　　　　　　……

沙白为此事开始了深刻地自我反思——

　　突然发现他（指公刘）有一双我所没有的诗人的眼睛。我工作的那家工厂，虽不在市区，但上海外滩不知走过多少遍，海关大钟也不知注视过多少次，为什么我就没有发现"时针和分针，像一把巨剪，铰碎了白天"呢？上海也有那么多诗人，也都没有发现。而公刘一到（上海），就抓住了这一十分新鲜的意象，写成了一首好诗。让上海的读者和诗人眼睛一亮。不是他有一双善于捕捉诗的意象的眼睛，又是什么呢？敏锐的诗的感觉，善于从日常生活中发现诗，见人所不见，对于一个诗人确实是十分重要的。作为诗人，他的眼睛就是透过表象，看到藏在表象后面的诗。

诗人沙白的思路一旦冲破天窗，洞开大门，便是风起云涌、涛飞浪舞，一发而不可收了！

他继续抒发：

　　我们常常责怪一些人，看事物停留在表面现象，其实这种责怪并不合情合理。不少人都是能透过表象看事物的，不过各人所见不同而已。一个生意人逛一趟市场，就能见到何处有利可图，喜曰："钱来哉！"政治家周游几个地方，体察到民情民心，就会考虑到如何作政治决策；科学家也常常从日常生活现象中，发现和总结出科学定律，牛顿、爱因斯坦等都是例子。透过表象，常常是政治家见到政治，资本家见到利润，科学家见到科学，哲学家见到哲学，诗人就应该见到诗。各有所见，这就是大千世界。

沙白继续深刻地剖析自己：

　　回想起来，50年代我作为业余作者时，也不是瞎子。那时我写了不少歌颂"新生事物"的诗，什么工人给厂长上课啦、第一位引水员、第一位工人工程师啦，第一艘国产万吨轮下水啦，等等，这是因为我干过几年新闻工作,在工厂又是搞宣传工作的,往往用新闻工作者的眼睛、宣传工作者的眼睛去觅诗,觅得的不是诗,而是老掉牙的新闻。在当时不以诗人的眼睛觅诗、写诗者并非我一个,虽然都被称为诗人。因为那是一股潮流。为政治服务,思想性第一嘛!

沙白对时事的分析是透彻的,对自我的剖析与思考也是深刻的。为此,一有时机,他就会回到诗歌艺术本身,回到新鲜的丰富多彩的生活本身,朝着一个真正的诗人的目标前进。

为此,沙白进一步开掘自己对于诗歌艺术的理喻之门:

其实,诗人的眼睛并不完全是天生的,倒是有些像"眼镜片"一样,是磨出来的。"读万卷书"是磨炼,"行万里路"是磨炼,学习切磋是磨炼,探索追求是磨炼……即使是天才,没有磨炼也不能"成器"。前人将诗人的眼力,归结为"识""才""学"。"识"和"学"均是后天的磨炼,即便是"才",也是天赋与磨炼的结合。诗人的眼睛又往往是色盲的。从生活的表象中,常常只见到诗,见不到"钱"。注定只能当穷诗人;见不到政治,无从当高官;见不到科学,当不成科学家……此其一。当然其中有例外。

其二是,在日光的赤橙黄绿青蓝紫之中,往往有的诗人只看到赤,有的只看到橙,有的只看到青和蓝……其余的色彩却视而不见。因此看同一事物,写出的诗则各不同。此类事屡见不鲜,之所以如此,正由于"识""才""学"各不相同,兴趣、爱好、气质又千差万别,有人偏爱红紫一类暖色,有的偏爱青蓝之类冷色,有的则偏爱淡远。正由于这些千差万别,诗才丰富多彩。

沙白的如上所言,说得真的是太好了!
这既是他的诗歌美学,也可以说是他的诗歌色彩学。

沙白经过多年磨炼,才拥有了他独到的"诗人的眼睛"。
正如他当年读了公刘的一首《上海夜歌》,而极为佩服公刘有一双"诗人的眼睛"一样。

1960年9月《萌芽》停刊。沙白奉命去上海崇明岛农村,搞整风整社。那段经历对于沙白来说,是异常珍贵的。诗人的任何生活经历,都是宝贵的。

崇明岛被誉为是含在长江口里的一颗明珠,长江在入海之前,被崇明岛分成了南支线与北支线。南支线靠近如今的浦东,北支线偎依着南通市的启东,所以崇明岛既是处于长江口的别样的江南水乡,又是与诗人沙白故乡南通仅仅隔着一条长江北支线可以彼此相望的地方。崇明为他后来创作农村题材的诗作,又提供了一处生活基地,积蓄了鲜活的生活场景与丰富的自然资源。

发表在1962年第2期《诗刊》上的《江南人家·三首》,就应该有着沙白那段生活的汲取,与留在心中慢慢化开并绽放成诗歌形象与意象的影子。

1962年春,沙白回到了家乡,调到南通市文学艺术界联合会,先任第二届(1963年4月—1967年3月)副秘书长,"文革"后,任南通市文联副主席(1979年1月—1980年8月)。

从上海归来,沙白带回了一个归队诗人的身份,以及一颗已经被唤醒了的诗人的心。

在家乡南通,沙白开始步入了诗歌创作的新里程。

第五章　木楼，风云岁月历春秋

- 沙白在这座木楼里，一住就是四分之一个世纪
- 他改定笔名为沙白在这座楼
- 他写作《递上一枚雨花石》《大江东去》等名篇在这座楼
- 他与著名文艺评论家严迪昌绵延四十年的友情，也起始于这座楼
- 他经历"文革"风暴在这座楼
- 他迎来改革开放万丈春光也在这座楼
- 他创作并编辑出版《杏花春雨江南》《大江东去》《砾石集》《南国小夜曲》等多部诗集，其案头工作还是在这座楼

　　1962年初，沙白正式离开了上海《萌芽》编辑部，回到了故乡南通，进入南通市文联工作。此后的25年间，他一直居住在市中心十字街附近的一座老楼里。

　　这处住房在南通城区的标志性建筑钟楼及谯楼东边不远，隔着一条旧时的蒋家巷（后已改名为北濠桥路）。那是一栋老式的木结构老楼，他的住房只有二楼中的一间。楼下有个院子。院子外面东西走向是一条巷子，后来改名叫建设路。西起的建设路1号，在钟楼及谯楼后面，就是当时的南通市政府所在地。

　　这座木楼，北面紧靠南通市中医院。大概是1987年，市里为了支持南通市中医院扩建，把这座木楼拆了。房管部门在城东新建的新桥新村分了一套房子给沙白先生。后来，省作家协会得知他和小儿子住在一起，住房紧张，就又给沙白老买了一套房子，也在新桥新村。那时，一直与沙白老一起生活的次子李晓白早已成家。后来，两套房子置换到了一起。小儿子李晓白家住在一楼，沙白老夫妇住在二楼，这样就可以更好地相互照应了。

　　也正因为有了这个居住条件，长期住在如皋白蒲镇的老伴顾婉芬，也搬到南通市区，一家人这才团圆了。要知道，多少年来，沙白老与夫人一直是两地分居的。这座木楼，风云岁月历春秋！

在沙白先生的人生经历与诗人道路上，这座木楼具有极为重要的人文价值与纪念意义。

因为，1962年3月，他以沙白这个笔名正式登上中国诗坛，是在这座木楼；

1962年至1963年之间，他写出《递上一枚雨花石》和《大江东去》等诸多政治抒情诗名篇，也是在这座楼；

1963年，他与著名文艺评论家严迪昌四十年的友情起始于这座楼；

1966年至1976年经历"文革"风暴是在这座楼；

1978年迎来改革开放春光，还是在这座楼。

他1962年初住进，1987年离开，这座楼是沙白先生历经四分之一世纪风云春秋的见证！

虽然，由于南通市中医院要扩建，这座楼早已拆掉了。但是，这么多年过去了，这座木楼依然以其原来的样貌，清晰地留存在我的记忆里。

作为那个年代的军事院校的学员，我自1969年初起，曾在江海大平原上的几处军营，持续了两年的当兵历练。1970年底，下连队当兵锻炼生活结束后，我就被分配到了南通军分区政治部工作。而位于南通市环城南路一号的军分区机关，离沙白先生住处不远。只要出了大门，往北穿过丁古角这条古老的巷子，就到了人民路，再穿过人民路，走不了多远，进了那座院子，就可以登上咯吱咯吱响个不停的木楼梯，拜见沙白先生谈诗聊天了。

我与沙白老在这座木楼上的如此这般无数次交谈，一直持续到1987年，沙白老正式搬迁至新桥新村为止。如今回忆起来，那是多么幸福的日子啊！

而这座老式木楼二楼中间的那个房间，也就成了我永远不会忘记的拜访沙白老、朝拜诗歌的圣地。

尽管，我追随沙白先生多年，鉴于多种原因，一直坚持着一个原则：从不询问他经历中的那些不堪回首的岁月。因为我热爱沙白先生，既然热爱就不去问他经历过的痛苦往事，那无异于揭他的已经好了的伤疤，也无异于加入对他伤害的行列。

但是，对于沙白先生自己主动提起的往事，尤其是他已经付诸文字表达的往事，我觉得还是应该记录下来。这是不可更改的极有意义的历史。于我而言，这是一种责任。

因为这是沙白先生的人生经历与诗歌道路的一部分。可以说是"前事不忘,后事之师";正如伟大的无产阶级革命领袖列宁所说的:"忘记过去,就意味着背叛!"这样理解与把握,应该是没有什么不妥当的。

好了,就让我们先从沙白先生的一篇散文说起吧。这篇散文的题目叫作《破壁难补用诗糊》。太巧了!这篇散文,既与这座老式木楼密切相关,又与诗歌密切相关。

还是让我们全文照录吧——

沙白先生说:

读忆明珠散文《莫将粉墙轻付人》,得知他与严迪昌曾为一句诗,有过一次"版权"之争。从文章看来,二人均是反对污染的模范,自家斗室中一块"雪白的墙",无论如何不肯让一些二流、三流的书画沾污。想来他们二位的居室一定干净如《红楼梦》中妙玉大师的栊翠庵。对此,我却不敢附庸风雅。

我曾住了四分之一世纪的一间小楼,本是大户人家供奉祖宗的"佛堂",坐北朝南有一座很大的神龛。两侧各有房间二间,与这一间堂屋以板壁隔开,有门相通。我住进时两侧早有住户,房门已经钉死。由于是百年老屋,立在楼板上稍一晃动,门窗格扇一齐响动,疑是发生地震。最麻烦的则是两侧壁板,不能隔音。语声相闻,笑声相闻,鼾声相闻,而且裂开的缝隙,不须逾垣,即可相互窥视。板壁颜色,年深日久,由赭而黑。对于这间老屋,我就不能"莫将粉墙轻付人"了。好在那时新华书店有的是各种书画复制品,齐白石的,傅抱石的,关山月的,郭沫若的,鲁迅的,还有毛主席的。于是我的小小的房间,便开起了小小书画展。而且,展品随时间推移,不断"新陈代谢"。

"文革"一开始,齐白石、傅抱石,纷纷从板壁上撤退。谁知一退之后,两侧房门上原来刻的董其昌和张謇的对联,赫然而现。于是赶紧找来纸笔,大笔一挥,写上"四海翻腾云水怒,五洲震荡风雷激"、"虎踞龙盘今胜昔,天翻地覆慨而慷",把董其昌、张謇掩盖起来。幸亏处理及时,红卫兵"破四旧"时,只拆走后面神龛,而没有卸去两侧房门,否则便将与左邻右舍通家了。

随着画一幅幅被取下,郭沫若的字被取下,四壁留下的便是毛主席、鲁迅二家的诗词了。当时,我曾写过一首打油诗,其中有"破壁难补用诗糊"之句,继而一想,恐有对毛主席不敬之嫌,把稿子撕了。时至今日,其余三句已记不起来了,而这一句仍留脑海。前些日子,偶翻《随园诗话》,忽然跳出类似的诗句:"旧瓮恐闲都贮水,破壁难补尽糊诗。"这句诗的作者便是袁枚老先生家的文抄公,为老先生抄写诗文的。这又是一场"版权"之争,幸好这位文抄公二百年前即已作古,死人总不会找上门来,打一场著作权官司的。

每次读沙白先生这篇《破壁难补用诗糊》的忆旧散文,总会情不自禁地生发出感慨万千。择其要者,这些感叹如下:

一是,沙白先生一住就是25载的故居,竟然是如此简陋与破败,为此,这篇散文便可看作是,先生撰写在20世纪中后期的城市《陋室铭》了。

二是,沙白先生在如此恶劣的居住与写作环境中,居然在1962年初,写出并发表了那么优美的《江南人家·三首》(发表此作时,他第一次正式使用笔名"沙白"),继而为了怀念为新中国而牺牲在雨花台下的英烈,他写出了歌颂泣血而歌、视死如归英烈们的《递上一枚雨花石》,又写出了洋溢着民族精神的大气磅礴的《大江东去》。

三是,沙白先生就是在这座陋室中,迎来了改革开放的万丈春光,并连续创作编就出版了四部诗集,分别是:1979年1月由天津百花文艺出版社出版的《杏花春雨江南》,1980年2月由上海文艺出版社出版的《大江东去》,1980年6月由江苏人民出版社出版的《砾石集》,1983年11月由黑龙江人民出版社出版的《南国小夜曲》。

四是,沙白先生就是从这座陋室中走出,于1978年下半年至1979年初,被借调到诗刊社,参与编辑《诗选(1949—1979)》。

当时,沙白先生所在的那个编辑小组,"有'文革'前《诗刊》的老编辑白宛清、吴家瑾、许敏岐,还有我和满锐一南一北两位业余作者。当时诗刊社还在虎坊桥"(摘自《沙白散文选》)。

而这部《诗选(1949—1979)》,煌煌三大卷,浩浩70余万字,于1980年3月、1981年2月、1981年5月,由人民文学出版社先后出版。

总之,我们可以说,沙白先生正是从这座摇摇晃晃的旧木楼,稳健地走上了中国当代诗坛,走进了千千万万喜欢他和他的诗歌的读者中的!

关于这座木楼,沙白先生写有一首题为《斗室》的诗。无论如何,应该把这首诗再次记录下来。

斗 室

这海天之一角
窄小如螺壳
书卷砌成的墙壁
蠹鱼出唐入汉①
一杯酒
邀刘伶与李白共饮
醉倒的是窗台上的水竹
凌乱的影子
舞成斗风车的堂吉诃德

向阳的窗口
望不透一个变幻的世界
只有蝉声不请而入
"知了,知了"
你知道些什么
噪聒得室温
又升高了两度

一盏灯是一盆金盏花
金灿灿填满虚空
一个活人与一个影子的世界
静得可以谛听到
密西西比河上的潮声
与斯里兰卡佛寺的梵音

（注①：蠹鱼者,读书人爱自命自嘲为蠹鱼。首要原因便是蠹鱼这古老的昆虫爱啃书。次要原因,是蠹鱼的全部生命过程几乎都陪着书一起度过。）

这首《斗室》就是沙白老独居在那座木楼生活的真实写照。"这海天之一角/窄小如螺壳"的借喻,像极了那间摇摇晃晃的斗室；"书卷砌成的墙壁/蠹鱼出唐入汉"的自嘲,写尽了那个年代读书人的困惑与无奈,诗人只能以书为伴,以书为生。因为就是"向阳的窗口",也"望不透一个变幻的世界"；他借题发挥,心绪纷乱地指责无知的知了:"知了,知了/你知道些什么";但是,"一盏灯是一盆金盏花/金灿灿填满虚空"这两句,似乎是那个时候诗人心中少有的温情;"一个活人与一个影子的世界",道出了诗人独居在那个时代的百般孤寂与落寞。只是诗人常常梦远,梦远到万里之远的寂静:"静得可以谛听到/密西西比河上的潮声/与斯里兰卡佛寺的梵音。"

往事真的离我们越来越远了,但是,我却一直记得那座木楼里的灯光,那灯光实在是有些昏暗的。只有沙白先生在那昏暗灯光下写出的诗句,是明亮的,是照亮了不计其数的读者的心灵的。其中,自然包括我。

也许,关于这座木楼,还有件事需要简要记述一下。沙白先生自1944年在白蒲老家结婚成家后,很长一段岁月里,其实一直是在外面学习、工作、漂泊的。他先是在南通及上海求学;1949年2月起,又在南通参加了革命工作;不久调到了江苏人民广播电台工作;1953年又调到了上海国棉八厂,1958年进入《萌芽》编辑部;直至1962年初,才回到了南通市文联工作。

虽然回到家乡来了,他依然是一个人在南通,开始了他在这座木楼里的独居生活。在那漫长的生长乡愁的年月里,他的夫人则带着1945年出生的长女李微白、1949年出生的长子李曙白,及1952年出生的次子李晓白,是一直生活在白蒲镇老家的。只是到了1978年,因为他的次子李晓白考上了在南通的大学,才离开了白蒲镇老家,也住进了这座木楼,算是与他这个老父亲朝夕为伴了。

我在这章中,特意撰写沙白先生一住25载的这座木楼的时候,除了写到他在这期间所经历的风云岁月及写作生涯,也写到了他在这座木楼居住时,与一些友人的交往。其中有一个人是无论如何不能忘记的,这个人就是严迪昌。

严迪昌先生,上海人,1936年出生,1959年毕业于南京大学中文系。先后在南通师范专科学校(即后来的南通师范学院、现在的南通大学文学院)任教3年,在沙白的母校南通中学工作15年,在南通师范大专班任教3年,共计在南通工作21年,这里成了严迪昌先生的第二故乡;1980年,他调到了母校南京大学中文系工作7年,职称为副教授,硕士生导师。1987年,又调苏州大学工作,职称为教授,博士生导师。专著有《全清词(顺、康卷)》《清词史》等;代表性论文中,有沙白诗作评论多篇。其中主要篇目如下:

1.《读〈访古抒怀〉》(载《诗刊》1963年第7期)。
2.《沙白近作剪评》(载《诗刊》1964年6月)。
3.《战斗的诗篇——读〈接班人之歌〉〈时霉天〉》(载《雨花》1964年第8期)。

4.《可珍视的"聊备一格"——读〈杏花春雨江南〉随想》(载《诗刊》1979年第8期)。

5.《〈杏花春雨江南〉的风格》(载《雨花》1979年第11期)。

6.《波光、云影、涛声——论沙白的诗歌创作》(载《雨花》1984年第7期)。

7.《评沙白的诗》(江苏人民广播电台,1986年12月播出)等。

严迪昌先生坚持多年关注沙白,评论沙白,这在文艺评论界是不多见的。而严迪昌先生以上7篇关于沙白诗歌的评论中,有5篇撰写于南通工作生活期间。刊于《诗刊》1963年第7期的《读〈访古抒怀〉》,则是他评论沙白诗作一系列篇章的开山之作,也是严迪昌先生与沙白先生深情厚谊的第一次握手。此后,严迪昌先生一路追踪沙白,颇有一发而不可收之态,可见他对沙白诗歌的喜爱与钟情。

2003年8月5日,严迪昌先生辞世于苏州。闻此噩耗,沙白先生曾有一阕悼亡词《金镂曲·悼严迪昌》。在词后"注释"中,沙白先生回忆了他们相识的最初岁月:

> 我与严迪昌同志相识于1963年,我的《访古抒怀》在《诗刊》发表后,他写了诗评,发表在后二期之《诗刊》上。他来我所住小楼相访,四十年友情不断。
>
> 他调南(京)大(学),离开南通之前,以手书之旧体诗词一卷相赠,留作纪念。闻噩耗后,重新找出翻读,并含泪写出了《金镂曲·悼严迪昌》。

金镂曲·悼严迪昌

撒手忽西去。
怎禁得,雷轰头顶,难抑泪珠。
忆昔小楼初相识,四十年华飞度。
说诗文,评贺论郭。
一杯苦茶到更深,
临别时、门前又踌躇。
同携手,望玉兔。

> 翻箱倒箧寻遗著。
> 试展开,诗吟如新,墨痕如故。
> 依稀乱后重相见,
> 蓦地偶值街隅。
> 高楼角,倾吐肺腑。
> 平生知己得一足,
> 却奈何、小别成千古。
> 向大江,吞声哭。

旧词今读,仍禁不住潸然泪下。我拭去泪水,重新回到沙白与严迪昌先生起始于那座木楼的诗歌深情吧。

还是先来重温严迪昌先生首次评论沙白诗歌的《读〈访古抒怀〉》吧——

> 咏史怀古,似易实难。拼凑典故,以炫渊博,固属无聊;即使登山临水,酸溜溜发一通思古幽情,也属迂腐。怀古,就要能借古人事抒自己怀抱。但要"借"得到,首先要"识"得透,然后才能够在头绪纷繁的史实中,取精去芜,由表及里,得其主旨。否则,就很难跳得出一般缅怀、礼赞的套子,甚至成为诗人的行程日志,缺乏时代感。
> 近读沙白《访古抒怀》二题(见《诗刊》1963年第3期),觉得耳目一新,颇为感奋。

严迪昌先生的如上开场白,便是沙白怀念严迪昌先生的《金缕曲》词中的"平生知己得一足"了。

且听严迪昌先生娓娓道来吧。毕竟,这是他第一次评论沙白的诗,也是他们四十年友情的起点啊——

> 太平天国石舫与史可法衣冠冢,三百年来曾引起不少诗人流连歌咏,像这样的题材是不容易驾驭的,但沙白写来却别有新意。
> 作者在天王府石舫前触物起兴,写下了这样几行不泥不脱、意味深长的诗句:
>
> > 收起了击浪的橹,
> > 落下了鼓风的帆,

> 留恋池上的涟漪,
> 水底宁静的蓝天,
> 从风雨中驶过来的船,
> 在这儿搁了浅。

严迪昌先生继续分析说:

> 这首诗颇具"尺水兴波"的神味。这是对太平天国一个严峻的评骘。我觉得这首诗成功地发挥了"即轻小以见重大"的手法。
>
> ……《史可法衣冠墓》是对历史上的民族英雄的礼赞诗,但又不仅仅停留在礼赞上。作者在写了"这不过是个衣冠冢罢啦,泥土怎埋得了不屈的傲骨"?歌颂这位民族节士的英魂不泯、精神不死之后,更深一层地写出了"他留下一杆血铸的标尺,用来区分勇士与侏儒"。这就极为生动地使得诗的主题深化了,现实意义也更突出了。

一年之后,严迪昌先生发表了他关于沙白诗歌的第二篇评论,即《沙白近作剪影》一文(《诗刊》1964年6月)。今日再读,是他关于沙白政治抒情诗的论述,非常精到。他说:

> 近两年来,我们欣喜地看到沙白同志在创作历程中跨出了一步。无论是作品的思想内容或艺术手法,都有了不小的进展,这特别明显地表现在一些政治抒情诗上。像《递上一枚雨花石》《大江东去》《剑歌》等篇……在这些诗中,作者创造了不少生动的形象,来抒发他对时代生活中重大问题的感受……。

应该说,1963—1965年间,是沙白先生政治抒情诗爆发式写作的年代,也因此留下了若干脍炙人口的恢宏而灿烂的诗章。严迪昌先生敏锐地发现了这一点,并给予了及时的肯定与激励,这对沙白先生这一时期的写作,无疑是扬帆的劲风,是进军的号角。

严迪昌先生关于沙白诗歌的第三篇评论,便是发表在江苏《雨花》1964年第8期上的《战斗的诗篇——读〈接班人之歌〉〈时霉天〉》了。《接班人之歌》是沙白先生发表在《人民文学》1964年5月的作品;而《时霉天》则是忆明珠先生发表在江苏《雨花》1964年第3期上的作品。

关于《接班人之歌》，严迪昌先生继续阐述着他的关于沙白政治抒情诗的话题：

> 任何事业都需要衣钵代传，后继有人……沙白同志及时地攫住了这个重大的问题，运用诗的形象，严肃地、热情地议论了这一问题，抒唱了革命的新生一代壮怀激烈的情志，在广大的读者中特别是青年学生中，已引起了不小的反响，很为大家欢迎……

而我想，严迪昌先生之所以把沙白的《接班人之歌》与忆明珠的《时霉天》放在一起来评论，大概他也发现这对江苏诗坛挚友之间的情投意合了吧。

严迪昌先生关于沙白诗歌的第四篇评论，是《可珍视的"聊备一格"——读〈杏花春雨江南〉随感》，依然是发表在《诗刊》上，在1979年第8期。

在这篇评论中，严迪昌先生是针对这样一个问题有感而发的：沙白在诗集《杏花春雨江南》后记中，自谦地认为"收集在这本集子里的，大抵就是这一类不登大雅之堂的小花闲草。所以把它们集中起来，无非是想在百卉千花争妍斗艳的文艺百花园地里，聊备一格而已"。

严迪昌先生以其慧眼独具，识出了沙白《杏花春雨江南》中这类诗歌是闪闪发光的真金。他说：

> 文学艺术上的任何"一格"，都是文艺家独创性劳动的标志。文艺百花园地的昌盛繁荣正有赖于这样那样的"一格"的涌现，所以，有"一格"就是有贡献，"聊备一格"很可珍视。

严迪昌先生继续分析说：

> 沙白有其可备于诗苑的"一格"风姿在。在（20世纪）60年代初，他在那些吟唱江南水乡生活的短诗中，所表现出来的轻捷秀润、深细熨帖的风格情韵，就已引人注意，新人耳目。现在，这些诗大部分已收进了《杏花春雨江南》中。

显然，严迪昌先生虽然在1979年第8期的《诗刊》上，发表了评介《杏花春雨江南》的亲切文字，但他似乎意犹未尽，接着又在江苏《雨花》1979年第11期上，发表了《〈杏花春雨江南〉的风格》一文，再次展开了他的诗意评论。尤其是其对沙白诗歌语言风格的评述，更是令人耳目一新。他说：

语言是形成风格的重要因素,沙白在语言锤炼上很下功夫。他的语言在平易中出文采,明快中见风趣,音调清朗而圆润,节奏感很强。尤其是那些三字句和五字、四字句相间参错的诗,读时轻松而不觉急促,悠长而不嫌拖沓。除《水乡行》等外,像《露和雾》的"水乡的空气,水气足;水乡的土地,湿漉漉";"水乡的土里,汗水足;粒粒泥土,渗汗珠",以及《柳林渡》《看林人》中的一些句子,都具此特点。古典词曲中小令的格调,给予沙白的影响也是很明显的。

　　如上所述,严迪昌先生在南通生活的21年间,以诗和诗歌评论为媒,与沙白建立了相知深切、肝胆相照的友情。而见证这一友情的,除了这5篇评介沙白诗歌的文字而外,就该是那座他们常常谈心至夜深的沙白一住25载的老式木楼了。

　　我用近万字的篇幅叙写了这座我曾数次登临过的木楼,感到十分荣幸。相信有幸登上过这座木楼的沙白的友人与弟子,会与我一直怀念这座木楼的,虽然,它已经不在了。

　　严迪昌先生如若九泉有知,他也会为我的文字感到欣慰吧。

　　随着1980年严迪昌先生调离了南通,去了南京,他与沙白便是一个住在扬子江头一个住在扬子江尾了,虽然同饮一江水,毕竟是相隔数百公里之遥,日日思君难见君了。但是,距离不是问题,不忘友情才是真谛——在1984年第7期的《雨花》上,严迪昌先生以《波光、云影、涛声——论沙白的诗歌创作》为题,评论了沙白1983年11月出版的诗集《南国小夜曲》;在江苏人民广播电台1986年12月10日晚播出的《评沙白的诗》一文中,再度倾情纵论了沙白数十年间的诗歌之旅。

　　让我们再次回到那座已不复存在的却存留于难忘记忆里的木楼吧——

　　沙白先生在那座木楼里,风云岁月历春秋,悠忽就是25五载。

　　楼外几多风风雨雨,陋室长夜孤身孤灯。数十载的苦行僧般的生活,却为中国诗坛,奉献出了多少美诗佳酿啊!

　　每当想起那座木楼,就仿佛又看到了沙白先生与他的诗歌共命的身影,更感佩于沙白先生在困境中坚守与执着的坚毅。

　　作为他的弟子,我不由得感叹亦唏嘘啊!

第六章 笔名，沙到白时是纯色

- 关于沙白这个笔名的由来，可以讲很长也很曲折的一段故事
- 这个故事在历史中跌宕起伏，贯穿着他人生纵向的漫长岁月
- 这个笔名形成并最后确定下来的故事，在长路上时隐时现却像是一支燃烧不息的心灵火把，一直照耀着他人生向往的赤子寻觅
- 沙白做人是纯净而纯粹的，沙白的诗也是纯净而纯粹的，沙到白时是纯色

就像鲁迅当年一样，沙白曾用过许许多多的笔名，而最终选择了沙白。而自从他选择了沙白这个笔名之后，就再也没有采用其他笔名了。

是的，关于笔名，是沙白一直在寻找的他心灵深处的自我，是他寻找着的名副其实的自我，是他寻寻觅觅一个最能代表他诗歌灵魂的中国词语。

到了1962年初，他这个参加革命工作后，大名一直叫作理陶的人，终于找到了"沙白"这个他最喜欢也最钟情的笔名。而且，除了1956年在由上海新文艺出版社出版的第一本诗集《走向生活》上，署名鲁氓之外，他后来出版的所有诗集的署名，全都是沙白。鉴于此，我曾用一个沙白弟子的眼光，揣摩他内心世界潮汐中的浪花追求，替他总结出了这样一句话：沙到白时是纯色。

我还以《沙到白时是纯色》为题，撰写过一篇散文，发表在1996年7月27日南通《江海晚报》上。

好了，我们就来探究一下沙白这一笔名的来历吧。

沙白上小学时名叫李乙，后名李涛，1949年初，参加革命工作时改作理陶。新中国成立后，在《解放日报》《劳动报》上，用过黎滔、鲁氓笔名。很显然，理陶、黎滔，都是他原名李涛的谐音名字。而沙白的第一本诗集《走向生活》的署名，用的笔名是鲁氓。鲁氓者，愚鲁之老百姓也，草民也，沙白当年以此笔名自居。

1958年3月，沙白因诗名鹊起而调往《萌芽》杂志社任诗歌编辑，恰遇上

海作协有一专业诗人叫芦芒,和"鲁氓"读音相近,因之,来访者常常发生误会。直至有一次,阿尔巴尼亚作家代表团到上海访问,带走了一些诗人的诗集,包括沙白署名为鲁氓的《走向生活》。这些诗作被翻译成了阿尔巴尼亚文发表,译诗寄到了上海。于是鲁氓与芦芒这两个作者的音译之名及其诗作,因阿尔巴尼亚译者搞不清楚,就发生了一些张冠李戴也有些啼笑皆非的故事。彼"芦芒"与此"鲁氓",都觉得这样下去不好。沙白决定,从此不再用鲁氓这个笔名。当时,沙白正在读莎士比亚的作品,加上又一直喜欢李白,于是就从这两位中外大艺术家的名字中,各取一个字,启用笔名"莎白"。

追本溯源,沙白这个笔名的演变与由来,与他在抗战时期开始发表作品有关,与一份报纸(即当年南通的《江北日报》)的一个文艺副刊有关。当然,还与他的三个子女的名字中都有一个"白"字有关。总而言之,沙白先生一直对这个"白"字,喜爱不已。

南通文化名人穆煊(沙白在南通中学的同窗,新中国成立后曾任南通博物苑党支部书记等职),在《我所了解的〈江北日报〉副刊》一文中,有过这样一些回忆:

> 1943年4月,日伪在南通地区开始清乡(清乡运动是抗日战争时期,日本侵略者在华中占领区实行的一种残酷的"清剿"办法),以张北生、孙永刚为首的汪派汉奸集团,从苏南来到南通,取代了原来的老牌汉奸集团。(原来的)《江北新报》也就实行"改组",改名为《江北日报》。
>
> 敌人的清乡有所谓"三分军事、七分政治"的策略。可是,敌人意想不到的是:他们的军事下了乡,共产党的政治却进了城。我们党的秘密工作,在南通城里积极开展起来。地下党的活动,是多方面的,利用敌人的宣传文化机构,巧妙地开展一些健康的文化活动,以团结影响青年,也是一个重要的方面。利用《江北日报》的副刊,就是很成功的例子。
>
> 《江北日报》的主要副刊就名为《副刊》,是文艺性的,最初由钱素凡主编。它的发刊,在1943年5月1日。这一年的夏天,《副刊》编辑由钱素凡换成曹从坡。1944年7月,曹从坡撤往解放区,接替他编辑副刊的是顾迅逸。1945年抗战胜利前几个月,又换为顾尔镡。
>
> 《副刊》还不定期地出《文艺习作》专页。又曾出《诗歌线》《舞台艺术》和《儿童》,那是《副刊》以外的副刊,但与《副刊》同属一个体系,都是党所控制的。

《诗歌线》，是在钱素凡主编期间，由曹从坡向钱素凡提出而创办的。《诗歌线》的主编实际是张师凯（后名章品镇），它又分两个阶段，第一阶段出了7期就停了。第二阶段是在顾迅逸接任《副刊》编辑以后，把《诗歌线》恢复了起来……

沙白最早发表的诗歌，就是在这份《江北日报》副刊的子栏目《诗歌线》上，当年发表作品时，他用了很多笔名，其中有一个笔名就叫"莎白"。因此从历史上看，沙白这个笔名应该就是从"莎白"演变过来的。

沙白老在写于2002年2月的《我和〈诗歌线〉》一文中，对于那时所用笔名问题，也有详细的回忆。

从沙白老的记述我们可以发现，在早期的笔名中，他对"白"字是情有独钟的，除了"莎白"这个笔名，被他后来演绎成了同音字的"沙白"这个最终的笔名之外，另外还有三个笔名带有"白"字，分别是"白默""白木"与"尚白"。

我一直固执地认为（虽然沙白先生并没有说过），沙白先生之所以对一个"白"字一往情深，与他出生在白蒲这个地方密切相关。是的，"白蒲"是沙白的衣袍之地，是他的生命、才思与梦想出发的本源。诚如《白蒲镇志》（江苏人民出版社，2021年8月版）中钩沉出的"白蒲镇名由来"所描述的那样：

唐代前，白蒲镇滨江临海，河道纵横，池塘密布，大量沼泽地多生蒲草。蒲草晒干后为白色，衍生得地名白蒲。先民们在沼泽地上围垦造田，繁衍生息，并逐渐形成集镇。因白蒲镇一度为蒲涛县治，别称蒲涛。

来自白蒲古镇的沙白，一直念念不忘地从一个"白"字出发，矢志不渝地寻找自己文化身份在笔名上的认定，寻找最合乎自己心愿的语言表达。

这最好的认定与表达，莫过于这两个字——沙白！

我们在冥冥中，可以再进一步追溯更遥远的属于沙白的文化与诗歌的基因传承，即"白蒲"的古名为"蒲涛"。"蒲涛"这个名字的由来，一是因为白蒲这个地方，到处生长着蒲草，而蒲草干爽时为白色；二是因为在这里可以看到大江与大海上的波涛。顾名思义，就是如此。

从现代的"白蒲"和古时的"蒲涛"走出来的当代诗人沙白，他的传世名篇《大江东去》所激荡出的涛声源远流长。

而我则一直认为，"沙白"是个绝好的笔名，既充满了诗人的自然情趣，也寄托着诗人的人文情怀,形象、生动、文雅、亲切。

一粒白色的沙虽小,却有大格调,也有大光芒,就像从一滴水可以看到太阳一样;

一粒白色的沙虽小,却有大履历,也有大视野,因为它是来自万里大江与滔滔大海的无比广阔的胸怀!

正因为有了这样的诸多思考,我才写了那篇《沙到白时是纯色》的短文。

是的,沙到白时是纯色!

从千年古镇白蒲走出的大诗人沙白先生啊,

我还可以加一句话给您呢——

蒲草干爽色愈白!

当然,关于沙白这个笔名,平时接近沙白比较多的南通文艺圈里的人,也有过另外一种解释:1962年3月2日至26日,文化部与中国戏剧家协会,在广州召开全国戏剧创作座谈会。首日,周恩来总理在座谈会上,作了《关于知识分子的报告》,提出应该取消知识分子头上一直戴着的"资产阶级知识分子"的帽子,给作家艺术家以创作自由。

于是,沙白才去掉了"莎"字头上的草帽子,从此,"沙白"一名沿用至今。

经我考证(更深层次的缘由,下面我会详述),1962年沙白开始使用这个笔名的时间是对的。但是,说是与1962年3月2日开始召开的广州座谈会有关,时间上有些衔接不上。因为沙白老第一次用这个笔名,是在1962年3月出版的《诗刊》第2期上(当时《诗刊》还是双月刊),是在他发表《江南人家·三首》时第一次使用的。考虑到杂志的出版周期,这个解释似乎有些勉强。但无论如何,经过半个多世纪风风雨雨的淘漉与洗涤,沙白的人格更清纯了,沙白的诗也更纯粹了。

人们赞扬沙白"神歆其芳,德艺双馨",是再恰如其分不过了。

下面,我就来详细叙述一下,沙白这个笔名开始使用年代的时代背景及若干情形吧。

从我1970年岁末,来到南通工作并很快结识沙白师长起,经常会去深居简出的沙白师长家探望他,或与诗友同行,或是独自前往。起始他的家住在紧邻南通市中医院南面的一座砖木结构的小楼里,就在他的中学母校江苏省南通中学附近。他住楼上的一间。后来他搬家到了城东的新桥新村,随后又乔迁到了海港引河北岸的凤凰莱茵苑。

反正,沙白老家住在哪里,我就去那里探望他。

在50多年的交往中,除了谈诗,聊天的话题也很随意而广泛的。但是,就是从来没有认真谈及过他的沙白这个笔名的来历。

我原来以为，一个大智大慧的诗人，给自己取了个既形象又谦恭、既平实又儒雅、既散淡又浪漫的笔名，好像原本就该如此，所以我也就从来没有细究细问过。

我清楚地记得，关于"沙白"这个笔名的破题，是在2017年1月20日上午。那天，我和友人吴不能、汤济新一起去拜访沙白师长。一是给他拜年，二是向他当面汇报我的《北方河诗词选》的创作与编辑的进展情况。在这本诗词选中，我准备收入专门为沙白老撰写的一首词《沁园春·新春寄沙白师长》，还有关于写他的一些文字，想当面听听他的意见。另外，就是请汤济新先生拍摄了几张沙白老与我的合影，后来选用了一张，用在了这本书的前面。这首《沁园春·新春寄沙白师长》词如下：

> 海阔江长，三角洲头，沃土故乡。
> 忆初识拜见，天凉岁冷；
> 园残屋旧，惆怅夕阳。
> 仰望大名，心中偶像，难忘少年诵妙章。
> 真庆幸，竟然逢静海，欣喜若狂！
>
> 春风浩荡临窗。
> 迎万物更新慨而慷。
> 老来逢盛世，诗家豪迈；
> 大江东去，拍打心房。
> 日夜吟哦，扬清汰恶，赤子沙白诉热肠。
> 江南事，问杏花春雨，为何久香？

（注：这首词的上半阕，写的是我在"文革"期间与沙白先生的相识；下半阕是写改革开放后，沙白先生在生活、写作中的欢欣情状。）

还是回到"沙白笔名由来"的主题上吧。就在那天，他老人家第一次谈起了他为三个子女取名的心路历程，由此，便牵涉沙白这个笔名的由来，

沙白与夫人顾婉芬1944年结婚，共育有一女二子，长女李微白生于1945年1月，那时，抗日战争已看到了希望的微光，遂得此名；长子李曙白生于1949年4月，其名有新中国的曙光初显之义；次子李晓白生于1952年9月，那时，当然是东方已晓白于天下了。

透过沙白老为三个子女的取名，可以真切地感受到，他是把对祖国命运

的关注和关切,与对自己后辈的热望和祝福,密不可分地交织在一起了。可谓满腔的殷殷切切,皆是浓浓的家国情怀。正是因为三位子女的名字的尾字,都是一个白字,于是,本名李乙、李涛、理陶的沙白先生,后来干脆便把自己的笔名定为了沙白,并一直沿用至今。

那次探访过去了8天,也就是2017年1月28日,沙白老又特意委托其次子李晓白,向我转达了他当年决定把沙白作为笔名时,其内心更为缜密的反复斟酌与思考的过程。他说,沙白的"沙"字中,左边的三点水可代表他有三个子女,而右边的"少"字,是说这三个子女还在年少,尚在他的期待中成长。据沙白老回忆,他第一次用"沙白"这个笔名发表作品,当在1962年左右,而且是在北京《诗刊》上,是什么作品,他一时拿不准了。

为了得到准确的考证,我随即请在南通市图书馆工作的友人明朗先生,细查了一下当年的《诗刊》,得到了明确的回答:沙白老第一次使用这个笔名,确实是在1962年。具体来说,是他发表题为《江南人家·三首》时正式使用的。这三首诗分别是《水乡行》《江南人家》《秧歌》。另据沙白老讲,《江南人家·三首》发表后,遭到了一些人的批评,批评的原因大体就是,这是在写风花雪月软绵绵的,不带劲呀。

听了这些批评,沙白老思考了很久,后来又写出了另外一种风格的《递上一枚雨花石》及《大江东去》等政治抒情诗。其中,《递上一枚雨花石》发表在《人民文学》1963年第6期;而《大江东去》则依旧发表在《诗刊》上,是1963年第11期,而且是头条,笔名还是沙白。

自从在母语中找到了"沙白"这个词语,作为自己终生的笔名,沙白也就找到了最符合自己心意的诗人名字,以欣然地面对喜欢他的诗的读者世界。是的,"沙白"代表了他的自我形象,代表了他的诗歌姓名,代表了他的诗歌灵魂。

从那以后,他再也没有用过其他笔名。

大概所有的文学青少年,在追随缪斯女神之时,心目中总有几位导师般的偶像。我处于那个时期时,对作家孙犁、王汶石、秦牧等佩服之至,对诗人贺敬之、郭小川、李瑛、沙白、沙鸥等则是钦佩有加。1960年代的前几年,我在故乡唐山市读中学时,一有闲暇,常去的地方便是市图书馆。唐山市图书馆与我家都在西山路上,相距不过二三百米;而在家呢,则时常爱听那台上海产的交流电收音机。那年月,挺流行诗朗诵,我书架上至今保存着一本《朗诵诗选》,是作家出版社1965年出版的,一直追随着我数十年,也是随着我辗转于大江南北唯一的纪念物。

那年月,作为大众传媒主流的广播电台,不知为我那年轻的充满渴望的心灵,浇灌过多少甘霖和乳汁。我最爱听电台播出的诗朗诵节目,这绝对是高雅艺术啊!由卓越的朗诵艺术家们,来朗诵最出色的诗人们的优秀作品,这是我在那个年代的宝贵精神食粮。

就这样,我不止一次地聆听过沙白的大作《大江东去》。

人生真是难以预料,1970年岁末,当我一身戎装进入南通军分区机关工作后很快得知,原来写出《大江东去》《递上一枚雨花石》等名篇的诗人沙白,就生活在我们这座长江黄海相拥抱的城市里。我至今仍难以忘怀,我是在怎样的一种情景下,第一次见到沙白老师的。1971年春,成立不久的南通市创作办公室,暂借人民公园入口处的一幢房子办公,不定期地编印着一本文艺刊物——《创作交流》。那时,依然处于"文革"时期,倡导工农兵是文艺创作的主体。为此,创作办公室为纪念党的五十华诞,编辑了一本诗集《心中的歌儿向党唱》,署名便是工农兵诗歌创作组。那日,我送应征诗稿,接待我的是位瘦弱却十分儒雅的中年人。他话极少,但一经简单交谈,我便知这就是原名李涛及理陶的沙白老师了。一时间,我的相见恨晚的敬慕之情,不但溢于言表,而且也变得欣喜与热烈了。可是,沙白老师却是那么极为"节俭"地与我说话,好像我一停下来,他也就默默不语了。

那以后,我便常常携诗稿登门拜访请教他了。可沙白老师依然是话语不多,而且,谈诗时,也不说这首诗好那首诗不行的绝对判断。

我是燕赵之子,又受军旅之风陶冶,便常常无所顾忌地侃谈。此时,沙白老师总是极乐意地听。随着改革开放春风的吹拂,再见到沙白老师,觉得他的气色和神态是越来越好了。他从1980年起被调到江苏省作家协会,祖国的山山水水也越来越多地印上了他的足迹,激发起他难以抑制的创作灵感。

一次我问他:您到各地去常常讲课吗?他笑笑说:"我不讲,我讲不出什么的。"也许,沙白师长是中国诗坛最擅长以诗与读者对话的诗人了。

当然,沙白师长也有不吝啬语言的时候,1993年我的诗集《回眸逝川》出版,他挺乐意地与著名散文诗人耿林莽老一起为我的这本诗集分别写了序。

他在序中说:

近年来,诗神更是越发穷愁潦倒了。然而,他依然拥有千百万信徒。王子和便是其一。我与他相识时,他还是个20刚出头的青年军人,而今早过不惑之年……已由追求轰轰烈烈的青年时代,驶入追求淡泊明志的中年。一方面不得不与海上的风浪为伴,一方面又在向往一片鸥鸟四翔的海湾。

沙白师长此言,既是对我的诗歌的分析与评判,也是对我坚持习诗的激励。

2006年岁末,我的散文随笔集《散步与随想》出版了,我把书送到沙白先生在凤凰莱茵苑的家。没有料到的是,他不但看了我的这本拙作,而且还很快就写出了《关于〈散步与随想〉的随想》的评价文章,并于2007年1月15日发表在《江海晚报》上。

沙白师长在文中说:

> 日前,王子和同志来访,赠我一册洋洋50万字的散文集《散步与随想》。在我的印象中,王子和只是个诗人,我还为他的一本诗集《回眸逝川》(1993年出版)写过一篇小序。打开散文集,见到作者介绍,他不但是作家协会会员,而且是中国音乐家协会会员和戏剧家协会会员。除诗歌外,还创作了大量歌词、散文、小说,他在文艺大花园中自由"散步",涉猎多个门类。《散步与随想》是个极好的书名。他的散步是从燕山脚下的故乡开始的,一跨步便从"雪花大如席"的北方,来到"草长莺飞"的江南。在六朝古都完成了学业,又跨过长江,来到南通,一住30多年,成了他的第二故乡。从第一故乡,散步到第二故乡,是一次漫长的散步。

> "行者如风",王子和秉承他的活了94岁的父亲爱散步的习惯,他把辽阔的祖国大地当作散步场,从东南到西北,从海岛台湾到故城交河,一路留下足迹,一路留下随想。拜谒鲁迅、茅盾、叶圣陶、郁达夫,直至轩辕黄帝、敦煌飞天……沐浴历史和文化的阳光雨露,丰富人生,启迪文思。

> 他从东方大陆,一飞万里,去西欧散步,流连于雨果、歌德、海涅、贝多芬的故乡,欣赏异国风情,感受那里不同于中国的特有的文化气息。他的散步也并非一路顺风,在马克思的故乡特里尔,便遭到了一次小小的尴尬。中国的马克思信仰者,在马克思的故乡,险些成为不受欢迎的"非法入境者"。读罢这段记述,真有些令人浮想联翩。

> 散步倦了,他便回到他的"精神别墅",在"游子斋"中小憩。或者,不如说是开始了另外一种"散步"。散步在书卷与书卷之间,领略

书中风景,把"读万卷书"与"行万里路"结合起来,这恐怕是文化人特有的一种散步方式……

沙白先生的此文较长,我不再过多引述了。

仅从以上的几段引文中,就让我再次感受到,沙白先生是多么爱护他的弟子啊!

他在用这种娓娓道来的文字方式,与自己喜爱的弟子谈心!

多年来,我有一个体验:我与他交谈时,沙白先生常常是少言寡语的;而沙白先生一旦进入文字书写状态,便会像他的名诗《大江东去》一般,滔滔不绝、一泻千里了。

在关心并指导我们这些弟子时,沙白师长是从不吝啬自己的语言的。

他曾为我的诗兄朱友圣(自然是沙白老的弟子啦)的诗集写过鼓励的文字。

还曾为我的诗友仇红(自然也是他的弟子啦)的诗集《青春的红草莓》和《驿站》写过两次序。

他在《驿站》这篇数千言的序中,娓娓道来:

> 民国之初,晚清状元张謇除兴办实业外,十分重视文化教育,将王国维、陈师曾(陈寅恪之兄、著名画家、齐白石的发现者)等网罗至(南)通,从事教学。上世纪三十年代,从本地小镇,走出享誉全国的著名诗人卞之琳……

接下来,沙白先生直接谈到了仇红及他的诗:

> 仇红先生十五岁即下乡插队,现已人至中年,经历过较多人生风霜,发而为诗。早年曾出过诗集及散文诗集,清新隽永。近年更受现代诗潮浸润,徘徊于传统与现代之间,自成一格。仇氏一族,系从江南太仓迁徙而来,先人仇英为明代画家,与唐寅、文征明、沈周,并称江南四大家。祖父亦为画家。诗集中不少吟咏绘画之作……
>
> 仇红的诗,较少重大题材,没有高谈阔论,常从小处落墨,探幽烛微,有自己的发现。且善于思索,常常"坐在别人坐过的椅子上,欣赏属于自己的风景"……
>
> 书名《驿站》,驿站者既是到达,又是出发;既是终点,又是起点。人生也罢,写诗也罢,概莫能外。愿仇红从此——"驿站"出发,

迈上新的灿烂旅程。

沙白老关注过的家乡诗人,还有很多很多啊!

沙白先生是多么纯净多么亲近,又是能令人感受到世界是多么温暖、生活是多么美好的长者啊!

沙白师长就是这样"沙到白时是纯色"的大诗人啊!

经过大风大浪几十年的淘漉,沙白师长及其诗歌所散发出来的人文关怀与精神光芒,自然是最纯粹、最洁白的颜色了。

是的,沙白此人是纯色的;

是的,沙白的诗也是纯色的。

他用自己的纯色洁白,辉映着他的无数读者的渴望仰望诗歌星辰的晶亮眼睛。

他用自己的纯色洁白,辉映着他的弟子们执着前行的有始无涯的诗歌前程。

对于万千读者及他所熟悉的友人及弟子,他一直都毫不吝啬地发出最有温度的脉脉关切!

后来,我在写关于他的一篇短文时,《沙到白时是纯色》这个题目,便不由自主地跳了出来。

"沙到白时是纯色"——这是我追随沙白先生数十年,解读沙白先生数十年所获得的感悟与心得。

这感悟不但来自诗歌语言,也来自诗歌精神。

难道还需要更多的语言吗?

第七章　血泪，递上一枚雨花石

- 《江南人家》《杏花春雨江南》，让我们认识了新田园诗人沙白
- 《南国小夜曲》，让我们认识了山水诗人沙白
- 《独享寂寞》，让我们认识了哲思诗人沙白
- 而《递上一枚雨花石》和《大江东去》等则让我们认识了政治抒情诗人沙白

你到过雨花台吗？
你有没有看到过
那彩色纷呈的石子？
你有没有看到过
它在路边镶嵌，
像块璀璨的宝石？
你有没有看到过
它在花丛闪烁
像火种一粒？

你有没有在五月，
来到雨花台山顶，
看榴花铺了一地——
在那万点落红中间，
突然毫光一闪，
头一低
拾起一枚血红的石子？

你有没有在那
宽阔平坦的路上，
走过一次又一次，
蓦地，

第七章 血泪,递上一枚雨花石

耳边响起悲壮的歌声:
起来,
饥寒交迫的奴隶……

你有没有绕着
那巍峨的纪念碑,
一圈又一圈,
渐渐,眼前
一座红色金字塔,
高高耸起,
上接天宇?

也许,你还在案头,
留着一枚雨花石,
浑圆又晶莹……

我高中毕业后,通过学校推荐,经过高考和严格的政治审查,被推荐进入一所军事学院学习。那座军校就位于南京南郊。为此,我曾经多次去过雨花台,登上过那座高冈,瞻仰过那座巍峨的烈士纪念碑,拜谒过烈士们的英灵。

为此,我对沙白先生在这首《递上一枚雨花石》所描述的情景感到无比亲切;对沙白先生歌颂的英勇先烈们发自内心地敬仰。

而且,也曾多年"还在案头,留着一枚雨花石,浑圆又晶莹……"

我觉得,我的内心所向是与沙白先生的这首《递上一枚雨花石》,是相同的;与沙白先生的血脉是相通的。

这首洋洋洒洒200余行的长诗《递上一枚雨花石》,是沙白先生的一首名作。她悲切又悲壮,慷慨且悲歌,深思再呼号,大气更凌云,发表在《人民文学》1963年第6期。

在那个难忘的年代,《递上一枚雨花石》一改沙白先生亲近生活的"杏花春雨江南"的婉约清新诗风,呈现出了政治抒情诗的洪流奔涌、铁马铿锵的绚丽色彩和激昂音调,引起了当年诗坛的广泛关注及热烈反响。

此诗的写作背景有点复杂。沙白先生的一组歌咏江南水乡、勤劳人家劳动情状的《江南人家·三首》,发表在《诗刊》1962年第2期后,有人赞赏有加,比如《诗刊》第4期就有金鸡先生的"清新引人,意境新颖,再配以周令钊同志一幅有浓郁水乡情调的插图,更是诗情画意,相得益彰"的赞语。但是,批评之声也随之而起。原因是《江南人家·三首》没有写农村阶级斗争。

挨了批评,沙白先生心里总是不开心的。此后一段时间,他开始改写政治抒情诗,即从1962年暮春起。

长诗《递上一枚雨花石》的写作时间,作者在诗末注明是1962年5月至1963年3月。这种写作,直至1966年"文革"风云突起,戛然而止。

谁都知道,历史既是不可改写的,也当然不会推倒重来。但以我看来,事实是,此事恰恰成全了沙白先生积淀在内心的另一种生活与情感的积累,也成就了他的另一种诗风——政治抒情诗风格的形成,以及一发而不可收地喷薄而出,汹涌奔流。他在《诗刊》1963年11期头条发表了又一代表作《大江东去》,在《人民日报》发表了《接班人之歌》等等。

多年来,关于沙白先生的诗歌风格,有过太多的分析与评判、研讨与争论。

由此,也曾引发过对沙白数十年诗歌风格追求得与失的探讨。

分析与评判的文字,有的长篇大论,有的寥寥数语。长篇大论的,在我读过的或者视野范围内的,以沙白先生的挚友忆明珠先生近万字的《"小花闲草"也要一片蓝天》一文,最为详尽也最引人注目;以沙白先生的同乡、同学、同岁的丁芒先生《论沙白诗的艺术个性》,最为系统也最为坦诚。

两篇诗论,即条分缕析,又充满深情厚谊,浸透了忆明珠与丁芒对沙白其人及其诗风的无可替代的知根知底的真言,也留下了关于时代与诗人之间关系的错综复杂、刻骨铭心、无穷无尽的话题。

为此,我在第十三章《满爱,小草闲花论诗风》和第十五章《三同,丁芒倾情论沙白》这两章中,有较为详尽的记述。

但是,依我之浅见,关于沙白诗风的评判,关于沙白诗风形成的历史原因,与后来的个人取舍的关系,甚至关于沙白个人性情与诗风的关系,其中的得与失的悉心研讨、成功与失败的论述批评,以及面对"逝者如斯夫"中的历史不可能重来的既定事实,到底是沙白在多种诗风的追求与尝试中留下了遗憾,还是沙白在顺势而为中成就了多样化诗风的自己,其实是会有不同的声音和各自的不同结论的。

我认为沙白在历史的不同阶段,他所追求的多种诗风,既是顺势而为的,也都是成功的。

我认为沙白在风云变幻中,他尝试多种诗风时,都留下了经得起时间检验的佳作妙章。

这些佳作妙章,不但进入了中国当代诗歌史,也可供有心阅读的一代代读者细细品味,更可以供有心研究沙白诗歌的学者们,不断品味并评判。

沙白并没有留下什么遗憾。

沙白或在新中国的新田园上，唱着他那温婉清新的歌谣；

或在大江之滨放声着、呼喊着他那激越铿锵的不息战歌；

或在祖国的大江南北，要么边走边唱着那五千年的古老又醒来的黄土地；要么畅快自由地莺歌着神奇而广袤的富饶黑土地；要么脉脉深情地行吟着春风归来后，那红土地上的《南国小夜曲》。

沙白用他多变又善变的风格迥异的多姿多彩的诗章，

沙白用他多年又执着的矢志不渝的漫漫诗途的咏叹，

让我们认识了一个身处多种世事、在时缓时急的脉搏跳动和心绪交替之中，呈现出了多种诗歌面孔、多种诗歌调子的沙白

——他是珍爱自然的沙白，

他是多情生活的沙白，

他是忧患风云的沙白，

他是深长哲思的沙白，

他是铁血诗人的沙白。

从他开始用一支笔写诗的八十多年来，

沙白唯一没有改变的，

是他对祖国和人民的挚爱，

是他对侵略者及一切愚昧落后、虚假恶丑的痛恨。

敢爱敢恨的沙白啊！

热血不冷的沙白啊！

以上是我的一己之见。

或者说并不是我的一己之见，因为与我持有相似评判的读者及诗人，大有人在。

诗歌界关于沙白先生在当代诗歌史上的地位与奉献，应该是一致的，没有多少争议的。

关于沙白诗风的定位，关于沙白全部诗歌的成败得失，却是有争议的，有不同评判的。

简而言之，说沙白先生是新中国一代"新田园诗人"，承认他在继承古典诗歌与民歌传统中，经历过多年的探索与努力，走出了一条属于自己的路，写

出了无数优秀作品,大概是没有多少歧义的。

但是,对于沙白的政治抒情诗,却是评判纷纭。

有人认为20世纪60年代前后,沙白写出的一系列政治抒情诗,包括《递上一枚雨花石》《大江东去》等等,是被动写作,甚至认为沙白是丢了一己所长,却取了一己之短。

还有人认为以沙白内敛的性格与柔弱的性情,却去写情感强烈的政治抒情诗,是力不从心,是勉为其难,是屈于时事。

还有好心的友人认为沙白当时就不应该去写政治抒情诗,而应该审时度势,在条件允许的情势下,再继续沿着《江南人家·三首》的路子走下去,去不断地书写他的《杏花春雨江南》。

其实,以上的一些评判,尽管产生的缘由很多,历史也确确实实有过它的局限性,但有两个非常重要的因素却被极大地忽视了。

其一,一个诗人内敛的性格与柔弱的性情,确实会对其作品的风格产生先天的影响,"文如其人"就是最通常的说法。但有时也不尽然。每个人为人都是有多样性的。每个人的内心世界更是丰饶而多样的。沙白先生为人处世都很低调,但是,他的作品并不低调。如果沙白的作品也像他的为人一样低调,那我们就看不到当今的诗人沙白了。

为了说得更清楚些,我讲几个我熟悉的人,举几个例子。

我的军中师长、曾就职于(原)南京军区前线歌舞团的著名作曲家朱南溪先生,是一代名曲《中国,中国,鲜红的太阳永不落》的曲作者。这首歌大气磅礴,激情澎湃,是20世纪华人经典音乐作品之一。每逢重大节日,大江南北的各种舞台上,经常会响起《中国,中国,鲜红的太阳永不落》的旋律。朱南溪先生与沙白先生却是极为相似的,也是性格内敛与性情柔弱的。人的内心世界与其给人的外在感官与印象,有时会大相径庭。

我的另一位军中师长、曾就职于(原)南京军区前线歌舞团的著名作曲家龙飞先生,他是大诗人卞之琳的海门同乡。平日里龙飞这位新四军老战士的性格是爽朗的、豪放的,他的性情是开朗的、豁达的。但是,就是这样的作曲家,却在1960年代,谱写出了深情委婉、如泣如诉的女声独唱《歌唱焦裕禄》,后来又在改革开放初期,谱写出了同样是20世纪华人经典音乐作品之一的女声独唱《太湖美》。而《太湖美》是优美的、细腻的,充满了江南民歌风味。我每次听《太湖美》都会情不自禁地想到沙白老的《杏花春雨江南》。虽然歌曲与诗歌是两种艺术形式,但相似题材的不同文学艺术作品,它们的格调常常是一样的。龙飞的这两首声乐作品的风格,与其性格与性情,反差也可谓天壤之别。就像沙白的性格与性情与他的政治抒情诗的反差一样。

我有一个诗友姚振国，他也是沙白先生的弟子之一。平日里他是很安静、低调的，在他话语不多为人谦恭的表象下，深藏在他内心的诗情却是炽烈的、豪放的。他的诗常常会触及重大题材，所写的诗歌，无论是架构的宏大，还是语言的热度，都常常如岩浆迸发一般。2021年6月30日至7月1日，南通市为庆祝中国共产党成立100周年，特意在美丽的西濠河畔五亭桥，举办"我为妈妈庆生"红色诗文诵读会。这个诵读会是跨夜的，从6月30日夜晚起，直至7月1日的黎明。

姚振国创作的《旷世的远航》被安排在午夜过后由知名的朗诵艺术家、南通市朗诵学会副会长徐芹霞来诵读。《旷世的远航》可以说是党的百年奋斗史大手笔勾勒与素描，雄浑、浓烈、壮阔、昂扬，是这首诗的基调。当徐芹霞乘着一条木船，从远方的水面向着主舞台徐徐驶来的时候，豪放而壮烈的诵读声响起，一时间，这首党的百年历史荡气回肠的颂歌，在濠河之上荡漾开来，激越着穿越着每个人的骄傲而自豪的情怀！2021年7月1日，中央电视台对此进行了报道。

仅举三例，我要说明的是，从某种意义上讲，有时"文不一定如表象中的其人的"，我们应该对沙白的理解更宽泛一些、更丰富一些、更多样化一些。不然，我们对生活的理解，就太简单化、太表面化了，我们对待诗歌艺术的思考方式和评判标准，就太机械化、太模式化了。这与生活与艺术本身所呈现出来的多种样貌与品格，就相去甚远了。

其二，沙白从年少至成名的过程中，其艰难困苦、跌宕起伏的丰富经历，告诉我们他的"钢铁是怎样练成的"！我们千万不能忽视沙白的人生阅历与心路历程。否则，就会错误地理解沙白，就会不恰当地评判沙白。

也就是说，沙白既是一个新中国的"新田园诗人"，也是一个在凄风苦雨中、在内忧外患中、在炮火连天中走过来的经历磨难的诗人，也是一个曾看过太多人的流血牺牲而成长起来的铁血诗人。虽然他没有上过抗日战争和解放战争的战场，但是他见过太多骨肉同胞被日本侵略者驱赶、欺辱、残害和杀戮的情景，见过太多自己的家园被日本侵略者踏入、欺凌、破坏和毁灭的事实，他也见过太多同辈青年诗友，在黎明前的黑夜里的抗争、呼号、牺牲和悲惨离去。

恰恰是这一切，使沙白的内心世界存留了太多的大恨与大爱，也使沙白的血液里存留了太多硬朗的铁血气质。

正是在这样的背景之下,沙白找到了属于自己的武器——诗歌。

是的,沙白最早的诗歌里,就有铁血气质。

发现这一点,承认这一点,很重要。

因为发现了这一点,承认了这一点,再来看自1962年暮春起始,沙白开始写作政治抒情诗,就既找到了一脉相承的合理依据,也找到了诗人放开喉咙歌唱的初始源头。这很像是一首长长的歌,其实,最初的起音与定调,真的是事出有因,有根有据,源远流长。

最起码,沙白有两段人生经历,对他的诗人气质中的铁血气质的形成与打造有重要影响。

一段经历就是为《江北日报》副刊的《诗歌线》写稿,尤其是他的第一首公开发表的诗作《飚屑的叹息》。那是在日伪统治之下,一个中学生的最初的不屈的倾诉与抗诉。那一段时间,沙白不停地写作,不停地投稿,不停地发表,不停地改换笔名(竟有14个笔名之多)——他既要倾诉与抗诉,又要躲避追查,保护自己。

还有一段经历就是发生在1946年3月18日的"南通惨案"。

1946年3月18日,南通的进步青年和学生1000多人,走上街头请愿游行,表达反对内战、期盼和平的心声。风起云涌的游行请愿活动持续了三天,国民党反动派当局极为恐慌,他们开始暗中策划搜捕和屠杀进步青年。1946年3月23日,首先秘密抓捕并杀害了顾迅逸、郑英年和孙日新,并在半个月内又陆续杀害了孙平天、季天择、戴西青、钱素凡、罗镇和等八位进步青年。

这次屠杀被称为"南通惨案"。

其中,顾迅逸烈士就是这次请愿游行活动的总指挥。

顾迅逸就是沙白公开发表第一首诗歌的领路人啊!

当年,就是顾迅逸特意到了南通中学,亲自把二元稿费交给沙白,并鼓励沙白多写一些诗!当沙白得知顾迅逸牺牲的消息后,可想而知他是多么震惊、多么愤恨、多么痛苦啊!

为此,沙白当年就含着血泪,写下了组诗《刀丛诗草》。

《刀丛诗草》是献给在"南通三一八惨案"中牺牲烈士的挽歌,也是一首充满了铁血气质的战歌!

这首诗和沙白的另外一首《火的想望》,被收进了《中国四十年代诗选》(重庆出版社,1985年9月出版。《刀丛诗草》收入时,署名沙白;《火的想望》收入时,署名穆雷)。

《赑屃的叹息》《刀丛诗草》《火的想望》这三首诗,还被选入了公木主编的《中国新文艺大系1937—1949·诗集》。

让我们先来读读《火的想望》吧。

火的想望
穆 雷

今夜,黑暗与严寒,
让我——想望火。

想望——
地心的岩浆,
一朝突出地壳,
化作烈烟与烈焰;

想望——
黑色的煤块,
涌出深深的地层,
变作烈火燎原;

想望——
元宵节的野火,
熊熊燃起,
烧红了天边;

想望——
火把将沉沉夜幕,
烧成
零落的碎片;

想望——
火光把黑夜与严寒,

融作
三月艳阳天……

今夜,黑暗与严寒,
让我想望火。

今天,当我们读到这首写作于20世纪40年代的诗时,依然不由得热血澎湃、心潮激荡、爱恨交加、浮想联翩——

那是千千万万的人们,正在党的领导下,为民族解放战争和人民解放战争而浴血冲锋、前赴后继、冲破黎明前黑暗的岁月啊!

诗人沙白,青年沙白,外表柔弱而内心坚强的沙白;

诗人沙白,学子沙白,从不高声呼喊的沙白,内心却是一直怀着一腔热爱祖国、渴望人民早日解放出来的炽烈情感的沙白,他是在用一首这样的诗篇,发出了迎接新中国的呼声了啊!

由此,我们便不由自主地想到,多年以后沙白先生之所以能写出《递上一枚雨花石》《大江东去》这样的火热如炙、红旗猎猎,如涛似浪、席卷天地的政治抒情诗,就让人容易知会与理解的了!

沙白的内心世界,一直有着这种极其强烈的大爱啊!

再来读读沙白的《刀丛诗草》吧:

刀丛诗草(组诗)
沙 白

题记:1946年3月,国民党特务一手制造了震惊全国的"南通三一八惨案",杀害了要求民主、反对国民党发动内战的8位青年。因作《刀丛诗草》,取鲁迅诗"忍看朋辈成新鬼,怒向刀丛觅小诗"之意。

月黑风高

风高月黑,
月黑风高。
血手伸出来了,
屠刀亮出来了。

把眼睛挖掉,
踏熄仇恨的火苗;
把舌头割去,
压平正义的怒涛;

把手用铅丝穿起,
看它还敢写叛逆的诗稿;
把脚齐膝盖折断,
看它还能挺立着不跪倒……

还有这里,
这里再加上一刀,
一颗向往光明的心,
竟还在突突地跳!

血手伸出来了,
屠刀亮出来了。
风高月黑,
月黑风高。

江　誓

波浪举着
满是伤痕的尸体,
扬子江举着
她的儿子。

奔走着呼喊着,
向北岸的绿野,
向江南的闹市,
向流血的祖国大地……

控诉那些凶手,

控诉他们的主子,
她要求复仇,
她要求正义!

怒云疾飞,
群山戟指,
城市响起炸雷,
原野高声宣誓。

仇恨化作狂涛,
终将裂岸决堤。
鲜血必将以同物偿还,
历史进程无法阻止!

寄 远

当北风与冰雪
锁住我的窗户,
你带来春天的风,
吹醒我生命的绿树。
小房间里依然
响着你激昂的谈吐!

大旗在远方招呼,
你踏上了新的征途,
进行军的脚步,
在华中平原扬起尘土。
你的歌声如今
响在哪座敌后的村落?

我执笔的手颤抖不住,
挡不住江城阴森的画图:
又是几个倒下了,

> 黑夜，凄风，苦雨……
> 风暴摇撼着暴君的宝座，
> 你却梦想用屠刀作支柱。
>
> 火把没有熄灭，
> 脚步不会停住，
> 我看到你高擎的旗，
> 我听到你的招呼，
> 你正策马飞来，
> 披着硝烟穿过烈火……

（作于1946年5月，南通）

在沙白的这组诗中，《月黑风高》是对国民党反动派黑暗统治的无情鞭挞，是对国民党反动派逆历史潮流而动的怒火中烧，是对杀害爱好和平与民主的热血青年残暴行径的泣血控诉；《江誓》是宣告复仇的不可阻挡的如涛似浪的铮铮誓言，是一江怒涛的不可遏制的讨伐之声；《寄远》是对象征着光明与希望的解放区的并不遥远的寄托，是对来自解放区的千军万马的呼啸，也是对正义之师的讨伐脚步早日到来的热切期待。在诗人的梦中，这马蹄声正在如铁马冰河一样席卷而来！

沙白的诗在呼唤新中国的黎明！
沙白的诗是对为新中国诞生而献身的青年同胞英灵的慰藉与告白！
就是这样——
自从入列到《诗歌线》上的沙白，又继续在火线上奔跑呼告了，又继续在火光与血光中不息战斗了，又继续成为一名以笔为枪的士兵中的尖兵了！
《火的想望》和《刀丛诗草》是沙白留在那个共和国黎明前黑暗中的火把一般燃烧的诗，是像一个真正战士一样冲锋的诗！
火把一般燃烧的诗！
战士一样冲锋的诗！
沙白创作于1960年代的系列政治抒情诗，无论是《递上一枚雨花石》，还是《大江东去》的源头就在这里！
沙白这个有着铁血一样气质的政治抒情诗人的最初脚印，就在这里！
所以，我们在称沙白是"新田园诗人"的时候，

我们在称沙白是"山水诗人"的时候,
我们在称沙白是"哲思诗人"的时候,
千万不要忘记,沙白还是一个杰出的"政治抒情诗人"。

借此机会,我们重温一下大文学家和大诗人们关于诗、关于政治抒情诗的至理名言吧——

口号是口号,诗是诗,如果用进去还是好诗,用亦可,倘是坏诗,即和用不用都无关。

——鲁迅

假如是诗,无论用什么形式写出来都是诗;
假如不是诗,无论用什么形式写出来都不是诗。

——艾青

诗与歌——就是炸弹与旗帜。

——(苏)马雅可夫斯基

我们的诗,就是铁与铁的抨击,所发出的铿锵……

——艾青

这时代需要诗,更需要朗诵诗。生活越来越尖锐化,诗也越来越尖锐化……

朗诵诗是在要求行动指导行动,那就需要散文化、杂文化、说话化,也就不像传统的诗。根本不同的在于,传统诗的中心是"我",朗诵诗没有"我",有"我们";没有中心,有集团。

这是诗的革命,也可以说是革命的诗。

——朱自清

我们既被社会指配为"诗人",就像畜牲之被我们指配为"牛"或"马"一样,该永无止息地为人类开垦智慧的处女地,劳役于艺术形象的生产。

——艾青

在列举了上面这些大文学家和大诗人们关于诗、关于政治抒情诗的至理名言之后，情不自禁地又要说上一些话了——

其一，政治抒情诗，或者叫作可以朗诵的诗（自然凡能朗诵的不一定是政治抒情诗，但政治抒情诗一般都能够朗诵），不但蓬勃生长于特定的革命年代、战争年代、新中国初期的建设年代，而且至今，在这个实现中国梦的伟大历史进程中，它仍有着强大的生命力。君不见，在互联网上、在各种重大节日活动中、在各种大小舞台上、在各种媒体的传播中，政治抒情诗每天都在波涛汹涌般地涌现，每天都在铺天盖地地诞生！而且，各地各级的专业性和群众性的朗诵协会组织，也正在以雨后春笋般的姿态，出现在当代中国，出现在我们日常的文化生活之中。

为此，请不要误解！

可以说，政治抒情诗绝对没有过时。

它一直都是中国诗歌的一部分。

而且，但凡对国家影响深远的大事件，或者重要节日和纪念日，也常常伴随着政治抒情诗的问世与传播。

比如歌颂改革开放特区建设的深圳，就有许多这样的诗歌。近读著名诗人、《诗刊》副主编霍俊明的长篇诗论《"深圳诗歌"：样态、经验与启示——深圳诗歌（1980—2022）创作概论》（发表于2022年12月18日《文艺报》），就有这方面的深刻论述。

霍俊明说：

> 每一个新时代的最初发生，都亟须新的创造者、发现者、凝视者和反思者，而诗人正是整合时代命题和人类境遇的特殊人群。1980年代初，谭日超等三人创作的长诗《望香港》，与1997关飞、晓籁、程学源、林晓东等四人创作的长诗《百年期待》，就呈现了这一总体性视野中诗人的历史感和现实精神，这也是新时期以来，深圳长篇政治抒情诗的收获。

再举一例，在2022年第8届鲁迅文学奖诗歌奖的5位获奖者中，军旅诗人刘笑伟的《岁月青铜》，就得到了"弘扬政治抒情诗的优秀传统，诗意诚挚、旋律豪迈，抒写强军壮歌，吟咏家国情怀"的赞誉【见刊于2022年11月21日《文艺报》第一版《每一粒种子的出征，都会点燃整个春天》一文（作者：周茉）】。

为此，能向沙白先生一样，成为一个出色的政治抒情诗人，是幸福，是荣耀！

其二，借此机会，我愿意把与沙白先生同时代又与沙白熟识的一些当年青年诗人们的作品，择其几首，收录于下。这既是一种怀念与纪念，也是对革命诗歌历史表达我们应有的尊重。更何况，沙白先生曾说过这么一段话：

（一九）八十年代初，重庆出版社编选《中国四十年代诗选》时，我曾根据章品镇同志的意见，从《诗歌线》上抄录了部分作品寄给编者，选入《诗选》的有石作蜀（即严格）的《关于云》，郑德岩的《长江梦着恒河》，夏理亚的《拾垃圾去》，钱素凡（南通三·一八惨案烈士）的《和一小兵喝酒》，钱健吾（烈士，1947年5月8日牺牲）的《学唱戏》，顾迅逸，即顾迅一（南通三·一八惨案烈士）的《十五夜》等。其中，钱素凡的《和一小兵喝酒》、钱健吾的《学唱戏》、顾迅逸的《十五夜》等，还被选入公木主编的《中国新文艺大系1937—1949·诗集》。可见，当年《诗歌线》的水平，比之全国其他报刊，并不逊色。

关于云
石作蜀

一座大云去我只一伸手，
几片轻云飞在我的野心之外。

春云扯成了柳絮，
到夏季，大山飞上天；
秋云跟天一齐往高处
遁逃，
等冬来再凑成
瓷上的冰裂。

晚霞是
白云在烧她旧日的
颜色衣裳
以抵挡一件
灰大氅的

蒙头下罩。

白云终古不老,
故此常照镜子。
镜子有时磨不平,
白云乃丢下
蔚蓝先走,
不管那
倒看的人。

白云肯为
古潭水
多待会儿?

(作者:石作蜀,即严格)

长江梦着恒河
   郑德岩

当一支小舟,
在不同的星空之下,
梦想一个童话的国度。

歌唱这万古神秘的河川。
黑黑的森林,
树叶青青;
驯象和孔雀的家,
在这乐园的天国。

歌唱这庄严圣洁的河川。
历历的菩提,
院舍落落;
如来和罗汉的莲花,
在这平和肃穆的殿堂。

歌唱这绮丽壮伟的河川,
依依的炊烟,
落日圆圆。
艺术和圣哲之乡,
在这欢乐的源泉。

起一个庭园,
在同样的希望之下,
歌颂两支永久的河川。

(收入《中国四十年代诗选》时署名郑德岩,在《诗歌线》上发表时,署名注岩)

拾垃圾去
夏理亚

寡妇娘
跟人溜走了;
丢下夜雾
抱着孩子睡……

不要哭,
自己打食吃!

灰堆里
照样捡得出好东西,
眼睛
就是灯笼;
你得走着瞧!

别愁捡不着镜子
(照见自己的脸的)

去!
向冻了的濠河
敲个洞,
有青天白云
搂着苹果脸。

(收入《中国四十年代诗选》时署名夏理亚,在《诗歌线》上发表时署名栗青)

和一小兵喝酒
钱素凡

斤半白酒烫暖了他的心,
他开始告诉我一个
传奇般的小经历。
在他夸张的描写中,
天地慢慢地在缩小,
他更唾骂天下的强人没死净。
油干灯草烬,
月照雪色亮如银。
他说——
这正像那样一个寒冬的夜,
只是没有枪声似串珠,
只是没有火焰照半天。

(该诗收入《中国四十年代诗选》时署名钱素凡。在《诗歌线》上发表时,署笔名易水温。作者曾任南通中学教师,是"南通三一八惨案"烈士之一)

学 唱 戏
钱健吾

胡琴的鞭子
抽出女孩的叫喊:

京调儿。
——在小城的东南角飘满了
街巷。

唱不厌的
"杨延辉
坐宫院……"
可是小小的生命
不知道
唱的是什么意思?
也不知道
为什么唱?
只是在胡琴的
鞭子下
叫喊。

一天天,一天天
看着阳光
流过了树梢……

只是唱,只是唱。
可是,小心里
有多少话
唱不出来,
也梦不见。

"杨延辉
坐宫院……"
一遍又一遍……
还是唱不圆转。
斜眼的鸨母
咒起了
"只会咽饭的,
死丫头!

半个月
还不会一出。
再过两年,
就要伺候大爷哪!"

于是,白天
是胡琴的鞭子;
夜里
是鸨母的藤鞭。
是夜里,
又是白天,
分不出哭和唱。
门外天天
有行人的声音。

　　(收入《中国四十年代诗选》时,署名钱健吾,在《诗歌线》发表时,署笔名金笺。作者是参加"南通三一八游行请愿活动"的烈士,牺牲于1947年5月8日)

十 五 夜
顾迅一

自天顶
摇落了星群,
骨碌碌
坠下波心。
吐纳十五夜的月明,
熟睡的池塘
乱抛着碎银。

素心兰
渗进秋夜的鼻息,
闪的湖波,
为拱桥留张

窈窕的倒影。
忘了它日间层压的泥沙,
也寻不见它载重的贱骨。
自然的脉搏,
在银翼上沉浮。
这会儿,
爱美的森林,
枕着个醉汉的梦;
就是那颤抖着
水泥桥头的濒死人,
破片的生命,
也划不碎中秋夜月的团圆。

(收入《中国四十年代诗选》时,作者署名顾迅一。在《诗歌线》发表时,署名西田,即顾迅逸,"南通三一八惨案"烈士)

以上这些诗作的发表,皆因章品镇得知《中国四十年代诗选》征稿的消息后,及时告知了沙白,沙白遵章品镇之嘱,一篇篇地抄录后,寄给了《中国四十年代诗选》的编辑部。

章品镇也有两首入选了《中国四十年代诗选》,沙白先生疏忽了,没有提及。两首诗分别是《上坞》和《记一个人的受难——悼念顾迅一兄并同难诸友》。特录下第二首,留存并纪念。

记一个人的受难——悼念顾迅一兄并同难诸友
章品镇

两眼蒙上布、
脚镣手铐,
被推上车。
(一线希望
驰出去……
断了、断了,
和生命一起被

第七章 血泪，递上一枚雨花石

投向漆黑的
深夜。)

酷刑后
虚悬的脚，
踏上舢板；
心浮在
呜咽的夜潮之上。

极目两岸：
迷茫的夜、
迷茫的水和天……
江南的人、
江北的人，
都睡着。
迅一、迅一、迅一呀！
给塞进了麻袋，
你挨了几刀？
再加上几枪？
然后被踢下？
不尽长江，
迎着黎明，
载你远去
无人知道的地方……

为自由、为自由，
你是为自由而战死的！

一九四六年四月写在丁东实验区

（该诗原载苏皖边区一九四六年四月《江海导报·民主世纪》，署名林一娄）

章品镇在诗后有一注解：顾迅一同志为一九四六年"南通三一八惨案"中

被国民党特务残杀的烈士之一。诗中所写遇害情形，为事后了解到的实况的直书。

与沙白同乡的章品镇，1921年生人，长沙白4岁。1940年参加革命的他，曾是当年南通《江北日报》副刊《诗歌线》某一阶段的具体策划、执行者，与沙白交往甚深。他们都是那段历史的见证者，在2001年2月，他曾撰写过《关于〈诗歌线〉》的回忆文章。他的这首悼念在"南通三一八惨案"中牺牲烈士的诗，与沙白的《刀丛诗草》，都是那段历史的真实记录，都是泣血之作。从那个腥风血雨年代走过来的人，对悲惨离去的友人，自然是刻骨铭心。在那个年代结成的友情，也自然是情同手足。记得2013年5月4日章品镇去世后，沙白曾写过怀念文章，发表在《江海晚报》上。

我常想，并不是只有沙场上的将军才有铁血心肠，其实，经历过革命战争岁月的诗人们，也是一样的。

有时，将军们会用一场新的战斗的胜利，来告慰已经牺牲的战友们。而诗人们，则会用充满铁血的诗句来记录、来怀念、来告慰。沙白这辈诗人，是明显有别于没有那段经历的诗人们的。因为在他们的经历中，流淌过太热太烈的大爱大恨的血泪啊！这些血泪，一直留存在他们的内心。而内心肯定会影响到他们的诗作。

从这个意义上讲，沙白后来在一个特定的年代，去写政治抒情诗，就是最自然不过的了。他们需要一个契机，来换一种笔墨，换一种情绪和格调，来书写情感强烈如火山爆发那样的诗歌。

也可以换一个说法，这也是情感的回归，诗风的回归。所以沙白是一个风格多样的诗人，这就没有什么奇怪了。

事过多年后，沙白先生用血泪打湿的一双手——《递上一枚雨花石》！

在南京的雨花台，曾有无数革命志士，牺牲在那片山冈上、山谷里。为此，人们一直说雨花石是用无数革命先烈的鲜血染成的。

第八章　放歌，大江东去风涛声

- 《大江东去》，诞生在1963年，成了我们民族精神的现代诗歌载体之一
- 《大江东去》，成了沙白一系列政治抒情诗的代表作，流传至今
- 《江南人家·三首》，代表的是沙白诗歌的婉约风格
- 《大江东去》，则开创了沙白的另一种诗风：豪放之风

《长江的当代长篇抒情》一文，是我重读沙白先生影响深远、意义非凡的抒情长诗名篇《大江东去》的读后感，发表在2021年10月17日的《南通日报》上。在基本照录的同时，我又加了一些内容，大体如下：

一代政治长篇抒情诗《大江东去》，诞生在一个特殊的年代，迅速成了我们民族精神的诗歌载体之一。我们的万里长江，早就在亚细亚的宏大版图上，确定了自己高居第一的位置。她代表了千古神州，以第一大江的身份，领衔着世界东方的所有江河，在这片古老而年轻的大地上，日夜进行着浩浩荡荡的行旅抒情。

五千年来，万里长江已经记不清究竟有多少歌颂她、赞美她的诗句了。择其要者，或以唐代诗人张若虚歌咏的《春江花月夜》为传世之美："春江潮水连海平，海上明月共潮生。滟滟随波千万里，何处春江无月明"；或以宋代苏东坡的《赤壁赋》为千古长叹："寄蜉蝣于天地，渺沧海之一粟。哀吾生之须臾，羡长江之无穷。"

而千古长江流到了1960年代，终于有一首与之相关的当代长歌诞生了，这就是沙白先生的《大江东去》。没有重复苏东坡《念奴娇·赤壁怀古》中的"大江东去，浪淘尽，千古风流人物"的那旷古长叹，却也追随了毛泽东"俱往矣，数风流人物，还看今朝"的豪放壮情。沙白一改他多年的婉约诗风，而是为当代中国的长江平添了一首拓展东方海天、气吞万里如虎、波澜浩瀚壮阔，且长达176行的气象万千、畅快淋漓的长篇抒情诗。

我第一次闻知《大江东去》，不是读文本，而是聆听中央人民广播电台那千里声波中波涛起伏的朗诵。那是1963年，我的躯体与精神正在拼命拔节，正处于向上生长的青春期，第一次听到《大江东去》的朗诵，我那少年的热血沸腾起来了！由此，也就知道了什么叫作政治抒情诗，什么人是用一颗赤诚之心满腔之血地热爱祖国的优秀诗人。

那是个物质极为匮乏的年代，
那又是个精神昂扬向上的年代。

我很幸运，就在那个年代，听到了沙白先生的《大江东去》的朗诵，恰逢其时地得到了一种最好、最充沛的精神滋养。那以后，在漫长的生活道路上，我一直坚持着读沙白的诗，继而读沙白这个人。再后来，我知道了程抱一这个人：正是这位旅法的华裔思想家、这位法兰西学院第一位来自亚洲的终生院士，曾经说过"人具有最大的可能性"。这智者哲言犹如火花，迅疾地点燃了我关于沙白先生的更深层次的思绪。

沙白老，您身材不高，您也不壮硕，至今97岁高寿了，仍像是一株修长的芦苇。是的，您就像一株飘逸于每个金色晨昏的吟诗不断的、歌唱不断的芦苇。

沙白老，您君子风度，温文尔雅，性情内敛温和，待人微笑和善，总是平易近人、平语近人。从未见到您慷慨激昂、高谈阔论。也从未见到听到您高声朗笑、指点江山。

可是，为什么在您的胸膛里，能容得下一万里的长江壮阔流淌，您的喉咙里，能唱出一万里的浪花飞卷长吟，且浩浩荡荡一发而不可收，从源头一直唱到大海，直至声浪喧响波达五洲！

我曾无数次地询问过您，《大江东去》既然诞生在1960年代初，那么，当时您面对一张张白纸，一发而不可收地挥笔撒播下这一长串诗歌种子时，您周围究竟是一种什么样的情境？您心中究竟是一种什么样的思绪？又究竟是什么力量催生了它？您胸中激荡的究竟是一种什么样的岁月风云？

我想探究根系上的缘由。
终于有一次，您回答了，回答却依然是波澜不惊。
我认识您几十年，您一贯地少言寡语。听着您的静水流深、平缓徐徐的

第八章 放歌，大江东去风涛声

话语，我心里再次发出了一连串疑问的涟漪，叫作奇异——

您的"雪浪万里"呢？
您的"惊涛万里"呢？
您的"鼓角万里"呢？
您的"风雷万里"呢？
您的"不到大海不回头"呢？
您的"白昼黑夜无休止"呢？

所有这些您在《大江东去》中抒发的豪迈壮阔、狂放不羁的诗句，从您的口里，我却一句都听不到。我只听到了您的波澜不惊的语气，我只听到了您轻描淡写的语句。

竟然，您的铺天盖地、气吞万里如虎的《大江东去》的奔腾豪放，却是起源于您的《杏花春雨江南》的千年婉约，起源于您走进江南水乡后，满怀对农村生活的热爱而写出的《江南人家·三首》。这三首诗，孕育于1961年的初夏，插秧于1962年的春天，秀丽于那个奇特的年月。北京的《诗刊》，请《江南人家·三首》到那里做客，于1962年第2期发表了该诗。一时间，人们好评如潮。那年月，这种婉约太稀少了，这种来自生活的鲜活场景描述太少了，这种来自土地的潮润的气息太少了，这种能为读者带来新鲜呼吸的诗歌久违了。万千读者因为《江南人家·三首》，感到了天高气爽、清风拂荡、美不胜收、身心舒畅了！

有人指责您的不合时宜的风花雪月、水乡歌谣了。
有人指责您没有写出号角激越、电闪雷鸣了。
于是，您的从不张扬的性格更加沉默了。
也就在这时，您胸中的长江开始涨潮了。
您是长江的儿子啊，家乡就在长江口北岸的如皋白蒲古镇呢。
那里是可以日夜听到长江的涛声呢。
您的少年到青年的足迹，就像风帆一样地来往于大江两岸呢。
除了《杏花春雨江南》的风雅歌咏，除了《江南人家·三首》的水乡船歌，您心中的亚细亚第一大河，一直都在日潮夜汐中激荡着呢！

您憋着一口气，干脆就下一把大力气，把关闭太久的闸门一下子打开！您心中的长江波涛般的大潮大涌、大歌大涌，终于有了一泻千里的机缘。
一年多以后的1963年11月，还是北京的《诗刊》，把您的《大江东去》这首长诗放在头条的位置发表了。

于是乎,《诗刊》的读者个个睁大了眼睛,屏住了呼吸,来聆听这首诗歌中长江波涛激荡的声音,当代中国的长江终于有了一首动人心魄的长篇抒情诗了。

记得在我少年时,在与沙白同时代的诗人中,安徽诗人严阵先生描写长江的《长江在我窗前流过》,我也非常喜欢。48行的诗,写得大气、开阔。但是,毕竟176行的《大江东去》所描述与承载的东西,更厚重、更宏阔、更恢宏了。

诚如有评论说:

《大江东去》是对中国民主革命的一曲颂歌(岂止如此,我认为也是对迎难而上、坚毅走向世界民族之林的当代中国的一曲颂歌——笔者)。全诗涵容着广阔的历史风云、深邃的哲理意蕴和文化内涵,读之让人思想升华到气壮山河的高度。该诗和《递上一枚雨花石》,在中央(人民广播)电台和江苏(人民广播)电台多次朗诵播出后,产生了很大的影响。听吧:"大江东去……来了,来了/从雪山呼啸而来/从丛林奔窜而来/从丘陵夺路而来/从草地迂回而来/从地底喷涌而来……八百里洞庭容不下脚掌/三万顷太湖拉不住衣襟/看拥来多少子弟/卷起漫天烟云"。

如今再读《大江东去》及其评论文字,再仔细想想,历史有时真的是喜欢开大玩笑的!

如果沙白先生1962年3月发表的《江南人家·三首》不被严厉地批评,也许就不会有他发愤写作政治抒情诗的冲动与行动了。如此推论下去,也许就不会有《递上一枚雨花石》和《大江东去》等这样赢得全国性声誉的瑰宝级的作品了,更遑论留存于中国当代诗坛了。

历史是最公正的评价者。在改革开放的春风中,当年的《江南人家·三首》中的《水乡行》,被誉为"五四"以来写景诗中具有浓郁地方色彩的代表性作品之一,曾被北京大学中文系选入《新诗选读》,还被国内多种选本收录。

事过57年以后的2020年12月,沙白先生在江苏省作家协会录制的《江苏作家影像——沙白》专辑中,他是这样回忆那段难忘岁月的:

在上海《萌芽》的期间,没有写出什么很有影响的作品。是后来,

第八章 放歌，大江东去风涛声

从上海回到南通，因为《萌芽》资产紧张停工（停刊），人要重新分配，南通的老同志对我有点印象，就向上海作协秘书长提出，把我要回了南通。到了南通以后，1962年、1963年写了一些有影响的诗。例如《水乡行》，就是那个时候写的。还有《递上一枚雨花石》和《大江东去》等。

对于沙白先生的这段回忆，我一直有个疑惑，就是在2009年12月由上海文艺出版社出版的《沙白诗选》中，在《水乡行》和《江南人家》这两首诗的末尾，标注的写作年代是1961年6月，这与沙白先生的回忆不符。他的许多诗集，都不太标注创作时间，唯有这部《沙白诗选》有注明。为此，我推论，这几首诗创作于1961年6月，而修改和投稿发表，则应是在1962年初，是他回到南通以后的事了。此事我一直未询问沙白先生。

沙白先生还回忆说：

> 《江南人家·三首》发表后，（其中的）《水乡行》这首诗，一半批评的，一半赞扬的。郭小川在（安徽）芜湖也讲了这首诗，他讲形式上可以，内容上不行。

当下我们再次回首那段纷争四起的岁月，以史为鉴，面向未来吧。沙白先生的次子李晓白回忆说：

> 实际上，当时他（指沙白）心情也是比较沉重的。因为讲《水乡行》这一类的水乡小诗，他特别喜爱，也特别偏爱。得到很多赞扬，但也有很多批评。所以对他打击也是比较大的。然后，在这种情况下，他就开始发奋写政治抒情诗了。

在沙白先生的故乡南通，《大江东去》等经典作品是一直被记忆、被提及、被诵读的。让我们继续回忆历史、记忆历史、重温历史吧！

我曾写过一篇题目叫《沙白：一支长江口协奏曲》的短文，刊登在1997年2月15日《南通日报》上，可以看作是我当年对沙白老作品（包括《大江东去》）的粗浅认知。不怕浅薄，择其要点，记录如下：

> 记得那还是乍寒乍暖年月的一个夜晚，我在南通中医院附近那座老式木楼上沙白老的家里，与他促膝谈诗。我当时很幼稚也很冒昧地问

他:"您认为自己诗歌的风格属于哪一种呢?"沙白老师却立即反问我:"你是怎么看的呢?"老师发问,我便大胆坦言:"您是用两种调子唱歌呢!既有《大江东去》的雄壮高亢、一泻千里,又有《杏花春雨江南》的缠绵柔曼、婉约清丽呢。"沙白老师听了,并没多说什么。但我发现,他在那一刻的微笑,似乎流向远方之际,既深长又灿然地绽放开了。

是啊,亚细亚的第一大河来到长江口时,已是一派大风景、大坦然、大豪迈,而沙白老师的数千首呈现于中国当代诗坛的作品,当然也是大风景、大坦然、大豪迈了。长江口北岸有他的家乡。长江口大潮的澎湃和无风无浪时流入海洋的逝水骊歌,完成着他的人生大协奏、大交响、大抒情。

沙白这个名字,永远属于他的故乡南通和扩大了的故乡——我们的祖国。

我又想起了与友人卢庆平、李军合著的《长江口大潮》了,这是一部歌颂改革开放的长篇报告文学,1994年9月由北京文化艺术出版社出版,列入以翟泰丰为总主编、胡平为总顾问的《中国经济特区开发区纪实丛书》中。在这部书中,我们情不自禁地写到了我们共同的恩师沙白老,引用了他的这首洋溢着百折不挠、勇往直前民族精神的《大江东去》。

虽然,1994年距《大江东去》写作与发表的时间1963年,已经过去了30多年,但是,就像永远奔腾不息、热情不息的长江一样,这首诗篇并没有失去高昂的热度与力量,依然与我们的时代在同行。

我们在这部书的《楔子》中,是这样描述的:

1963年8月(这是《大江东去》完稿及向《诗刊》投稿的时间),瘦小而儒雅的南通籍著名诗人沙白,在掠过平原的潮声中,放牧着他的思绪,让其乘夏风溯万里江流,直抵格拉丹东那山头的雪冠,复又顺流而下,随大江东去……

"雪涛万里,惊涛万里,鼓角万里,风雷万里。不到大海 不回头!白昼黑夜 无休止!摇醒 一片片土地……"

大气磅礴的长江,于诗人生活的江之尾海(南黄海)之首,催生出一首大气磅礴的《大江东去》。

诗人瞩望:"无限空阔的海洋/将属于他,无限光亮的旭日/将属于他……"

几度杏花春雨,江南的景致换过。

大江哺育的平原上,那垂柳又几番执绿鞭赶着春天向前,赶着大江的波波涛涛,东流到海不复回。

然而,一片片土地,并没有真正醒来。

但是,掠过平原的潮声积淀下来,期盼终于应和起平原上的另一种潮声……

是的,彻底改变中国命运的伟大的改革开放事业,开始了!

诗人沙白的《大江东去》,与他的弟子们的《长江口大潮》,协奏出了一个伟大时代的一阕恢弘交响曲!

1984年4月,国务院决定对包括南通在内的14个中国沿海港口城市进一步开放。诗人沙白的故乡,在"以港兴城"的进军中,在江苏开始真正地最早迎接日出了。

是处于长江入海口的南通,给了诗人沙白创作《大江东去》的激情、气魄、胆识、眼界与灵感。而他的一代名篇《大江东去》诞生后,深深地融入了家乡人民的精神文化生活,也不断地伴随着这座江海名城的前进步伐,激励鼓舞着他的家乡人民,在改革开放年代呼啸向前!

1997年金秋时节,一场名为《江海世纪潮》的大型音舞诗画专场文艺演出盛大举行。在第一篇章"悠悠历程——创业歌"中,我们又听到了《大江东去》的诵读声。

朗诵艺术家高龙民与李中慧倾情领诵,如涛声裂空;

南通市话剧团演员与南通师范第一附属小学的孩子们,齐声和诵,发出了大江入海般的潮声浪涌!

诗人沙白家乡的人民就是以各种各样的方式,来不断地演绎他的作品,并以此来表达对这位杰出乡贤的尊重与爱戴。

因为沙白为南通这座城市在中国诗坛赢得了无上的荣光!

诗人有幸,诗歌发声,诗人重逢!

在《大江东去》的结尾,沙白先生是这样歌唱的:

> 今天的波浪，
> 接着昨天的波浪，
> 今天的战歌，
> 接着昨天的歌唱；
> 永无休止，
> 永不改向……
>
> 大江呀大江，
> 还要向前，
> 向着东方，
> 向着大海，
> 向着太阳。
> 无限空阔的海洋
> 将属于他，
> 无限光亮的旭日
> 将属于他，
> 无限瑰丽的虹彩霓霞
> 都将属于他！

是的，每次读《大江东去》，我们都能读出：
什么是生命的波涛向前、生生不息；
什么是生命的源远流长、放声歌唱！
这生命既属于我们中华民族的母亲河——长江，属于我们的父母之邦——中国，也属于沙白先生的这首传世之作。
长江永恒！
祖国永恒！
生命永恒！
诗歌永恒！
在奔向中华民族伟大复兴梦想的新征程中，我们依然在继续聆听着《大江东去》的千顷波涛、万里奔腾之声。
在我们奔向第二个一百年的现代化进军中，《大江东去》依然在大声抒情。波涛不息，千船竞发，是千军万马般的歌者大军。
时光永在流逝。不会流逝的东西有很多种，其中自然就包括那些深受人们喜爱的诗歌。古之有传承千年的唐诗宋词，新诗中自然也有许多一直流传的名篇。沙白先生的一代名诗《大江东去》，就在其列。

2023年4月23日是世界读书日。就在2023年的这一天，沙白先生的《大江东去》再次在他的家乡江苏省如皋市的上空雄浑地响起。

是的，就在这一天，"如皋市第十届'李渔读书节'启动仪式"隆重举行。主办单位为如皋市全民阅读活动领导小组、如皋市委宣传部、如皋市文明办、如皋市新闻出版局；承办单位为如皋市高新区（如城街道、城南街道）新时代文明实践所、如皋市融媒体中心等。

诚如如皋市作家协会主席季健所说：

> 沙白、耿林莽、曹剑、丁捷，一个个从如皋走出去的诗人，在家乡文学史上留下浓墨重彩的一笔。今天，如皋市作家协会的老师以一种特别的方式，与四位诗人同回故里。一个人纵然走得再远，也走不出如皋这片深情的土地……

在本次第十届"李渔读书节"启动仪式上，倾情朗诵沙白老《大江东去》的是年轻一辈的朗诵艺术爱好者陆锋锋。

我想，在医院里独享寂寞、泰然走近期颐之年的沙白老，听到了这个来自家乡的消息，一定也会很开心。

今天，六十年一个甲子过去了，我在不断地重读《大江东去》时总会感叹：原来这首长江的当代长篇抒情诗，并没有被岁月的绳索捆绑住。它是一首真正流传至今的诗歌长卷，它是一条真正诵读至今的诗歌大江！

它没有因为流经的岁月长久而断流，也没有因为一代代读者的更新而干涸。它所歌咏的，是生生不息的华夏儿女不断进取的精神，是永无止息地奔向大海奔向太阳的民族精神，是不会落下翅膀的一首飞向无穷未来的长歌！

她已经走进了当代中国诗歌史，彪炳于史册！

她已经走进了当代中国诗歌史，经典咏流传！

第九章 铭记，春风归来那年月

- 在改革开放春风的吹拂中，沙白迎来了喜气洋洋的丰收岁月
- 1979年1月，诗集《杏花春雨江南》由天津百花文艺出版社出版
- 1980年2月，诗集《大江东去》由上海文艺出版社出版
- 1980年6月，诗集《砾石集》由江苏人民出版社出版
- 1983年11月，诗集《南国小夜曲》由黑龙江人民出版社出版
- 四年间，沙白向读者也向伟大的改革开放年代，接连奉献出四部诗集

沙白是一个积极而热烈的诗人，他始终关心国家和民族的命运，关心群众的所思所想与喜忧哀乐。他把博大而深沉的爱，贯穿于他的跌宕起伏的漫长旅途，也浸透了他连绵不息的诗作之中。

当岁月的脚步迈进伟大的改革开放时代后，沙白的诗歌事业也焕发出无限的生机。

1978年8月到1979年初，沙白被借调到《诗刊》编辑部参与编选《诗选（1949—1979）》。

诗刊社编辑的这部三卷本诗选，由人民文学出版社于1980年3月、1981年2月、1981年5月分三次出版。第一版印数分别为：4万册、2.5万册和2万册。沙白的《水乡行》《访古抒怀·二首》和《大江东去》收入该诗选第2卷。

沙白在诗选的编选工作期间，他作为江苏代表，参加了1979年2月2日举行的全国诗歌座谈会，得以见到艾青、臧克家、冰心等诸多他仰望已久的师长与名家，也再次见到了他的诗歌导师卞之琳，还见到了他心仪已久的大诗人贺敬之等，并聆听了胡耀邦的政治报告。

在此次全国诗歌座谈会之前，即1978年12月18—22日，具有重大历史意义的党的十一届三中全会，已经胜利召开。这次会议在沙白心中引起的激荡与振奋可想而知。

全国诗歌座谈会后，沙白思绪万千，诗潮涌动，写下了一首短诗《新月》，

第九章 铭记，春风归来那年月

诗中写道：

> 是谁这么大胆，
> 在天幕上铰了一剪，
> 让这湛蓝湛蓝的穹宇
> 露出一丝破绽。
> 一下泄露出来清光无际，
> 银辉万里，
> 真想透过这小小缺口，
> 看看天幕那边……

此诗大胆而巧妙，对刚刚起步的伟大改革开放事业，充分表达了热情赞美与无限向往。

是啊！随着中国国门的徐徐打开，诗人渴望的目光，也随之开始仰望更加辽阔迷人的星空。

当年10月，他随江苏省作家协会代表团访问陕西、四川等地名胜。

在《走出半坡村》一诗中，他写道：

> 走出自给自足的安谧，
> 走出聚族而居的神圣，
> 走出闭塞，走出狭隘，
> 走出世代相守的因循……
> 走出，依旧值得燃十万爆竹欢庆，
> 走出，才有尧天舜日，禹凿龙门！

字字句句，同样寄托了诗人对伟大改革开放事业的期待。"走出"一词，寄托了多少对新天地、新气象的期许与欣喜！

诗人在登庐山后，心潮难平，当时彭德怀尚未平反。但是，诗人凭着自己的心迹在《庐山二题》中写道：

> 该请清风拉开沉沉的幕，
> 好让人们识得庐山真面目……

正是在改革开放的春风里，沙白才真正地打开了心扉，也放开了诗人的自由脚步，他开始心旷神怡地游历祖国各地的锦山秀水了，开始饱览丰饶缤纷的风土人情了，也开始实地探访五千年文明古国的人文历史与斑斓古迹了。

他的足迹遍及南疆北国、沿海西域。范围之广阔、频率之密集、心性之喜悦、思考之羽飞、诗情之洋溢，似万里长江一样，一个浪波接着一个浪波，奔涌不息；

亦似飞向太阳的鸟翼一样，披着一片霞光接着一片霞光，自由翱翔；

亦似大地上的翠竹禾苗一样，生长一处生机蓬勃接着一处生机蓬勃，向阳展叶；

亦似天云倩影一样，描绘一幅变幻接着一幅变幻，流漫天际，气象万千。

就在这时，在新中国发展道路的选择上具有划时代里程碑意义的党的十一届三中全会召开，此后仅仅一个月，沙白在改革开放后的第一部诗集《杏花春雨江南》于1979年1月由天津百花文艺出版社正式出版了！

这对诗人沙白来说有着里程碑的意义。

其实，从某种意义上说，《杏花春雨江南》这部诗集的孕育期、成长期、收获期，都与沙白1962年发表在《诗刊》第二期上的《江南人家·三首》密切相关。

《江南人家·三首》是处于那个时代的1962年春天的发声。

正如诗集《杏花春雨江南》是改革开放之初的1979年春天的发声一样。

为此，说沙白是从《杏花春雨江南》中，披着杏花清香，迎着春雨霏霏、从那万千美好的江南走出来的大诗人，应该既是极为形象的，也是最为妥切的。

沙白的 生挚友、被誉为中国当代才子之一的著名诗人忆明珠，也说过类似的话，他说：

> 一个诗人的来龙去脉，总有轨迹可寻，而且还可能有一道风景，始终伴随着他，映衬着他。

> 说起沙白，在我的印象中，就会浮现出一幅杏花初燃，春雨濛淞的画面，他是从杏花春雨中向我们行吟而来的。

> 这是因为他最初引起读者惊喜的那本诗集，有一个《杏花春雨江南》的美丽名字。而其中发表于1962年的《江南人家》诸短诗，以明媚轻快的抒情色调，确实为当时被政治高温烤炙得干枯欲裂的诗歌园

地，带来了一种杏花春雨般的潮润与温馨。

忆明珠不愧为是有着真知灼见及远见卓识的当代中国的才子啊！他对沙白诗人身份的最初由来及其确认，也可谓是一语中的。

沙白从1962年春发表《江南人家·三首》，到1979年春出版诗集《杏花春雨江南》，虽然，这之间已经相隔17年了，但是，他这一路走来的人生旅程及诗歌轨迹，却清晰可见，也让杏花春雨可见。

不妨把这组《江南人家·三首》，按照当时发表的顺序，再读一遍。好在都是精致的短诗，也是经得起岁月检验的好诗。

江南人家·三首

水 乡 行

水乡的路，
水云铺；
进庄出庄，
一把橹。

鱼网作门帘，
挂满树；
走近才见，
有个人家住。

要找人，
稻花深处；
一步步，
踏停蛙鼓。

蝉声住，
水上起夜雾；
儿童解缆送客，
一手好橹！

江南人家

门前花,
墙后瓜,
豆蔓"飞檐走壁",
葫芦"金钟倒挂"。

白菜摇碧袖,
茄子依篱笆,
绿云掩映,
江南人家。

鸡啼,
鸭聒,
羊羔咩咩,
赶着猪娃娃。

屋里不见人,
燕子衔落花。
树顶喇叭唱三声,
炊烟招人回家。

秧 歌

合:束束小秧丢下田,
　　声声秧歌起水面。
　　歌声过去满畈绿,
　　落了月亮青了天。

女:蜻蜓点水不起浪,
　　手起手落秧千行。
　　一句秧歌一粒种,
　　落在田里长米粮。

第九章 铭记,春风归来那年月

男:秧歌飞挂柳树梢,
　　稻香十里随风飘。
　　一句秧歌一粒籽,
　　落在心上长青苗。

女:双燕衔泥贴水飞,
　　影子落在白水里。
男:一条头巾眼前闪,
　　影子落在哥心里!

女:公社绿缎铺满地,
　　上面绣的凤展翅。
男:心想裁个三丈三,
　　送给阿妹做聘礼!

女:束束小秧丢下田,
　　秧歌带水飞满天。
男:千顷水田翻绿浪,
　　还有波澜在心田。

这一组写江南水乡的诗歌,不但明白如话,清丽鲜活,而且形象灵动,画面逼真。人间烟火,百姓生活,飞扬而来,如此亲切!

今天读来,仿佛又见到了那个年代江南水乡人家的生活日常与音容笑貌;今天看来,不但奇特,而且极有历史现场感。读着因深爱古典诗词亦深受其熏陶浸染的沙白先生的这组诗,情不自禁地就想到了宋时辛弃疾的那首《西江月·夜行黄沙道中》:

　　明月别枝惊鹊,清风半夜鸣蝉。
　　稻花香里说丰年,听取蛙声一片。
　　七八个星天外,两三点雨山前。
　　旧时茅店社林边,路转溪桥忽见。

近日,我从旧书网上购得一册1962年第2期《诗刊》。就是这一期《诗刊》

发表了《江南人家·三首》。虽然刊物的纸张已经发黄发脆，但不影响阅读。那期《诗刊》是大32开本，双月刊，正文74页。主编为臧克家，副主编为葛洛。编委为田间、肖三、李季、严辰、阮章竞、徐迟、纳·赛音朝克图、贺敬之、葛洛、臧克家等。

沙白的这组诗，虽然是发在这期《诗刊》所有诗歌作品的最后，却因其在那个年代少有的独特，引起了读者广泛的关注，褒贬不一，赞扬着居多。这牵涉那个年代的政治气候与流行诗风。这组诗的最独特之处就是沙白写了那个年代新鲜活泼的江南水乡生活，不枯燥，不概念，清风徐徐，意象纷呈，细节灵动，惟妙惟肖。

而这组诗的第三首《秧歌》，如若配上曲调，就是一曲男女声二重唱呢！农村青年男女站在田头，为了表达爱情，发自内心地、由衷地歌唱。

真的是情意绵绵，活灵活现，栩栩如生！

还是继续《杏花春雨江南》这部诗集的话题吧。

诗集共分四辑：第一辑"布谷声声"，写作于1976年至1978年，副题为"江南—江北"；第二辑"吴歌新唱"，写作于1959年至1963年，副题为"于江南"；第三辑"车水号子"，写作于1963年至1976年，副题为"于江北"；第四辑"大海涛声"，写作于1961年至1964年，副题为"舟山—上海—吕四"。

沙白的家乡在长江以北的如皋白蒲镇，如皋是属于南通管辖的一个有着一千五六百年历史的江苏文化名城（后改为县级市）。而南通这座城市，紧靠长江，生生不息在一片江海之间的大平原上。其地理形貌、气候条件、农作物栽培、生活习俗等，历来与一江之隔的江南较为接近。其中隶属于南通的启东与海门这两个县（后改为县级市）靠江边，并与上海崇明岛（1958年前尚归属江苏）隔水相望，属于吴语区。所以，沙白把在江北写作的诗歌，也列入《杏花春雨江南》中，于情于理，也说得过去。

沙白自己在这本诗集的《后记》中也说：

> 这些诗，写作时间不一，最早的写于一九五九年，距今几近二十年。时代气息不强，确有很大局限。这些诗，有的写于江南，有的写于江北，有的写于上海。所谓"江北"，依然是古来隶属于"江南道"的滨江临海地区。"风物近江南"，故以江南概之。

但是,《杏花春雨江南》这部诗集,得以在1979年1月的改革开放初期出版,其最大的优势就是他描述了人人向往的江南生活,描述了那片水乡的灵秀优雅的风貌,人民的日出而作、月落而息于那片如诗如画土地上的种种劳作情状,及其扑面而来的真情实感。

虽然,里面也有些难以脱离的属于历史局限性的政治形态的描写。

同时,我常想,《杏花春雨江南》这部诗集的出版,这应该与组诗《江南人家·三首》引起广泛关注和巨大反响密切相关,还应该与沙白于1977年4月至1978年6月间,写出了与诗集同名的组诗《杏花春雨江南》(三首)密切相关。

这组诗分别以《杏花》《春雨》《江南》为题。

不妨把这组诗也阅读一遍。为了还原历史真实面貌及其彼时情景,全文如下:

杏　花

踩化高山积雪,
送来一江春讯;
把柳条儿摇黄,
把麦芽儿唤醒……
春天的脚步很轻很轻,
却是一步一个脚印!

县委书记走过社社队队,
步步踩着春天的脚印。
叮铃铃的自行车铃声,
脆得胜过催春的早莺……
要把五届人大的春风送往村寨,
要把春天播进每个社员的心!

春风吹遍每一条阡陌,
吹开人们心底的窗棂。
队队升起新长征的风帆,
田野从来没有这样欢腾……
料峭春寒虽然刚刚过去,

村口已经绽开树树红杏。

春　雨

清明时节尘漫漫，
两月不见雨一点。
望望日头望望天，
天天早霞不露面。
——暮暮朝朝盼春雨呵，
只见田里起青烟！

忽听一声马达响，
陡然地底涌喷泉。
彩练直上三千尺，
化作万缕银丝线。
——一天春雨地下来呵，
何须乌云涌天边！

社员抬头笑老天，
如今天旱地不旱。
倒提万顷长江水，
浇我公社大寨田。
——一片欢声上云端，
滴滴春雨落心田……

江　南

一样的春水碧如染，
一样的柳丝系朝烟，
一样的秧田似明镜，
一样的黄云落菜田……
分明是——

春风十里江南。

问地名——
"江南新村傍河湾……"
谈产量——
"过了长江赶吴县……"
谁说是——
新开的盐碱海滩!

听声音——
想起江南报春燕。
农场三年——
吴侬软语未全变。
抓纲治国春风暖,
海滩今日变江南……

(初稿作于1977年4月,1978年6月修改)

  今日再读这组《杏花春雨江南》(三首),最大的感触就是,沙白先生不但在中国新诗中最先发现了"杏花""春雨""江南"这三个意象的诗歌美学价值,而且巧妙地把它们组合到了一起。单独写"杏花"的、单独写"春雨"的、单独写"江南"的新诗,铺天盖地,比比皆是。但是经由沙白先生把这三个意象组合到了一起,就变成了一个极为美妙的新的意象阵势,一个全新的语言集体,成为新诗的一个既新颖又从未有过的标志性大意象、大诗意!如今来看,这些意象的使用,这些句子的表述,太平常了,似乎写诗的人都可以做到。

  但是,请不要忘记,沙白是第一个做到的!
  如今一提起"杏花""春雨""江南",许多爱诗的人就会情不自禁地想到沙白,想到他的诗集《杏花春雨江南》。
  《杏花春雨江南》是中国新诗的一个标志物,一个里程碑!

  今日再读这组《杏花春雨江南》(三首),依然能感受到浓郁的古典味、民歌风,这就是当年的中国气派,令人感慨何止万千。也许,还可以把我们的感触放大开来：一是沙白描绘那个年代的农村生活，是多么亲近又多么紧跟生活的脚步啊！二是肯定有人会认为这些诗有时代的局限。

难怪沙白在一篇《再谈"五十年"》的文章（载《沙白文集》第四卷·江苏文艺出版社，2005年10月出版）中，曾极为清醒地说：

> 唐代是中国诗歌的"盛世"。回观唐诗不难发现一个有趣的现象，即每隔五十年左右，便有一次对前人的"否定"。杜甫有诗云"王杨卢骆当时体，轻薄为文哂未休。尔曹身与名俱灭，不废江河万古流"便是针对当时对初唐诗歌的一股"否定"思潮而言。

沙白继续分析说：

> 流是大趋势，海是大方向。但是，处于出海口的扬子江，不能否定通天河，否定金沙江，否定三峡，因为下游是从上游流来的。"王杨卢骆当时体"，"当时"二字切记勿忘。艾青有艾青的"当时"，郭小川有郭小川的"当时"，李季有李季的"当时"！对于每个诗人，只能放在当时的历史环境中去考察、品评。任谁也无法超越时代的局限。

如上所言，沙白自然也有他自己的当时。上面所列举的就是沙白的当时。当年的有些诗作，一直被读者所喜欢，所以留了下来，比如《水乡行》。

是的，《水乡行》发表于《诗刊》1962年第2期，收入其《江南人家·三首》组诗中，可谓经典。不但被收入各种诗歌选本，而且被收入由《诗刊》编辑部选编、人民文学出版社出版的《中华诗歌百年精华》典藏版（2002年5月出版）中。

当然，当年也有些诗作，风流云散了。子在川上曰，逝者如斯夫。

沙白的《杏花春雨江南》这部诗集里的作品，包括脍炙人口的《水乡行》，是诞生在怎样的年代怎样的生活与土壤呢？

沙白自己有过较详尽的陈述：

> 1960年，《萌芽》（编辑部）在（当时农村的）人民公社待了半年多后（诗人在那里，可以近距离体验了农村农民的生活，诗人是不会浪费任何生活的），又回到了城里。当时上海副食品供应已很紧张，中央为解决大上海的副食品问题，特地把浙江的舟山、嵊泗划归上海。

一些菜馆荤菜只有带鱼。(上海)作协机关为解决副食品问题,在青浦县的一个生产队搞了一个养猪场,养了几头肥猪,由一些年青人轮流饲养。一次轮上我和宁宇。青浦县(区)靠近淀山湖,是地道的水乡,苏州河上游的吴淞江就在我们去的生产队旁边,诗中写的都是实景。这样的诗,当时还不敢写,场景都印在脑子里,零星诗句记在小本子上。1961年搞了一年整风整社(在上海崇明岛),又有了一些农村生活体验,1962年调回南通,中央由周总理和陈毅副总理在广州召开知识分子座谈会后,文艺界形势有所松动,才在1962年底写出组诗《江南人家·三首》,《水乡行》是其中的一首,寄给《诗刊》,他们于1963年2月号刊用。据说刊出后反响较大,先后收到三四百封来信,肯定的和否定的各占一半。

沙白继续回忆说:

后来中国作协一位负责人在一次讲话中认为"形式可以,内容不行"。所谓内容不行即没有写农村的阶级斗争。几个月后,《诗刊》终于发表了一篇批评文章,认为是脱离政治的"新田园诗"。当时脱离政治可是一顶不大不小的帽子。于是,赶紧改弦易张,写了《递上一枚雨花石》(发表在《人民文学》)、《大江东去》(发表在《诗刊》)。其实,"新田园诗"倒是说对了,我本来就是把它作为田园诗来写的。因为我一直比较喜欢王维的田园诗。

(上面这段话,摘自大众文艺出版社2007年11月出版的沙白诗集《八十初度》一书中"答Z·S"一文;及上海文艺出版社2009年12月出版的《沙白诗选》中的"答Z·S"一文)。

必须说明一下,也更正一下:经我仔细查正,沙白老上面这段文字表述,时间及事件记忆均有误。我上面已经记述过了,《江南人家·三首》,包括《水乡行》,是发表在《诗刊》1962年第2期,不是2月号;而且,不是1963年,而是1962年。那时《诗刊》是出双月刊的。而且,这组诗的写作年代,应该是1961年6月,而不是1962年底(见《沙白诗选》,上海文艺出版社2009年12月出版),这样,发表在1962年3月出版的《诗刊》第2期上,就合乎投稿与刊用的前后时序与情理了。

继诗集《杏花春雨江南》1979年1月由天津百花文艺出版社出版后,诗集《大江东去》1980年2 月由上海文艺出版社出版,诗集《砾石集》1980年6 月由江苏人民出版社出版,诗集《南国小夜曲》1983年11 月由黑龙江人民出版社出版。

四年间,沙白向读者也向伟大的改革开放年代,接连奉献了四部诗集。不由得想起唐代孟郊的两句诗:

春风得意马蹄疾,
一日看尽长安花。

沙白得意,春风归来那年月!
值得铭记,春风归来那年月!

第十章　砾石，精卫填海垒寸心

- "您期待着珠玉，而我只有砾石"
- 这是沙白在《砾石集》中的题记
- 这是一直以谦恭为美德的沙白的心声
- 但是，沙白又像是一只填海的精卫鸟
  或者用长啸一声又一声的长诗
  而更多的是用一粒粒如砾石般的小诗
  从不停歇地垒筑着他矢志不渝的诗歌理想
  擘画出了他那独特迷人的诗歌海平线

1980年代是我国走上改革开放大道的初期。既然是初期，一切都还带有在探索中前进的色彩，包括诗风的悄然改变。

其中，我们就看到了沙白先生诗风的悄然蝶变。

人们的心情真的是豁然开朗了。

读者的审美情趣也变得多样而多彩了。

一个新的历史时期，毕竟到来了！

一切都在改变了，诗歌出版变得空前活跃起来了。

就在这时，江苏人民出版社于1980年6月为沙白先生出版了诗集《砾石集》。这应该是改革开放事业开始后，他正式出版的第三本诗集了。前两本分别是1979年1月由天津百花文艺出版社出版的《杏花春雨江南》（印数：10 500册，1982年曾修订重印）和1980年2月由上海文艺出版社出版的《大江东去》（印数：9 000册）。

《砾石集》共有4辑：

第1辑：为新华夏的崛起

第2辑：纪念碑

第3辑：黄浦江上的回音

第4辑：江城曲

每一辑都带有鲜明而强烈的时代色彩。

其中。第1辑中的23首诗,全部创作于改革开放后的1978年至1979年。从这一辑的题目"为新华夏的崛起",就可以看出沙白对历史新时期的到来,感到了发自内心的欢欣鼓舞。

他以"为新华夏的崛起"为诗题——

歌唱"地质学家李四光归国途中,在货轮上写下著名论文《受了歪曲的亚洲大陆》的赤子之心;歌唱"气象学家竺可桢一生治学严肃,临终之前,还命亲属代笔,记下最后一次气象记录",赞其"也像一条守恒定律";歌唱植物学家吴征镒在"牛棚"中着手写《长江以南中草药名录》一书,赞其"该是李时珍的子孙";歌唱"数学家陈景润在'四人帮'迫害下,在六平方米斗室中,研究证明哥德巴赫猜想,获得成果",赞其"生命在一串数字中闪光";歌唱"老数学家华罗庚愿做'人梯',让年轻人踏着肩膀攀登高峰";歌唱"桥梁学家李国豪遭受'四人帮'迫害,在'隔离室'中依然在研究桥梁振动理论,利用报纸边角空白处进行计算",赞其在"报纸的边角展开一片晴空";歌唱"量子化学家唐敖庆顶着'四人帮'的逆风,研究分子轨道对称守恒原理,取得成果"。但是在"四人帮"破坏影响下,他作学术报告时,听众寥寥。

在这一辑中,沙白还收入了他在1978年11月,一口气写成的"油田秋兴九首",尽情讴歌了河北任丘油田的普通劳动者。

沙白先生是一个虔诚而热烈的歌者,他把自己的每一首诗歌,都献给"为新华夏的崛起"而奋斗的人们!

第2辑"纪念碑"中,共16首诗。其中有1976年12月以"写在梅园新村"为副题的作品共5首,分别为《翠柏》《雨花石》《灯光》《谈判桌》和《纪念碑》,全都是献给周恩来总理的颂歌;他还以《独轮车之歌》歌颂了支援淮海战役的支前民工们;还以《最富有的人》为题,歌颂了革命先烈方志敏。

第3辑"黄浦江上的回音"共收入15首诗,全部是以上海为题材的,每首诗都很有纪念意义。之所以有这个主题,自然是因为沙白先生在上海度过了十年左右的难忘岁月,或者说,上海是再次激起并燃起沙白先生诗情的地方,而且是引领他走上诗歌之路的地方,也是改变他一生命运的地方。

许多读者都知道沙白的第一本诗集《走向生活》,就是上海新文艺出版社出版的。正因为有了1956年9月出版的这本诗集,他才在1958年,从上海国棉八厂调入了上海市作家协会主办的《萌芽》杂志社,在编辑部担任诗歌编辑，走上了职业诗人的道路。

　　这本60多年前出版的《走向生活》的诗集，现在已经很难看到了。为此，沙白在1980年6月出版这部《砾石集》时，特意把写作《走向生活》同一年代的一些作品也收入进去。大概他是为了尊重并珍惜那段历史与经历吧。我曾多次多处寻找过《走向生活》，都没结果。后来，还是他的次子李晓白找到了。但是，已经是残缺不全了。整本书的前后，都缺了几页的。

　　我仔细查看并对照了一下《砾石集》与《走向生活》中的作品。
　　在《砾石集》中，可以看到，写作于1954年5月至1956年9月（即《走向生活》出版时间）的作品，共5首，分别为1954年5月的《吴淞夜歌》、1955年5月的《银幕上》、1955年12月的《劳模哪儿去了》、1956年6月的《"海"——登国际饭店远眺》和1956年9月的《笑姑娘》等。
　　而以上作品中，出现在《走向生活》这本诗集里的，则只有《银幕上》这一首。
　　就让我们先来看看这首《银幕上》吧——

银 幕 上

新建的礼堂权作电影放映场，
银幕上出现了边疆的新建厂。
所有的眼睛都在仔细地寻找，
想找第一个报名支边的工长。

第三排上坐着位年轻姑娘，
心儿比谁都急，眼睛比谁都亮。
紧盯着银幕上的每一个身影，
就连眨一眨眼睛全都顾不上。

仿佛自己也走进了熟悉的车间，
快步巡回，轻盈地把纱头接上……
突然眼前一亮，礼堂里一阵嚷，
银幕上熟悉的眼睛正朝她张望！

那目光是这般亲切，这般火热，

就像在车弄里经常遇到的那样。
她伸手按住扑扑乱跳的心口,
几乎问出声:有什么话要讲?

(注:收入《砾石集》的是这个版本,写于1954年10月。收入《走向生活》时有所不同)

仅此一例,我们大概就可以从中感受到那个年代沙白诗歌的格调与样貌。当年,诗风与潮流大体就是这样的。

为了印证我们的判断,我们再举一例,读读沙白写于1954年5月的一首《吴淞夜歌》吧。这首诗收入了《砾石集》,而且是"黄浦江上的回音"这一辑的第一首。如前所述,《走向生活》里没有见到这首诗的影子。

吴淞夜歌

月亮的清光洒下白霜一片,
蕴藻浜像银河落在人间[①]。
钢铁厂、纺织厂双星并辉,
像牛郎织女分列两岸。

夜夜歌声在水波上飘荡,
装满只只等待出海的渔船。
夜夜歌声轻轻拍打着小镇,
让它的梦,做得又香又甜。

歌声里红锭堆起十里钢山,
将要去托起广厦千间万间;
歌声里白布犹如大江东去,
浪涛滚滚向人间送去温暖。

对祖国的赞歌流啊流不断,
万千工人的心是它的泉源,
出钢钟和机杼声为它伴奏,
夜风与河水送它越飘越远……

（注①：蕴藻浜为流贯吴淞江的大河，东入黄浦江。20世纪50年代初，河的南岸为钢铁厂，河的北岸有纺织厂。当年吴淞尚为小镇，又是渔港。多年后吴淞已发展为上海的钢铁工业基地之一；吴淞江又称苏州河，为长江支流黄浦江的支流；吴淞口，因曾为古吴淞江入海口，故名。位于黄浦江与长江交汇处，东距长江口30余公里，离沙白工作的上海国棉八厂所在地宝山区4公里）

读了上面这两首诗，给我们的印象大体便是：那时的诗风是绝对尊重生活本身的。写作者也绝对是从自己生活的环境出发的。沙白当年工作的上海国棉八厂，始创于1919年，最早称为大中华纱厂（改为国棉八厂时，也包括1920年筹建的华丰纱厂）。最兴旺时，该厂有万名职工。新中国成立后，百废待兴，上海国棉八厂不断地抽调技术骨干，去援建新厂，其中包括援建新疆的新厂。这便是沙白写作《银幕上》这首诗的时代背景与生活来源。也是他的第一本诗集《走向生活》的主要生活来源。

也许，站在今天的审美角度上看，这首诗歌的语言，因直抒胸臆而流于所歌颂事物的表层。在艺术性上，似乎缺乏深层次的挖掘与更优美的诗意抒发。

但是，这首诗，曾经感动过那个时代的读者，也留存于我们新中国早期的诗歌史。

每一首诗，都是它所诞生年代的活化石，是用当时的诗歌语言凝练当年生活而成的诗歌的活化石。

任凭是谁，都否定不了。

历史是不能否定的；诗歌史也是不能否定的。

任凭是谁，你否定了别人的历史，就等于有一天，你的历史也会被否定。

你否定了别人当年的诗歌，也就意味着你今天得意扬扬写出的诗歌，总有一天也被否定掉！

还有，也许更重要的，就是诗人沙白，就是从那里走出来的。

没有那个当年，就不会有后来诗名隆盛的诗人沙白！

写到这里，又忽然想到我的大河北同乡、前辈诗人李学鳌了。

新中国成立前参加革命的李学鳌，曾是华北革命根据地一个印刷厂的一员。1949年，他随着大军走下太行山，进入了北京城，仍然在一家印

刷厂工作。他有一首诗,叫作《每当我印好一幅新地图的时候》,他在诗中吟诵道:

> 我爱我的祖国,
> 像爱我的母亲,
> 我虽然不生产钢铁和小麦,
> 我却用我全部的力量,
> 描绘她庄严的面容。
>
> 我是个幸福的印刷工人,
> 日夜为祖国而劳动。
> 每当我印好一幅新地图的时候,
> 就无法控制那海涛般的激情。
> 这纵横九百六十万平方公里的土地啊,
> 处处像磁石一样吸引着我的眼睛,
> 吸引着我的心到处飞腾。

  这首诗定稿于1954年10月1日。写作年代大体上与沙白先生《走向生活》中的许多诗篇相同。

  从自身生活的环境出发写诗,就写处于自身环境中的生活,而且用素描的手法,这大体就是那个年代的特点吧。

  时至今日,这种思考方式、取材方式和写作方式过时了吗?我看未必!

  没有比较就没有鉴别。同样,只有通过比较,触类旁通,才能看出一个时代诗歌的大体风貌与风潮。

  郭小川是沙白极为敬佩的当代著名诗人。就让我们以郭小川写作于同一时代的名篇《投入火热的斗争》为例,再来思考一下那个时代的诗风吧。

  1955年秋,郭小川奉调中国作家协会工作(开始任秘书长、党组成员,后任党组副书记、书记处书记)。郭小川调作协工作之前,即还在中宣部文艺处工作时,即已开始创作政治抒情诗《投入火热的斗争》(1955年4月至1955年8月期间,见张恩和著《郭小川传》,湖北人民出版社2008年1月出版)。

该诗节选如下:

投入火热的斗争
——致青年公民,
并献给全国青年社会主义建设积极分子大会
郭小川

"喂,
年轻人!"
——不,我不能这样称呼你们,
这不合乎我的
也不合乎你们的身份。
嬉游的童年过去了,
于是你们
一跃
而成为我们祖国的
精壮的公民。
也许
你们心上的世界
如蓝天那样
明澈而单纯,
就连梦
都像百花盛开的旷野
那般清新……
然而迎接你们的
 却不尽是
小鸟的
悦耳的歌声,
在前进的道路上
还常有
凄厉的风雨
和雷的轰鸣……

虽然只是节选,但我们肯定已经感受到了一股气息,一种气魄,一种别样的诗风，正在扑面而来。这种感觉在沙白的《银幕上》，我们也已经感受到了；在李学鳌的《每当我印好一幅新地图的时候》，也已经感受到了。

这就是那个年代的诗歌，那个年代的诗风啊！

——通达酣畅，晓白流畅；节奏鲜明，阳光澄亮；音韵饱满，直达心房！

但是，沙白先生也深深地知道，新中国成立以后很长的一段岁月，诗风过于政治化，语言过于粗粝化，这对艺术是有很大伤害的。为此，他一直在努力中挣扎，只要空气稍有宽松，形势稍有允许，就想摆脱这方面的干扰，尽力回归诗歌艺术的本身——而不仅仅是艺术化的宣传，也不仅仅是生活表层的模拟素描，还需要更细腻地观察，更深入地挖掘，更艺术地升华，以及更形象地呈现。

他的第一次努力就是1962年在《诗刊》第2期发表的《江南人家·三首》。后来，他又创作了《递上一枚雨花石》和《大江东去》等流传至今的政治抒情诗的名作。

正在此时，"文革"爆发了。等到改革开放新时期后，沙白又再次起跑，一路探索，在革新诗风的路上，日思夜耕，日夜兼程，笔耕不辍，硕果纷呈。

2004年9月16日获得了首届"艾青诗歌奖"的殊荣后，沙白依然前行不止，"遵循的仍是'源于生活，有感而发'的现实主义创作方法，着力于继承中国古典诗歌传统"（沙白语）。他既保持一颗鲜活的诗歌初心，又勇于继续探索，向诗歌艺术的深处探索，向生命思考的深处探索，向生活深处的诗意探索，在出版诗集《八十初度》之后，又在90岁时，推出了诗集《音尘》。而且，虽然奔向了期颐之年，他依然想着诗，依然写着诗。手颤抖，不方便写字了，就理好思路，让儿子代笔。

微斯人也，吾谁与归啊！

第4辑："江城曲"。

沙白先生回到故乡——长江北岸的南通啦！

这是诗歌的还乡啊——情不自禁地，他唱起了"江城曲"。

不妨先欣赏一下《江城曲》三首中的其一及其二吧，这组诗创作于1962年3月，在上海漂泊了十年的沙白先生，在1962年初，终于回到故乡了。从此，他再也没有离开过家乡。

江 城 曲

   沙　白

江城柳色（其一）

十年归来　都是新人
　　　　　——手记

栽在沃土里，
长在艳阳天，
才十年，
千树万树江城边。

春雨洗，
春风染，
如云复如烟，
风前斗春寒。

三分春色，
占了二分半；
为江城
换一袭春衫。

更一番新雨，
绿上青天……
风里频频挥长鞭，
赶着春光向前！

江岸春汛（其二）

芦芽短，
芦芽嫩，
才露尖尖顶；
染江滩，
绿如茵，

刚刚透春汛。

江水冷？
江水温？
问那浪里人。
帆儿满，
船儿轻，
江上捕河豚。

河豚黄，
柳如金，
屋角簪红杏；
冰已化，
雪已尽，
一江桃花汛……

  毫无疑问，1962年初，回到故乡南通的沙白先生，心情是多么舒畅啊！何况，离乡十年，与家人与亲人分离的岁月终于过去了。
  虽然，他依然是一个人生活在南通城里，而妻子与长女及两个儿子依然生活在离南通数十里之遥的老家白蒲，但是，这点距离来来往往就方便多了，已经不算什么了。
  何况，清贫至于饥寒的"三年困难时期"也终于过去了！
  为了更好地理解沙白在1962年初回到故乡的好心情，也许应该搞清楚什么是"三年困难时期"。

  "三年困难时期"是指"主要由于'大跃进'和'反右倾'的错误，加上当时的自然灾害和苏联政府背信弃义地撕毁合同，我国国民经济在1959年至1961年发生严重困难，国家和人民遭到重大损失"（摘自1981年党的十一届六中全会《关于建国以来党的若干历史问题的决议》）。

  此时的沙白，无论是再看离乡十年后的"江城柳色"，再看今日的"江岸春汛"，再看"植树的小学生"，无一不是春光萦怀、春阳暖身、春水涤心、春意盎然啊!

　　为此,《江城曲》这组诗,才写得清爽如春风、清新如春叶、清亮如春水了。

　　在《砾石集》的扉页,沙白先生以题记的形式,对读者说:

您期待着珠玉
而我只有砾石

　　但是,沙白正是用这些个貌似砾石的短诗,却垒积出一种由诗歌构筑起的宏大而壮阔的景观。古老而优美甚至于凄美的精卫填海的神话,一直激励着沙白的,因为这个充满励志而执着精神的神话,讲述的就是以一粒粒的小小石子,去意图填满浩瀚无边的大海,表达自己心中的大爱与大恨的故事。

　　而作为一生痴迷于诗歌的写作者沙白来说,他一直把自己比喻为一粒白色的沙子,而一粒沙子,肯定是比一粒砾石更为渺小的。其实,这些都是无所谓的。

　　沙白相信,只要自己能像那不停地在飞翔之中的精卫鸟一样,口里一直衔着看似微不足道的一粒粒小小石子,不停地一趟又一趟地飞行,一次又一次地去大海中填垒他的诗歌,不但可以创造出属于自己的诗歌之海的风景线,还可以让砾石变成海里的珠玉呢!

　　锲而不舍的沙白,就是一只为诗歌而飞翔于生活的陆地与诗歌的大海之间的精卫鸟啊!

　　为了中国新诗的繁荣和多姿多彩,因此而辛勤劳作八十余载的沙白先生,以一颗一直飞翔着的精卫之心,不停地鸣叫着飞向诗歌的大海。

　　诗歌不负沙白此心!

　　砾石,精卫填海垒寸心!

第十一章 月下,请听《南国小夜曲》

- 无论是对作者沙白而言,还是对千万读者而言《南国小夜曲》都是一部极为重要的著作
- 正是这部诗集中,收入了沙白的《秋》《红叶》《洞庭秋色赋》和《南国小夜曲》等传颂至今的代表作

沙白的《南国小夜曲》这部诗集,由黑龙江人民出版社1983年11月出版。

那是改革开放的春风意气风发地吹拂起来的岁月与时光,也是沙白喜气洋洋地游历父母之邦的南国,随之不停地歌唱的岁月与时光。

诗集《南国小夜曲》,实在是精巧又别致,既有艺术饱满的诗情本体,又有思想强劲的诗品翅膀。

其活泼而新颖的诗歌形式,其轻巧而欢快的诗歌节奏,其短小而精练的诗歌样貌,不由得让人精神为之一振,眼睛为之一亮!

更何况,在诗集《南国小夜曲》中,那只有南国才有的清亮而温柔的细雨般的语言,仿佛自然而然地从天上飘洒下来,一时间给人以"此曲只应天上有,人间能得几回闻"的诱惑。

而其笔下所描绘的新鲜而可爱的南国风光、娇美而鲜活的南国儿女,一下子吸引了无数读者爱美的目光,也慰藉与滋润了一颗颗多年焦渴的心灵。

是的,人们在心灵上渴望着这样的诗歌慰藉与滋润。

1980年代是千千万万年轻人狂热地喜爱文学与诗歌的年代。

更何况,《南国小夜曲》吹来的,是无比温馨而婉约的南国之风,传达出的是人人向往的别样的丰饶风情。

更何况,那时,沙白又是用一颗久经岁月流水打磨出的温润而细腻的心,一支历练多年的来自"杏花春雨江南"的纤细的笔触,精心描述大部分国人从未欣赏过的南国如画情景,以及氤氲着、洋溢着一派既古典又浪漫的朝气飞扬的诗歌气息呢!

于是，这一切就在那个年代发生了、诞生了！

从这部诗集出版到现在，已经过去整整40多年了，我们依然可以在网上读到解读它与赞扬它的优美文字。

这就是沙白诗集《南国小夜曲》跨越时代的思想价值与艺术价值！

这一段生活经历与创作经历是很有趣的。

且听沙白老的一段自述吧——

> 我是个地道的乡巴佬。多少年来，足迹没有越出省界，而且长期偏处海滨一隅，偶尔外出，也不过到省城开会而已。近两年，不知怎么"老夫聊发少年狂"起来，走了一趟川陕，访古长安，揽胜峨眉，又想领略一番南国风情。

沙白老又一次自谦了。其实，他早年间曾两次到过大上海开过眼界的。第一次是他在南通学院读纺织专业高年级的时候，实习去了上海；第二次是奉调到了上海国棉八厂工作，继而又调到《萌芽》编辑部担任诗歌编辑。

跨出省界，前后当有十余年。但是，对于他的家乡南通而言，上海只是一江之隔的地方。

这次到南国之南、彩云之南的远方游历，给予沙白先生带来的心灵冲击及留下的全新印象，是从未有过的，也是他终生难忘的。

那也是他第一次坐飞机吧。他带着迫不及待的期盼，带着收获新的诗情的信心满满，坐着飞机去神州的南国，去看别样的风景与风情，去看别样的水土人情与不同民族的同胞啦！

就请先来欣赏他的一首《飞》吧——

飞

展开巨大的机翼，
我向南方飞去。

去采集那儿的春天
和它不衰的新绿，
（在十二月的冬季）

去采集四季常开的花

和它的芳香与艳丽。
（用它来酿制我的诗）

虽然飞在群山的白云之上，
谁说不也是小小的蝶儿！

　　《南国小夜曲》的集内，共收入了沙白自1978—1982年间的抒情短诗83首，共分4辑。而第1辑就是《南国小夜曲》的主题篇章"南国诗情"，共19首。

　　诚如诗人自己在《飞》一诗中所说，他是要去祖国南疆欣赏瑰丽的自然景观和深入少数民族特异的生活，"去采集四季常开的花/和它的芳香与艳丽/（用它来酿制我的诗）"。

　　正因为有了这次"飞"，才有了沙白先生多日忘情于彩云之南的采风生活，也才有了他名噪一时且传诵至今的《南国小夜曲》——

南国小夜曲

月光用轻纱
给群山裁一件
合身的衣裳，
却把花影
弄得凌乱不堪。

星星
三点两点，
高高骑在
椰树顶端
向人间偷看。

边寨的月夜
万籁寂然，
连远处的涛声
也像打鼾。

> 只有两个傣家男女
> 轻语轻言,
> 和虫声合唱成
> 舒伯特的小夜曲,
> 断续送到耳边。
>
> 夜风
> 不知是由于
> 动情还是嫉妒,
> 轻轻摇动
> 巨大的芭蕉叶片……

诗人的创作,往往是触景生情、即景生情,有感而发、发散而发的。

我们设想一下,如果沙白先生没有改革开放春风中的这次南国之行,中国诗歌的百花园中,还会有这首《南国小夜曲》吗?

回答是肯定没有的。

沙白先生的一支写遍了锦绣江南的巧笔,似乎一直在等待这样一个机会:就是要用这支巧笔,来写写彩云之南的奇特风土人情,写熏风中美妙无比的南国月夜,写写只有南国才有的青年男女的《南国小夜曲》。

是的,沙白那一己风格的诗笔,他的极富音乐美的格调,他的极富画面感的风韵,他的极富建筑美的语句,除了极为适合于书写"杏花春雨江南",还特别适合于书写万里神州的南国呢!

沙白先生找到了展示他这方面才华的又一次良机!

应该是情之所至、歌之咏之吧;
应该是水到渠成、顺理成章吧。

沙白既然要写《南国小夜曲》,又怎么能忘记他极为欣赏极为陶醉的《舒伯特小夜曲》呢!

学贯中西的沙白自然知道,《舒伯特小夜曲》是奥地利作曲家舒伯特采用德国诗人路德维希·莱尔斯塔勃的诗篇谱写而成的,是舒伯特短促的一生中最后完成的独唱艺术歌曲之一,也是舒伯特最为著名的作品之一。

《舒伯特小夜曲》的唯美音乐把世界各地的人都带入安静美好的爱恋月夜之中。当然,这里就包括中国诗人沙白。于是,"舒伯特的小夜曲",就张开了她神秘的翅膀,飞进了沙白的《南国小夜曲》。

  我们应该重温一下《舒伯特小夜曲》的歌词吧,这样,我们再来欣赏《南国小夜曲》这首诗时,就会获得双重的诗歌美感、双重的艺术享受了。

舒伯特小夜曲(歌词)

我的歌声穿过深夜
向你轻轻飞去
在这幽静的小树林里
爱人我等待你
皎洁月光照耀大地
树梢在耳语
树梢在耳语
没有人来打扰我们
亲爱的别顾虑
亲爱的别顾虑

你可听见夜莺歌唱
他在向你恳请
他要用那甜蜜歌声
诉说我的爱情
他能懂得我的期望
爱的苦衷
爱的苦衷
用那银铃般的声音
感动温柔的心
感动温柔的心
歌声也会使你感动
来吧,亲爱的
愿你倾听我的歌声
带来幸福爱情
带来幸福爱情
幸福爱情

作为西洋乐曲体裁之一的"小夜曲"，都以爱情为题材，这首《舒伯特小夜曲》也不例外。"我的歌声穿过深夜向你轻轻飞去……"，这是一个青年向他心爱的姑娘所做的深情倾诉。

但是，沙白的《南国小夜曲》另辟蹊径，他的别具一格的小夜曲，不是写有情人幽会的小树林，也不是低吟歌唱在恋人的窗下，而是场景宏阔，收放自如，大开大合——

月光用轻纱
给群山裁一件
合身的衣裳，
却把花影
弄得凌乱不堪。

这是多么宏大的抒情场景！

既然是小夜曲，怎么会离得开月光呢？但是，这月光却是一下子把群山整个笼罩住了。有大有小，有远有近，写了"月光用轻纱/给群山裁了一件合身的衣裳"后，又写到了眼前，写月光"却把花影弄得凌乱不堪"，沙白又一下子拉近了镜头，聚焦到了一丛丛花影上了。

接下来，有些神秘色彩的场景描写开始了——

星星
三点两点，
高高骑在
椰树顶端
向人间偷看。

偷看什么呢？沙白的小夜曲继续——

只有两个傣家男女
轻语轻言，
和虫声合唱成
舒伯特的小夜曲，
断续送到耳边。

沙白的《南国小夜曲》，就是这样在善于联想、勾连与借用中，请出舒伯特出场了：

  舒伯特的小夜曲，
  断续送到耳边。

无疑，这样的善于跨越时空的想象，极大地丰富了这首诗的表现力。接下来，"夜风"这个含意丰富的意象出乎意料地登场了——

  夜风
  不知是由于
  动情还是嫉妒，
  轻轻摇动
  巨大的芭蕉叶片……

细微的场景观察与描绘，尤其是以"轻轻摇动巨大的芭蕉叶片……"收尾，这首《南国小夜曲》，便真的是情景独具、风韵独具，也因此而动人心魄了！

沙白先生的一首《苍山雪》给读者所带来的，就是南国风情的另外一种况味了——

苍 山 雪

  十八条山溪，
  从苍山上流下——
  绿玉溪流着绿玉，
  彩霞溪流着彩霞，
  白玉溪白玉磊磊，
  万花溪一溪落花……

  一路嬉戏，
  一路喧哗，
  扯动洗衣女的花裙，

擦亮小伙子的犁铧，
吻着翠绿的秧苗，
催开红艳的山茶……

急急匆匆，
流过村村寨寨；
叽叽喳喳，
拜访户户家家。
就是这样流呵流呵，
苍山雪化作洱海浪花……

沙白先生善于叙事，而且是在叙事中不忘抒情的高手。一个苍山，一个洱海，就在他娓娓道来的叙事中，不但给我们展示出了令人眼花缭乱的一处处自然美景，还为我们描画出了那方水土那方人的劳动场景。在赏心悦目之间，苍山与洱海就拉起手来了。

再来看另一首也极具南国特色的《澜沧江》吧——

澜 沧 江

乌云——
压低了群山，
绿色的峰头
蓦地不见。

群山——
压窄了江面，
发怒的江水
直扑石岩。

雨——
三点两点，
悠然地在江面上
画着圆圈……

沙白先生用这样的善于变化的笔调，勾勒出了三幅不同的画面来描画澜沧江，既有惊心动魄、波澜壮阔之势，也有闲庭散步、悠然自得之态。在动与静之间，沙白完成了这首别样的《澜沧江》素描画像。

这首《澜沧江》与《南国小夜曲》相比，真的是另外一种格调了。可见，南国除了温柔、温暖、温润，还有激情、激荡、激越。《澜沧江》是后者的代表作之一。

在《南国小夜曲》中，沙白除了为读者奉献出了五彩至上、清纯至上、靓丽纷呈和千姿百态的"南国诗情"外，还特意集中描述了江南之秋的洞庭山色的五彩斑斓和美不胜收的哲思万千。

正是在"江南秋色"这一辑中，沙白对秋光有了自己诸多的独到发现。其中的《秋》《红叶》和《洞庭秋色赋》，丰富并扩展了诗人的代表作，既传诵一时，还被不断地收入多种版本，走进了当代中国诗歌史，可谓久盛不衰。

是的，《南国小夜曲》这部诗集，极大地拓展了这部诗集的生活广度与艺术内涵。

信奉"读万卷书，行万里路"的沙白先生，一直非常注重诗歌的生活来源。《秋》与《红叶》创作于1980年10月，《洞庭秋色赋》创作于1981年10月。而且，在诗集《南国小夜曲》中，关于江南太湖的同一题材，一共有7首创作于1980年10月，那应该是一次密集的、爆发式的创作。

沙白经常会在一个很短的时间段，写出多首同一题材的诗歌。

正是那年10月在太湖之滨收获了多首佳作之后，沙白又飞到南国去唱他的小夜曲了。为何有太湖之滨的这样一次密集的、爆发式的创作，仔细考证起来，还是与生活的轨迹密切相关。

1979年春，沙白结束了应北京《诗刊》社的约请参与编辑三卷本由人民文学出版社出版的《诗选（1949—1979）》之后，曾经有过一次长江三角洲三大山水历史文化名城之游。

他是这样回忆那次游历的：

> 正是"子规声声不忍闻""江南江北送春归"的季节，应友人之约，遂有扬州、杭州、苏州之游。虽都是旧游之地，但有的已一别二十年，湖山依旧，景物已殊；有的近年来虽车来船往，多次过境，却未作逗留。岁月不居，时节如流，在这些熟识的湖山身上，究竟留下了什

么，则是我最关心的。

（摘自《沙白散文选》"湖山·擦痕"，作于1979年10月）

是的，沙白的一颗赤子之心，总是惦念着父母之邦的山山水水！

沙白先生于1979年之春，对扬州、杭州、苏州三地的造访，可以视为是他1980年10月写出《秋》和《红叶》、1981年10月写出《洞庭秋色赋》这三首精品之作之前的生活积累，也可以说是前奏、预热和铺垫吧。

众所周知，这三地有三湖，即扬州的瘦西湖、杭州的西湖及苏州的太湖，这三湖都是令所有中国人都无比向往的，更是令诗人产生无限遐想并能激起他们创作诗情的中国名湖，而且与沙白写出这三首代表作密切相关。

尤其是苏州的太湖。

1979年春天的那次游历，沙白只到了苏州的几处园林，无缘去太湖。

沙白似乎是在等待一个灵感到来的时机。

他要去太湖感受诗情，寻找诗句。

机会很快又到来了！

1980年，又是一个10月，沙白终于到了苏州，而且在太湖之滨住了两夜，并接连写出了《秋》和《红叶》这两首关于秋天的代表作。

到了1981年10月，他写出关于这可谓是"秋天三部曲"的第三乐章了——《洞庭秋色赋》。

让我们继续聆听沙白老在《秋山红叶》一文中的回忆吧——

去年（1980年）十月，我去了一趟姑苏，在洞庭东山住了两天，徜徉于太湖之滨。远眺湖上远远近近的峰峦和缓缓移动的帆影，欣赏漫山坡苍翠的橘林中似火种闪烁的"洞庭红"，甚至还尝到了那清香扑鼻、甘甜中透着微酸的"早红"，秋光秋色灌满心胸。

本来，沙白是有顺便踏访洞庭西山计划的。

他说：

偏偏在离开前夕，淅淅沥沥下起了秋雨。冷雨敲打着雕花大楼的天窗，无法成眠。早上起身，才知不仅下雨，而且刮起了东北大风，气温骤然下降，眼看乘船横渡太湖去洞庭西山的愿望落空了，乃决计到车站买票回苏州。上车之后，忽然想起天平山来，车到木渎，便中途下车了。

沙白为什么"忽然想起天平山来"，那是有着深刻的缘由的。

那次游览天平山，与他关于太湖之秋的诸多名篇的写作，也有着特别的关联。说是触景生情也罢，说是水到渠成也罢。后面，自会一一道来。

是的，作为一个敏感而多情的诗人，是不会浪费生活的。

且让我们不要忙于知晓沙白游览天平山的经过与心绪，还是先来了解一下，他"忽然想起天平山来"的缘由吧。这一点是极重要的。

沙白回忆说：

还是在春天，我就有过重游天平山的打算。那是走在苏北沿海的范公堤上想起的。当时，我从报上看到一则消息，滨海某县，有一些干部刮起了一阵侵占农田、大造私宅的歪风，我有意前去看看，那些走在群众和现实前面的城郊"小别墅"。到该县之后，在新屋的群落周围兜了几圈，透过花墙或偶尔开着的大门，窥望了几处宽敞的庭院和高大的屋宇。回招待所的路上，经过一座烈士陵园，又在那些占着五尺黄土的烈士墓前久久踯躅，觉得心头阻塞着什么。便借了一辆自行车，想到黄海边上，让无边的空阔和咸味的海风涤荡一番。车行在槐荫的范公堤上，槐花的清香盖过了大海的腥味。不禁想起那个以"先天下之忧而忧，后天下之乐而乐"的名言，而为人们所熟知的范仲淹来。据说，范仲淹倡议修筑这道长数百里、造福后代子孙的范公堤时，不过是海滨一个小县的小小盐官而已。想到范仲淹，便想到范仲淹的（苏州）"故山"——天平山（苏州是范仲淹的祖籍之地啊）。三十年前我到过一次天平，当时年轻力壮，一日之内走遍了虎丘、灵岩、天平和几座园林，对天平山只留下个满山怪石的印象。走在范公堤上，便萌生了再到苏州时，定当重访范公"故山"的念头。

于是，下了长途车的沙白，在秋雨连绵中买了一把布伞，开始拜访天平山了。

他继续回忆说：

天平山以枫叶胜。下得车来，便见十余株又高又大的枫树，满树枫叶已是一片火红，宛如一堆堆淋不湿的火焰。有一些，不禁雨打风吹，纷纷从树上翩翩飘落而下，地上已是落红点点……

正是在沙白游历过天平山之后，他回忆说：

  下得山来，我想起"洞庭波兮木叶下"的诗句，想起岳阳楼前洞庭湖上此刻正是一派秋色。我在山下的枫树林中，捡起一片红叶。

这时，大概不但《红叶》这首诗诞生了，《秋》也诞生了，连带着《洞庭秋色赋》，也于1981年的10月诞生了！

此洞庭山，非范仲淹歌咏的千秋名篇《岳阳楼记》中的洞庭湖也！

行文于此，作者觉得有必要对没有去过苏州太湖之滨的朋友们，介绍一下洞庭山啦！

洞庭山位于江苏省苏州市西南，太湖东南部。洞庭山不是一座山，而是东洞庭山、西洞庭山两地的统称，俗称东山、西山。

东洞庭山——因在西洞庭山之东，称东洞庭山、洞庭东山，也简称为东山。100多年前，山东北面的连岛沙嘴和陆地相接而成了半岛。

西洞庭山呢，因与东山相对，便称西洞庭山，位于苏州古城西南45公里处的太湖之中。两山就是这样一个相互依存相互顾盼的关系。

洞庭山是中国十大名茶之一——洞庭碧螺春的原产地，也是国家5A级风景区吴中太湖旅游区的一部分。

是的，可以直接地说，沙白的三首代表作，应该就诞生在苏州的怀抱，诞生在太湖，诞生在洞庭山，甚至是诞生在太湖之侧的天平山吧。

毫无疑问，是苏州，是太湖，是天平山，一起点燃了沙白创作"秋天三部曲"的火热诗情！

在欣赏他的"秋天三部曲"之前，还是让我们先来读一下《太湖》吧，这是沙白献给他一直心仪的太湖的见面礼呢！

太 湖

  重见正是清秋，
  太湖和秋天一样清瘦。
  想起十年离乱，
  你也有太多的烦愁。

在诗人的心中,他与大自然中的祖国山水之间的关系,就是与最密切的亲人间的休戚与共的关系。

接下来,就让我们再次逐一欣赏这三首中国新诗中的短诗杰作吧!

秋

湖波上
荡着红叶一片,
如一叶扁舟
上面坐着秋天。

在这首广受赞誉至今的《秋》里,沙白先生用了短短四句诗,就把千古歌咏、含义丰饶的秋天,呈现在我们面前了。有人说,沙白先生是中国短诗创作中的圣手,仅看这首《秋》,便可窥豹一斑了。"湖波"之浩渺、"红叶"之细小,再神奇地化作为"一叶扁舟",又让整个"秋天"坐了上去,太高妙啦!

不由得又想起沙白之师卞之琳先生的《断章》了。《断章》也是"短章",与沙白的《秋》一样,也只有四句。

《断章》应该是中国新诗史上最华彩最精粹的精品之作了。

没有之一,只有唯一。

仔细想来,太湖之水,托载的不仅仅是碧波爽清、长涛荡漾,还激流发散着漫长的中国历史,还在风波浪里永不止息地咏唱着历代文人墨客的诗歌名篇,还吹拂着"萧瑟秋风今又是,换了人间"的新时代强劲的风。

正是在抚今追昔的感叹之中,催发了诗人沙白的不可抑制的诗情,以及飘落又飘起的大胆的艺术想象,他让一片红叶,飘荡在了三万六千顷太湖之中了。

这是一次极为大胆的艺术构思,也是一次另辟蹊径的大胆浓缩,因而他才能用极为凝练的诗句,用聚焦的方式,勾勒出了一幅新时代的短诗特写,也吟诵出了一曲精准奇妙的新诗绝唱。

再来看这首《红叶》——

红 叶

风,把红叶

  掷到脚跟前。
  噢，
  秋天！
  绿色的生命也有热血，
  经霜后我才发现……

正如网友赞扬《红叶》一诗说得那样：

  秋是有生命力的，沸腾的，霜打后的红叶更具生命力与活力。
  面对秋天，我们不必为生命的逝去而烦恼。
  沙白在实写红叶时，也在暗喻作者自己经历的风欺雪压等挫折的人生吧。
  "经霜"一语双关，一指红叶，二指作者遇挫不馁。此是借景抒情，托物言志。
  本诗由自然界的一个景象，抒写诗人内心的感受，以叶喻人，也暗喻诗人的人生历程中经历了太多的风吹雨打、霜欺雪压等考验。
  一个"掷"字，表现了落叶的平凡不起眼，也表现了秋风的狂劲，不是春天那和煦的微风。
  "我才发现"四字，则表达了诗人对自己发现之迟的感叹。

还有的网友说：

  读到沙白的这首《红叶》时，有一种似扑鼻而来的淡淡清香。一首简短而隽永的好诗，的确如诗所说"绿色的生命也有热血"，无论踱步于何处，只要看到那秋叶从枝上缓缓地飘落下来，一颗颗善感的心，就犹如在微风的抚摸下跳起曼妙的华尔兹。轻得让人感觉不到它的存在，仿佛游离于梦境一般的缥缈。
  秋，就这么来了。迈着她轻盈的脚步来了，树叶悄悄地被染上红色，风悄悄地被注入了秋的丝丝凉意，人也被悄悄地赋予了秋的多愁善感，一切都是如此的不经意。

由以上的网友感言，我想到了——

自古逢秋悲寂寥，我言秋日胜春朝。晴空一鹤排云上，便引诗情到碧霄。

这是唐代刘禹锡的诗句。此诗引领我们昂起头来，让高飞于晴空之上的"一鹤"，激起我们飞翔的诗情；而沙白的《红叶》，则是让我们低头来看脚下，那脚下的"红叶"，经霜沉思后，依然有"热血"的"绿色的生命"。

还有的网友说：

一直以来，在带有明显感伤色彩的中国文人墨客的意象中，并不是所有的诗人都能像唐代的刘禹锡一样，积极达观看待秋天与秋天到来时的生命的。秋常常是萧索悲凉的，有一种"叶子红了，是该落了，不能再爱了"的无奈与惋惜意味。

而沙白的《红叶》却从积极的角度写出了秋的生机与活力。

秋同样是生命的象征，是成熟生命的象征，应该为每一个存在过的生命喝彩。"经霜后我才发现"，写出了沙白阅尽世态沧桑后的沉稳与平静——在用生命真诚地体味过后才会发现，任何一种存在，在凋零之前都曾经美好过。不必烦恼，不必懊悔，每一个红色的身影都会证明：有一个生命曾鲜活地存在过。

秋之美，秋之情，秋之恋，秋之景，秋之意境，在于秋风中依然舞蹈着的红叶，在于收获期中的可爱生命。

秋是一种人生形式，一种生活态度，是一段人生的岁月。人生如四季，既有冬之瑞雪的期待、春之播种的欢欣，也有夏之挥汗的艰辛。到了秋之收获的时刻，理应享受成熟的生命。

该来再次欣赏沙白"秋天三部曲"第三乐章的《洞庭秋色赋》了——

洞庭秋色赋

层层梯田，
丛丛绿树，
染绿了洞庭山的山岚，
和三万六千顷太湖。

> 一夜秋风
> 吹红枝头丹桔无数,
> 映入湖波
> 写出一篇洞庭秋色赋。

这就是沙白的一篇八句话的简约版、浓缩版的大"赋"啊!

诗中包容了如诗如画的尽收眼底的数不清的"梯田"和"绿树",拥抱了"三万六千顷太湖",还勾画了"一夜秋风,吹红枝头丹桔无数"的美景。而这一切都"映入湖波",也就"写出一篇洞庭秋色赋"了!

仅用八句诗,就完成了一篇赋。

难怪此诗获得了《诗刊》1981—1982年度优秀作品奖,并由《诗刊》社于1983年5月编入获奖诗集《黎明拾穗》一书中。

大诗人艾青在这部诗集的扉页上,特意题写了如下一段话:

> 诗是人类向未来所寄发的信息;
> 诗给人类以朝向理想的勇气。

诗人的襟怀,是需要大江大河的波澜冲击激荡的。而太湖的三万六千顷的浩波迭起,以及它的无比丰饶的千涛万浪,正呼应了曾经写出过《大江东去》这首抒情长诗的沙白,用极为简约的方式,展现了他那无比壮阔的襟怀!

只是这次沙白没有去写另外一首关于太湖的长歌,而是在抒情短诗的探索上,结出了一串精致精美、香甜可口、令人赞叹不已的小巧玲珑的诗歌果实。

第十二章　发现，水杉与花皆为镜

- 沙白先生从住了四分之一世纪的那间风雨飘摇的小楼
  搬到新建的居民小区——新桥新村
- 推开书房的楼窗，面前笔直地站着三棵水杉
  从此，他把书房称为"三杉斋"
- 这是沙白先生在南通市区的第二个家
  他特别满意的是，楼下有一个小小的庭院
  从此，他就在这个庭院里，开始正儿八经地养花了
- 从此，他就把窗前的水杉与庭院里的花
  当作自己的一面面人生之镜了
- 由此，他不知获得了多少启迪感悟，也写出了诸多绝妙的诗文

  1960年9月上海《萌芽》停刊，沙白先生告别了《萌芽》诗歌编辑的岗位去崇明岛农村搞整风整社一年后，于1962年初离开上海回到了家乡江苏南通，进入南通市文联工作。

  从此，他一直生活在南通，并有过三个住处。

  在第一个住处他住了25年，从1962—1987年。住处在他的高中母校江苏省南通中学附近，那是一所老旧的木质结构楼房二楼中的一间。

  1980年，由于调到了江苏省作家协会从事专业创作，并不需要坐班，沙白依然常住南通。后来，由于南通市中医院扩建，这栋老式木楼拆掉了，房管部门在新桥新村给他分了一套房子。省作家协会知道沙白老子女多，住房紧张，又为他在南通新桥新村另买了一套房子。1987年，他将这套房子置换了一下，为的是靠近他的小儿子李晓白的住处，那套房子在二楼，小儿子住他的楼下。后来干脆把一楼与二楼打通，搭建了楼梯，更加方便相互照应。

  从此，沙白老不但结束了与夫人顾婉芬多年分居两地的生活，而且有了一个属于自己的小院子。就在此期间合家团聚，心情大好的沙白先生，开始在院子里养花了。

第十二章 发现，水杉与花皆为镜

2010年，他又经历了一次搬家，搬到了南通城南新区，在海港引河的北岸，那是一处有电梯的新小区，名字叫凤凰莱茵苑，凤凰是中国传说中的神鸟，莱茵河是横贯欧洲南北的一条重要的河流，算是中西合璧吧，这名字有些赶时髦。我们许多城市新小区的名字，都这样。沙白老与小儿子还是住在一起，门对门的28栋801和802室。28栋802室就是他在南通城里的第三个家了。

对于沙白老的三个家，我都感到很亲切。而对于凤凰莱茵苑，亲切感又多了一层，这是因为我曾两次见过欧洲莱茵河的。一次是在德国旅行，一路追随着莱茵河北上，到过科隆，中途午餐的餐厅外面就是莱茵河；一次是在列士敦士登，也是在中途午餐后歇息时，在一段由西到东流向的莱茵河旁，与孙女留过影。

凤凰莱茵苑这个小区南面的海港引河，是南通这座城市的一条连接长江与（南）通吕（四）运河的人工引河，现在成了有绿廊的风光带。2010年刚刚入住时，沙白老腿脚还好，常去河边散散步、赏赏景。

现在要谈的话题，还是在他的第2个住处新桥新村的事情。

沙白有一篇值得细读的散文，题目叫作《自题三杉斋》。

这篇散文，非常生动地描绘了他搬到第二处住所后，随着变迁所带来的生活情景和情趣的变化。许多细节，不但很有年代感，让人读过后，能细微地体味出过往岁月的沧桑，也透漏出改革开放岁月的春风给这位著名诗人所带来的身心无比舒展、满足愉悦与淋漓畅快。

沙白先生是这样记述的：

> 从住了四分之一世纪的一间飘摇的小楼，搬来新建的居民新村，推开书房的门，面前笔直地站着三棵水杉。高高的树干，挺直秀拔，大风来时，也不知道弯一弯腰；扶疏的枝叶，郁郁葱葱，仿佛三支绿色的火炬。在窗前长年厮守，让斗室充满生机。秋风起处，掷几片黄叶于我的书桌，报告岁月进入摇落季节。风雪严寒，光秃的枝条上不存一片叶子，依然挺直着腰杆，傲立在风前，少几分潇洒，多一点痴顽。

显然，沙白喜欢窗前的这三棵水杉，以至于把自己的书房叫作了"三杉斋"。

沙白神思妙想，笔锋一转，继续记述道：

  水杉这种植物，有点像李白，不，不是李白，而是他的诗，一首真正意义上的诗。说它有用吧，充饥不及大米，御寒不及破絮；说它无用吧，名篇佳句常回旋人们脑际，净化着灵魂。如此说来，一株水杉也是一首真正意义上的诗。

沙白看水杉，其实是在想诗，在找诗，在看诗。
沙白看水杉，其实是从水杉的身上，在寻找诗，寻找自我。
沙白养花的故事，是从他的第一个住处开始的，但主要是在他南通的第二个家，即在新桥新村生活期间。
好，跳跃一下，再来说说沙白侍弄他院子里那些个花草的故事吧。
沙白有一篇绝美的散文，写的就是关于养花的切身体验与深长思索，篇名叫《花镜》。甚至，《花镜》不是散文，而是一首长篇抒情散文诗。
为什么我这么说？因为大诗人艾青曾有言：

  有人写了很美的散文，却不知道那就是诗；
  也有人写了很丑的诗，却不知道那是最坏的散文。

沙白的许多很美的散文，就是诗。
这篇《花镜》，更是诗！甚至是绝美的诗！
我之所以说其绝美，除了文中充满了古今相系的诗意，还因为，文中的思考看似随意，却又极为深邃，充满了对生活情状的丰富感悟与深长哲埋。而其语言的表达，则极为精致、精到、精辟，又富有生活趣味，所讲述的故事及引用的古诗句，看似随手拈来，却是极为恰当巧妙，又通俗易懂，亮人眼目，通达人心。
记得艾青还说过：

  假如是诗，无论用什么形式写出来都是诗；
  假如不是诗，无论用什么形式写出来都不是诗。

按照艾青的说法，沙白的很美的散文就是诗，虽然他自称这些作品是散文。
沙白的这篇散文，收进了他的《沙白散文选》中（上海文艺出版社2003

年9月出版)。

后来,江苏省作家协会在为其出版四卷本《沙白文集》时(江苏凤凰文艺出版社2005年10月出版),前三卷是诗歌,而散文作为第四卷收入。

其实,他的四卷本都是诗。

首先看看沙白是怎么解析《花镜》这个题目的。

他说:

> 此花镜不是彼《花镜》,彼《花镜》是一本书,是三百年前,吴误子(应为清初"陈淏子")写的介绍花木知识的名著。在那本名著中,书是镜子,花是镜中之影,借书以识花。
> 在我的散文中,花是镜子,人是影子,对镜以认识自己。
> 有以历史为镜子的,有以他人为镜子的,对之可以识兴衰,知得失,认识现实与自我。
> 其实,世间万事万物,无不可以当作镜子。在观察、理解事物的过程中,无不有"我"在。此"我",则是你自己的影子。如此,则以花为镜,何尝不可。

沙白以此来解析他的散文《花镜》之题,实在有拨开云雾见青天,给人以豁然开朗之感。

总之,是回归自我。

而且,以花为镜,这真的是妙不可言。

但是,沙白非常理智地说:

> 以花为镜,古已有之,并非我的发明或发现。
> 《西厢记》中,莺莺一出场,唱的第一句便是:"花落水流红,闲愁万种,无语怨东风。"莺莺正是从落红中照见了自己的影子,正由于此,才演绎出一部《西厢记》。
> 陆游《梅花绝句》云"何方可化身千亿,一树梅花一放翁",直接以花作镜。此类诗文不胜枚举。

在解析题目之后,沙白开始讲述他关于养花和以花为镜的故事啦!

虽然,历史上有清初的陈淏子编辑的《花镜》一书,曾经点亮了沙白的智慧之心灯,但沙白老也在写一本属于自己的《花镜》一书,以便更亲切地照亮自己更鲜活的智慧的河流。

因为我们知道,作为一直把写诗当作人生最大乐趣的沙白,他的养花,其实是在养诗,是在找诗。
花中有影,影即自我;
花中有诗,诗即自身。

他在《花镜》一文中,首先讲述的是"月季园兴衰记"的故事。他说:

几年前,我写过一首题为《月季园》的小诗:

> 住在新村底楼
> 分得十平方米意外享受
> 梅花先开,春草先绿
> 岁岁春归时先到窗口
> 十六种月季
> 赤橙黄白粉,争艳斗秀……
> 芬芳不时敲开窗门
> 将刚铺开的稿纸揉皱……

对这首诗,沙白说自己是"自吹自擂,对自己亲手种的一座小小月季园夸耀了一番"。

他继续说:

记得那年,从居住了四分之一世纪的一间老式小楼,乔迁到一座居民小区之后,颇有一种满足感,特别满意的是室前一座小小的庭院。"文革"之中,在"五七干校"待了十年,似乎对泥土产生了一点特殊感情。"文革"结束,干校毕业,便买了几只瓦盆,挖回一些泥土,开始学着种点闲花闲草。(那时,沙白还依然住在那住了四分之一世纪的一间老式木结构的老楼里——笔者注)无奈花盆只能搁在小楼前的栏杆上,虽有阳光照耀,终少雨露滋润,几杯残茶和自来水,实在难让花花草草们得到满足。几盆兰花、杜鹃、山茶,总是过早地夭折,连蝴蝶花、倒挂金钟等花草,也不例外。有的朋友笑我:不是护花使者,倒像花们的刽子手。我也自感是花草们的罪人。因此,能有一方庭

第十二章 发现，水杉与花皆为镜

院，让花们也能头顶一片自己的天空，常常是梦寐以求的。

好啦！沙白乔迁到了有庭院的新村，他与花草们的故事，就进入新的篇章啦！

沙白继续讲述他的《月季园兴衰记》的故事：

> 几年来侍弄花草的实践，也多少让我知道了某些花草的脾性，有的是金枝玉叶，过于高贵；有的是深闺弱质，带点娇气；有的好逞一时之胜，有些须待之以时日……唯独月季，要求不高，却花开四季；身价不高，却彩色缤纷；虽然平凡，恰好宜于凡人栽种。以此平凡，对彼平凡，大家彼此彼此，也许可以"相看两不厌"。为此，乔迁不久，便先后买了十几种月季，经营起自己的月季园来。从上述那首小诗中，不难看出我是颇以有一座月季园为骄傲的。

> 经营伊始，园子也确实兴旺了一阵子。五月初临，粉妆玉琢的"女王"、娇羞欲滴的"公主"、红妆艳艳的"明星"、雍容大方的"和平"，先后开放，连被太阳晒得红里透黑的"黑旋风"，也赶来凑热闹，园子里彩色缤纷，不由眼为之一明，颇觉心旷神怡。特别是一株"金背朱红"，长得又粗又高，数十朵花苞齐放，朱红的花瓣背面敷一层金粉，在同伴中独领风骚。连从旧居搬来的一紫一白两盆杜鹃，似乎也被月季们激发起热情，一改往日蔫蔫巴巴的样儿，花开满枝，与"公主""女王"们争妍斗艳起来。我的那首诗，大约就是此时写的。

沙白先生的《月季园兴衰记》的故事，最终是个花败园毁的悲剧，就不再叙述下去了。

但是，我不想打扰沙白先生的兴致，就请继续聆听他的另外一个关于君子兰的故事吧。

虽然，这个故事也是喜忧参半，而且题目就叫作《悼君子兰》。

这次自然是以君子兰为镜，沙白开始讲述他关于《悼君子兰》的故事了——

> 我这人，常常落后潮流一步，甚至十步。我之种植君子兰，也是别人早已疯狂过了之后。此时，这位君子兰已经穷困潦倒，身价一落千丈。偶过花店，见有两片叶子的君子兰苗出售，身价不高，一块钱便

买得一位小小"君子"。回家之后,栽之以瓦盆,培之以山泥,每天给它一杯喝剩的残茶。这位落魄南方的北国君子,似乎也要求不高,和我一样能安贫乐道。两片叶子长得碧油油的,逗人喜爱。转眼由两片而四片、四片而六片、八片……偷偷地、悄悄地长着。既不娇气,也不炫耀,不作娇态,不作媚态,确有一点谦谦之风,冬天来临,置诸室内,几片碧叶,一盆浓绿,室内突然添了生机,使人颇有不知冬之来临、不知老之已至之感。

转眼五年,它的碧叶与我的白发一道增长。它忘了开花,我也忘了它本来是应该开花的。我满足于那越长越碧绿、越长越粗壮的叶片,它也满足于我粗陋的斗室和残茶,我们彼此满足。我无意于追求国色天香,只要这一盆绿色就足以让陋室生辉;它无意追求华堂高屋、阳光雨露,对残茶的苦涩已经安之若素。彼此之间,似有一条君子协定,均不作过高的要求。五年间,我们成为莫逆,无论春夏秋冬,那绿色的叶片总在注视,总在叮咛:

> 不要贪得,
> 不必患失,
> 不要掐灭希望,
> 不要抛下追求
> ……
> 身价万金时,
> 我是我;
> 一文不值时,
> 我仍是我。
> ……
> 价值的取向是别人的事,
> 无损于我的抽叶开花;
> 华堂陋室,
> 只在于别人的安置,
> 不能增添一分叶的碧绿,
> 花的火焰。

这是沙白先生因君子兰而含泪写出的一首心灵的诗,

第十二章 发现，水杉与花皆为镜

这是沙白先生为君子兰而写出的一首荡气回肠的诗，
一首以花为镜，照出自己身影与魂魄的诗，就是这样诞生的啊！
君子兰就是诗人沙白，
君子兰本身就是诗。

五年间，沙白与一盆君子兰日夜相守相伴，这盆君子兰已经成了诗人沙白的诗友。

五年间，这盆君子兰与诗人沙白日夜相伴相守，它因此也就获得了另外一种生命。这另外一种生命，就在沙白的诗中。

后来的一个冬天，沙白生了一场大病，求医、住院，前前后后一个月时间。他虽然叮嘱家人照管，谁知有一夜，家人忘记搬回室内，偏遇寒潮来袭。第二天早上一看，全部叶子已经冻坏。待沙白先生归家时，它已经奄奄一息……

少了一盆君子兰，沙白先生冬天的斗室更加寒冷，更加孤寂，乃以废弃的花盆，燃起一盆炭火。跳动得红红的火舌，有几分像是盛开的君子兰。

百般无奈、千般失意、万般悲哀的沙白，只能用一首哭泣的诗，悼念只属于他的这盆君子兰了：

> 淡如水，
> 你只分享我的苦涩。
> 一杯残茶，
> 叶片摇绿，
> 我遂忘却萧萧白发。
> 小窗相对，
> 挥走一千分贝；
> 金涛喧嚣，
> 红尘聒噪
> ……
> 严寒掐灭希望，
> 你还没有开一次花
> ……

沙白再次以这首诗，以花为镜了。

只是，此时镜中的沙白先生，真的不知是怎样的一副愁苦伤感的面容……

沙白肯定不是个自恋的人。

沙白也肯定不是个只是宅在家里的人。

他有许多的诗在远方。

尤其是在改革开放的四季风中，他的足迹曾经遍及祖国的大江南北、南疆北国和中原西域。

只是，随着年岁增长，他的脚步开始了喜欢近处走走的模式。但在他的心里，热爱生活的火焰，却是一直燃得很旺；喜欢一草一木的情愫，也一直没有一日离开他温热的心肠。

下面，沙白接着要继续讲述的花草故事，他取了个小题目，叫作《绝艳照衰朽》。他是把艳丽的花朵，与自己古稀之年的样貌对照起来了。

在这篇《绝艳照衰朽》的散文中，沙白先生有些轻微感叹人生的呢！但更多的是他人生情趣毫无保留的坦露，是他期待与友人交流心曲的渴望，也是一种内心世界的告白吧。

故事是这样的：

> 在他的月季园凋零败落之后，在他与君子兰告别之后，他索性更多地步出自家的小小庭院了。近年来新建的居民小区，还比较注意绿化，在火柴盒式的楼房之间，植有水杉、冬青；道路两侧，围以灌木篱笆，并有三两花圃缀于楼群之间。花圃中虽无名花异草，仍有玉兰、迎春呼唤春天；春分、清明季节，红杏、碧桃、紫荆，花开满枝，亦颇热闹。对着自栽的花卉，属于自赏自怜，虽自有情趣，而院墙之外，也未始没有春天。

> 一日晨起，他在小区的楼群之间的小路上散步，忽见朝雾朦胧中，竟有一株海棠，新蕾初放。万绿丛中蓦然见到如此尤物，真有《西厢记》中张生见到莺莺的那种惊喜，虽未至"眼花缭乱口难言，灵魂儿飞去半天"，却也不由人不停下脚步，盯着它左看右看。这是一株垂丝海棠，花朵犹如一串小小铃铛，在春风中摇曳，浅红色的花瓣上敷了一层轻粉，宛如十六七岁的情妆少女，娇羞里透出明艳，还真有点像《西厢记》中描写莺莺的那种"宜嗔宜喜春风面""未语人前先腼腆"的样儿呢。这株海棠，着实让沙白高兴了几天。家人要拍照，他便介绍他们到海棠树下。只不过他自己可不大愿意，用沙白自己的话说：

> "我实在不愿以自己的衰朽去映衬它的红颜。"

不久，沙白搬离了这处新桥新村，去了他的第三个家——凤凰莱茵苑啦。痴情的沙白，竟然每逢清明前后，海棠花开之时，还总要前去看望一番，直到那株海棠花因故衰败。

我为此事再次感叹：沙白先生不但是一个积极而热烈的诗人，还是个内心细腻、多愁善感又识得多样花草也怜花爱草的性情中人啊！

沙白的《花镜》故事，结尾在《花开花落》一章。让我们继续倾听他的娓娓道来吧：

窗前的一盆菊花，黄了一个秋季，终于渐次谢去。于是想到一则故事：一天，欧阳修去拜访王安石，主人不在，却见桌上放着一首刚写成的诗，其中有诗云："黄昏风雨打园林，残菊飘零满地金。"欧阳公看了，留下一张字条："秋花不比春花落，报与诗人仔细听。"

沙白继续讲述：

窗前黄菊谢去，而墙角的一株蜡梅，枝头上却开始缀起一个个黄色骨朵。随着季节的变换，冬花正在取代秋花。秋花虽能"傲霜"，冬花却能斗雪，耐得苦寒。它们各有自己的品格，也各有自己的季节。
于是，乃想起"花季"。

在人们的印象中，花季只在春天。惊蛰的春雷初动，十二番花信风一番一番吹过，杏、李、桃、樱、牡丹、芍药……百花枝头躁动不安，此时一滴春雨能染红一个骨朵，连满田油菜花也急于炫耀它的富有，荠菜、苦菜也不甘寂寞，田头河边怯生生地摇动着它们委琐的花枝……春分、清明、谷雨，确实是无容争辩的花季。

接着，季节的旋转舞台上，夏花登场。夏花虽不及春花兴旺，也算花中大族。芙蕖泛水，榴火烘天，葵心向日，茉莉飘香，紫薇浸月，木槿朝荣……浑然不管赤日流火，依旧自开自落。其中出污泥而不染的荷花，号称君子，独领风骚，不让花王牡丹。而我则独赏墙角的一丛紫茉莉，此花俗名洗澡红，只在傍晚人们忙碌了一天开始洗澡时，它才开放。

夏花之后，便是桂花、菊花的世界了。如此说来，花季不独限于春天。对于青年人，不妨用"十七岁的花季"，去激励他们紧紧把握最好的青春年华，对于中老年人，似乎也不必老大徒伤悲，说不定你的花季正如菊花、蜡梅那样，在人生的秋冬呢！

"宠辱不惊，看庭前花开花落"，这是在人世间活了一百年、历尽沧桑的大画家刘海粟所撰对联的上联，颇富哲理。人的一生，何尝不像花的一季，有荣有衰，一如花开花落。

写到此处，蓦然想到宋时词人辛弃疾的《摸鱼儿·更能消几番风雨》了。辛弃疾的这阕词，是一首忧时感世之作，词作以其怜悯之情怀，描写了对春光的无限留恋和珍惜之情，情调婉转凄恻，柔中寓刚。全词托物起兴，借古伤今，沉郁顿挫，寄托遥深。不妨再次欣赏一番——

> 更能消、几番风雨，匆匆春又归去。
> 惜春长怕花开早，何况落红无数。
> 春且住，见说道、天涯芳草无归路。
> 怨春不语。
> 算只有殷勤，画檐蛛网，尽日惹飞絮。
>
> 长门事，准拟佳期又误。蛾眉曾有人妒。
> 千金纵买相如赋，脉脉此情谁诉？
> 君莫舞，君不见、玉环飞燕皆尘土！
> 闲愁最苦！休去倚危栏，
> 斜阳正在，烟柳断肠处。

惜春之情，自古有之。文人墨客，尤甚。
爱花之意，自古有之。文人墨客，尤甚。
沙白老与稼先老先生，似乎在隔空唱答。

聆听过沙白面对他家窗前的三株水杉，所发出的感叹与自省，是在聆听智者的独到之言。

再聆听过沙白在绝美的散文之作《花镜》中，他所书写出的若干探讨人生真谛的精美华章，我们不由得叹服于沙白的一双诗人眼睛的独特发现，也不由得明白了他传递于我们的诸多人生哲理。

　　再读他看似随意引用的古往今来名人轶事及随手拈来的千古名句，我恍然大悟，"水杉与花皆为镜"，天人可以合一。

　　为此，当我们再次面对水杉及其他高大笔直的树木时，就能像沙白一样，以它们为镜，清晰地照见自身的身影，由衷地从心中升起一种做人的自尊与庄严。

　　同样，当我们再次面对自然界的四季花朵时，也能像沙白一样，以她们为镜，清晰地辉映出自身的光彩，也能像沙白一样，为生活撰写并增添出若干华彩诗章。

　　是的，《发现，水杉与花皆为镜》，面对水杉与诸多大自然的花朵，沙白从中寻找到了自己的影子，也寻找到了属于他自己的若干诗歌，还有就是他诗歌中的魂魄！

　　沙白先生在告诉我们，自然与人之间、生活与诗歌之间，原本就是这样的！

第十三章　满爱，小草闲花论诗风

- 当代著名诗人兼书画家忆明珠，是沙白一生的挚友
- 2003年9月出版的《沙白散文选》的序言，是忆明珠撰写的
- 忆明珠还为自己的挚友沙白的诗歌，撰写过万字评论长文
- 这篇长文，分为四个章节，论述之深之细之精粹，令人叹为观止
- 以《"小花闲草"也要一片蓝天——沙白部分诗歌印象》为总题忆明珠再以"惴惴不安的'小花闲草'""知天命的'小花闲草'""平淡无奇的'小草闲花'""'小草闲花'的成熟季节"为分题娓娓道来

　　1980年代后期，沙白有一篇《自题三杉斋》的散文，在文中，他极有情调地娓娓道来了其乔迁之后，那窗门前的三棵水杉是如何走进了他的视野，走进他充满诗意的精神生活的。

　　沙白还有一篇数千字的长篇散文《花镜》，精心描写了这样一种情境：他在乔迁后所拥有的一处十余平方米的庭院里如何用心养育呵护若干花草，怎样以此丰盈他的日常生活的。

　　正是在这不经意间，这些树木与花草不但呼应了沙白细腻的诗人情调，引发了他的哲人妙思，也丰富了他内心情感的波澜，悄悄地走进了他的若干诗行，并与他早年间所写出的《杏花春雨江南》等名篇，进行了跨越时空的联手与连接，体现了他豪放诗风的若干政治抒情诗的另一面，即婉约诗风所体现得更加多彩的诗作博览。

　　所有这些，或者不止这些，关于沙白在数十年间所走过的有着明显时代印记的跌宕起伏的诗歌旅途，关于沙白的诗风与性情的议论与评论，都曾被历史所关注过、记载过。尽管其中的若干情形，无论文字还是当时若干诗歌讨论会上，那议论风生、侃侃而谈的发言，大多早已是逝者如斯夫地风流云散了，可是有些精彩的条分缕析的描述，还是留了下来。沙白的挚友、被誉为中国当代才子之一的忆明珠，就曾有过近万字的论述，这篇以《"小草闲花"也要一片蓝天——沙白部分诗歌印象》为题的长文，便是其

中最为难得的诗坛妙文遗存（该文载《忆明珠散文选》，上海文艺出版社2003年9月出版）。

巧合的是，《沙白散文选》与《忆明珠散文选》都是由上海文艺出版社于2003年9月同时出版的；此前，沙白在中国文学出版社出版《沙白抒情短诗选》时，也是与《忆明珠诗选》一起，被雪兵主编纳入《潜流丛书》里。总之，这对江苏诗坛的挚友密友，仿佛一直是携手并肩、形影不离地前行的，一直是名声相应、比翼翱翔的。

是的，关于沙白的"小草闲花"这个话题，是十分值得录以备忘的。因为无论是当年生长在沙白门窗前的三棵水杉，还是他曾在院子里养育过的若干花草，都曾寄托过他深沉而满满的爱。

正是在改革开放的春风里，沙白才真正地打开了心扉，也放开了诗人的自由脚步，开始心旷神怡地游历祖国各地的锦山秀水，亲近各地的风土人情，开始实地探访五千年文明古国的人文历史与斑斓古迹了。

其足迹遍及南疆北国、沿海西域。范围之广阔、频率之密集、心性之喜悦、思考之羽飞、诗情之洋溢，似万里长江一样，一个浪波接着一个浪波，奔涌不息；亦似清晨的鸟翼，一片霞光接着一片霞光，托载翱翔；也似大地上的翠竹禾苗，一处生机接着一处蓬勃，向阳生长；还似天云倩影，一幅变幻接着一幅变幻，流漫天际，气象万千。

正是在这期间，沙白风格独特的诗歌与散文作品，以其前所未有的多样格调、优雅风貌，引领读者畅游于风生水起、日新月异的崭新时代的艺术长河里；其徜徉于古往今来、厚重丰饶的妙文华章，也让众多读者在赏心悦目中，有些目不暇接了。

由此，沙白的人与诗，亦引发了诗朋好友、四海读者的追随与广泛赞誉。其中，对沙白诗歌与散文作品的深邃评论与艺术研讨，至今也一直没有停息。

是的，沙白先生一如他家乡那宏阔坦荡的长江口一样，他是个能衔江纳海、把江风海韵融入血液的诗人，他是个能把思想与艺术的大格局，存于波澜万顷的胸中，把一腔衷肠大爱融入其作品的诗人，又是个绝对低调从不张扬的当代大诗人。

他唯一从不放弃的张扬，就是他对祖国炽烈的爱，他对人民深沉的爱。

这些大爱的结晶，就是他的时而低吟、时而高歌、时而缠绵、时而激越的诗歌。

祖国是沙白扩大了的故乡，故乡是沙白浓缩了的祖国。

家国情怀就是沙白永远不变的阔大而温热的襟怀！

沙白满腔的挚爱既在《大江东去》和《递上一枚雨花石》等一泻千里的豪放政治抒情诗中，也在《杏花春雨江南》和《南国小夜曲》等婉约缠绵的低吟浅唱的生活恋歌中。

满爱在沙白的内心里，既是万里长江的波涛奔涌，也是小草闲花的悄然开放。

万里长江也罢，小草闲花也罢，这既是他与大自然对话的诗歌世界，也是他与自己对话的情感世界；

满爱，沙白的诗歌世界，

就是豪放与婉约的奇妙的双人舞，

就是威武与缠绵的丰饶的美画卷！

也许，沙白给人的印象，其表露出来的性格与性情，更多的是内敛与低调、谦恭与忍让。

虽然，他在顺势而变多样化的写作中，使他的诗歌呈现出多样的风格与情调、色彩与节奏，但是，他还是更多地给人以柔弱纤细的诗风印象。

正是在这种大背景下，关于沙白诗歌是"小草闲花"的命题，似乎是在无意中被一再提起，也在一定时期诗坛的特殊氛围之下变成了一个话题。以至于他的挚友忆明珠，用洋洋洒洒近万言的诗评文字，恣意汪洋、纵横论述了沙白诗歌是"小草闲花"的命题。

也许，这本身就是个因为沙白的秉性中一贯低调与谦恭所引起的误会。

也许，这恰恰是因为沙白自己在改革开放后他的第一本诗集《杏花春雨江南》的后记中，主动或者情不自禁地提出了这个话题。

但是，在沙白的诗歌史上，也确实存在过这样一个历史现象，所以值得一谈。

首先，让我们重读一下沙白关于"三杉斋"的一首短诗，体味一下他面对"小草闲花"时的一己心境。

沙白《题三杉斋》
室前有水杉三株，以此为斋名。

不计较脚下
是否一片沃土
即使瓦砾乱石
也胜于第四纪冰川
酷暑严寒雨涝干旱
圈圈年轮写着艰难
任凭冷月给你歪斜的影子
天生一副正直的腰杆

少几分柳线的潇洒
带点儿石头的痴顽
举三支绿色火炬
写一窗生命宣言
即使被剥夺得不剩一片叶子
依旧笔直地傲立风前
托庇于你的清凉
我是一头暮蝉

（作于1989年12月）

在读过沙白这首《题三杉斋》后，再让我们进入忆明珠纵论沙白的"小草闲花"诗艺的意境。这篇较长的论述完稿于1983年1月6日，写于仪征。

在《"小花闲草"也要一片蓝天——沙白部分诗歌印象》一文中，忆明珠认为沙白在诗歌上作了辛勤的探索，大体分三个方面：

一、长篇"政治抒情诗"，如《递上一枚雨花石》《大江东去》等，见诗集《大江东去》（上海文艺出版社1980年2月出版）。

二、同属"政治抒情诗"类型，多系感时、怀古、咏怀，如《太平天国石舫》《为新华夏的崛起》等，见《砾石集》（江苏人民出版社1980年6月）。此类诗中，尚有《长安秋兴》（《诗刊》1980年7月）、《诸神》

（《诗刊》1980年11月）、《会合》（《上海文学》1980年2月）等等。

三、还有诗人自命为"小花闲草"的一类（见《杏花春雨江南》后记），讴歌景物、吟咏性情，早期的名篇如《水乡行》等等，大都收入诗集《杏花春雨江南》（百花文艺出版社1979年1月出版）。与此一脉相承的，近年则有组诗《芦荻与红蓼》（《上海文学》1981年1月）、《南国小夜曲》（《诗刊》1981年4月）、《黄山拾回来的野草花》（《诗刊》1982年9月）、《洞庭秋色赋》（《诗刊》1982年2月）等等，较之前时所作，大有"青出于蓝而胜于蓝"之概。

忆明珠在这里要谈的，主要是指这第三方面的"小花闲草"一类的诗歌。他极有耐心、条分缕析、娓娓道来了四点：

其一，惴惴不安的"小花闲草"

"小花闲草"是个左右不讨好的名字。有趣的是沙白却把它当作了一顶桂冠，拉到自己头上。在诗集《杏花春雨江南》后记里，诗人说他的这类诗歌，"既无蕙兰丹桂沁肺扑鼻之芳，又无牡丹桃杏华丽艳冶之姿，更无篱菊寒梅傲霜斗雪之骨。纤小卑微，不登大雅之堂；平淡无奇，难入君子之室。但它们得水土而生长，沐阳光而开花，总还是万千花草中的一些"。

从这些话里，可以看出诗人对所谓的"小花闲草"的偏爱、倾心与钟情。

但他公然亮出这个态度，还是在他写这篇《后记》的时候，已到了粉碎"四人帮"后的一九七八年七月。"文革"前，沙白只默默地苦心孤诣地经营着这块小小的园地，却绝不敢写出这张"自白"的。然而，终究也被声扬出去了。

一九六二年春，他的《水乡行》《江南人家》等诗，在《诗刊》发表后，引起了广大读者的注意。"人怕出名猪怕壮"，诗也如此，一出名，人家就要打量打量它是什么货色。沙白是个敏感的人，有次见了忆明珠，他郑重地问：对《水乡行》等诗，听到什么反映没有。我（指忆明珠）答道："都说很好。"沙白说："有个老先生也说好，这就不大妙。"因为"老先生"们，是被视为"遗老"的。果然，不久，听说有人在一次讲话中,曾经责备沙白的《水乡行》缺乏"时代精神"。

忆明珠这才理解,为什么几首小诗,会弄得沙白常有惴惴不安貌。

忆明珠继续论述道:

"逼上梁山",一逼,沙白来了个急转弯,先是《递上一枚雨花石》,继而又唱出了《大江东去》。

粉碎"四人帮"后,沙白敢于声称他是个"小花闲草"的爱恋者和经营者了,却一直不愿参加"评花""评草"的什么会,仍如"惊弓之鸟",逃之唯恐不及,这又是个有趣的现象。

"小草"遇到风,有理说不清。"小花闲草",根子不深,腰杆不硬,也难怪,它哪里经得起"东、西、南、北风"呢?有次座谈他的《杏花春雨江南》,他未到会。有风吹道:"这些诗粉饰太平,未触及当时农村的深重灾难"云云。这明显是从另一方面来评论《水乡行》缺乏"时代精神"。

去年冬里(即1982年冬天),沙白又一次逃会。这次会议上,谈及诗歌现状,有一种评价是:这一年,无甚可观,但见"小草小花眯眯笑"而已。当然并不都是指沙白的诗,但因沙白是以"小花闲草"自居的,忆明珠便不由联想到他,并为"小花草"们喊了几句冤。

忆明珠的立场是很明确的,他在会上耿直地表态,铿锵地发言,且有深意:

百花齐放,就是百花齐笑,皆大欢喜。红红的英雄花,该笑;富丽的牡丹花,该笑;金色的向日葵,该笑。"朦胧诗",总非癌症,也是一朵花,也该笑!一般的"小花草",当然也该有"眯眯笑"的权利。岂止笑这一年,该笑上一万年,万万年:"小花草"上,也顶着晶莹的泪珠啊!

忆明珠敢于在这样的会上,如此仗义执言,可见他是沙白少有的挚友啊!

其二，知天命的"小花闲草"

（当时的诗歌界），有这样的惋惜：认为沙白与其费工夫摆弄"小花闲草"，不如沿着《大江东去》等长篇"政治抒情诗"的路子，全力以赴地走下去，包揽重大题材，囊括时代精神，那才可能成为"大诗人"。"小花闲草"摆弄得再好，只能成就个"小诗人"，何舍大而求小呢？这未尝没有道理。然长篇"政治抒情诗"，一般以铺陈为特点，总不免"以文为诗"。

忆明珠是个大智者，大诗人，他极为辩证地说：

我当然没有菲薄"以文为诗"的意思，倒觉得它雄辩、辐射、笔扫千军、先声夺人，非大"才具"不办。

但是，忆明珠不但是沙白的挚友，亦是诤友，他认为：

从沙白的全部诗歌情况看，诗人的思维和情绪活动的方式，较内向，较收敛，如一泓秋水，自生光影，本无需借文思以助其诗意之波澜的，那倒反而可能破坏他固有的诗意的宁静。如果沙白的那些"小花闲草"，像他所说的不过是在文艺百花园地中"聊备一格"；那么，我也认为《递上一枚雨花石》《大江东去》等长篇"政治抒情诗"，在沙白整个诗歌作品的价值上，也仅处于"聊备一格"的地位。

忆明珠认为：

当然，沙白若继《大江东去》，来一个大突破，我会为之热烈欢呼。但现在，沙白似乎比较专注于"小花闲草"一类，我觉得也并没有错。为这些"小花闲草"，他（指沙白）仿佛一直怀着的那种惴惴不安，恰说明诗人的真情和本性。大半辈子诗写下来，莫非诗人悟到他的归宿还应回到"小花闲草"丛中吗？这叫"五十而知天命"。既然"天命"如此，"乐夫天命复奚疑"！

忆明珠谦逊地继续分析说：

如果我的揣测多少还在点谱,他愿为沙白庆幸,在他今后诗路的探索上,但若"勿自以心为形役",即或仍不断产生"山穷水尽"之感,也会不断拓出"柳暗花明"之境。对于我们的诗坛,可能失去了一个难以定准的"大诗人",却肯定可以得到一个"小诗人"。人们都知道"大诗人"可贵,其实,"小诗人"也不易得。"大诗人"千招不来,"小诗人"就多如恒河间沙数吗?

有几个孟郊?有几个李商隐?……"大诗人"的宏构巨制,固可为一时代的金冕,而"小诗人"的精美之什,则是点缀和映衬了这金冕的宝石和珍珠。

行文至此,忆明珠自嘲说:

我竟然以"小诗人"视沙白,又不留余地,沙白君子人也,幸哂而谅之。

其三,"平淡无奇"的"小草闲花"

忆明珠继续他关于"小草闲花"的话题:

"小草闲花",美在何处?美在它的"平淡无奇"。"平淡无奇"是沙白自己说的,不管这是否带有谦意,我都当作真话听,觉得用"平淡无奇"来说明他的"小草闲花"的美的特征,可能比另立些别的名目恰当得多。

但,"平淡无奇"之美的形成,与"小草"之小,"闲花"之闲,大有关系。小,下面再说。首先,"闲",就是个麻烦的字眼。"小草闲花"的左右不讨好,"闲"字不得辞其咎。革命怎么好"闲"呢?游手好闲,岂不成了"有闲阶级"?革命要的是"干"!是"汗"!诚然"干"是对的;"汗",也是好的。但,"闲",也是无罪的。"文武之道,一张一弛",没有这个"闲",弓会绷断了弦,"干"不下去的。何况,我这里所说的"闲",非单单生活节奏,着重是指生活态度方面。闲者,遐也,旷也,远也,悠然也,从容也。朋友们论及沙白,有说他颇有点"红颜弃轩冕,白首卧松云"的味道,这是借用陈言,约略戏谑,沙白绝非陶、孟一流。但他洁身自好而与世无争,潜心艺事而甘于寂寞,这种生活态度没有什么不好,也不会不影响他的诗歌的艺术境界。"风格即人。"一个人,能摆脱荣利,超然物外,其精神领域的空间可能开阔些,心怀会更多呈悠闲状态,所以,我所说的"闲",近乎达。我以为这是沙白缔造他"平淡无奇"之诗境的契机。再打个比方来说,若是一个斤斤计较的人,勉充风雅,也去"采菊东篱下",走到篱边,倒会赶忙弯腰修补起篱笆来,巩固他即得的势力范围了,哪里还想到采菊,更不会"悠然见南山"。由"东篱"到"南山",一片空灵之间还有着"山气日夕佳,飞鸟相与还"呢?没有闲远的胸怀,怎包容得了啊!

> 湖波上,
> 荡着红叶一片。
> 如一叶扁舟,
> 上面坐着秋天。

忆明珠是个心里通透、诗意通达的大诗人,他对挚友沙白太了解啦!他说:

这是沙白的一首题为《秋》的小诗。我曾想,我若在急匆匆地赶路,一眼瞥去,可能看见这片落叶,但绝不会留意,又急匆匆地追赶我的目标了。即或在悠闲的时刻,若无悠闲的心绪,也断难发现这落叶上还坐着一个季节,一个天宇,坐着如许的明澈和空灵!

在沙白,实际情况可能是"忙煞心中数首诗",半个"有闲"不曾占有,并不觉得自己有什么悠闲的心绪,这并没有什么奇怪。因为,这"闲",正是从总的生活态度、总的人生意义上来说的,指的是诗人的一种哲学风貌。读沙白这类诗,我会联想到有个"落花人独立"的思索者的形象,又会联想到那种"孤云独去闲"的人生意趣。——超脱,自得,旷达,恬淡,闲!闲闲笔,自出淡淡意。"闲""淡"之间,是有着某种内在联系的。斗艳争奇,镂金绘彩,则是另一种艺术风格,也会是另外一种生活态度、人生哲学了。

既然这里所说的"闲",近乎达;达,则不至于被囿于"小"。这里的"小",是就诗的格局而言。沙白的诗,格局虽"小",诗不"小"。不小气,不纤细,而能于小格局中开辟大天地,如前面所举出的那首

《秋》，即是一例。所以，格局之小，非缺点，而是个特点。诗之格局大者，往往以气魄胜；格局小者，往往以神韵胜。沙白的"小草闲花"之"小"，并非偶然，与诗人的追求神韵极有关系。因为所谓"平淡无奇"的状态，这在美学追求上，必会走上神韵一路。

在沙白的诗中，也有过"平淡无奇"的平庸之作，然其精粹者，无不隽永有致，如半透明的水墨画。他一般不从高处落笔、浓处落笔，而能于平处见高、见远，于淡处显浓、显深。如，写给黄山的那首《无题》：

> 我不知道天空中，
> 哪一片是带雨的云。
> 我也不知道哪个峰头，
> 会触动我的诗情。
> 虽然每座山
> 都脉脉含情地扑面相迎，
> 每棵松都在路边
> 搭一座迎宾的凉棚。

乍看平平，细想就觉得一路奇松，无不迎客，满山云雨，尽惹梦思，把黄山写得十分动情。这类诗，不但诗境如画境，也是以画法为诗法的：即将生活中的动，变为静，进入诗；然后由诗中的静，显示动，返回生活。他甚至敢于平铺直叙，却于平铺中生波澜，直叙中寓暗转，奇而不奇，不奇而奇，奇在骨里。凡此种种，都是构成诗的神韵境界的机杼所在，如《红叶》：

> 风，把红叶，
> 掷到脚跟前——
> 噢，秋天！
> 绿色的生命也有热血，
> 经霜后我才发现……

红叶，忽而还原为绿色生命，顿即转呈为这生命的热血，三世轮回合而为一，只在"噢，秋天"一声轻喟的俄顷中完成。其意象，其构思，十分奇特，但，读来并无突兀乖戾之感。那从诗的内层结构里，发出的一声喟叹太悠长，读者被带进了诗的无限感慨里，虽受其意象和构思的作用，而不觉其作用之所自来，更不愿从技巧角度，来打量这浑是一团真情至性凝结的小诗了。

一首《秋》，一首《无题》，再一首《红叶》，忆明珠在明眸善睐中，透视出了沙白诗意盎然的内心，也透视出了沙白善于化"平平"为"奇绝"的心灵智慧，以及沙白于细微中抓住飞翔粒子般闪光的瞬间，把它定格在诗意语言的特定时空，犹如高明的鸟类摄影家那样，把飞翔中最精彩的刹那间，定格在镜头里一样的奇妙！

忆明珠继续他的跳进跳出、收放自如、畅快淋漓的解析——

又如《边城月》：

你可就是
挂在长城城头的一轮？
你可就是
浸在赤壁江中的一轮？
你可就是
在东海中洗了个澡，
一身湿淋淋
跳出海面的那一轮？

可就是你
正照着故乡柳林，
又把树影
窗花似地贴上窗棂？

你怎样一步步
跋涉过千山万岭，
来到南国边城，
也像个戍边的士兵？

一程程走过了
茫茫雪原，莽莽丛林，

第十三章 满爱，小草闲花论诗风

> 难怪你迟到了
> 整整半个时辰……

诗人只是轻轻发问。开始"你可就是"迭连三句，句式相同，问得还很平静。到了"可就是你"，句法一变，声调亦转。接着，"你怎样一步步……"这轻轻的问声，就变得深沉而微带战栗。于是，那一轮明月，随着诗人的问声和情绪转换，忽然变成了一个荷戈武夫——"像个戍边的士兵"了。这意象，这构思，也很奇特，但诗人并不以显示这种奇特为能事，偏以闲情和淡笔出之。这也是一种技巧，是一种不让读者感觉到技巧的运用的那种技巧。完全是一层层加深着的情绪，来感染读者，这是真正的诗。

读到这里，我不但感叹于忆明珠先生的真知灼见，更佩服他对挚友沙白的诗歌技巧的深邃理解与解析。1980年11月的西双版纳之旅，沙白得诗数首。其中这首《边城月》我也觉得极为别致。忍不住也见缝插针，说上自己的一些感想：

沙白的这首诗，以一轮明月为灵动意象，从长城城头写到赤壁长江，从大海边写到故乡柳林，继而又以一支生花妙笔，遣派这轮明月跋涉过千山万岭，来到南国边陲，成了一位戍边的士兵。想象力之丰富、之自由，时空跨越之大胆、之神奇，可比庄子之鲲鹏展翅九万里的《逍遥游》，应属于是沙白诗歌中的豪放肆意之杰作。

好了，我们还是继续回到忆明珠先生的既条分缕析又侃侃而谈的沙白诗论上吧——

> 至于这首诗，寄托了些什么？——"明月出天山，苍茫云海间。"人生！人生！古往今来，滔滔不绝，好像都运行在一条孤行线上，不可穷极而又了无端倪，多么寥廓，多么浩渺啊！——"智者见智，仁者见仁。"各自发挥好了！

从上面的分析看出，"平淡无奇"之美，恰在于有"奇"，但奇得太露，又会破坏这"平淡无奇"之美。沙白能够使得这"奇"字在他的笔下，露而不显，充而不盈，控制在达到"平淡无奇"之美，所需要的适当度数，这显示了他的艺术功力，又流露了他的美学趣味。陆放翁诗云"文似看山不喜平"，又云"平远山如蕴藉人"。

沙白是懂得将这两句诗合作一掌观的。

说到此,关于"'平淡无奇'的'小草闲花'"这个话题,忆明珠显然意犹未尽,他要再往深处挖掘,再往宽处拓展,他要挖一口溢满清泉的大井,照亮沙白"平淡无奇"后面的"奇",映出沙白"小草闲花"摇曳出的鲜香——

从上面的分析,还可以看出,"平淡无奇",不是寡情。作为一种美学境界,必须饱含着情绪,要求情绪的某种强度。但,它是另一种情绪,平和,恬静。其运动形式也不是泼辣奔放,往往低回婉转。沙白的"小草闲花"一类的诗歌,表现的正是这种情绪。而且,他似乎有这种本领,能把情绪挽住,不让它流到诗外面去。情绪流动在诗中,有时如"借沟出水",诗一了,情绪也跑了个精光。沙白的诗较少此病。

如,写给黄山的那首《无题》,开头用"我不知道"两句,轻轻将情绪挽入诗中;跟后又用"每座山头"和"每棵松"两句,将情绪轻轻留住,好像那情绪流到诗的边缘,又调转头游了回去,始终在诗内流动。这类情况说明,沙白毕竟是"以诗为诗"的,从头到尾,紧紧抓住情绪不放。他的一些短诗、小诗,好像整体全被浓重的情绪包裹着,因而给这些诗以凝固感、定型感,如一朵不散的云,如一缕凝立的烟。

其四,"小草闲花"的成熟季节

忆明珠开始纵论关于沙白诗歌属于"小草闲花"这个话题的第四个小节了——

沙白的所谓"小草闲花"一类的诗歌,经历了"文革"前后两个时期,于近一两年内渐见成熟。现在略举二三,谈谈他另外一些方面的进展。

"语言"——
沙白"文革"前,如《水乡行》诸篇,始终太接近元人"小令",未彻底破掉古典诗词的语言结构形式。言为心声,古老的词汇、古老的语言结构形式,很难传述当代人的生活节奏、方式和情状;很难表现当代人的气质和呼吸。新诗若不跟古典诗词从语言上(其实即从形式上、姿态上)拉开距离,终受古典诗词的羁縻,或如它的余波未息。沙白近年诗中运用的语言,多从新鲜口语中提炼得来,使得"小草闲花"面貌一新。

"眼光"——

《杏花春雨江南》中的诗,还多是记录性的,诗人的眼光往往为外界的人、事、物所牵,且不能完全以自己的眼光去观察,而是为某种需要寻觅印证。现在他诗中的人、事、物,才逐渐鲜明地见出诗人自己的选择,反射回诗人自己的眼光。文学中有这种情形,极有文采者,偏追求古拙;极有热情者,偏写得冷峭。沙白的擅于"平淡无奇",我不信他胸中略无一点荦确块垒。可以断然地说略无荦确块垒者,但可平庸而不能至于"平淡"。李清照若无"生当作人杰,死亦为鬼雄"的那一面,她笔下的"愁"字,也难以写出"寻寻觅觅,冷冷清清,凄凄惨惨戚戚"的"别是一家"的味道,充其量是一般的"闺怨"而已。我们知道,沙白写了那么多长的、短的政治抒情诗,以量论,花去了他精力的三分之一。所以,他的"小花闲草",又哪里是真正的"游手好闲"?又哪里有纯粹的"闲"?不然,诗人何以能于一叶凋零上,见秋之寥廓与空灵;又何以能还这凋零为绿色的生命和热血呢?这已经不是以一般的眼光看外界的人、事、物,而是以一颗未必不有荦确与块垒的心在审视人生了。这情形,可借诗人自己的那首《无题》来说明:

借两山作桥墩,一道彩虹,
横跨在浩渺的太湖两边。
一定有两颗热恋的心,小心翼翼,
从两端飞快走拢,相会中间,
你说,你什么也没有看见,
那是你没有学会用心作双眼。

"笔锋渐离诗笺"——

诗可入木三寸,实处瘙痒;亦可笔落诗外,空中传恨。种种笔路,都无不可。沙白近年的诗,似乎在寻觅一种超脱的笔路,力求不拘泥于人、事、思想、主题;不从单一的人、事、思想、主题出发,将这一切打乱、糅合,弃其胎骨,摄其魂灵。如《芦荻与红蓼》:

> 芦荻与红蓼，
> 结合于秋天。
> 把湖波当明镜，
> 来到水跟前。
> 她看到了满头白发，
> 他看到了破碎的朱颜。

　　这是写什么？何人？何事？何种思想、主题？说不清。但是有一点是确切的，它写出两道相交成"X"形的眼光。于是某类型的人、事、思想、主题，皆可从这里"X"形的眼光中味得。司空图《诗品》有云"不着一字，尽得风流"；"浅深聚散，万取一收"。沙白的"小草闲花"，不有点仿佛似之吗？

　　三十年一觉诗坛梦，沙白跟他的"小草闲花"一起进入了生命的秋之季节，渐渐地臻于成熟了。"望大堤，草尽红心。""小草闲花"也有果实，不知可得人们的略予珍惜否？

　　读罢忆明珠先生倾心献给他一生挚友沙白的万字诗书，不由得让人扼腕长叹了！人生中，交友万千，何如知己一个！沙白先生此生，能结交到真正懂得自己的忆明珠，是他的一笔巨大的精神财富啊！因为人海茫茫，真正懂得自己的人，真的是少之又少。正所谓知音难觅，知己难求吧。

　　读过忆明珠先生的诗论沙白的万字长文，我终于有些恍然大悟了——难怪我每次去探望沙白先生，无论与他谈着谈着什么话题，他都会不由自主地把话题转到忆明珠身上。要么是说，前几天与忆明珠通过电话了，要么是最近又接到忆明珠的信了，要么是刚看过忆明珠的那首诗了，要么是忆明珠的画如何如何了……

　　就是这样，经由沙白老这座桥梁，我也一步步走近了令人敬佩的大智大慧的忆明珠，周身也披上了这颗诗坛明珠照耀过来的光芒。而我的一颗诗心，也因之变得柔韧、通达而高远了……

第十四章 挚友,沙白相映忆明珠

- 沙白与忆明珠都是在全国有广泛影响的当代著名诗人
- 自1962年相识之后,他们友好五十余载,挚友亦诤友
- 祖国的大好河山不知留下了多少他俩并肩而行游历中的相伴足印
  风中雨中,日下月下,山上原上,江上河上
  也不知留下了多少他俩会心中的欢颜笑语
- 寻常日子里,两人书信不断,电话聊天不断
  沙白相映忆明珠,人生得一知己足矣
- 忆明珠小沙白两岁,已于2017年10月25日辞世
  从此,忆明珠就只能活在沙白的诗里了
  也就一直活在沙白的念道和记忆里了

沙白与诗人忆明珠,都是江苏在全国有广泛影响的当代著名诗人。他们绵延不绝五十余载的友情,像流过他们身旁、养育他们的万里长江一样,源远流长;而他们相互激励五十余载的诗情,像慰藉他们心中共有的长江一样,一直春水丰盈。

沙白与诗人忆明珠性情相投,过从甚密,赠画赋诗,唱答不断。

一有机会,便抵足而眠,长夜论诗。

相见甚欢,互相长进。

沙白光纯,明珠灿烂。

互相照耀,相映生辉。

沙白自己回忆说:

> 与忆明珠相识,大约是1962年。上半年,好像有一段少许宽松的时日,他发表了《春雨》《回声》,写了《唱给蕃瓜花的歌》,我也发表了《江南人家》一类作品。当时他住(江苏)仪征,是我去南京开会的必经之地,往返途中有时在他那里落脚,食鹅谈诗(语出沙白《阅尽万紫千红后》)。

是的,那时忆明珠居住在仪征,属于扬州市。当地美味食品之一便是盐

水鹅,扬州人俗称其为"老鹅"。其形态饱满,烂而不散。色泽黄澄油亮,质感松嫩,肥而不腻。在有着2000多年历史的淮扬菜里,是不可或缺的一道名菜。到了清代,地方官员用盐水鹅,招待下江南到扬州的康熙和乾隆皇帝,受到赞誉,因此而名扬天下,作为地方特色菜,闻名遐迩。

忆明珠每次以此美食,款待来看望自己的知己诗友沙白,自是一番胜意。小酌之间,该有多少抚今追昔,感今叹古;诗情交融,诗心相拥。

那时,从处于大江之尾的南通去省城南京,长途汽车走得全是并不平坦的砂石公路,一路颠簸,一路扬尘,全程要十来个小时。为了会见亲密无间的诗友,沙白常常专意在仪征下车,住上一晚,每次都是长夜论诗,不知夜深,相谈甚欢,然后抵足而眠。可以想见,那是多么令这对挚友难忘的岁月与沉醉的时光啊。

沙白继续忆旧:

> 然而好景不长,不久便开始"绷紧阶级斗争之弦"。我们只得改弦易张,他写起了《狼张营歌》《跪石人辞》,我写起《递上一枚雨花石》《大江东去》(语出沙白《阅尽万紫千红后》)。

必须承认,无论是沙白的《递上一枚雨花石》《大江东去》,还是忆明珠的《狼张营歌》《跪石人辞》,都是政治抒情诗中出类拔萃之作。其中,忆明珠的《狼张营歌》和《跪石人辞》,还被收进了由《诗刊》杂志社编辑、1965年由作家出版社出版的《朗诵诗选》里,被天南地北的诗歌爱好者广泛朗诵。

只是,作为这本《朗诵诗选》的收藏者,我至今没有搞懂,《大江东去》这首诗当年是以头条的位置,发表在《诗刊》1963年第11期上的,后来却未收入这部影响一时的《朗诵诗选》里去。几次欲问沙白老,都是欲言又止。读这本诗选的编选说明,有这样的表述:"几年来朗诵的诗,绝大部分是反映当前革命斗争和工农业建设的,本选集所选的作品,只限于这个范围。此外还有一些被广泛朗诵的作品,例如革命烈士遗作,某些富有革命精神的外国翻译诗,都没有选入。"

我虽然一再读过这个"编选说明",仍然是不得要领,难解疑惑。

还是不去多想了。且听沙白接着忆旧:

> 当时,我们都还未到不惑之年,正处于创作旺盛期,但接着便是"文艺整风""文化大革命"。待到重拾诗笔,已是十多年过去,"一尺之锤/已取过其半了",都成了半百老人。重新相见,只能像他(忆明珠)的《古意》中所描述的:

> 或者相隔一几默默久坐
> 像两座睡白了头的冬山
> 每回相见总是默默无言
> 无言中又经历一番涅槃

（语出沙白散文《阅尽万紫千红后》）

是啊，"文革"十年之后，当年"食鹅谈诗"的美好心绪与欢快情状，已是一去而不复返了。

为此，沙白感叹道：

> 以"皓首穷经"之年，去"青春作赋"，写出的已不再是"春雨""春风"，而是秋霜、冬雪，冷冽而老辣。

秋怀（其一）
忆明珠

> 秋花，
> 不祥又圣洁。
> 如大智勇者溅在岩石边的
> 最后的血滴，
> 一斑斑，
> 红而冷。

但是，毕竟是春天到来了。沙白和忆明珠等一大批被称为"归来的诗人"，既打开了心扉，又迈开了脚步，开始在祖国的东西南北的一次次游历，于行万里路中边走边唱。

就在一个"子规声声不忍闻""江南江北送春归"的同样美好的季节，沙白应忆明珠之邀，重访旧地扬州。随后，他俩又联袂去了杭州与苏州，这三地，应是中国最美好的人间天堂。也许是情理之中的来而不往非礼也吧，作为答谢，后来，沙白特意"陪忆明珠、海笑、杨旭等去了一趟水绘园。水绘园者，冒辟疆、董小宛之旧居是也"（沙白《冒辟疆笔下的董小宛》），当然，水绘园所在的千年古城如皋，也是沙白的故乡，是他少年时代上过学的地方。

还是回到沙白与忆明珠交往的话题吧。

到了2003年9月,上海文艺出版社出版了《沙白散文选》。为此,沙白在以诗名闻遐迩之后,又在散文界引起了极大关注。而为这本散文选作序的,沙白请出的是老诗友忆明珠,他内心觉得,只有忆明珠这位亦能诗亦能文的老友最适合。两个人相互太知心知意了,也太情深谊厚了。这也应和了范仲淹在《岳阳楼记》中的千古感叹"微斯人也,吾谁与归"呢!

忆明珠小沙白两岁,他在《沙白散文选》序言中,是这样为沙白画像的:

说起沙白,在我的印象中,就会浮现出一幅杏花初燃、春雨潇潇的画面,他是从杏花春雨中向我们行吟而来的。这是因为他最初引起读者惊喜的那本诗集,有着一个《杏花春雨江南》的美丽名字。

其中发表于1962年《诗刊》第2期的《江南人家》,以明媚轻快的抒情色调,为当时的诗歌园地带来了一种杏花春雨般的潮润与温馨。

忆明珠认为:

散文以思想启示人,但它必须有感情流动其间,这思想才具有生动的活力。年轻人思想单纯而感情丰富,大都曾与诗同行过一段路,故有"青春作赋"之说。乃至年齿渐增,阅历渐深,感情活动渐趋平和稳定,这时候思想就活跃起来……宠辱荣枯,升沉起伏以至治乱兴衰,公道天理,都想来个寻根究底,否则,稀里糊涂被人牵着鼻子走了一辈子,还以为是在完成一桩神圣使命,岂不悲乎!这就是所谓"皓首穷经"了。

沙白的这些散文,便是他"皓首穷经"之所得了。

沙白对比自己小两岁的挚友忆明珠,亦是性情相投,知之甚深。除了每次的各级会议与笔会机缘中的"相见欢",平时的书信与电话联系,则热烈而频繁。正是在忆明珠为之作序的《沙白散文选》中,沙白有多篇妙文,记录下了这对挚友的情感交融及谈诗论文的许多生动故事及细节。

在《游梅花山记》一文中,沙白写道:

大约是1964年,我(从上海)回江苏工作不久,到南京开会,休会期间,与忆明珠步出中山门,拟去明孝陵看石人石兽。途中,突见一山,不高,遍植梅树。但我们来晚一步,枝上只余残花败蕊,已是"风飘万点正愁人"（杜甫《曲江二首》诗句）了。我们还是踩着落红，穿过乱花，走上山去。山顶有茶室，供应雨花茶。于是，边品茗，边看梅花，边谈诗聊天。那时，毛主席的《卜算子·咏梅》发表不久，自然而然谈到这首词。而我内心，却依然不能忘怀陆游的原词：

> 驿外断桥边，
> 寂寞开无主。
> 已是黄昏独自愁，
> 更着风和雨。
>
> 无意苦争春，
> 一任群芳妒。
> 零落成泥碾作尘，
> 只有香如故。

虽强自抑制，也难免感情上的共鸣。这是我第一次认识梅花山，也是第一次品尝雨花茶。

在这篇《游梅花山记》文末。沙白依然念念不忘地写到了他的小弟诗友忆明珠：

> 自从1964年与忆明珠一道初登梅花山以来，匆匆四分之一个世纪过去，彼此都已到了"相对看白发"的年龄。

是啊！子在川上曰，逝者如斯夫。沙白先生感叹他与密友忆明珠初游梅花山的情境，让我这个后辈读了，也仿佛感受到了那越过春寒之后的温暖，阵阵袭来。

在《沙白散文选》的《弃与藏》中，沙白从忆明珠的一首题为《泪水啊，慢慢地淌》说起，深刻而鲜明地纵论了那时的诗风。

忆明珠的那首诗是这样写的：

> 该丢掉的，
> 终不能丢掉。

> 该收藏的,
> 终不能收藏

沙白以此诗为引子,开始对人生不同阶段的诗歌写作情状,做出了鞭辟入里的解析,他认为,忆明珠的这首诗:

> 这是就感情而言的,当属人生经验之总结。这种感情,也许年轻人体会不到。年轻人倾向于"迸发"。及至渐入老境,回过头来,总结一生,才猛然触动,发现该丢的未丢,该藏的未藏,便只能"泪水啊,慢慢地淌"。于诗亦然。
>
> 弃与藏,是诗中的大问题。一首诗该弃的未弃,便成芜杂;该藏的未藏,便成了浅露。

沙白继续形象地条分缕析说:

> 棉花本应打去雄枝,而你却以其茁壮留下,相反去了母枝,如何能有收获?而藏则更难。藏得过深别人无法理解,或是造成误解。晦涩难解之诗,便是藏得过深之故。藏须藏到恰到好处,总得留一扇门甚或一扇窗,让读者进入你的内心世界。近年来,不留门窗给读者的诗不少……让人望而却步,或一走了之。

沙白从老诗友忆明珠的 首诗谈起,针砭时弊,何其尖锐准确啊。虽过了多年,当下诗坛的某些领域,依然是痼疾如故啊!

谈及沙白与忆明珠的诗情友谊,必须仔细言说一番沙白的另一篇美文,即《跌在纸上犹横行——忆明珠的题画诗》。首先,文章的题目就极有幽默趣味,因为他是从忆明珠画蟹说起的。说忆明珠在纸上画出的蟹,依然在霸道横行。

沙白是这样开头的:

> 前几年得知忆明珠老来学画,曾在通信中询问画事进展,他寄来"小蟹秋荷图"一帧,画上题诗云:
>
> > 偶画小蟹瘦似僧,
> > 也傍秋荷听雨声。

第十四章 挚友,沙白相映忆明珠

> 年来纸比文章贵,
> 焉得涂抹了此生。

沙白继续说:

> 此时,作为诗人和散文家的忆明珠,靠爬格子换得的几文钱,还很难买得起习画的纸张,故有"纸比文章贵"之叹。今年,见到报上报道,他竟然可以举办画展,几幅小品还居然卖到万元,他在信中也提到可以以画换酒云云。

正是在这篇妙趣横生的文章中,沙白发现了忆明珠的画之所以能卖到好价钱,自别有道理在其中,即"细思之,终于悟出其中奥妙,画上的题诗,给画增添了光辉"。

诗人作画,有美画,有题诗,自然是诗画同舞,诗意盎然。知忆明珠者,还是老诗友,沙白是也!

本章叙述行文至此,就不得不再提提沙白的《今昔才子辩》一文了。

沙白《今昔才子辩》一文的写作起因,来自长江文艺出版社出版的《中国当代才子书》丛书(1997年版)。丛书中所论述的当代才子,共四位,即汪曾祺、忆明珠、贾平凹、冯骥才。沙白多年的好友忆明珠,位列第二呢!沙白是这样解读、描述自己心中的忆明珠的:

> 在四位才子中,我只认识忆明珠。就我认识的忆明珠而言,戴一顶才子的桂冠,是当之无愧的。他的书出版之后,赠我一册。书后附有唐晓渡所写的《评传》,约略画出了才子风貌。《评传》一开始便引出忆明珠的诗句:

> 一瞬光中我暂住,
> 一朵花前我常埋。

> 颇类佛家语,亦透出才子气。(忆明珠)读小学时醉心古典诗词,并接触到郭沫若、闻一多、朱湘等诸大家的新诗,高中一年级便写下了第一首富于浪漫气息的新诗。然而,其人生路途并不平坦,坎坎坷坷,磕磕碰碰,当过兵,打过仗,写过诗,遭逢过我们大家都曾遭逢过的历次政治运动,特别是"文革"。中年写散文,晚年事书画,属于

文学艺术上的多面手。为文、写诗、作画,喜欢"横出一笔",爱好李白之浪漫,个性、趣味中颇多古代才子中"不羁"的因子。然而这种才情,在"知天命"之前,却被磨砺得若隐若现,直至晚年才在散文中大爆发,尽显才华。给人以"夕阳无限好"的感喟。《桃花扇》中,侯方域初出场时,有两句自报家门的念白:

> 早岁清词,吐出班香宋艳;
> 中年浩气,流成苏海韩潮。

对忆明珠而言,不妨把"中年"改作"晚年"。忆明珠诗文书画中,诗是骨架。散文篇幅虽超过诗歌,内涵依然是诗。书画亦然,画中有诗也。

忆明珠,山东人,作画时常自称白门卧客。爱画罗汉,光头闭目,似达摩面壁。有的则题名《情僧图》。颇有一点自画像之意。如今,有人奉上一顶才子桂冠,戴上情僧的秃脑袋,想来别有情趣。接到他的赠书后,我曾以打油诗二十八字回赠:

> 白门卧客情难了,
> 闲拈诗笔打画稿。
> 一顶桂冠从天落,
> 山东才子江南老。

比沙白小两岁的忆明珠,2017年10月25日去世。

从此,忆明珠就一直活在沙白的诗里,活在他永难消逝的念道和记忆里了。

从此,我每次去沙白老家探望,老人家说着说着,话题就会情不自禁地说到忆明珠身上。

到了2019年年初,沙白在江苏《扬子江诗刊》第一期上,发表了古体诗排律《悼忆明珠》,全诗如下:

> 白门卧客情未了,闲拈诗笔打画稿。
> 一顶桂冠从天降,二字才子人已老。
> 待月山房发新声,小天地庐秋色好。
> 诗文书画称四绝,全凭笔底兴波涛。
> 忆昔南国寻红豆,傣寨竹楼访卜少。

> 峨眉匡庐同携手，金顶峰高山月小。
> 何期泪洒石城雨，无情霜风凋瑶草。
> 一读遗章一泫然，字里行间留声貌。
> 画上老翁欲下地，搔首问天天难晓。
> 平生知己零落尽，泪眼临窗望落照。

诗情凄婉零落，似秋风袭人。可以想见，沙白每每忆及与老友忆明珠的多年交往，同游祖国大好河山时的种种欢愉畅然，以及忆明珠在仪征家中多次接待沙白时，食鹅谈诗、抵足而眠的温暖情景，又怎能不老泪纵横、长叹唏嘘，但只能是在"平生知己零落尽"的无奈中，"泪眼临窗望落照"了。

上海诗人刘希涛曾在2019年6月16日《解放日报》上，以《诗人沙白：水清沙白故人在》为题撰文：

> 出生于1925年中秋节的沙白，虚龄已95岁(他比贺敬之小一岁，比李瑛大一岁)，是当下健在的既能"婉约"又能"豪放"的少数诗者了。大概30年前，沙白中过一次风，一只耳朵几乎听不见。四五年前又有过一次小中风，走路就困难了。虽坚持锻炼，毕竟年岁大了，现在只能在室内拄杖走一小会儿，生活基本自理。沙白平时读书看报，通过电视看新闻和体育节目，能上电脑，从未用过手机（后来用了——作者注）。偶尔还写作，主要是整理、修改旧稿和写些怀念、悼念故人之作。我在今年第1期《扬子江诗刊》上读到他《悼忆明珠》(忆明珠于一年半前离世)一诗"平生知己零落尽，泪眼临窗望落照"，知道他们此生交集，唏嘘不已，当即去信问安。

几乎是同一时间，沙白经由其长子、著名诗人李曙白，又在互联网上的《冯站长之家（读诗版）》上发表了一首新诗《问天》，再次悼念忆明珠。全诗如下：

> 你就这么独个儿走了
> 也不招呼一声
> 峨眉山、青城山、清凉山、梅花山……
> 有过多少次结伴同行
>
> 却把一幅画留在我的斗室

沙到白时是纯色——沙白传

> 一个老翁怀抱一只葫芦
> 题诗云
> 白发翁叹世路艰
> 抱个葫芦欲问天
>
> 天没有回答一句
> 如今你直接上天提问去了
> 留下我与白发翁日日相对
> "如两座睡白了头的冬山
> 每回相见总是默默无言
> 无言中又经历了一段涅槃"
>
> 不知天回答了你什么
> 我却觉得天在你的葫芦中
> 每天我只凝望着那幅画
> 盼着那葫芦有一天开口说话

（注：引号中系忆明珠《古意》中的诗句）

诗后，是沙白长子李曙白的诗友三水配发的点评：

　　这首《问天》，是93岁老诗人沙白先生的新作。忆明珠是与沙白同时代的著名诗人，作者在悼念这位老朋友时，以一幅画贯穿全诗，"天没有回答一句/如今你直接上天提问去了"。那一代诗人，包括小说、散文作家，谁没有经历过起伏坎坷，又虚掷了多少才华与光阴，到暮年"白发翁叹世路艰"。"盼着那葫芦有一天开口说话"，就算葫芦开口，对于那个年代又能说什么，说得清什么！整首诗，语言老辣，文字之间体现出的悼而不哀、痛而不悲的深切情意，非有丰富的人生历练和深厚友情而不能作。一个耄耋老人还能有如此佳作，实属难得，值得细细品读。

第十五章　三同，丁芒倾情论沙白

- 沙白与丁芒同为当代著名诗人，除了这一同，他们还有三同
  即"同乡、同庚、同学"
- 他们共同的母校，是江苏省南通中学，南通中学是个盛产诗人且
  英才辈出的地方
- 丁芒一直以一颗极为关切的心，并以诗人的目光关注着沙白
  曾写出了近万字的评论文章——《论沙白诗的艺术个性》

在现当代，江苏省南通中学出了很多优秀诗人。与沙白同庚的丁芒便是其中之一。比沙白小十岁，曾任过《雨花》编审和《扬子江诗刊》创刊主编的黄东成也是其中之一。

中国当代诗坛曾有"北臧南丁"（即"北有臧克家，南有丁芒"）之说（见宋捷著《百年激荡·世纪风云中的南通人口述史》，古吴轩出版社2021年5月出版）。

丁芒，这位从南通丁古角这条古老的街巷走出来的大诗人，从抗日战争的烽火中开始生命的吟唱，80载书写万余首激荡人心的诗篇，96年的人生经历充满传奇。

著名诗人黄东成，在新近（2021年）举行的第20届国际华文诗人笔会上，荣获"中国当代诗人杰出贡献金奖"殊荣。他从事创作70年，出版专著21部，编龄长达半个多世纪，曾指导、培养、成就了不计其数的作者成为诗人。永远不会忘却，当年，我就是黄东成先生精心培养的诗歌作者之一。

黄东成疾呼：诗，只有走向人民才有生命力；诗，只有反映生活才有震撼力。至今，他依然是《扬子江诗刊》顾问。

著名诗人丁芒，曾以"论沙白诗的艺术个性"为题，倾情纵论过沙白。这篇长文，后来收入由广州花城出版社于1987年3月出版的《诗的追求》一书中。

用丁芒自己的话说，他与沙白"有'三同'之谊，即同乡（同是南通人）、同年（同生于1925年）、同学（同是南通中学学生）"。由于与沙白有着别人无法替代的这"三同"的渊源，丁芒认为自己对沙白的性格、气质是大体熟悉的。这对他探讨沙白诗的艺术个性，无疑很有利。这也是他撰写这篇文章的出发点，也是他立论的独特角度。

丁芒认为：

> 文如其人，字如其人，诗亦如其人。总之，在一切个人精神产品中，莫不渗透着作者的性格、才调、气质、素养、风格、习尚等等。这看上去很微妙，其实是最确凿的客观存在。看上去是不自觉的，其实是任何真正的文学艺术家，都在自觉地孜孜以求。因为，正如愈是民族化才愈有世界价值一样；愈是个性化，才愈有普遍的价值。作品的个性化，因此也就成为衡量作品优劣的标准之一。而个性化的色泽，作用于作品的艺术表现方面，比起思想内容来，要复杂、细腻、深重得多。因此，同一思想内容的作品，许多人去写，艺术上各有不同。在谈论作品的思想内容时，观点容易一致；谈论作品的艺术性时，就会有千差万别；也因此，研究作品的艺术性，恰恰最能接触到一部作品、一个作家最深刻的底层、最细微的基因上去。

丁芒的这篇论述，是他重新阅读了沙白的四本诗集：《大江东去》《杏花春雨江南》《砾石集》和《南国小夜曲》（列入《诗刊》主编之《诗人丛书》，1983年黑龙江人民出版社出版）后精心撰写的，于1984年5月23日完稿。

丁芒说：

> 这些诗，有的早在二十年前就看过，有的则是初读。在这230多首抒情诗中，论篇幅，有的洋洋洒洒长达数百行，有的短小到只有四行；论题材，从鸟瞰式的政治抒情诗，到一草一木、一人一事的托物咏志，从工农业到山川风物，应有尽有。诗人通过所见所闻，或小中见大，或概括包举，抒写了自己的革命情怀、爱国热忱以及对人生对社会的思索，对真理对道义的探求。这些题材，并没有多少特殊性，大都是人们习见常道的；其思想深度，也没有明显超出他人之处，而读后不知不觉使人为之动容，为之击节，或则会心一笑，或则大彻大悟，感动于衷，而手舞足蹈者，这乃诗之魅力所致。

魅力者,诗的艺术力量也。

沙白的魅力何在?丁芒从构思、风格和艺术技巧三个方面进行了探讨。首先,丁芒谈沙白"独特、周密的构思"——

沙白抒情诗在构思方面,有些什么特色呢?这要从他的性格说起。沙白是一个沉稳多思、性格内向的人,平常说话很少,开会也很少发言,即使说起话来,也是低声细语,寥寥无几。

他的这种性格,自然会倾泻进他的诗里去。

从感知诗材,到构思谋篇,直到运用技巧、体现风格,无不起着重大作用。而构思谋篇,是形成一首诗的主要思维阶段,理性的成分往往多于感性成分,因此,性格等内在因素,在这个阶段所起的作用,就尤为显著。

基于沙白的性格,他的诗在构思方面的特色,总的倾向是沉思的、内向的、后发的(和一触即发相对而言)、严谨的。具体表现在于构思的总体性、独特性和严密性。

沙白诗歌的总体性,是指他对一首诗的通盘掌握,一种成竹在胸、高屋建瓴的态势。这种总体性的掌握出现在写作之前,就容易使全诗的形象、词句,向心凝聚,紧凑完密,而不致散乱游离。

丁芒认为写诗者一般都应如此。他进一步深入分析:

但也有不少人的诗,或许由于感情激动无法驾驭,或许出于对诗的误解,个别甚至出于轻佻,有的就根本不懂作总体构思,有的则是边写边形成,因而就不易达到上述要求的高度,显得杂乱无章,或不着边际。当然也有的能最后完成总体构思。

而沙白的诗,这种构思的总体性是比较明显的,他的《大江东去》《接班人之歌》等长诗,固然可以一眼看出他对总体性的把握;即使许多小诗,也莫不有他总体的构思:

《蒲公英》是为了赠一位国外归来的"寻根者"的,通篇以蒲公英设喻。由于比喻的贴切,加深了对"寻根者"心灵的诗的解释,使人有浑然一体之感。

《桂林山》对桂林地区特殊形态的山,作了艺术的概括——即"山中的青年",通篇围绕这一总体构思展开抒写,自然就显得分外紧凑。

每一首诗都有个总体构思问题。只有有意识地事先作了充分涵蕴的诗人,才能更深刻、准确地完成对总体性的掌握。

独特性是指对一首诗的总体或局部的构思角度,不一般化,而有其新鲜、独到、出人意表的地方,从而取得更高的艺术效果。

《杏花·春雨·江南》这三首诗,都顿开风光诗的窠臼陈套,作了新奇的更富于诗意的构思。

《杏花》写了县委书记"步步踩着春天的脚印",把五届人大的春风送往农村,从而吹开村口的树树红杏。

《春雨》写的是春旱中的人工浇灌。

《江南》写的是江北的盐碱海滩产量过长江。

这是总体构思上的独特性的例子。

在形象的捕捉上,意象的构成上,诗意的提炼上,沙白诗中独特性的构思,更是处处可见,把新月说成是谁在湛蓝的天幕上铰了一剪,而露出的破绽(《新月》)。这是形象的奇特。在《洞庭红》中,把红橘比作火种,因而"真担心遍山坡/烧个烈火熊熊",又把红橘说成是吸收了太多太多的阳光,因而一个个"红似初升的太阳"。这是意象构成上的独特性。又如有一首《无题》是这样写的:

> 我把雨花石
> 和贝壳放在一起。
> 把山和海纳入
> 小小的白瓷盆里。
>
> 水仙在山、海间,
> 探头打量自己的影子。
> 我则倾听海的鼻息,
> 和满山松海的絮语⋯

通篇的诗意就是从这个不同于寻常的构思中生发出来的。

其次,丁芒谈沙白"淡远的风格",他认为:

诗的风格,大概是最能体现诗人的性格、气质等内在素质的了。论沙白的气质,他并不算"铁琶铜板、唱大江东去"的关西大汉,倒是浅吟低唱"杨柳岸,晓风残月"的江南秀士。虽然他写过《大江东去》等雄劲的诗篇,且写得也还不错。

然而,丁芒认为:

这类诗并不是他的"由衷"之作(不是说诗的思想感情不真实,而是说这种思想感情并非"丹田"之气的迸激,其实是在某种政治观念的指导下,故作壮语的),读去总有点做作,是在形象化地解释概念。

其实,关于沙白以《大江东去》《递上一枚雨花石》为代表的政治抒情诗,一直是有着不同看法的。丁芒的观点是一派。还有一派认为,虽然这些政治抒情诗的产生,离不开那个时代背景,也离不开当时写作的动因。因为沙白之所以能写出《大江东去》《递上一枚雨花石》这样的热血澎湃、气吞山河、充满革命英雄主义的长篇政治抒情诗,而且是生命力久长的政治抒情诗,是有着深刻而充沛的历史缘由的。笔者就是属于这后一派观点的持有者。

丁芒说:

因为熟悉沙白,觉得这些政治抒情诗不自然。而能够充分体现他的性格、气质的倒是《水乡行》以及《南国小夜曲》中大量的小诗。这才是沙白式的诗——诗如其人,人如其诗。这种诗,他写来也得心应手,水到渠成。所以,要谈他的风格,还是应该就能体现诗人风格的诗来谈。这种诗的风格,可以用"淡远"二字来概括。沙白的性格就是恬淡得很。

其实,依笔者看来,"淡远"只是沙白诗歌的风格之一,而不是唯一呢!且让我们继续聆听丁芒先生的论述吧!他的论述,我总体上还是赞成赞佩的。

丁芒先生认为：

> 这种性格，要他作什么事务性的工作，充其量是个谨小慎微的谦谦君子，无大作为；而写诗，只要能充分体现这种淡远的风格，就不失为历来被我国人民推崇、欣赏的一种比较高级的诗品。
>
> 这就自然使我们联想到陶渊明的风格："结庐在人境，而无车马喧。问君何能尔，心远地自偏。采菊东篱下，悠然见南山。山气日夕佳，飞鸟相与还。此中有真意，欲辨已忘言。"（《饮酒·之五》）

再看沙白的作品：

> 湖波上
> 荡着红叶一片，
> 如一叶扁舟，
> 上面坐着秋天。
> ——《秋》

> 重见正是清秋，
> 太湖和秋天一样清瘦。
> 想来十年内乱，
> 你也有太多的烦忧……
> ——《太湖》

> 风把红叶
> 掷到脚跟前——
> 噢，秋天！
> 绿色的生命也有热血，
> 经霜后我才发现……
> ——《红叶》

互相比较，不是可以看出风格上的相通之处吗？

陶（渊明）诗流露出超脱现实社会矛盾的向往，自然有些消极。但也反映了诗人不愿与世俗同流合污宁可在大自然中追求人生乐趣的高尚情怀。

沙白则绝无这种隐逸思想,他虽然风格淡远,但并未脱去人间烟火气,他还是正面看人生,从太湖的清瘦,想到十年的烦忧,从经霜的红叶,发现了生命的热血。

丁芒关于沙白诗歌"淡远"风格的论述,是极为严谨的,也是极为深邃的。他说:

并不是具有恬淡的性格,写出诗来就自然会有淡远的风格。要形成一种风格,人的内在诸因素只提供了可能性,主要还是靠艺术上的涵孕修炼,刻意追求。

那么,沙白的这种风格的诗,艺术上有哪些特色呢?

一是质朴。用语平常得很,毫无雕饰之笔。大凡诗一雕饰,就容易失去自然。质朴应是包括诗的意境、结构,不光是语言。这些都要"天然去雕饰",浑然如天成,毫不牵强,才能显出淡远的风格来。

沙白有些诗是确实做到了这一点的。但质朴、天然,并非粗糙、原始,而是经过诗人提纯的感情与语言。"炉火纯青"之作,往往外观质朴,内含精美。这正是这类诗的难能可贵之处。

二是精练。"冗繁消尽留清瘦",这恐怕是一个普遍的艺术规律。质朴是一种美,精雕细刻的工笔画,却不能说就是丑的。而精练,则任什么风格都需要它;但"淡远"的风格更需要而已。精练,不光是指语言,诗意,形象,也应力求准确、精纯,表现力强,以一当十。

沙白很注意精练,在他的这些诗中,诗意单纯,语言节省到不能再省的地步,因而给人一种精致的感觉,我觉得和旧诗中的绝句、词中小令略相仿佛。我曾建议当代诗人共同考虑建立一种新诗体,形式短小,诗意单纯,而富音乐性,实际就是写成当代的绝句、当代的小令。沙白的实践当然与我的建议无关,但他的这类诗的成功,其重要原因不正在与此吗?

三是含蓄。这当然也是一个普遍的艺术标准。"淡远"的风格,尤应含蓄,使其味隽永,含量丰富,如吮青果,愈久愈甘。

沙白极注意诗句的容量,这是很明显的。从他早期的诗,可以约略看出他的风格逐步形成的脉络。因此可以说,诗人的风格,是随着生活阅历的逐渐丰富、艺术见解的逐步成熟、艺术追求的逐步集中，而逐渐形成和臻于完善的，其中包括了扬弃的功夫。沙白在诗艺的探索中，是舍弃了不少东西的。当然，达到这种精美程度的诗，与他全部诗作比较起来，还只是少数，山峰的面积总是远远小于山的底座。但是，我们应该承认，这却是他较为成熟、造诣较高的代表性的风格。

接着，丁芒谈沙白"艺术技巧的探索"。他说："关于沙白诗的艺术技巧，我想就以下几个方面加以探讨。"

首先，丁芒谈模糊性与确定性的统一。

外界事物中，其实有许多模糊的东西，所以现在专门有一门学问叫作"模糊学"，来探讨它的究里。模糊的对立面是确定，这两者都是生活中的客观存在，只是后者是已被我们感知的，而前者，却是未被我们感知或未被完全感知的。因而，在诗中运用一点模糊性，不但不违背客观事实，甚至更增加真实感。模糊性也就是我们常说的朦胧。我认为朦胧与晦涩是两个概念。晦涩，要不得，而朦胧却不失为一种可取的艺术手段，甚至是必要的。一首诗，如果全篇是确定性的意象、词句，读去就感到一览无余，毫无想象余地，使人感到太实太死。需要有一些不确定的模糊的东西来加以映衬、调和，导引人们想得更多些。沙白也常运用这种艺术手段。

举《束装》一诗为例：

> 终于过去了吗？
> 那昼短夜长的冬天？
>
> 夜长——
> 常有恶梦纠缠；
>
> 昼短——
> 时有白发新添。
>
> 束装好向江南，
> 有春风作伴！

前三段是确定性的词语,末段却是模糊性的,为什么要束装?去江南干什么?都没有说清楚,不确定,要读者自己从前三段确定了的词句中,去寻求被末段模糊了的含意。

一片红叶落在湖上,像一叶扁舟,这是确定的,末句"上面坐着秋天"是模糊的,秋天不是个实体,却又像个实体坐着;秋天坐在红叶上干什么?却不说明,却模糊着。读者读去,似乎感觉到什么,却又说不清楚究竟是什么。而恰恰就是这种模糊性,替前面的确定性开拓了更广阔的诗的原野。

其次,丁芒谈尽与不尽。他说:

诗要有余味,耐人咀嚼;要有余韵,三日不绝。这就要求诗尽而意不尽,意尽而情不尽。沙白处理这个问题是熟练的。他1961年写的《水乡行》,以小见大,用精练的语言,表现了水乡人家的典型景象,看似生活素描,其实蕴藏着浓郁的诗,读后感到意味无穷。尤其是从实在的生活中提炼出来的诗意,就分外感人。当代上乘的诗作,莫不是与生活密切结合着的。

再看他另一首:

夜来香有意
用一缕幽香
推开我
绿色的小窗;

明月无心
爬在树顶上,
悄没声儿
把清光洒了半床。
——《无题》

这是实景的描写,并加以"有意""无心"的人格化,有诗意,意尽而情不尽,什么情?淡远之情,闲适之情。当然这也是一种生活,一种心境,无可厚非。

以上是就整首诗来说的。而一首诗在尽与不尽的问题上,最紧要之处则在于尾句。沙白恰恰最善于处理诗的尾句,使全诗神韵顿生,余味无穷。他常用结尾的手法,约有以下几种:

①总结宕开式

如有一首《无题》写兰花的芳馨装满斗室,使人无法成眠,就铺开稿纸,愿兰香流注笔端:

  好让诗也有春天的双翼
  带一缕幽香飞到你跟前……

总结了写幽香的目的,而又宕开诗意,读去就有余味。

又如《试犁》,前面实写初次使用拖拉机耕田的情景,末段写——

  喧声惊动白鹭,
  带水飞起半天,
  呆了耕田老牛,
  鞭儿也赶不上前

总结了上文,而又宕开了写白鹭、写老牛的反映,这就丰富了诗意。

②反捩式

全诗写到结尾时,突然采取一反上文的尾句,往往能起到异军突起、出其不意的震动性的艺术效果。这不但能总结上文,且能有力地开拓出去。

例如《黎明城的黎明》,前五段都是正面写黎明时,各族人民赶街的情景,到末段突然说:

  迟到的太阳光,

像迟到的赶集人
——它已经插足不进，
只能在棕榈树后窥人。

③设问式

用疑问的语气结尾，自然能启发读者更多的想象。如《水杉》："真想问你怎样逃脱那场厄运。"如《残雪》："特地用一林残雪，唤醒并非遥远的记忆？"如《成熟》："但愿从此永远消失了，那一场心酸，那一种苦涩……"

④开拓式

有的诗的结尾，与上文没有什么明显的联系，而是另行开拓了一片天地，引导读者驰骋想象。

例如《束装》前三段毫无束装登程的意思和暗示，末段突然说到束装去江南，有春风作伴，读者有顿然辟开蒙翳见通衢的感觉。

最后，丁芒谈音乐性。他说：

我和沙白一起读的中学校，很注意国文，古典文学比重更大，在国文上下功夫的同学甚多，有的课外还找许多诗词歌赋来读。沙白生性文静，学习刻苦，在这种氛围下，当然得其所哉。因此，他打下了比较厚重的古典文学的底子，从他的诗可以看得出这种基础。

这不但表现在取材、炼意、遣词造句的功夫上，也表现在艺术形式的追求上，无处没有古典诗歌传统对他的影响。他很注意诗的节奏感，许多诗都有比较严密的格律性，有的采取四行一段，每行三、四音节的形式；有的采取四行一段，音节以"一、二、一、三"为序的写法，实际是将两行诗按音节分四行，《水乡行》《漓江雨景》等都是如此。这两种是他惯用的格律形式，其他如两行一节的，或者不分节的短诗不太多，大体也都注意到句式、音节的整齐、划一。他还很注意对称：

句与句对称，如"急急匆匆，流过村村寨寨；叽叽喳喳，拜访户户家家"（《苍山雪》）；段与段对称，如："雨，轻似烟，怕惊动碧琉璃的江面；山，那么尖，一心要刺破阴沉沉的天"等。

  他注意到全诗格律的统一,但又不拘泥于什么模式,根据诗的需要,他创造了多种样式。正由于这种形式上的讲究,沙白的诗读上去有一种音乐美,朗朗上口,易于记忆。
  我认为,沙白在诗的构思、风格的追求以及其他技巧上,是做了努力,并取得了相应的成就,达到了相当高的水平。近期的作品,比较六十年代来进步更是明显。

  丁芒不愧为与沙白有"同乡、同学、同龄"这三同之谊啊!

  如此认真地来阅读当代著名诗人丁芒论述沙白诗歌的长篇妙文,而且是一边阅读、一边聆听他娓娓道来的生动解析,真的是一种品味崇高的艺术享受啊!

  无论是沙白,还是丁芒,都是长我们一辈的大诗人。
  我从年轻的时候就追随他们,学习他们,数十年下来,依然觉得他们是如此的亲切,他们的诗歌流韵和光芒,以及他们的诗论话语的哲思,依然散发着持久的魅力,激荡着我血脉中奔流不息的丰沛情感。

  一个真正爱诗的人,是要有自己崇拜的诗人偶像的。
  选对了值得崇拜的诗人,来作为自己一生的偶像,不但在诗歌的追求上,能获得取之不尽用之不竭的源泉灌溉与滋补,而且在人生的历练与修养上,也可不断地获得精神的启迪与鼓舞啊!
  仔细读过丁芒老关于沙白诗歌的论述,我更加坚信此道!

第十六章 释怀，五问五答纵论诗

- 在很多人眼里，沙白是个低调谦恭且少言寡语的人
- 我很年轻的时候就结识了沙白师长
  那时的感觉就是这样
- 近些年来，我再去看望，感觉他的话多了起来
- 就是在他少言寡语的年月
  沙白先生只要把他关于诗歌的思考付诸文字
  是颇有些滔滔不绝、涛歌浪舞，并呈现出源远流长之态的
  如若不信，且听他的"五问五答纵论诗"
- 一论：与"未名诗人"论诗
- 二论：与《当代诗歌》主编阿红及其学员、读者论诗
- 三论：仍是那支苇笛（为《扬子江诗刊》创刊而作）
- 四论：答《扬子江诗刊》问
- 五论：答Z·S

  沙白作为中国当代诗坛诗风独特而多样、作品丰饶而斑斓的著名诗人，他一直视读者为最亲近的友人，而且把坚持为读者写作，当作他生命存在的最大价值，也当作他生活乐趣的不绝源泉。与此相对应，从二十世纪五六十年代起，就一直被诗歌界所关注、所研究，被广大读者所喜爱、所追随。

  沙白的诗歌脚步前行不停，诗作精彩纷呈，关注他的目光也自然一直追随不停。

  我们可以简单浏览一下沙白的创作年表。

  他在江苏省南通中学读高中时开始写诗，并在当地《江北日报》副刊《诗歌线》陆续发表，那是1943年。其中《赑屃的叹息》《火的想望》《刀丛诗草》等，收入《中国新文艺大系1937—1949·诗歌》（公木主编）。

  1956年9月，诗集《走向生活》（笔名鲁珉）由上海新文艺出版社出版。

  1979年1月，诗集《杏花春雨江南》由天津百花文艺出版社出版。

1982年修订重印。
1980年2月，诗集《大江东去》由上海文艺出版社出版。
1980年6月，诗集《砾石集》由江苏人民出版社出版。
1983年11月，诗集《南国小夜曲》由黑龙江人民出版社出版。
1995年3月，诗集《沙白抒情短诗选》由中国文学出版社出版。
2002年3月，诗集《独享寂寞》由当代中国出版社出版。
2003年9月，《沙白散文选》由上海文艺出版社出版。
2005年10月，《沙白文集》（四卷本）由江苏文艺出版社出版。
2007年11月，诗集《八十初度》由北京大众文艺出版社出版。
2009年12月，《沙白诗选》由上海文艺出版社出版。
2015年6月，诗集《音尘》由上海文艺出版社出版。

时至2022年，在沙白老98岁的时候，虽然不再亲自动笔，就是采取口述由儿子笔录的形式，他仍在坚持写诗，并时不时地被推介到互联网上发表。

与此同时，还时不时地有文化学者及诗歌研究学者，通过各种途径来打探沙白老的消息，想为他再写一些文字。

数十年来，凡是熟悉沙白的人，或者是偶尔接触他的人，都能明显感受到他的低调、谦恭与寡言的性情。

其实，以我的观察，在与人交往中，言语极少的沙白，一旦进入文字表达的环境，常常是滔滔不绝、涛歌浪舞，呈现出源远流长之态。

他抚今追昔、思连千古，诗情奔涌、沟通中西，其思想的锋芒亦是很犀利、很超拔的。

我曾多次问过他："您几乎游历了全国，参加过无数次天南地北、沿海西域的采风，也多次参加各种规模各种类型的诗歌座谈会，有时还要与年轻的诗歌作者面对面地交流，您都会讲些什么呢？"

沙白先生的每次回答都很简单："我不怎么讲的，我也讲不出什么的。"

沙白用答诗刊编者问的形式，曾经五次比较系统地回答了关于他的写诗生平，也对现代诗坛上的诸多问题，比较系统也极为坦率地谈了他的一己之见。五次回答，有些内容上的重叠，只以第一次回答为准，后面便不再赘述。

一论：与"未名诗人"论诗

第一次回答是《答〈未名诗人〉问》。

《未名诗人》是《诗刊》刊授学院的辅导性杂志，创办于1984年底，每月一期。那是处于改革开放初期的诗歌浪潮风起浪涌的年代，爱诗写诗的青年犹如春潮般席卷中华大地。《诗刊》刊授学院及其《未名诗人》杂志，便应时破土，迎风而生。

这个刊授学院的全名是"全国青年诗歌刊授学院"，校务委员会委员是丁国成、艾青、冯至、李瑛、朱子奇、朱先树、严辰、邹荻帆、邵燕祥、吴家谨、杨金亭、张光年、柯岩、臧克家，这真的是那个年代中国诗歌界的超豪华出场阵容啊！

1984年11月3日下午，刊授学院还特意在北京举行了隆重的开学典礼，将军诗人、《长征组歌》词作者肖华，著名诗人赵朴初写来了热情洋溢的祝贺信。《诗刊》顾问、《诗刊》原主编、刊授学院校务委员严辰致开幕词，并主持了开学仪式。时任中宣部副部长的贺敬之，以及艾青、冯至、李瑛、朱子奇、葛洛等出席并讲话。

贺敬之说："我们正处在一个腾飞的时代，我们的诗歌应该歌唱时代，反映时代的社会生活。诗歌需要培养新人，诗人的培养首先是社会生活，但也要有专门的知识的学习，需要有专门的教育，其中包括刊授教育。"

《著名诗人答问》是这份诗歌创作辅导性刊物打头的重要栏目。
沙白的这篇《答〈未名诗人〉问》，刊登在《未名诗人》1987年第8期上。

让我们仔细回顾一下吧——

问：你是什么时候开始写诗的？你的第一首诗发表在什么刊物上？是什么力量促使你走上了诗歌创作道路？

答：我是1943年读高中二年级时开始写诗的，主要是习作。1946年进入工科大学后辍笔，直至1954年重新开始写诗。其（最初）动力，一是把它看作一种进步活动,为抗战尽一点微力;二是出于爱好。

(作者注:第一个问题和第二个问题,在本书第三章中,已有较为详细的表述,此处只简要记述)

问:你一共出了多少诗集?哪些是代表作?分别写于什么时期?有哪些因素促成它们产生?

答:共出了5本诗集:《走向生活》(用鲁珉的笔名)、《杏花春雨江南》、《大江东去》、《砾石集》和《南国小夜曲》(时间截止于1983年——作者注)。

我自己认为我的代表作是《杏花春雨江南》和《南国小夜曲》中写江南的短诗和小诗,以及《大江东去》中的《大江东去》与《递上一枚雨花石》。除《南国小夜曲》中的江南部分写于1981年外,其余写于1962—1963年(此处沙白先生记忆及文字表述均有误。经我查对考证,他写江南的诗,有些是写于更早一些的1961年。比如收入诗集《杏花春雨江南》中,且传颂至今的《江南人家》中的《水乡行》,就是写作于1961年6月,这是沙白先生自己在诗的末尾加以注释的——作者)。

促成的因素是:

一、写江南的诗是在我当了三年《萌芽》的诗歌编辑,又在江南农村(包括在上海的崇明岛的一年生活——作者注)工作了一年之后所写(沙白先生当年在崇明岛参加的是"整风整社"),生活较为熟悉,艺术上有所追求。

二、《大江东去》等是在我所写一组《江南人家》受到批评后,发愤改写政治抒情诗所写,由于长期受革命教育,对民主革命感受比较深刻,故有一定的革命激情,久蓄而发,便能一气呵成。

问:你读诗多吗?都读些什么人的?哪些是最喜欢的?哪些对你影响最大?除读诗以外,你还对哪些方面的书感兴趣?

答:青少年时代只要能找到的诗集或刊物上的诗,往往都读。停笔之后，古典诗词读得较多。在《萌芽》工作时，由于上海作协有一个书刊较多的资料室，便把"五四"以来的新诗大体阅读了一遍。

古典诗词方面，我比较喜欢王维的诗、秦观的词、王昌龄的绝句、马致远的小令。

新诗喜欢卞之琳与戴望舒。

对翻译诗有一定成见，总认为诗这种高度的语言艺术，一经翻译总要打很大折扣，难以传达原有的诗味，所以读得相对少些。往往先选择译者，后选作者。

除读诗外，对小说、散文、历史等书籍都有兴趣。

问：你写作有什么独特的习惯吗？是怎样形成的？你的创作道路经历过曲折吗？你怎样看待这种曲折反复？你认为成就一个诗人最重要的有哪些方面的因素？最需要警惕哪些问题？

答：二十世纪五六十年代我写诗有个独特的习惯，就是在听无关紧要的报告时写。那时这类报告很多，而我平时写诗的时间又极少。写诗不像写小说，不必长篇大论，别人以为你在记报告的要点，你却在写诗。此时思想比较集中，极少干扰。我较好的短诗绝大部分都是这样写出的，甚至长诗的草稿也是在听报告时写下的。

（上面这段话，应该是沙白先生的自谦吧，也是他的一个小小的玩笑，或者叫作"沙白式幽默"吧——作者）

我们这代作者在创作道路上，不经过曲折反复者，几乎是没有的。我学着写诗不久，就因为缪斯不管饭而去读当时号称"金饭碗"的纺织。没有读完参加工作，却去搞新闻。与诗神一别八载，重新执笔写诗时已近而立之年。开始时，又是写"配合中心任务"的政治诗和"歌颂工人阶级"的工厂诗。经过几年编辑工作，读了大量"五四"以来的诗作，开始摸索自己的道路，写了《江南人家》一类的抒情小诗，却被扣上"脱离阶级斗争"的帽子，不得不改写政治抒情诗。刚写了几首，就逢"文化大革命"。"文革"后再拿起笔，已是半百老人。所以，我们这一辈作者多半实际写作时间很短，而曲折反复很多。曲折的好处是促进思考，推动探索，不容易被一些表面上花花绿绿的东西所迷惑而随潮上下，逐浪浮沉。

因此，我认为对一个诗人来说最重要的，是丰富的想象力和不断探索，最需要警惕的是做浪头上的泡沫，老是赶浪头，总是轻飘飘地浮在水上面，却自称我就是大海。

问：你怎么看待"写诗需要才能"这一命题？才能是先天的还是后天的？要形成自己的风格需要哪些方面的条件？你如何理解"风格是成熟的标志"这一命题？

答：我不太相信写诗需要"天才"，至于才能则是干什么工作都需要的。才能当然主要是后天刻苦学习锻炼的结果，但也不能完全排斥先天的因素。一个先天智力低下的人，当然不能成为一个大诗人，但同时也不能成为一个科学家。写诗需要比较丰富的想象力和对于新事物的敏感，缺少想象力和感觉比较迟钝的人，写诗当然有一定困难，他一旦爱上缪斯，则需要比别人花更多的气力、下更多苦功。

"风格是成熟的标志"，这是理所当然的。但风格是通过作品表现出来的，而不是看你所发表的宣言。一个诗人有了自己的风格，说明他的探索结出了果实（不仅是开花）。

风格的形成在于探索，在于认识自己。作家认识自己（恰如其分地认识）比认识别人、认识客观事物，常常更难。扬长避短，始能形成风格；取长补短，就把风格淹没了。不停地赶浪头，当然与风格无关缘。

问：许多学诗的青年苦于表现不出所想表现出的东西，你在创作中遇到过这种情况吗？你认为问题出在哪里？你怎么看待技巧之于创作的重要性？怎样学习技巧？所谓灵感是怎么回事？

答：我也经常遇到这种情况，不能较好地把自己想要表现的东西表现出来。产生这类情况常常源于以下几点：

一、对想要表现的东西认识尚不深刻、尚未很好地深思熟虑；

二、找不到一个合适的、不同一般的角度；

三、在技巧上尚不成熟。

这种情况下即使硬着头皮写出来，也是夹生的、苦涩的。碰到这种情况,就只能进一步反复思考,并等待"灵感"。

所谓"灵感",我认为只不过是生活、思想、技巧在你头脑中相互撞击而产生的"火花",是多方面的积累在一刹那间突然爆发,虽然是"偶然悟到",但仍有其必然。

画家讲究"心到手到""手心合一",把这种境界作为艺术上高度成熟的标志。这种境界,其实就是把心中所想表现的东西,分毫不差地表现于纸上。写诗也是如此。能很好地表现心中想要表现的东西,需要高度的技巧(包括构思、语言、格律、剪裁等等),因而技巧是忽视不得的。所谓"最高的技巧是无技巧",那是对艺术上已经成熟的"大家"而言的,是技巧已炉火纯青而不再露痕迹。初学写作者如果认为技巧无所谓就错了,那样就将误入歧途。那你就将一辈子"表现不出你想表现的东西"。

技巧来自反复实践。无非是多读、多写、多悟,而悟尤为重要。

二论:与《当代诗歌》主编阿红及其学员、读者论诗

缘起:1930年出生于陕西华阴的阿红(原名王占彪,1952年毕业于南京大学中文系,曾任辽宁省作家协会副主席、《当代诗歌》主编)于1985年夏给沙白写信,同时转了两封信,沙白以他一以贯之的谦逊之态,同时满怀对诗歌作者及其爱好者的一片赤诚,以"小诗:诗味、含蓄、哲理"为题,坦诚地论及短诗、小诗创作中的一些问题,及时予以回复,视为诗者之间的推心置腹的交流,时在1985年9月5日,后被收入《沙白散文选》一书,由上海文艺出版社2003年9月出版。

沙白说:

看到巩丕均同志的来信后,一则以愧,一则以惧。

愧者,他对我所写的一些短诗小诗,颇多溢美之词,而我的诗其实难副;又希望我"为继承国粹,开拓国风,树起小诗的旗号……"这实在是我所不敢担当的。

惧者,我并非写小诗的专家,平时又很少探讨诗歌理论方面的问题,很怕回答这方面的一些问题。特别是您(指阿红)提出希望公开答复，更使我为难，主要怕回答得不在点子上，无益于你们的学员和读者。但是，您与贵刊还是第一次和我打交道，巩丕均同志又提出如此殷切的希望，不能拒绝，请您先行审阅，看看是否有公开发表的价值。

近年来，随着思想解放运动的不断深入，文艺界开始呈现出百花齐放的局面。诗国"国土日窄"的情况开始有所改善，诗人们在艺术形式上多方探索，有些一度受到冷落乃至排斥的形式又开始复兴。抒情小诗的兴起是其一。本来，在我国古典诗词中，就有绝句、小令，即使是律诗也不过八句。唐代传下来的绝句即达万首之多，差不多占了"全唐诗"的五分之一。汉族民歌中"四句头山歌"也占了极大比例。在外国，日本有俳句，印度有泰戈尔的《飞鸟集》《流萤集》，波斯有莪默·伽亚谟的《鲁拜集》，篇篇都是小诗。"五四"前后，新诗创建伊始，不少诗人是从写小诗开始的。试看胡适写于1916年的《蝴蝶》（不知是不是我国的第一首新诗）：

> 两个黄蝴蝶，双双飞上天。
> 不知为什么，一个忽飞还。
> 剩下那一个，孤单怪可怜；
> 也无心上天，天上太孤单。

刘半农写于1923年的《母亲》（1923年8月5日写于巴黎），只有三句：

> 黄昏时孩子们倦着睡着了，
> 后院月光下，静静的水声，
> 是母亲替他们在洗衣裳。

（为了便于读者理解与阅读方便，第二首诗《母亲》是作者补录的）

沈尹默写于1918年的《月夜》也只有四句。

当然冰心的《繁星》《春水》是其中的代表作。她写于1921年的《繁星》自序中说：1919年的冬夜，和弟弟冰仲围炉读泰戈尔的《迷途之鸟》，冰仲跟我说："你不是常说有时思想太零碎了，不容易写成诗篇吗？其实也可以这样收集起来。""从那时起，我有时就记在一个小本子里（冰心语）……"由此可见，她是受泰戈尔的影响才写出《繁星》的。可以说是一种"横向移植",而胡适的《蝴蝶》和沈尹默的《月夜》,则明显受我国绝句的影响,几乎是把古代绝句译成口语。这大约算是"纵的继承"吧。

最近看到一篇题为《小诗短诗辩》的文章(见《星星》1985年第5期,作者叶潮),他给小诗作了一个规定,认为其内容必须属于"瞬间感受",而又带有"哲理性"的才算小诗,其他只能算是短诗。这样的规定是否准确,有无必要,我不知道。作为作者,谁也不会从定义出发写诗。有感而发,谁也不会管这感受是瞬间的还是日积月累的,当然更不会为了要写成一首名副其实的小诗,而硬性添加一个哲理的尾巴。有哲理的"白日依山尽,黄河入海流。欲穷千里目,更上一层楼"固然好,没有哲理的"打起黄莺儿,莫教枝上啼。啼时惊妾梦,不得到辽西",同样流传千古。

当然,按照这篇文章的规定,我写的一些短章大都不能算是小诗,只能算是短诗。因为我受古诗绝句和词曲小令的影响更多,而从泰戈尔和冰心那里学到的却少些。也可以说基本上是一种"纵的继承"而很少"横向移植"。虽然我绝不反对多方面的吸收、借鉴甚至于"横向移植",更无意于单纯地"继承国粹、开拓国风"。

我得承认,我读过的古典诗词及诗话、词话,远远要比"五四"以来的新诗多。而我接触新诗,则在进了高中之后,第一本诗集是卞之琳的《鱼目集》,最为欣赏的也就是他那四句头的《断章》。

二十世纪六十年代初,我写过一些反映江南水乡农村生活的短诗,主要受小令的影响。这种短诗、小诗,其实并非我的创造,而是"五四"时期早就有了的。新诗创建之后,我们的先行者在艺术形式上,是作了多方探索的,"横向移植""纵向继承",不断突破,各辟蹊径,风格多样,异彩纷呈,为新诗的发展打下了一个很好的基础。但开国之后,一条为政治服务、思想性第一、艺术性第二的绳索,抹杀了先行者的探索,使新诗的路子越走越窄。

说起来我写这些短诗、小诗,还是受一位写旧体诗的老先生的启发呢。那位老先生对我说:现在,谁也不用文言去写小说、写散文,在散文的领域里可以说新文学已经战而胜之了;而新诗则不然,旧诗不仅有读者且有作者，有些写新诗的人年纪大了，还转而写旧诗，似乎新诗尚未彻底胜利。他认为，新诗未能夺得最后胜利的原因，一是写不出旧诗的那个"味"来；二是太长太散，记不住也就不易流传；三是有的新诗比旧诗更难懂，读旧诗只是文字上的隔膜，一经注释即可了然，而有的新诗则像谜语，要猜中谜底，则须"众里寻他千百度"……我觉得这位老先生的话虽然不无偏颇，但多少也有一点道理。于是便模仿旧诗绝句写起"京华短句"那样的四句头来，希望写得短一点，集中一点，看看能否有一两首被人们记住。当然我的实验并没有成功。不仅因为它是别人早已试过的并不新的形式，更主要的是始终写不出那个"味"。因此也没有一首被人记住。

含蓄当然也是诗味之一。任何诗都得含蓄，而行数很少的短诗小诗尤其需要。美国作家海明威讲过一句较为形象的话：冰山之所以雄伟，因为它有八分之七藏在水下（大意）。中国古典文论诗论讲求由博返约，也曾说过："至约之中，至博存焉。"小诗本来就是以小见大、缩尺成寸的，它只能写冰山一峰，神龙半爪，留下充分的想象余地，让读者去窥整个冰山，整条神龙，杜甫的《江南逢李龟年》："岐王宅里寻常见，崔九堂前几度闻。正是江南好风景，落花时节又逢君。"写出了经过安史之乱的无限辛酸，"落花时节"四个字，几乎把当时的由治变乱，甚至唐王朝的由盛转衰，都概括进来了，又以形象出之，容量极大。

同样写落日的诗，"白日依山尽，黄河入海流。欲穷千里目，更上一层楼"，则给人以"盛唐气象"，而"向晚意不适，驱车登古原。夕阳无限好，只是近黄昏"，似乎就是象征气数将尽的晚唐。这种读者的感受，有时候是作者写诗时，所没有预料的。这些例子，都可以说明短诗的概括力量，但含蓄又不仅仅在于概括。我国旧诗历来讲究"言有尽而意无穷"，讲究"余味"。这类例子旧诗绝句中几乎随手可拾。前面提到的"打起黄莺儿……"即是，作者没有写丈夫远征不归的离别之情、相思之苦，只写了一个小小的镜头（我认为这可能是世界上最短的叙事诗），许多言语许多情态，都在这个小小的动作之中。古典诗词中写梦的不少，词评家常常推崇李煜的"梦里不知身是客"以及赵佶的"无据，和梦也新来不做"，两位皇帝失国后的凄凉的"梦"，实在比不上这个思妇之梦。这一首与"可怜无定河边骨，犹是春闺梦里人",异曲同工,可谓绝唱。

诗要写得含蓄,有时有个须要信赖读者的问题。老一辈诗人常常说,一首诗,作者只能完成一半,还有一半应由读者去完成。这句话恰恰说中含蓄的奥妙所在。而我们则常常有一种担心,生怕别人不能理解,因而去越俎代庖,把应该由读者去完成的那一半抢过来,把什么都说尽,一泄无余,认为这样才是"意足情满"。结果往往适得其反。把沉在水中的八分之七的冰山全都写尽,冰山的雄伟反而不见了。

然而,含蓄也有个恰如其分的问题,不然又将失之晦涩。写冰山的八分之一,写龙之一鳞半爪,又得启示读者去想象那八分之七在水下的部分,和一鳞半爪之外的龙的神采。没有这种启示,则在诗人与读者之间,形成一种隔膜。一有隔膜,则难共鸣。前面提到的胡适的那一首《蝴蝶》,据说是写新文化运动中,自己的一种孤单情绪,原题为《朋友》。其写作经过是:作者在窗口偶然见到一对黄蝴蝶从树梢飞上来,一会儿一只飞下去了,还有一只飞了一会儿,也慢慢地飞下去,去寻他的伴去了。作者颇有感触,感到一种寂寞难受,就写了这首题为《朋友》的诗,以表达作者的一种孤单心情,(这首诗后改名为《蝴蝶》,读者可以从中感到作者的孤独情绪,但不经作者自己表白,却又无论如何不能想象到这《蝴蝶》)"乃是文学革命这个大运动头上的一只小虫"(废名语)。这类诗是须要有人来作一番注释的。同时出现的有前面提到的沈尹默的《月夜》:

> 霜风呼呼的吹着,
> 月光明明的照着。
> 我和一株顶高的树排立着,
> 却没有靠着。

却给人含蓄之美而又无隔膜。1918年《新青年》第一号上,第一次出现新诗,这首《月夜》便是其中之一。诗中似乎和"打起黄莺儿"那样只写个小小的镜头,这镜头可能是实有其事或者是虚构的,读者都不必去管它。而最后二句,特别是最后一句,却留给人充分想象余地。说是作者一种独立人格的表白也好,说是不媚也好,说是孤高也好，甚至说是当时的一种反封建的精神也未尝不可。总之，作者留下诗的另外一半，让读者去完成，并且给予了一定的启示。

沈尹默原来是写旧诗的，"五四"时写了一段时期新诗，后来又写旧诗、搞书法去了，他一生多次和一棵又一棵高树并排，却没有靠着。一首诗竟然是一个人一生的写照！

一首短诗含有哲理，可以增加容量，给人启迪，耐人寻味。但又似乎不一定含有哲理的都是好诗，有时仅有哲理是不够的，甚至用"形象化的语言来表达"也不一定就行，试将王之涣的《登鹳雀楼》去掉前两句（仅存："欲穷千里目，更上一层楼"）看看，那只不过是格言而已，诗却不见了。没有情绪，没有韵味，没有形象，没有文采，即使有再深奥的哲理，也只是"质木无文"罢了。

这一类的小诗其实是不少的。而相反，没有什么很深的哲理，写一情一景一物一事而又含蓄蕴藉的好诗倒是不少。这是因为生活中的美，并不一定都要上升为一种生活经验的总结（哲理），才能影响读者产生共鸣。发现它，才是最为重要的。其实，含蓄也和哲理一样，并不是一首好的短诗、小诗唯一必备的要素。诗的美是多样的，含蓄只是其中之一罢了。

写好一首小诗或短诗并不容易，即使三行四行也罢。唐代的苦吟诗人贾岛曾有"两句三年得，一吟双泪流"的诗句，虽是夸大，也多少道出了其中苦况。由这位苦吟诗人，不禁想起华君武的一幅题为《苦吟诗人领稿费》的漫画，画上题有"每行五角，四行两元"的文字。若将贾岛这两句诗加上，也许更能说明问题。目前我们的稿费制度和某些偏见，往往助长"长风"，这大约也是好的小诗不多的原因之一吧。

信手写来，拉拉杂杂，答非所问，请于斧正。

三论：仍是那支苇笛（为《扬子江诗刊》创刊而作）

1999年，江苏《扬子江诗刊》创刊。沙白应执行主编黄东成之约，为创刊号写了一篇短文，题目是"仍是那支苇笛"，实际上这是一篇很好的诗论。

2002年3月，沙白的诗集《独享寂寞》由当代中国出版社出版，他把这篇短文作为这部诗集的"代序"。

沙白如是说：

前些年我写过一首小诗《苇笛》（发表于《星星》）：

儿时被芦苇割破手指
母亲为我卷一支苇笛

长大羡慕别人的尺八
偷偷向竹管去寻韵律

也曾钟情于一支号角
梦想着与飙风同呼吸

老来细看自己的掌中，
仍是那支喑哑的苇笛

虽然喑哑，依然珍惜
有母亲的爱，自己的血

这首诗可以说是我写诗的"雕虫纪历"。

（沙白极为崇拜的卞之琳先生，1979年9月由人民文学出版社出版的一本诗集，名为《雕虫纪历》（1930—1958）——作者注）

在读高中二年级以前，我对文学没有多少兴趣，读到的文学作品极少。我读书的（江苏省南通）中学，是在抗日战争时的沦陷区。当时一些进步同学用文艺作品，来对只知用功读书的学生"做工作"，我也是他们的对象之一，这才读一些文艺书籍。我读到的第一本诗集是卞之琳的《鱼目集》（1935年12月上海文化生活出版社出版），这便是我在《苇笛》中所说的"长大羡慕别人的尺八"（《鱼目集》中有一首《尺八》，在我所在的小城中风靡一时），我是从学习卞之琳（的诗集后）开始试着写诗的。

但是，我既无卞之琳那样的外国文学修养，所处的时代也大不相同,写不出卞之琳那样的诗来。只能根据自己的生活感受,写出《鼷鼠的叹息》,当时沦陷区在敌人铁蹄之下,灾难深重,龙生九子,其一为鼷鼠,它只能在现实与历史的重压下无奈地"叹息"。

以后读艾青、臧克家、田间,以至解放后读郭(小川)、贺(敬之),"也曾钟情于一支号角",所以一度写出过《大江东去》《递上一枚雨花石》等。然而五十多年过去,细细想来,手中仍然只是一支生活母亲给与的"苇笛",写那些生活中感受到的东西,从江南水乡到童年一道失落的那只"蟋蟀"。

去年,有家刊物询问有关新诗的想法,(我)答之以诗,题目《路》:

> 内环路、外环路
> 终点也是起点
> 南京路、长安街
> 人头攒动,常常失掉自己
> 丝绸之路上黄沙漫漫
> 黄金之路上林海苍苍
> 古道上马蹄得得
> 走的是前贤先哲
> 新路上旗帜飘飘
> 扛旗的是当代英豪
> 你走你的阳关道
> 我走我的独木桥
> 在欺世与趋时之外
> 寻一条崎岖小道

这大概就是我的主张,从自身生活体验出发,既不用谁也读不懂的东西去欺世,也不趋时去迎合潮流追求轰动效应。

四论:答《扬子江诗刊》问

这篇诗论后来又被收录于2005年10月由江苏文艺出版社出版的《沙白文

集·第四卷》。

一问：您如何看待当前中国诗坛现状，前景乐观还是悲观？

答：作为从五十年代走过来的诗歌作者，比之当年，诗歌至少有了两点进步：第一，诗歌摆脱了作为政治附庸的地位，具有了自己的独立品格。

第二，在创作方法上，不再定于一尊，需要按照革命的现实主义与革命浪漫主义相结合的创作方法进行创作。有此两点，诗歌便可以按照自己的艺术规律运行与发展。

二问：您认为写诗距生活近一点好，还是远一点好？

答：对于"生活"应该理解得宽一点，大凡外在世界（自然与社会）和内在世界，都可以归入生活的范畴，它是一切文学艺术的唯一源泉。

三问：您认为您的诗是来自生活吗？写诗要不要生活体验？

答：所谓"来自生活"，是指对生活的感受和体验，而非直接摹写生活，更非单纯摹写劳动人民的劳动生活。在五六十年代，我便有过类似狭隘的理解，当年的诗今日回头看来，不是类似新闻，近于宣传，便是近似速写，缺乏诗美。没有感受与体验，往往停留于表象，抓不到生活中的诗意。苏轼有诗云："横看成岭侧成峰，远近高低各不同。不识庐山真面目，只缘身在此山中。"生活这东西有时也有点像庐山，远看近看，横看竖看，各具不同形态。身在生活中，并不一定识得它的"真面目"，要抓到它的诗意美，得"独具慧眼"，去感受去体味。"采菊东篱下，悠然见南山"，似近而实远；"大江流日夜，客心悲未央"，似远而实近，各得其妙。

四问：您认为诗应不应该走向读者？诗歌刊物如何才能走向读者？

答：前几年我写过一首小诗：

>   幽囚自己
>   于一个窄小圆圈
>   然后学会埋怨
>   盼望一柄折扇
>   扇起一阵风
>   吹开远处的窗棂
>   八万里烟云之外
>   传来一声
>   意在高山……

　　这首诗，便是针对诗坛的某种"自我禁锢"的现象而写的。
　　诗人写诗，可以是自己心灵的倾诉，但总期盼找到一个真正的知音。即使仅仅一个钟子期也好。俞伯牙不是"钟子期死，终生不复鼓琴"吗？没有一个知音是一件很悲哀的事。能有知音总是快事。我总觉得，诗人宜乎把圈子划得大一些为好，不要总寄托希望于"八万里烟云之外"为好。至于刊物，就只能圈子越大越好，但又不失去自己的风格。

五问：您如何看待诗歌的懂与不懂问题？

　　答：关于懂与不懂的问题，我有个小小的体会。去年买了一部钱谦益的《有学集》，其中诗作都是他入清后所写。因用典过多，虽有笺注，也颇难啃。特别诗中寄意所在，颇费猜测。近日借得一部陈寅恪的《柳如是别传》，第三册中不少涉及《有学集》中的诗作，经过陈的考据，理出钱诗的历史背景，便有豁然开朗之感。原来诗中不仅写到他的"故国之思"，且有涉及其"复明活动"的内容。这些都是在清廷的专制之下，在文字狱的阴影之下，不得不以"曲笔"以"隐讳之词"。因此，懂与不懂，有作者的问题，也有读者的原因，不能一概而论。当然，时下某些故作高深、内容空泛，以晦涩难解的字句来欺诳读者的诗不在此列。

六问：您认为诗与非诗的界限是什么？

　　答：诗美。真正的诗是内容上的诗意与形式上的诗美的结合。其切入点是语言。它不仅需要准确表现出诗的意蕴所在，而且要力求形象、精练，有较强张力，留有想象空间，并有一定的节奏韵律，有别于散文的语言。

七问：您对《扬子江诗刊》的创意及定位有何看法？

答：一本刊物的定位和风格，主要在所发诗歌。《盛世民谣》《诗人传奇》等栏目，可以丰富刊物内容，吸引一部分读者。就诗论事，《扬子江》风格的形成，尚需一段时日。目前诗歌作者多系自由撰稿，自由投稿者往往"看刊物的眼色行事"。刊物多发高质量的作品，来稿质量也会跟着提高，"人往高处走"嘛。多发平庸之作，好作品就会流到别处去了。刊物间的竞争往往如此。办成一份独具风格的刊物，常常在于发掘到新人的力作，靠它来树起刊物形象，以此来吸引更多的高质量的作品，刊物便会生气勃勃。门，不妨开得大点；质量，则要求高些。

八问：您对当前的诗歌评论如何评论？

答：我很少看当前的诗歌评论，倒爱读古代的诗话。不太喜欢有人站在制高点上，手拿指挥棒乱舞。古代诗话，从文字到形式都让人感到亲切。

九问：您认为未来中国新诗的走向应该是什么样？

答：将来新诗发展什么样，似乎很难预测。总之按照诗歌自身的规律发展，不脱离中国的实际和深厚的诗歌传统，总会流成万里长江的。新诗才八十年，现阶段只有通天河，其后将是湍急的金沙江，然后会合岷江，流经夔门……三峡的曲折想来也是不可避免的。它总会流成扬子江，然后奔向大海的。

十问：请您对青年诗爱（好）者及"扬子江之友"说几句话。

答：对于诗爱（好）者的希望，借用王国维所引的三句词：
"衣带渐宽终不悔，为伊消得人憔悴"，
"独上高楼，望断天涯路"，

"蓦然回首,那人却在灯火阑珊处"。

他指的是做学问的三种境界,用于对待诗的追求,也未尝不可。

(注:以上"十问"的数字,是为了读起来清晰一些,笔者加上去的。非原文所有)

五论:沙白答Z·S

这篇答编者问,沙白从自己的诗歌生平,谈及自己的诗歌观。沙白十分重视这篇诗论。为此,曾将该文作为附录,分别刊载于沙白诗集《八十初度》(大众文艺出版社2007年11月出版);又曾刊载于《沙白诗选》(上海文艺出版社2009年12月出版)。

此文提出的一些问题,与本书若干章节的记述,多有交叉重复,凡是遇到此类情况,会有从略。

一、您写诗很早,但文学界的人,除了读过您的诗外,对您了解很少,原因之一,是大家都说您比较低调,一向很少参与外界活动。关于您上大学前的事情了解更少,能谈谈您上大学之前的经历吗?

(沙白所答内容在第一章和第二章中已有较为详细的记述,此处略——笔者注)

二、您很早写诗,为什么上大学念的工科,放弃了写作?您好像说过,中学时感兴趣的是数学,有没有想过做一名数学家?诗人与数学家之间有什么相似之处?

答:中学时学习写诗,完全出于个人爱好,从兴趣出发,从未想去做一个诗人。在那个年代,饭碗是第一位的,靠写诗,写文章是吃不上饭,因此读了南通学院的纺织工程。当时,纺织厂是金饭碗。南通学院的纺织工程在全国纺织界占了半壁江山,希望毕业后能捧到一只金饭碗。但仍未完全放弃对诗歌的爱好,偶尔也读诗写诗。工科功课繁重,只能假期中偶一为之。

读中学时喜欢数学，也是从兴趣出发，从未想去当数学家。数学虽数逻辑思维，但与写诗仍有某些共同处。一是解一道数学题与写好一首诗，同样给人一种探索的乐趣；二是写诗与数学同样需丰富的想象力；三是诗歌需要精练，数学需要简化。高中时一次数学竞赛，因为我没有搞好简化，没有得到第一名，第一名由后来成为中国工程院院士的比我低一级的同学获得。在我们学校，倒是出了一个数学家——杨乐。他和我是同一个数学老师，只是他比我晚了十年。诗人与数学家都需要想象力，但一个偏重形象思维，一个偏重逻辑思维。我的诗写不好，有时就是逻辑思维多了。

三、您1949年参加工作后，从事过新闻、工业、宣传等多项工作，您能讲讲这段生活经历吗？这段生活经历对诗歌写作有什么影响？这段时间还坚持写诗吗？

答：当年（我所就读的）南通学院的高年级在上海上课。寒假回家后，恰逢淮海战役我军取得胜利，长江以北处于我军控制之下，国民党军队退守江南，隔江对峙。南通解放，我便在（原）地下党（的同志）介绍下参加了工作，进了《江海报》社，先搞副刊，后搞地方新闻。一年后报纸因"精简"停刊，调到（南通人民）广播电台。1953年又调到江苏省（人民广播）台。到南京不久，当时要求"技术人员归队"，又调到上海一家纺织厂（即上棉八厂）党委搞秘书和宣传，基本仍是文字工作。新闻工作要求文字准确鲜明简洁。对增强文字表现力有一些帮助。但一切从政治出发，束缚思想，对诗歌创作不利。

四、您1958年进《萌芽》做诗歌编辑，是在什么情况下加入的？对以后诗歌创作有什么影响？

答：当时《萌芽》是全国仅有的青年文艺刊物，发行量最高时达二十万，每天来稿量很大，仅诗歌便有四百篇左右，因而上海作协决定从工厂基层调进人员来"掺沙子"。我因出了一本反映工人生活的小册子，被他们选中。

《萌芽》是青年文学刊物，以文艺青年为读者对象，作者也以年轻人为主。陆文夫的成名作《小巷深处》，便是在《萌芽》发的。1958年上海成立第一个人民公社，把《萌芽》赶到这个公社去办刊物，打个电话得走三四里路到镇上的邮电所去打，来稿迅速下降，发行量也降了下来，去了半年不得不迁回市区。但上海作协有一藏书丰富的资料室，给了我一个读书和补修的机会。老诗人沙金是负责审阅诗歌稿件的编委，审阅认真，在语言文字上给过我不少帮助。同组有写儿童诗的于之（后来是组长），海军出身的宁宇（写海军和工厂诗），经常交流切磋，相互促进。但大家同为一条"为政治服务"的绳索束缚而不自知。当时上海诗坛权威是"马派"诗人芦芒，推崇马雅可夫斯基（当时的苏联红色诗人）提倡的诗歌应是"炸弹与旗帜"，我亦受其影响，写了一些标语口号式的东西。1960年秋，《萌芽》因纸张紧张停刊，我到上海郊区（崇明岛——作者注）搞了一年："整风整社"后，（1962年初）调回江苏（回到了家乡南通——作者注）。

五、《水乡行》一诗脍炙人口，能讲讲这首诗的创作缘起吗？

（沙白所答在第八章中已有详尽表述，此处回答从略）

六、您诗中最常用的意象有哪些？像早期的杏花春雨、后期的苍茫中独立的树这一类，是常用的吗？您还能概括一下其他的意象吗？不同创作阶段的不同中心意象的出现，是否反映了您的个人体验、对人生况味的体悟？

答：早期写诗主要用传统手法，白描、直打较多，最多也只是传统中的隐喻和象征，意象运用较少。杏花春雨，只是因为所写多为江南风格。写水倒是不少，如《水乡行》《大江东去》，以至散文诗人、同乡耿林莽写了一首赠我的诗，题作《水的诱惑》，我不少诗由于"水的诱惑"写成。但以"水"作意象的仅一首《似水流年》：

　　　　虎跳峡没有经过
　　　　吼不出一声雷山岳战抖
　　　　昭君滩没有经过
　　　　流不出香溪水的明净温柔
　　　　乱石丛中挤出一条路
　　　　步步坎坷……

以作茧自缚的蚕和蛰伏地下的幼蝉作为意象的，倒写过一些，如《代沟》《蝴蝶》《缫丝工的咏叹调》《蝉》《暮蝉》等等。

"苍茫"是近年用得较多的意象，八十多岁，已是人生暮年，暮色苍茫，是老年人的自然心态。更何况"世事苍茫风吹雨"。这个世界有许多让人弄不明白的事，有许多未知数，面对环境、战争、核武、人欲膨胀……总让人有如在"雾"中，产生苍茫之感。去年报上一则消息，《时间简史》的作者、大科学家、号称世界上最聪明的人史蒂芬·霍金，向人们提出一个问题，一百年后这世界是什么样子。他自己也无法回答。

（我）读后写了一首《二十世纪最后的落日》，其中写道：

> 残晖在远树枝头跳了一跳
> 无助地渐次暗淡
> 一种无遮无拦的苍茫
> 笼罩田野充天塞地
> 谁知苍茫中走动的
> 是归人还是一只黑豹……

七、您经常读诗吗？最喜欢哪些？哪些诗人或诗作对您影响最大？您曾说过对翻译诗有些成见，读得相对少些，一般会先选择译者再选作者，为什么？

答：年轻时差不多见诗必读。年老了读得少了，只是翻翻看看，选些有兴趣的，认为有新意的认真读一遍。古典诗词中喜欢王维、辛弃疾；近年则陶潜。新诗中喜欢卞之琳、戴望舒、早年的何其芳。过于散文化的不喜欢。散文入诗，一方面扩大了天地，也产生了一些负面影响，让新诗越写越滥。

对于"译诗"，总感诗是一种很难翻译的文体。中国人把旧诗译作新诗也很难译好，更不论不同语种了。看译诗，我常先看译者是否也是诗人，如仅是翻译家，译好一首诗怕太难了。

八、每个诗人都有自己的风格，但风格的形成不是容易的事情，很多诗人都经历了长时间的摸索之后，才找到自己的风格，请问您觉得风格的形成，需

要哪些方面的条件？如何理解"风格是成熟的标志"？

答：我迄今还没有形成自己的风格，因而远未成熟，所以充其量也只是个三四流之间的诗人。

早年学王维，追求清新淡雅。后来想把古典诗歌中的绝句移入新诗，写了许多四行诗、六行诗。又受艾青、贺（敬之）、郭（小川）影响，写抒情长诗。我写过一首小诗《苇笛》，是我写诗的"雕虫纪历"。此处（《苇笛》诗中有"母亲"一词，下同）的母亲是指生活。"尺八"是下之琳的一首诗题，"号角"是艾青的诗题。如果说我有什么特点的话，即受古典诗歌影响较深，讲求锤字炼句，讲求意境，力求有自己的发现，不甘平庸，但没有真正做到。

九、有人说"诗歌是关于想象力的特殊知识"，你同意这样的观点吗？

答："诗歌是关于想象力的特殊知识"，我还是第一次听到，我觉得有一定道理。但我不是研究诗歌理论的，是否完全准确，我不知道。想象力绝对是诗歌的重要组成部分，一个诗人是否具有才气，主要（不是全部）就是看他想象力是否丰富。想象力是创造力的重要组成部分,而创造力是作家和作品的根本。古人形容一些平庸的诗人为"诗思不超过二百里"，便是指想象力贫乏。但想象力必须与诗的感觉、文字的表现力相结合，才是诗人独具的想象力；想象力又必须有个基础，即"识"与"学"，古人所谓"读万卷书，行万里路"。想象力是一种"腾飞"，必须以大地作为起飞点，否则就是断线风筝。

十、你是"中坤杯·首届艾青诗歌奖" 得主，讲一讲获奖原因好吗？颁奖词和答谢词如何？

答：（颁奖词和答谢词在第二十一章《心曲，独享寂寞诗有声》中详细记述，此处不赘。诚如沙白所言："获奖原因已在颁奖词中说了。"——笔者注）。

第十七章　忘情，诗酒自当趁年华

- "水明楼"牌白蒲黄酒，是沙白先生家乡的酒，他一直喜欢喝的
- 沙白先生喜欢喝酒，但酒量应该不大
- 作为沙白先生的弟子，我却从没有与他喝过酒，此乃一大憾事
- 沙白先生醉过一次酒，他说那还是少年的时候
  详情他不肯说，也就不得而知
- 曾有人撰写过《沙白醉酒》的文章，在诗歌圈传播
  为此，沙白曾戏说：我便十分荣幸地继"太白醉酒""贵妃醉酒"之后，成为二十世纪八十年代"醉酒"的主角
- 沙白先生有一篇关于醉酒的文章，洋洋洒洒四个章节，值得一读

　　我作为沙白的弟子，与先生相遇相交五十余载，诚心诚意地拜在他的门下，曾与先生在阳光下、月光下、灯光下，促膝谈诗，这无论是对于我习诗路上的逐年长进，还是对于我人生态度的阳光成长，都可谓受益匪浅，终身受益。

　　但是，我与沙白先生的亲密关系，也是有遗憾的，而且是终生憾事，最主要的一件事，就是我从来没有与沙白先生一起喝过酒。是的，一次都没有。机会应该是有的，而且很多。但是，他绝对不喜欢外出喝酒应酬。所以，我也就真的不知道他的酒量。

　　但是，有一点是肯定的，就是他喜欢酒，而且也有一些酒量，尤其是喜欢喝他家乡如皋白蒲的"水明楼"黄酒。这个酒是老字号，品种很多，口感特好。我自从年轻的时候来到南通工作，就经常喝这种酒。而我每次去他家拜年或者去祝贺他的生日，给他送去的，都是他家乡的这个"水明楼"黄酒。

　　而沙白先生，居然还回赠酒给我，而且也是"水明楼"黄酒。只是年限不一样，包装不一样。我不肯收，他说是家乡的亲戚送过来的，有好几箱呢，我只好恭敬不如从命。还有一年春节前，我去给他老人家拜年，几样礼品中，照样有一小箱"水明楼"黄酒。他笑着对我说："今年你来得早，我老家的亲戚还没送酒来呢！"结果到了第二天上午，他的小儿子，也是我要好的文友李晓白打电话给我，说沙白先生嘱咐他一定送点家乡黄酒给我品尝。我回绝了半天，李晓白说"父命不可违"，于是，他便冒着漫天大雪，骑着电瓶车，把一箱

"水明楼"黄酒送了过来,我感动得不知如何好。

弟子给老师送礼,包括送点酒,自古成习,天经地义;而老师反过来给弟子送酒,我只能理解为是三生有幸了。

沙白先生故乡的白蒲黄酒,是江苏省如皋市特产。白蒲黄酒用大米为原料,用曲和酒母为糖化发酵剂,酿制而成。酒精度一般在11-20度之间,酒性柔和,有助于温脾健胃、疏肝理气、舒筋活血,促进新陈代谢。

此酒1993年获得东京第五届国际酒饮品博览会金奖。中国发酵工业科学研究所所长秦含章曾写诗盛赞白蒲黄酒:

蒲黄玉液裹长寿,长寿家乡饮蒲黄。
佳节重阳多敬老,如皋圆月独辉煌。
曲蘗工程缵左仙,如皋一绝誉满天。
黄花醉酒东篱下,白发寿翁乐心田。

白蒲黄酒具有传统性的地方特色,完善了澄、香、醇、柔、绵、爽的综合风格,色泽鲜黄、澄清透明、香味浓郁、醇和爽口、酒体丰满,是一种四季饮用酒。

如皋白蒲黄酒冠以"水明楼"之名,其深厚的文化背景如下:

如皋城内有个"水绘园",是清初名仕冒辟疆与才女董小宛隐居之地。其中建于洗钵池上的残月水明楼和雨香庵最有名。才子佳人的居处,自然少不了吟诗作词,酒饮歌升。此处胜地至今保存完好,游人如织。

白蒲黄酒的商标就用了充满诗情画意的"水明楼"的图像。

在诗人沙白的故乡如皋白蒲一带,有个奇特说法,把天上放的"风筝"都称作"酒望子"。酒望子又名酒旗,酒帘。这种称谓可追溯到北宋年间。孟元老在《东京梦华录·中秋》中云:"至午未间,家家无酒,拽望子。"可见当年中秋节时,酒是何等的畅销,不到中午,家家酒店就把酒卖光了,只好"拽酒望子"。

因此,酒望子是酒家的特有标志,那它怎么和风筝联系在一起呢?原来以前如皋一带的酒店的市招是以风筝为号的,比谁的酒旗高,能望得远。时下,这样古老的酒家自然已不复存在了,但风筝还在,还是那个"酒望子",给人们一个永远的回想。

沙白先生就是这样常常怀想他的酒乡情景的吧!

沙白先生喜欢喝点酒,肯定与他家乡源远流长的白蒲黄酒有关。

第十七章 忘情，诗酒自当趁年华

自古以来，诗酒一家。喜欢喝点酒的沙白先生，自然也就写了一些关于饮酒的诗歌与文章。这些诗歌与文章，每次读来，都让人趣味横生，诗意盎然。加上先生学贯古今，纵论诗酒，就更能引人穿越历史风云，思绪畅快飞扬了。

东坡先生在《望江南·超然台作》一词中，有一名句"诗酒趁年华"。

沙白先生作为东坡先生的崇拜者，自然也有自己的"诗酒趁年华"。也肯定在饮那舒心的家乡酒时，有过多次"把酒临风，其喜洋洋者矣"的情状的！

再次惋惜！我没有与沙白老一起举过杯，没有向他老人家敬过酒。

为了弥补这一大遗憾，还是再来欣赏一下沙白老的一首题为《家乡酒》的诗吧——

家 乡 酒

家乡的水
家乡的米
被家乡酒醉倒
不是因为酒中的酒精

稻谷和野菊花
混合的清香
常常醺醉天上云朵
一举杯，家乡泥土的气息
直扑鼻尖，未饮先醉

沾在窗玻璃上的一片
杏花花瓣如一个笑靥
要忘却终难忘却
忽而酒杯中一闪

一条小河流经门前
水漂在水面载漂载沉
童年是沉在水底的瓦片
忽而从杯底浮出水面

蜷缩在梦的一角的家乡

> 一碰杯间陡地突现
> 儿时赤脚光腚的伙伴
> 从田埂那头冲我走来

沙白先生心里自然明白"被家乡酒醉倒/不是因为酒中的酒精",于是乎,仿佛是铺天盖地一般:"稻谷和野菊花混合的清香/常常醺醉天上云朵/一举杯,家乡泥土的气息/直扑鼻尖,未饮先醉。"更加意味无穷的是诗的下一节:"沾在窗玻璃上的一片/杏花花瓣如一个笑靥/要忘却终难忘却/忽而酒杯中一闪。"沙白先生突然将"窗玻璃""杏花花瓣"和"笑靥"这三个意象,极为巧妙地串联组合在了一起,完成了另一种情境的惟妙惟肖的精神还乡:只一句"杏花花瓣如一个笑靥",便让人进入醉酒状态,沙白先生多年以前离开家乡,去了江南,写出了一系列的《杏花春雨江南》,却原来那朵杏花,是先开在自己家乡的呀!

饮酒之乐,尤其是饮家乡酒之乐,莫过于借酒怀乡、借酒回乡吧:"一条小河流经门前/水漂在水面载漂载沉/童年是沉在水底的瓦片/忽而从杯底浮出水面。"这里,沙白先生的童年,也"忽而从杯底浮出水面"了。于是乎,原本"蜷缩在梦的一角的家乡/一碰杯间陡地突现"了,"儿时赤脚光腚的伙伴/从田埂那头冲我走来"了,沙白先生所有美好的童年记忆,随着一杯家乡酒,而一起全部复活啦!

沙白先生还有另外一首《乡愁》诗呢!我们把这首《乡愁》与《家乡酒》连在一起品读品味,该是一种多么令人沉醉的感受啊!

这种难得的沉醉的感受,我们怎么能够轻易放过啊——

乡 愁

> 一步跨出
> 跨出便是天遥地隔
> 跨出一步
> 一步便是半个世纪
>
> 半个世纪,故乡
> 蜷缩在梦的一角

第十七章 忘情,诗酒自当趁年华

> 北窗口那树红杏还在吗
> 被风雨粘在窗玻璃上的一瓣
> 记忆里依旧鲜艳
> 如一个笑靥

正是在这首《乡愁》诗中,诗人沙白"蜷缩在梦的一角"的半个世纪的故乡,再次复活啦!诗人又一次发问:"北窗口那树红杏还在吗?"其实,无论是那开在童年的"杏花",还是"北窗口那树红杏",都还在的呀!包括"被风雨粘在窗玻璃上的一瓣",也,还在的呀!在哪里呢?在他的诗里呀!因为在诗人沙白的"记忆里依旧鲜艳/如一个笑靥"呢!

无论是《家乡酒》,还是《乡愁》,这两首诗中都一再提到杏花花瓣"如一个笑靥",和"北窗口那树红杏",真的是意味深长啊!

好了,在品读过沙白先生的《家乡酒》和《乡愁》这两首诗之后,我们且听沙白先生讲述他的《话说醉酒》的故事吧。此文写作于他的"诗酒趁年华"时代呢,或者说是他的"诗酒好年华"吧。

在他的这一散文佳作中,他首先生动有趣、神采飞扬地讲起了《酒徒与儒生》的故事。这些年来,随着不断研习先生的散文佳作,我越来越感觉到沙白先生是很会讲故事的。且听他讲《酒徒与儒生》的故事——

> 几年前的一个秋天,我去淮阴参加了一次"酒乡行诗会",参观了洋河、高沟等酒厂。主人好客,拿出他们的名酒劝客,我也喝了几杯。后来不久,某杂志出现了一篇题为《沙白醉酒》的文章。于是,我便十分荣幸地继"太白醉酒""贵妃醉酒"之后,成为二十世纪八十年代"醉酒"的主角。其实,我既非"一饮三百杯"的酒仙,更不是"朝阳殿上第一人"的贵妃娘娘,在严辰、绿原等前辈在座,高加索、赵恺等群贤毕集的盛会上,我又何尝敢醉!虽然奉命即席赋诗时胡诌过什么"美人泉边醉流云"之类,不过是夸大其词的文人积习罢了。
>
> 写了这些,并不是想要辩诬,因为那篇文章全无恶意。而且,即使把我写成酒徒,我也并无反感,虽然我平生仅醉过一次。这倒不是我有过人的酒量,而是那次吃足了苦头,以后便再也不敢醉了。

酒徒，其实要比书生光彩。有史可证：楚汉相争时，年过花甲的郦食其要谒见刘邦，刘邦几次三番不许他进门，斥道："我正争天下，哪有空闲见儒生！"直至郦食其大叫："我是高阳酒徒，哪是什么儒生？"方始得见。可见，酒徒高于儒生多矣。

儒生者，知识分子也。我国古代既有焚书坑儒的秦始皇，又有蔑视儒生的汉高祖，可见中国之轻视知识分子，比"万般皆下品，惟有读书高"源远流长。而且又是出诸开国圣主之口，影响深远。难怪两千年后，世界进入高科技时代，而中国却出现了"读书无用论"、"臭老九""白卷英雄"，以及"造原子弹的不如卖茶叶蛋的"等等。

呜呼，"百无一用是书生""宁为百夫长，不为一书生"！由来远矣！我们的酒仙不是老早就说过"古来圣贤皆寂寞，惟有饮者留其名"吗？圣者贤者到头来还不如饮者（酒徒），何况等而下之的小小知识分子呢？

以上议论，不要以为是沙白先生沉入历史的思考太深太久了，这些都是曾经给我们民族带来巨大伤害，也影响了我们民族发展的客观存在啊！
前事不忘，后事之师！
接下来，沙白先生又开始讲述他的《诗与酒》的故事啦！
这个故事才是沙白先生发自内心、最有兴味、讲起来也最为畅快淋漓的故事。
因为这是我们民族的文化传统。

诗 与 酒

把诗会放在酒乡，实在是个好主意。
中国的诗，很早与酒结下不解之缘。

酒的发明者众说纷纭，或曰杜康，或曰仪狄。仪狄是大禹的臣民；杜康即少康，是禹的子孙。总之，均在公元前二十世纪左右的夏朝。酒在中华，已有四千年历史。

中国的第一部诗歌总集《诗经》，就有好几处歌颂饮酒的。国君宴会群臣宾客则曰"我有旨酒，以燕乐嘉宾之心"（《鹿鸣》）；贵族宴会亲友则曰"伐木许许，酾酒有藇（yù，酒甘美之意）"（《伐木》）；宴会宾客则曰："君之有酒，嘉宾式燕以乐"（《南有嘉鱼》）……古时宴会都是少不了酒的，这些诗即祝酒歌是也。更妙的还有"淮北有斗，不可以挹酒浆"（《大东》），说天上的北斗星座，其形如斗，但不能用来舀酒喝，借以讽刺高踞百姓之上的统治者。

也有写到"醉"的："彼黍离离，彼稷之穗。行迈靡靡，中心如醉……"这是诗经名篇《黍离》中的一节。《黍离》是写周幽王无道，西周灭亡，镐京宗庙宫室被毁，长了庄稼，目睹此景，感慨无限。这里的"醉"，是醉后的一种极其难受的感觉，并非我们平常醉后的那种飘飘然其乐陶陶之醉。

我国的第一位著名诗人屈原，大约是不喝酒的，不然他怎能"众人皆醉我独醒"呢！然而他的诗中仍然离不开酒。"蕙肴蒸兮兰藉，奠桂酒兮椒浆"（《东皇太一》），他得用香料调制的酒去祭祀天帝。可见连这位"独醒者"也不能与酒脱钩。

到了西汉，则有专门为酒宴而创作的乐曲歌词——《将进酒》或《惜樽空》。李白写饮酒的名诗《将进酒》，便是沿用的这一乐府诗题。到了魏晋，文人中掀起了一个饮酒的高潮，诗与酒结合得更加紧密了。建安文学第一人曹操，首先唱道："对酒当歌，人生几何。""何以解忧，唯有杜康。"其后文人中大名鼎鼎的酒徒辈出。四岁就知道让梨的孔圣后人孔融标榜自家："座上客常满，樽中酒不空。"竹林七贤，其思想情操并不一致，把他们结合在一起的便是老酒，所谓"竹林之游"，不过到黄氏酒垆去喝酒罢了。刘伶、阮籍又是其中的顶儿尖儿。刘伶常常乘一辆鹿车，满载老酒出游，并叫一个仆人扛一把大锸跟在后面，嘱咐道："死便埋我。"妻子叫他戒酒，他说："可以，但我不能自禁，必须祭神立誓才行。"妻子备酒肉祭神，他对神说道："天生刘伶，以酒为名，一饮一斛，五斗解酲。妇儿之言，慎不可听！"大啖大饮，颓然复醉。对于这样死乞白赖的酒徒，刘夫人也只得徒唤奈何了。

"李白斗酒诗百篇"，似乎李白的诗都是喝出来的。其实，醉后赋诗,并非他的首创。他是从陶潜那儿学来的。陶诗中有《饮酒二十首》,前有小序:"余闲居寡欢,兼比夜已长,偶有名酒,无夕不饮。顾影独尽,忽焉复醉。既醉之后,辄题数句自娱……"其中不乏名篇,"采菊东篱下,悠然见南山",便是其中名句。醉酒可以出好诗,信哉!如果把陶潜、李白选为中国诗酒协会的名誉主席,他们是当之无愧的。

源远,自然流长。两千年来,与酒有关的诗,诗人中的醉翁,足可以编成厚厚一大本《诗酒大辞典》。直至今日,酒席宴上有哪位诗人不善饮酒,别人总会发问:"哪有诗人不会喝酒的?"我就遇到过多次。可惜我没有醉后出佳句的体验。细想起来,我之所以写不出好诗来,大概就由于少年时醉过一次后,便不敢再醉的缘故。

接下来,就该进入沙白先生纵论诗与酒的另一篇章——阮籍之醉与李白之醉了。

这种以历史上大诗人的醉酒故事,来探讨诗与酒之间的关系,真的是太有人生哲理和生活情趣了。

而且,沙白先生还在讲述中,深刻地分析了那个时代的文人包括诗人们,之所以常常沉浸于醉酒之中,且在半醉半醒的情态中,留下了传之千古的华彩文章及诗章,其实有着极为深刻的社会背景,有着极为凄凉而无奈的时代悲剧感。对此,处于当代的我们,是否应该在对于处于那些不幸时代的前辈们,在抒发悲悯情怀的同时,也有不由自主油然而生的庆幸情愫呢?

就让我们跟随沙白先生的笔墨路径,在温习中慢慢体验,在阅读中释放古今一脉的情怀吧——

前面提到的刘伶写过平生唯一的一篇大著——《酒德颂》,为他的醉酒找到理论根据。他说:"有大人先生,以天地为一朝,万期为须臾……幕天席地,纵意所如。惟酒是务,焉知其余……有贵介公子、缙绅处士……怒目切齿,陈说礼法,是非锋起。先生于是方捧罂承槽,衔杯漱醪……兀然而醉,恍尔而醒……不觉寒暑之切肌,利欲之感情……"大人先生者,夫子自谓也。概括起来,大概就是追求个性解放吧!

其实，这只是魏晋文人耽酒的原因之一，其他尚有对于"世胄蹑高位，英俊沉下僚"的封建门阀制度的强烈不满，社会动荡文人生命轻若草芥，老庄思想盛行，等等。封建门阀与儒家礼法，是当时文人身上的双重枷锁，从政治上和精神上进行统治，他们只得向老庄找出路，以醉酒解脱。加之祸乱连年，不少文士惨遭杀戮，孔融、祢衡、杨修、何晏、嵇康、张华、陆机、陆云……先后死于屠刀之下，使得有些人不得不寻求远祸全身之道，于是找到了酒，找到了醉乡。阮籍可算得是个典型。

肯定，沙白先生很不情愿，在论及历史上诗与酒的古老故事时，在论及前辈文人及诗人们的醉酒故事时，却不得不写出上面这些不但悲凉而且还有点斗争精神的文字。

无奈，历史就是这样真实地存在过的，也就是这样写成的。

沙白先生不过是某些不幸历史的犀利的剖析者。

以史为鉴，才能光照现实与未来。

沙白先生继续讲述他的故事——

阮籍之醉，并非为醉而醉，常常是有所为而醉。当司马昭的亲信钟会，想要让他对时事表态，以便寻找借口给他定罪，他大醉终日，不答一言（竹林七贤中的另一位嵇康，便是由于得罪钟会被谗杀的）。这是借酒避祸。司马昭想为儿子向阮家求婚，他一醉六十天，媒人无从开口，这是借酒抗婚于权贵。母亲去世，他照常饮醉，又曾醉眠邻妇之侧，这是借醉蔑视礼法。但是当大难临头，无法借醉逃避时，他也会立时醒转。当司马昭"让九锡"，公卿劝进，要他写劝进表时，他先是"沉醉忘作"，使者来催，他犹"据案醉眠"，直至使者大声催促，他才猛然醒来，究竟还是脑袋要紧，立刻动笔。若阮籍者，实际上是醉客中之醒客也。

论及阮籍醉酒的故事之后，沙白先生笔锋一转，开始把笔墨转移到李白醉酒故事上了——

李白虽然亦好老庄，有魏晋遗风，但由于所处时代环境不同，其醉酒便与阮籍有异。盛唐究竟比魏晋开明一些，李白用不到借醉避祸。相反，他可以"天子呼来不上船，自称臣是酒中仙"。如果阮籍当时如此对待司马昭,他早就先嵇康而人头落地了。杜甫形容李白:"痛饮狂歌空度日,飞扬跋扈为谁雄。"在此,飞扬跋扈并非贬词,只是说他傲对王侯而已,从李白的诗文中也可以看出,他是有一副傲骨的。其实阮籍何尝没有,他可以为"青白眼"便是明证。然而他却不敢傲对王侯,连他们的狗腿子如钟会之类也不敢,只是用醉来抵挡一阵。李白敢于大声疾呼"人生得意须尽欢,莫使金樽空对月""抽刀断水水更流,举杯消愁愁更愁",直抒胸臆。阮籍含蓄深沉:"夜中不能寐,起坐弹鸣琴……徘徊将何见?忧思独伤心。"伤心什么?他是不敢说的。

李白与阮籍都是借酒,以浇胸中块垒者,不平之气则一,表现形态各异,李白飞扬,阮籍低沉。所处时代不同,便使阮籍不能为李白,而李白亦不能为阮籍。

我们的诗酒历史上,才有了两位不同凡响的醉翁诗人!

我也听说有一位颇有才气的诗人,嗜酒如命,每饮必醉。想来他也与阮、李一样胸藏块垒,却不知酒这种"液态的火",用以灭火,只能愈浇愈烈。我常为之惋惜,没有生于魏晋、盛唐,终不能为阮籍、为李白。目今社会是不容"放浪形骸"的。

好了,让我们走进沙白先生关于醉酒文章的下一篇章——醉翁之意不在酒。

这是个源自北宋欧阳修千古名篇《醉翁亭记》的话题:

醉翁之意不在酒,
在乎山水之间也。

这实在是个非常好的话题,因为这个话题历经千古,不断地走进了我们一代代中国人的生活。尤其是文人们、诗人们的生活,既是饮酒这个物质层面的生活,也是醉酒这个精神层面的生活。

沙白翁说:

距南京不远,有个滁州。滁州以琅琊山得名,琅琊山以醉翁亭得名,醉翁亭以欧阳修之《醉翁亭记》得名,而《醉翁亭记》,则以那一句

"醉翁之意不在酒"而流传千古,为妇孺皆知。

"醉翁之意不在酒,在乎山水之间也",足见可以醉人者,非只老酒一项。欧阳(修)永叔醉于山水,是其一。为求美人一笑,不惜烽火戏诸侯,终至亡身亡国的周幽王,醉于色,是其二。其他,醉于权力,醉于名誉,醉于金钱,醉于宗教,醉于艺术,等等,不一而足。

所谓醉者,无非失却清醒头脑之谓。沉溺迷恋于一项事物,以致迷迷糊糊,忘乎所以,皆可谓醉。如果以这一定义,来概括一个醉字,这个世界上醉人或者多于醒者,即便自己说"众人皆醉我独醒"的屈原,也似乎"醉"于他的"独醒",终至迷迷糊糊投江自尽了。

然而,"醉"之境界,毕竟有高下之分。"醉"于节操之屈原,"醉"于山水之欧阳修,"醉"于艺术几乎接近疯狂之梵高、徐渭……常为人们所乐道;而醉于金钱如现今的大贪污犯,醉于权力醉于人血如希特勒,则为人类所不齿。

以上仍是个人之醉。尚有社会之醉、举国之醉、时代之醉。屈原所说的"众人皆醉",实在是楚国的举国之醉——敌友不分,忠奸莫辨,是非颠倒。所谓"户服艾以盈要兮,谓幽兰其不可佩","变白以为黑兮,倒上以为下"是也。

至于时代之醉,中世纪神权时代,醉于宗教,但视科学为异端,哥白尼成为"独醒者";王权时代,帝王醉于权杖、臣民醉于葡萄,而民主为异端,卢梭成为"独醒者";资本主义时代,醉于资本增值醉于金钱,马克思成为"独醒者"。

社会之醉,我们都经历过。一阵风刮来,整个社会醉醺醺、晕乎乎,不知所以……

写到这里,我忽然想起《辞海》上"仪狄"一条的注释:"……昔者,帝女令仪狄作酒而美,进之禹,禹饮而甘之,遂疏仪狄,绝旨酒;曰:后世必有以酒亡其国者。"大禹真不愧为"大禹"!他"疏仪狄,绝旨酒",自己不喝,但并未举国禁酒,不然今日中国人不是少了一项天大的乐事,中华文明不是少了出色的一页诗酒史吗?或者又要横向移植,由国外舶来,得花多少外汇!其实,他的危言耸听,只是说给后之国君听的。是说作为一国之君,"醉"不得的!文人醉酒无妨,百姓醉酒无妨,只要国君不醉,只要他是独醒者,即使众人皆醉也是无妨的!

于是我想,屈原时的楚国,如果独醒者不是屈原而是楚王,统一六国的,大约就不是秦始皇了。当然,大禹的远见又是有限的,他没有预见到人民当家作主的时代,那是不能"众人皆醉"的。

记述到此,我不得不感叹,沙白先生原本在谈论文人醉酒的话题,结果最后却谈论成这么一个重大严肃的话题。

沙白先生是个思想多么高远多么深刻的大诗人啊!

沙白先生是个内心多么炽烈地热爱着神州大地、热爱着中华民族的赤子啊!

他的心中,

有五千年的中华兴衰史,

有九百六十万平方公里的祖国山河啊!

忘情:诗酒自当趁年华!

忘情:华章自当趁年华!

第十八章　行吟，绿水青山留诗踪

- 自1978年起，随着改革开放春风一阵高过一阵地拂荡
  沙白便彻底地成为一位行吟诗人
- 读过万卷书的沙白，要成为行万里路的沙白
- 怀抱一颗赤子之心的诗人沙白，一直铭记着鲁迅的话：
  无穷的远方，无数的人们，都和我有关
- 这个"有关"，就是他一路行走，一路写下的崭新诗歌
- 他把这些崭新的诗歌，献给升腾的生活，献给祖国的大地
  献给千千万万朴实劳作的人们和他的无数诗歌读者
- 沙白深知自己的写作是为了他们享有更丰美的精神生活

　　自1978年起，随着改革开放事业在广袤的华夏大地上鼓荡起了经久不息的一阵高过一阵的春风，沙白先生便彻底地成为一位行吟诗人！

　　在中国诗歌史上，以行吟诗人的形象，游走于山水之间的诗人中，久负盛名的莫过于唐代大诗人李白。因此可以说，没有李白仗剑而行的千万里的游踪与行吟，就没有李白诸多传之千古的诗歌名篇。

　　一千余年前的行吟，成就了李白，风骚了李白；
　　一千余年后的行吟，成就了沙白，丰饶了沙白！

　　沙白的行吟，或是因频繁参加各种采风笔会，或是因应四方的邀请而去参观游览。

　　沙白的诗名远播，是促成他行吟的缘由；
　　沙白的行吟，更是为他的诗名插上了高飞翱翔的翅膀。

　　他的步履，从白山黑水到南国山水，从东海之滨到神奇西域，从都城北京到古都长安，从壮美三峡到锦绣江南，从东南沿海到苏北平原。所到之处，无不留下了他的诗踪，留下了他的歌唱。

　　我们简略记述一下沙白从1978年至1989年代这十余年间的行踪及行吟吧——

1978年11月,游历了河北任丘;
1979年10月,游历了扬州、杭州、苏州这长江三角洲上的三州;
1979年11月,游历了庐山;
1979年11月,游历了成都;
1980年10月,游历了太湖;
1980年11月,游历了云南;
1981年10月,再次游历太湖;
1982年初夏,游历了黄山;
1982年10月,游历了大连;
1982年12月,游历了千岛湖;
1984年8月至9月,游历了大东北;
1984年10月,再次游历了杭州;
1987年10月,游历了长江三峡;
1988年10月,游历了盐城大丰沿海滩涂丹顶鹤与麋鹿保护区;
1989年1月, 游历了西安;

在这期间,
他白天步履矫健、随意随性地行走,
他夜晚激情四溢、不停地挥笔写诗。
一路行走,
一路写诗。
祖国山水之多姿之奇特之绮丽之丰饶,
四方人们之淳朴之勤劳之聪慧之好客。
　　祖国五千年的文化积淀之丰厚之斑斓之跌宕起伏之栉风沐雨之饱经沧桑,四方乡亲们的风土人情之多姿之饱满之温情脉脉之血脉通达之宽广怀抱,无日不在感染着诗人沙白、拓展着诗人沙白、丰饶着诗人沙白、再造着诗人沙白,无夜不在启迪着诗人沙白、激荡着诗人沙白、诱发着诗人沙白、飞升着诗人沙白!
　　正是这特定时代的一个个特定的机遇,使读过万卷书的沙白,遇见了行万里路的沙白,由此成就了精神面貌为之一新的历史新时期的沙白!这也使已有过《杏花春雨江南》《递上一枚雨花石》《大江东去》等名作的沙白,又成了续写出《南国小夜曲》《独享寂寞》等名篇的沙白。

第十八章 行吟，绿水青山留诗踪

而正是创作于此期间的诗集《独享寂寞》，获得了中国诗歌学会首届"艾青诗歌奖"的殊荣。

是的，诗歌是诗人书桌上的千山与万水，
是的，山水是诗人饱览的大地上的诗歌。

为此，沙白一次次地行吟归来，便一次次地更深地体味到了鲁迅先生的至理名言——

> 无穷的远方，
> 无数的人们，
> 都和我有关！

对处于这些游历时期的沙白而言，鲁迅当年的这番话，是多么深邃，多么高远，多么犀利，多么通透。

鲁迅当年的这番话，又是多么地醍醐灌顶、畅快淋漓啊！

关于沙白先生这位行吟诗人的多次游历，有些地方是很值得细细回味的。我们还是从白水黑山说起吧——那应该是1984年夏秋之间的事情了。

按照沙白先生在《松花江情结》一文的记述（《沙白散文选》，由上海文艺出版社2003年9月出版》），那次的大东北之旅历时有二十天。

他说：

> 我们参观了大兴安岭林区，走过呼伦贝尔大草原，直至边境国门，在满洲里眺望那边的异国。还曾从呼玛溯黑龙江而上，三昼夜隔一层舱板，听这条不平凡的江河的倾诉。来到祖国的北极，在北极村把一封封桦皮信，寄给各地的亲朋好友……所到之处都是久久向往的地方，所见之物也是久久渴望一见的。
>
> 黑龙江上二三昼夜中，在静得不见一缕炊烟、一个人影、一条船影，两岸除了森林还是森林的黎明，在江涛拍打船头、标灯忽远忽近地眨着眼睛的无眠的夜晚……

就在那时那刻，总是有一支老歌在沙白心头升起：

> 我的家在东北松花江上

那里有森林煤矿，还有那
漫山遍野的大豆高粱……

是的，就是这首记录着中华民族耻民族恨的《松花江上》，由张寒晖作词作曲于1935年。

沙白说："这是我很少记得的童年的歌之一，我是唱着这支歌送走我的童年的。"

这就是刻骨铭心啊！人在黑龙江上，想到的却是这首悲壮的歌中的那个年代的松花江。

后来，沙白先生一行又乘船航行在了松花江上。他的思绪便又开始在历史与现实之间来往穿梭了。

沙白继续写道：

  游船在松花江上破浪向前……船过太阳岛时，我见到一位钓者，正在把长长的钓竿，伸向激浪翻滚的江面。我的心头突然涌出如下诗句：

你的钓丝太长
太长，太长

一直垂到了五十年前的课堂
音乐教师沉重的低音
把教室与小小心房振响
"我的家在东北松花江上……"

它第一次教我流泪
不为一己的哀伤
松花江
眼泪的江！
无数次梦中流过
如今眼前翻着白浪

炸弹声中上完最后一课

第十八章 行吟，绿水青山留诗踪

> 短促童年结束得过于匆忙
> 而今，谁能觉出
> 那一片黑云的重量

沙白先生这是又情不自禁地想到了自己的少年时代，想到了1937年七七事变后，他在家乡南通如皋城上完了《最后一课》，就开始的逃亡生活。

他说：

> 我的逃亡生活，不能和那些"泣别了白山黑水，走遍了黄河长江""整日价在关内流浪"的东北学生相提并论，我只是从一个亲戚家逃到另外一个亲戚家，从一个村庄逃到另外一个村庄，不断地向远离城镇、远离公路线的地方逃去……

如上所述，沙白先生的东北之旅，是从现实到历史的穿越时空的变奏曲，充满了对日本军国主义仇恨的低沉愤懑的基调。

但是，当他到达加格达奇这大兴安岭的首府时，心情便开始阔朗起来了。他在《北国红豆辞》这篇美文中，绘声绘色地描绘起了在那里的行踪与思绪——

> 正值深夜，看到的是一个新兴的城市，一点儿也没有已经进入大森林的感觉。主人在介绍时，却说巴格达奇（指现在的加格达奇——笔者注）是鄂伦春语，意思是"有樟子松的地方"。并且补充说，樟子松被称作美人松，是大兴安岭的骄傲。
>
> 第二天，驱车去参观一个研究所的育种场，总算见到了樟子松。她们确实与我所见过的许多松树有不同之处。首先，色泽似乎青翠一些，透出青春的气息，而少了那种"黛色连云三百尺"的老气横秋之感。在一片野花野草之间，她们亭亭玉立，修长中透出秀气，但又无杨柳之娴娜，小白桦之苗条，端庄而凝重。
>
> 同行的年轻小伙子们，纷纷在美人松前摄影留念，他们来拉我，我谢绝了。我说，我不打算让她的美来衬托我的老丑。

沙白的一颗心，一直是非常敏感的，从与美人松合影拍照时心理活动的细节描写可知这一点。而生活总是有遗憾的，在那难忘的大东北之旅的岁月

里,沙白先生虽然少了几帧与美人松的合影,却留下了一首调侃自己的小诗:

> 看这一头华发
> 看额角上岁月之犁
> 犁下的道道沟渠
> 怎能在美人松前留影呢
> 还是选一株"老头树"吧
> 并肩站着,如一对难兄难弟

(在大兴安岭,人们把那些生长多年不成材的树,称作"老头松")

沙白先生在诗意兴味盎然中,继续他们一行的大东北之旅,前方不远,还有北国红豆等着他们呢——

森林火车在绿国中穿行,车窗中交替出现白桦林、樟子松林、落叶松林,把整个车厢映作绿色。好宽广的大兴安岭林区,八万平方公里,约相当于江苏省的三分之二。

在塔河县的瓦拉干林场,我们进入了密林深处。为了保证安全,主人不让我们走得太远,即便如此,展开在面前的已是一个神奇的世界。这是一个由乔木的家族、灌木的家族、花草的家族组成的繁荣昌盛的植物王国。落叶松是大族,它用针叶织成的翠盖,遮天蔽日,似乎霸占了所有的雨露。然而它并不排斥小白桦杂生其间,仍然让出一份阳光。各种灌木、花草,虽然低了一个层次,还是欣欣向荣地生长着,开着花,结着果,繁衍着后代。就连菌类,也傍着树根得其所哉地探出圆圆的脑袋。这是一个和睦相处的君子之国。这是一个绿色的王国。但在绿色的主调之中,还能见到白桦雪白的肌肤,铃兰摇着紫色的铃铛,勿忘我带着淡蓝色的惆怅,都柿果闪动着紫色的眼瞳,雏菊、桔梗、龙胆紫、如意、败酱……各种不同的色彩,各具不同的形态。

沙白先生怀着满腔的喜悦与期待,走进了从没有见过的森林世界啦!他极为仔细地观察着,而一向对植物品种知识积累丰富的沙白先生,便用他生动的笔触,一一描绘着他所看到的每一种植物,就像见到了虽然久违却是一直惦记于心的朋友们那样,极为亲切地道出了它们的姓名。而就在一一娓娓道来的同时,他心目中植物界的美丽主角,也就是北国红豆,就要隆重登场啦——

其中最显目、最撩人的,要算掩映在丛丛碧叶之下的鲜红的北国红豆了。它红得鲜艳,如一颗颗红宝石,闪射光芒;它红得诱人,在叶底偷眼,似有无限心事欲说;它红得热烈,如一粒粒火种,让人担心将引发一场林火。

写到这里,沙白先生又情不自禁地想起他曾有过的经历了——

几年前,我去过一次南方,大约是王维那首"红豆生南国"的诗在心底作怪吧,总期望见到这种"此物最相思"的红豆,但未能如愿。

未能如愿的沙白先生,却为此留下了一首诗,诗中吟道:

在多情南国
我没有觅得红豆一粒
只能留下无尽的相思

沙白先生在"红豆生南国"的南方留下的遗憾,却在北方得到了补偿。他说:

北方红豆,其实只是一种越橘,大兴安岭人称之为"雅格达"。不知是谁给了她这么个美丽的名字,从此她便成为南国相思豆的姐妹了。她像南国的木本红豆那样鲜红,但更圆润;她较南国的草本红豆为大,通体鲜红而无黑蒂。她有一种与南国红豆不同的品格,能耐零下五十度的严寒。隆冬季节,掘开厚厚的雪被,仍能见到粒粒鲜红的北国红豆,不因风雪严寒而色泽稍损。

沙白先生对北国红豆描述到这里,"北国红豆诗"自然而然也就从他的口中吟出来了:

> 大兴安岭的薄土层
> 也能孕育出这刻骨的相思
> ……
> 寒风冷雪中打熬
> 别有一种坚贞炽烈

关于北国红豆的话题与诗情，沙白先生显然欲罢不能——

北国红豆不仅颜色艳丽，而且味道甘甜。可以生吃，可以酿酒。红豆酒是大兴安岭与呼伦贝尔的名特产品。我们也曾不止一次品过这种甜甜的、颇似葡萄酒的名酒。据说此酒容易醉人，我猜想有一半是因为它那美丽的名字。

沙白先生显然还是意犹未尽，他继续讲述北国红豆的故事：

离开大兴安岭时，同行诸公中有一位特别钟情于北国红豆者，挖起一株，准备带回北京。一路常见他宝贝疙瘩似的，手捧一丛碧叶和两枚红红的果实，上下火车，从大兴安岭带到呼伦贝尔，带到满洲里；又带着它登上回北京的列车。然而我总有些担心。

于是乎，沙白先生把这种担心又化成了诗句——

> 我总怕它只习惯于
> 森林王国的空旷与冰雪
> 难经都市的喧嚣
> 和温暖如春的斗室

沙白先生的大东北之旅，其中有一笔记录下了游历北极村，他写道：

我们是从呼玛登上一条客轮，在黑龙江上行驶了三个昼夜，然后到达漠河……我们来得不是时候，错过了看"极光"的季节。那应该是在夏至前后。八月初已是夏末，这儿的白昼仍然长得令人难以置信。夏至时白昼长达二十一二个小时。

安顿好住处，大家便忙着写信。年轻人更是别出心裁，将从林区带来的桦树皮，分成纸样的薄片，在上面写诗写信，给远方亲人寄去珍贵的桦皮笺。信写好，十几人一起拥往邮电所。邮电所的女营业员见到这一大堆信件，会心地笑了，她一封一封地把邮戳盖得端正而清晰，想来这种场景她已经历了多次。来这里的人，差不多都要给亲人们发出几封信，记下远行足迹，留作永远的纪念的。

当年的沙白先生自然也在这个行列之中，有诗为证：

> 给黄河寄去黑龙江黑浪的深沉
> 给江南寄去极北关山日午的宁静
> 给南国凤尾竹寄去白桦林的相思
> 给大漠驼铃寄去林海的伐木丁丁
> 来到北极村，谁能不寄几封信
> 一枚小小邮戳贮满边塞深情……

1980年至1990年，在行吟诗人沙白的人生履历与诗歌创作中，是极为重要的十年。

沙白的许多名篇，都诞生在这些游历过程之中。

（因为在《第十一章：月下，请听南国小夜曲》中，已记述了他的南国之行，此处不再赘述）

沙白先生把这些游历中的感悟与思考，有的随即写成了诗，有的慢慢写成了散文。沙白的散文与他的诗一样，常常是思绪飞扬、贯通古今，旁征博引、妙语连珠，诗意妙曼、饱满恣意，所以，这些散文是常常可以当作诗来读的。

不得不再次提起大诗人艾青说过的这段至理名言了：

> 假如是诗，无论用什么形式写出来都是诗；
> 假如不是诗，无论用什么形式写出来都不是诗。

沙白的散文就是诗！

就让我们接下来聊聊沙白先生书写游历长江三峡的散文《三峡随想录》吧。

这篇文章对我们有两个启迪意义：

一是通过仔细阅读，我们就会恍然大悟，1960年代，沙白之所以能写出《大江东去》这样一泻千里、大气磅礴、气冲霄汉并洋溢着民族精神的政治抒情诗的缘由之一。他把万里长江的中国精神与图腾，早就研究透了，早就烂熟于心啦。

二是在他这个诗人心中，长江本身就是我巍巍千古中华勇往直前、奔流不息的民族神灵，是澎湃豪情，一直奔放书写着的民族史诗、大诗！

《三峡随想录》堪称是沙白长诗《大江东去》的姊妹篇。只是在艺术形式上，一个是诗，一个是散文。

沙白是这样开始书写散文《大江东去》的——

我从江尾来，从长江的入海处来。在那里，人们习惯把江叫作海；在那里，江面宽广如海洋。如果没有岛屿和沙洲，入海口的长江可真是汪洋恣意，一望无际。在我幼年的印象中，万里长江的所有江面，似乎都是这样浩浩荡荡，缓缓地流淌着，奔向大海。正如一首歌里所说：

晴空映着白帆，
渔网兜着江浪，
美丽的扬子江静静地流⋯⋯

溯江而上，江面越来越窄，江流越来越急。来到李太白捉月的采石矶，已经觉得很窄很窄了。难怪当年东吴想挡住王浚楼船东下，竟然可以用千寻铁链锁江。但自南津关溯流而上，进入三峡，才知采石矶的江面已经算是宽的了。想不到"众水会涪"之后的浩浩大江，竟然还有这么一段楚腰，这么一段艰难曲折的行程。

还是在五十年前，小学地理老师就告诉我，长江发源于青藏高原唐古拉山脉的格拉丹东雪山，在通天河上游还有一段叫作沱沱河的更小的溪流。这一发现又把长江延伸了几百公里。从高原下来，一路上它不拒细流，才成了我国最大的一条江河。

少年的长江是狭隘的，暴躁的。当它还叫金沙江时，它总是以高屋建瓴之势，横冲直撞，如一头下山猛虎。越是被群山约束于一条深深的河谷，越是莽闯暴烈。只要看长江漂流队如何付出很大代价、费尽周折才通过虎跳峡，就可见一斑。直至汇合了另一条大江——岷江之后，它才成熟起来，胸襟开始开阔，懂得宽容，知道如何丰富和壮大自己。这才有了长江这个名字。来到重庆，它又接纳了另一条大江——嘉陵江，"众水会涪万"，此时已经越发成熟健壮、丰富广博了。胸中自有雄兵百万，它可以当之无愧，"宰相腹中能行船"，它能行二三千吨的大轮船。虽然仍是一条风波的路，却是宽广的、远大的、光明的。

"人到中年憾事多"，我们这代人常有此叹。想不到万里长江也是如此。你看它刚刚"绕过了一山又是一山，转了一弯又是一弯""岸崖双壁立，峡道九肠回"的瞿塘峡，江流稍见舒缓，接着便是十二巫峰一字儿排开。如果说夔门是雄伟的赳赳武夫，巫峡则萧森幽长。峭壁夹峙，危崖高张，船如穴中行，头顶一线天。一开始，便有"金盔银甲"挡住去路，喝道：谁敢近前。高山危石，压迫着江流，"扇子碛"一带江最窄处才五十米，"虎豹滩"江水最浅处，枯水时深仅三四米。迂回曲折，常常是"山行疑无路，湾回别有天"。

历经艰险，走完萧森的巫峡，在香溪宽谷稍稍松一口气，紧接着以水急滩多闻名的西陵峡，便横在面前。在西陵，那些山和山崽子，除了明枪之外，又使暗箭。"兵书宝剑峡""牛肝马肺峡""灯影峡""黄猫峡"等在明处张牙舞爪；"新滩""泄滩""崆岭滩"则在水下暗布机关，或是乱石横陈如钢刀利剑，或是暗礁星罗如犬齿狼牙。"青滩泄滩不算滩，崆岭才是鬼门关。"夔门是大将军把关，这里是小鬼当道，恰成对比。

我问长江，为什么选择这么一条艰险曲折的路？长江不答，只是向东，向东。

向东，向东。出了南津关，终于把山留在后面，把峡留在后面，把滩留在后面。前面，潮平岸阔，头顶是高远的蓝天。

三峡，是险峻的，也是壮观的。唯其险峻，所以壮观。三峡，是曲折的，也是秀丽的。唯其曲折，所以秀丽。

在四川，有"峨眉天下秀，青城天下幽。剑阁天下险，夔门天下雄"之说。试登白帝城，看壮阔大江，浩荡而来，在笔立的两架大山夹峙的夔门前，汹涌着，咆哮着，争吵着，浊浪排空，雪沫飞溅，壮观极了，真的是"不须东看海门潮"。

既入夔门，江水又被两岸高峡挤压、约束，因而它或如怒狮，或如猛虎，或如脱兔，怒吼着，猛扑着，跳跃着，形成怒江劈峡的壮阔气势。所谓"高峡急滩雷霆怒"也。

而两岸的山，时而如九叠翠屏高张，遮住半爿蓝天；时而如五彩壁毯垂挂，漾入滚滚江水；时而峭壁笔立，好似刀砍斧削；时而怪石嵯岈，扮着各种怪相……而且峰后有峰，山外有山，近山翠，远山苍，晚山紫，暮山黛，随时间空间的变化而色彩、浓淡各异。似画廊，但变化无穷；似影片，而无隔膜之感。更何况抹之以微霞，笼之以轻雾，明暗之际，朦胧之中，别有微妙处，远非画笔、相机所能达到。

最是望霞峰头高高站立着的神女，她遥望大江，望大江上的船只，"过尽千帆皆不是"，大禹没有如期归来。他在会稽山对治水有功的群臣论功行赏之后，便闭上了眼睛，永远留在那里了。于是，她默默地、默默地回转过脸去……

正是这许多山造成了三峡的险峻曲折，也正是它们赋予三峡以雄奇秀丽之美。或者屈原、宋玉、王昭君等灵秀人物，也是这种山川之美孕育出来的。

我想到屈原。屈原的楚辞，也是我国古代诗歌中的万里长江。"屈原既逐，乃赋离骚。"

屈原正是在艰难危苦之中，写出他的鸿篇巨著的。

屈赋是壮美的，其壮美一如三峡。

我想到宋玉的《风赋》，"此独大王之雄风耳，而庶民安得共之"！而今，这位连风也得而私之的楚王，又安在哉！

写到这里，沙白先生把思绪从历史拉回到了现实，从发思古之幽情之后，回到了蓬蓬勃勃的眼前现实——

我站在葛洲坝电站的大坝上。西边，怒江劈峡，万里西来。东边，

第十八章　行吟，绿水青山留诗踪

浪平岸阔，大江东去。

是啊！这条大江，就是沙白曾在1963年，以176行的长诗《大江东去》，倾情歌颂过的祖国第一大江啊！也是亚细亚的第一大河啊！

　　电站前，亿万水滴汇聚成巨大能量，推动着一台台电机的涡轮，正把三峡的惊涛骇浪、千难万险，转化为电。千城万乡将为它华灯齐明，无数工厂将为它机轮欢转。船闸前，闸门启闭，正把一条条航船托起或降落，让这条中国最大的运输动脉畅通无阻。
　　泄洪闸前，惊涛澎湃，雷声隆隆，万朵白莲竞开，一座雪山崩裂，仿佛一座雄奇的夔门。

　　此时，我忽有所悟，大禹治水，不过是一种神话传说。虞舜、鲧、禹、瑶姬，不过是神话传说中的人物。
　　真正劈开三峡的，那是长江自己！是那亿万水滴汇起的伟力，是它奔向大海的愿望、决心与伟力。

　　长江，不仅征服了高峡急滩、艰难险阻，而且正把它转为巨大能量。在葛洲坝上游，一个更大的三峡工程，正在筹划。那时，所有险滩暗礁，将尽埋水底；湍急的江流，将化作高峡平湖。
　　掉头东望，江宽了，流缓了，水平了。经过三峡楚腰的一番曲折，顿觉眼为一开，胸为一宽。然而，江流滔滔，浊浪拍岸，前面仍是一条风波的路，距大海还有长长一段行程……

再次读沙白先生的《三峡随想录》，追随他多年前的三峡之旅，以及其诗化文字，于穿梭古今、比照古今、感叹古今、思辨古今之间，我恍然悟得：
沙白的《三峡随想录》就是一部三峡简史，就是一部长江简史。

沙白先生把自己的行吟诗人之旅，化作了如此精美而隽永的文字，永久地留在了长江的万里浩波、涛飞浪卷中了，留在了三峡的跌宕起伏、叹为观止中了。
长江与三峡，不但是我五千年中华的自然伟力集大成者，而且也是我父母之邦民族精神的集大成者。
而诗人沙白，经由他独特的多年人生履历，以及诗人兼哲人的满血奔涌的思考，经由他现实主义与浪漫主义相结合的诗人的多年双重历练，为我们书写出了这样一篇不可多得的大波流漫、文采飞扬的文字。

于中国当代诗歌而言，沙白难得！
于长江与三峡诗歌而言，因有沙白，亦为幸哉！
为了记载沙白的行吟，就再放眼回望一下某些时刻的场景、择要回放一下某些诞生在他行吟途中的诗歌吧。

1979年11月的成都之旅，沙白得诗《草堂情思》一组。录其中一首《花径》：

似相识又不相识，
欲相信又不相信。

有那么多鲜花成阵，
有那么多松柏青青！
树长了千年？花开了千年？
这当真是当年那一条花径？

一万年后也会散发清芬，
诗行才是真正的花径！

"诗行才是真正的花径！"这是诗人沙白在杜甫草堂发现的诗，也是他对唐代大诗人杜甫由衷敬仰的一己深情表达，同时，也是在为自己的诗人身份而深感自豪。

1980年10月，沙白在太湖行旅中得短诗三首；1981年10月及同年11月，又得短诗两首。这五首诗，描述的都是秋天，自然感叹的也都是秋天，而且都是他的短诗名作精品，因此有的被收入中小学课本。特别需要重点提及，不断品读。

其中，《秋》《红叶》及《洞庭秋色赋》三首，已在《第十一章：月下，请听〈南国小夜曲〉》一章中录入并解析，此处仅录《芦荻与红蓼》及《秋山》两首如下：

芦荻与红蓼

芦荻与红蓼,
结合于秋天。
把湖波当明镜,
挽手来到跟前。
她看到纷乱的白发,
他看到破碎的红颜。

在这首《芦荻与红蓼》中,我们读到了什么?是秋天的凄美吗?是老来生命之间的互慰吗?

秋 山

枫林的团团火焰,
烧红了一座秋山。
是为了衬托,
蓝天,更加湛蓝;
想是生怕烧着,
白云,飞得远远……

1980年11月起的西双版纳之旅中,沙白得诗数首。再录一首《蝴蝶泉》,来赏析一番吧——

蝴 蝶 泉

没有山花的艳丽,
却有冰雪的寒冽。

清澈如透明的玻璃,
可以数清水底的石子。

如此纯净如此率真,
一切都袒露无遗!

> 难怪蝶儿特别爱恋，
> 因为你没有虚情假意。

看得出来，这首诗的前两节，是沙白先生对蝴蝶泉的亲切观感与具体描述。第三节则是不由自主地感叹。而到了第四节，便是一边回归于蝴蝶泉的主题，一边进行情感的抒发与认知的升华了——"难怪蝶儿特别爱恋，因为你没有虚情假意"。

这就是沙白先生眼里与心里的蝴蝶泉啊，他把来到蝴蝶泉后的生活体验，化作了诗句——纯净而别致，独到而优美，令人读过，叹服不已。

1982年初夏，《诗刊》在屯溪、黄山举办抒情诗座谈会。借此机缘，沙白与诗友青勃、流沙河、周良沛、邵燕祥同游黄山，得《黄山之拾》一组。录一首《松》：

松

> 总在前路频频招手
> 总在峰顶发一声清啸
> 有你作伴
> 我忽地年少
> 真想在向阳的枝上
> 结个小小的巢

沙白是短诗写作的能工巧匠，是诗坛短诗的行家里手。这首诗虽然短短只有六行，却写活了黄山最主要的象征之物，即"松"。而"我忽地年少，真想在向阳的枝上，结个小小的巢"，则将诗人与黄山松一起，都描述成了少年的形象。黄山松，从此也便多了一个难得的形象。黄山松是少年呢！

在此之前，黄山松的形象更多的是老当益壮。正所谓千古流传的名句"寿比南山不老松"。而诗人沙白性情中活泼浪漫的一面，在这首诗中，巧妙展现，尽显无遗。

1984年夏秋之间的大东北之旅，沙白得诗数首。录一首《听歌》：

听 歌

穹庐似天
羊肉锅升腾起带膻味的
奶白色云烟
三杯下肚
一支歌逬出唇边
脚下的两平方丈
倏地变成茫茫草原

马蹄声急
把无底的宁静踩碎
一颗热恋的心是只鹰
整个草原都在健翅下面
草,匍匐在蹄下
花,绽放在马前

心事从琴弦倾泻
浓情紧缠白胡子尖尖
眉毛与皱纹都在说话
誓言是深沟高山
泪珠跌落
在杯沿上打转

马蹄声远
天,还原为穹庐的原顶
每一缕空气
都在震颤

  沙白的这首诗很奇特,诗题《听歌》是一首歌颂爱情的诗歌,因为他在酒席间听到了这首爱情歌曲,而且是一个年长歌手歌唱年轻时候的爱情。年长者自然是历经沧桑者。虽然年长而沧桑,但歌唱起曾经的爱情来,依然有动人心魄之感,令人心碎之感,因为这种爱的名字叫作海誓山盟。
  关键是沙白写出了这样的金句:

> 一颗热恋的心是只鹰!

　　只此一句,这首爱情诗,全诗皆活。因为只要心在热恋,心就能飞翔起来,就能变成一只击穿长空、翱翔长空的鹰。这是沙白听歌时的情感激荡与感悟发现。这首诗的风格,情感浓烈,情绪激荡,犹如他的长篇政治抒情诗《大江东去》。沙白历来就喜欢用两种风格来写诗,用两个调门来唱歌:或铁马金戈,壮怀激烈,气吞万里如虎;或清新缠绵,清风拂面,杏花春雨江南。

　　也是写爱情诗,早年间的那个特殊年代,沙白曾有一首《公社枝头并蒂花》(刊《人民文学》1961年第10期)(那是首乡村爱情诗,乡村还叫"人民公社",是那时的行政体制)那时他还没有用沙白这个笔名,而是用的同音字"莎白"。这首诗如今读来,依然是很有意思的,那个年代就是这样歌颂爱情的。全诗如下:

公社枝头并蒂花

麦田里播的种,
稻田里抽的芽,
菜田里开的花,
公社地里结的甜瓜!

锄把、扁担,
扁担、锄把,
还有本《双季稻培育法》,
三个媒人都不会说话。

同锅儿吃过饭,
同灯儿学文化,
同堂儿开会干嘴仗,
哈,早就是一家!

站起身,骨头一样铁硬,
伸出手,指节一样粗大,
掏出心,一样坚贞一样红,

呵，公社枝头的并蒂花！

像割稻，肩并肩儿拉不下，
像挑担，步套步儿朝前跨。
赠你一轮红日，
送她满天朝霞。

　　说起来，人民公社年代真的是很奇特的。如今的年轻人肯定难以理解，那时全村人是一起吃大食堂的大锅饭的呀！所以，未曾结婚，就"同锅儿吃过饭"啦！

　　写于1986年9月的《披着长发的头颅铿锵一掷》，记载了1907年7月15日凌晨，辛亥女杰、巾帼英雄秋瑾，从容而英勇地就义于绍兴轩亭口的历史事件，这是沙白先生绍兴之旅的沉重思考，也是他两种诗风交替、交织、交响出的一曲慷慨悲歌。

披着长发的头颅铿锵一掷

一

一只娇小的精卫鸟
撞开和畅堂长年紧闭的窗棂
冲天而起，以自身作木石
去填狂涛汹涌的浩瀚沧溟

此时，它化身为大鹏
扶摇直上，其翅若垂天之云
随着翅尖的每一搏动
大海潮汐起伏，激动难平

二

在北方男子汉的眼里
江南是个婉娈的少女

过多的轻盈，过多的纤细
山的线条也柔和为婀娜腰肢
轩亭口，秋瑾站出来申辩
披着长发的头颅铿锵一掷
有雷霆回响天地间直至今日
江南不仅是一首丽赋清词

（注：和畅堂为秋瑾故旧，内设秋瑾事迹介绍。其中陈列着一本秋瑾所作小说遗稿《精卫鸟》。轩亭口为秋瑾就义处）

沙白先生的这首诗，诗眼是一句"披着长发的头颅铿锵一掷"。只此一句，秋瑾视死如归的壮烈形象就完成塑造。犹如战国末期，那个为去刺杀秦王而慷慨悲歌的"风萧萧兮易水寒，壮士一去兮不复还"的荆轲啊！

1987年10月的三峡之旅，沙白得诗数首。录一首《巫山夜泊》：

巫山夜泊

立在江边的
不是斯芬克斯
不以难解的谜语
留难过往的船
苍翠的衣襟上
一个巨大的巫字
没有龟甲与蓍草
无从占卜命运

泊我的船
于她的裙边
枕我的头
于大江的臂膀
絮絮叨叨的江声
都是女巫神秘的咒语吗
今夜，你将搀扶我的梦

> 穿山越水向何方
> 寻不到阳台
> 寻不到楚宫
> 偌大楚国往昔的荣华
> 只留下
> 一个荒唐的梦

这首诗的诗眼或曰金句是"今夜,你将搀扶我的梦"。

诗人沙白写作的这首《巫山夜泊》充满了神秘感和梦幻感。坐过长江客轮的人都知道,航船夜间是不过三峡的。一是为了安全,二是为了好让游客白天观赏三峡。诗人沙白在巫山夜泊的航船上,满耳是长江的涛声,满目是山峦的暗影,满怀是神秘的传说。此时此刻,作为大诗人的沙白,是留一半清醒留一半醉的。他为巫女的神秘咒语而醉,"今夜,你将搀扶我的梦",是谁搀扶沙白的梦呢?这是一个问题。但是,沙白留一半清醒给自己,是为了回顾历史而清醒,为了感叹逝者如斯夫的过往岁月:

> 偌大楚国往昔的荣华
> 只留下
> 一个荒唐的梦

沙白的这首诗给我们留下了一个隽永的梦境。此梦境,在巫峡之夜,在旅者夜泊的航船上,在曾去过三峡的人的美好回忆里,在没去过的人所向往的梦中。

诗人永远是梦的诱发者与启迪者。而优秀诗人的诗,则永远是所有梦境的最为华彩的篇章。沙白就是这样的最为优秀的诗人!

本章的最后,我把沙白先生的一组题为《风和……》的散文奉献给大家。我认为,这是他的一组极为精彩的散文诗。这组散文诗的写作,年代不详,但肯定是他行旅行吟的产物,因此也就可以看作是他在绿水青山中留下的诗踪。这组散文诗作品曾被沙白先生两次收入他的散文选。一次是上海文艺出版社2003年9月出版的《沙白散文选》;一次是2005年10月江苏文艺出版社出版的《沙白文集》的第四卷,即散文卷。

我还是相信大诗人艾青的那两句话:"有人写了很美的散文,却不知道那就是诗;假如是诗,无论用什么形式写出来都是诗。"重要的话可以重复三遍,甚至无数遍的!

风 和 浪
沙　白

起风了。
最得意的是浪。它跳跃着,奔跑着,呼叫着,
使得整个大海都沸腾起来。
千万朵白莲竞开,向长空高擎;
无数无数泡沫飞迸,向长空泼去……
一个大浪过去,又是一个大浪;
一个高过一个,一个压过一个。
……冲击崖岸,揉碎木船,
以从所未有的暴虐,从所未有的疯狂。
风停了,它一本正经,像什么也没有发生。

风 和 云
沙　白

起风了。
最慌乱的是云。
它像被一条无形的鞭子驱赶着的羊群。
开始是四散奔逃,东窜西走,漫无目标;
惶惶然,茫茫然,不知所措。
忽而又从四面八方汇聚到一起,
被威逼着,裹挟着,驱赶着,如一群失却自由的囚徒。
它,不再属于它自己,再也找不到一丝平日安闲懒散的影子。
风停了。它满腹羞愧,逃得无影无踪,留下一片碧空。

风和山

沙　白

起风了。
　最坚定的是山。
任凭狂风举起千万条鞭子抽打,它站着,从不弯一弯腰;
任凭风把乌云驱来遮起它真实的面容,
它坚信,它始终是它自己;
任凭风驱使瓢泼的急雨劈头盖脸从半天云中倾泻,
驱动山洪以雷霆万钧之势冲撞捶击,
它巍然,从不移一移立脚点……
它只是铁青着脸,给猖狂一时的风以无限蔑视。
风停了。它换一身新衣,笑迎红日。

风和月

沙　白

起风了。
　最安闲的是月。
再暴烈的风,再放肆的风,
也吹不到广寒宫,吹不开那一扇紧闭的宫门。
风,只能揉碎她水中的影子。
而月,仍然安闲地徐步高空。
风嫉妒了,让云遮起她姣好的面容,
一层薄纱轻掩的朦胧,反增添了一种诗意的美。
于是,风愤怒得用一盆浓墨泼去,染黑了月也染黑了天。
其实,何曾有一滴泼到她,她远在高高的重霄。
风停了,云散了。
她越发晶莹皎洁,安闲地将清辉洒满人间。

读罢这一组意味深长的散文诗,不禁要问——
何为浪?又何为云?

何为山？又何为月？

其实，无论是浪、是云、是山、是月，都是借代于生活中的各种人呢。

诗中，沙白先生批评了似浪的人和似云的人呢！

诗中，沙白先生褒扬了似山的人和似月的人呢！

行吟，绿水青山留诗踪。沙白先生数十年的诗人行旅，成就了他的行吟诗人的身份与美名，也成就了他太多的佳作与名篇。

李白说："古来圣贤皆寂寞，惟有饮者留其名。"或许，也可以说一句："古今圣贤不寂寞，唯有行旅留诗名！"

第十九章　情浓，自有诗文留墨香

- 沙白与诗人宁宇
- 沙白与诗人宫玺
- 沙白与诗人芦芒
- 沙白与诗人耿林莽
- 沙白与诗人青勃
- 沙白与诗人魏毓庆

在沙白先生的内心世界里，友情有着极为重要的位置，且情浓而持久，细腻而热烈。

在沙白看来，诗是媒介是纽带，是与友人同频的心跳，是与友人同流的血脉。

沙白与友人在一起时，或长夜谈诗，或把酒论诗。沙白与友人分别后，或书信传诗，或长文议诗。

自己写诗是他的日常，与友人论诗是他的幸福。

这很相似于历代交好的大诗人之间那样，他在与诸多挚爱诗友的交往中，既写过多首感人肺腑的诗篇，也留下许多值得回味的散文佳作。

我们先从上海说起，因为在新中国成立初期的1953年，是上海对沙白发出了归队的召唤，是上海唤醒了沙白一颗诗人的心！正是在上海，沙白辍笔几年后，又开始了他诗人的生活。

首先，应该从沙白先生与上海著名诗人宁宇的挚友之情谈起。

宁宇是江南无锡人，在南京师范大学附中有过学习的经历，后来参军，是一个出版过诗集《海琴》的蔚蓝色的透明诗人。离开部队后，他又有过在上海当工人的经历，曾在上海国棉三十一厂工作，巧的是，同一时期，沙白正在上海国棉八厂工作。再后来，他们就像约好了似的，前后脚调进了上海《萌芽》，会师在《萌芽》编辑部里——那是1957年及1958年的往事了。

事过多年，在沙白回到家乡南通市文联工作后，收到了仍在上海工作的宁宇寄来的诗集《宁宇诗选》。沙白看到了蓝色的封面犹如蓝色的海洋，下半部分伸展着一片银色海滩，上方飘着奶白色云朵。那一刻，沙白觉得他当年的蓝水兵诗友宁宇又回到他的身边啦！

沙白开始浮想联翩了！多少往事，如涛似浪一般，涌到了他的眼前。于是，一篇题为《长笛一声人倚楼——〈宁宇诗选〉读后》的文章，就随之诞生了。沙白说："诗集尚未打开，我就想起他的《炊烟》。"

挚友的好诗，沙白常常是牢记在心里的。

蓝天和海水相连
夹着根绿色柔线
线上飘起缕缕炊烟
小岛系在炊烟下面……

沙白清楚地记得：

这首诗写于1960年，当时我们同在《萌芽》诗歌组。白天，一道泡在看不完的稿件堆里，夜晚，在一间窄小的阁楼上并床而眠。一晃之间，当时二十多岁的青年，现在已是六十多岁的老人了。

这本《宁宇诗选》选录了宁宇四十年来的诗作，短诗二百首，长诗一首，记录下他四十年来的足迹，东临大海，西出阳关，远涉西藏，深入工厂、矿山。宁宇是个闲不住的人。脚闲不住，总是行色匆匆；手闲不住，所到之处，都留下诗来。

宁宇说过：

我不太相信面壁苦吟，或者从自己有限的心灵里，能开掘出多少诗的题材来……我相信读万卷书，行万里路，观众山胸中才有峰壑，览大海心底才有波澜。祖国的山山水水的壮美，常常激起人们的诗情画意。画家用线条和色彩，留下了空间的美。而诗则用流动的形象文字，记录下空间和时间的美。

宁宇有这样的生活与艺术之间关系的艺术观，为此沙白评论道：

第十九章　情浓，自有诗文留墨香

读宁宇的诗,常常觉得诗人手中的这支笔,不是钢笔,而是一支画笔。他画风景,画山水:

> 他看那秋云如画
> 天上也有港湾山崖
> 他看那冬汛打暴
> 黑浪劈空而来……
> 　　　　　(《观海》)

他画人物速写:

> 船试航了才歇两手
> 突然感觉那么疲倦
> 摘下藤盔枕在头下
> 脱件衣服垫在背肩……
> 　　　　　(《他们睡了》)

> 海风拂过脸面
> 舌尖舔舔腥咸
> 潮水冲洗脚板
> 咬湿龙裤衣裳……
> 　　　　　(《早晨》)

沙白回忆说:

宁宇极少画静止的画面,常常画流动的画面,因为他写的是诗。他很少画单纯的风景山水,画中常常都有人在,因为他写的是诗。他的画中透出思想感情,透出自己审美趣味,是情与景的结合,他写的是诗。

宁宇也像所有的画家那样,着意追求美。他用诗笔画下一幅幅清丽的画面,较少浓墨重彩,较少夸张浪漫,却常与平淡处见精神,于细微处见精神。

沙白继续举例,解读宁宇的诗:

> 蓝雾爬上了船舷
> 炊烟挤出了船舱
> 　　　　　（《早晨》）

> 车窗外
> 白云与我作伴
> 伸手相握
> 抓一把潮湿
> 　　　　　（《云伴》）

> 十五的月亮爬上大戈壁
> 蹲在高昌故城残壁断墙
> 　　　　　（《高昌月的传说》）

　　从这些诗句中，不难看出他通过锤字炼句，用"爬""挤""蹲"等动词，创作出一种令人耳目一新的意境。

　　有位外国诗人认为，宁宇的诗"很有点印象主义的味儿"。

　　从他用诗笔画出来的画面上，我似乎很难觉出与印象主义的作品有什么相同之处。他的"画"，大都是清晰可见的实景、真人，或者国画式的淡墨山水，或西画的水彩风景，或木炭画的人物速写。然而，就他善于抓住转瞬即逝的印象而言，的确和印象主义有某些相同的地方。但宁宇绝不像印象主义那样"非思想化"，排斥逻辑过程，一切只服从于自己的主观印象。与其说他忠于自己的主观印象，不如说他忠于生活。

在沙白的眼里，宁宇是这样的一个诗人：

　　宁宇是十分重视深入生活的。（一九）六十年代在《萌芽》期间，他就曾在船厂一年，两下海岛，并在黄龙岛一住一个月。我曾和他一道去过舟山、嵊泗，由于他当过海军，从不晕船，一到海岛便跟渔民出海去了。而我，只能站在嵊山小岛上，远望帆影。

　　宁宇爱海、爱水，水和海对他是永远的诱惑。但凡写到水处，便笔下生辉。在武夷山中，他仍写山溪、山雨；到西藏、新疆及大西北，他写尼洋河、月牙泉。

宁宇（一九）八十年代之后的诗有所改变。

同样写海的，写于1979年的《大海》，与《巡逻归来》等早期的诗，便有显著差别。

> 凝视着大海，
> 浮想联翩。
> 她日夜喧哗，
> 不知疲倦。
> 将残贝碎石抛上沙滩，
> 又以雄浑的气魄包罗万千。
> 假如大海像个平静的湖面，
> 折射出海市蜃楼映入蓝天。
> 一切都静止，
> 一切是虚幻，
> 假的美景只能把生活欺骗……

诗人（宁宇）已经不满足用一支画笔，绘下眼睛见到的大海表象，已经开始向更深处探索，并且"浮想联翩"；透过表象，悟出生活的哲理。此处的大海，已经是生活海洋的一个象征。

沙白继续分析他的老友《宁宇诗选》——

在写人的方面，也与前期不同。《上海人画像》便是一例。
请看他笔下的上海人：

> 机敏如风信鸽，
> 灵活的眼睛乌亮的算盘珠，
> 一边与你谈话，
> 一边就在拨动……

真是活灵活现，大概是在四十年上海生活观察的提炼吧。

沙白的回忆最终又回到了宁宇留给他的印象。这个印象既是生活中的，也是艺术上的。其落脚点又情不自禁地落在了诗歌上。毕竟，他们是因诗而结缘，又是友情一直没有中断的诗友啊！

宁宇喜欢音乐，他的诗讲究韵律节奏，（《宁宇诗选》）集中绝大部分诗是有韵的。他以《海琴》作为一本诗集的集名，以"心弦"作为本书中一辑的辑名。在《萌芽》时，我还记得他有一架手风琴。不知为什么，我却觉得他的诗像由一支玉笛吹出的袅袅笛声，低回婉转多于激扬高亢。用的是传统的中国乐器，也许是陆春龄的那支吧（陆春龄，上海人。第一批国家非物质文化遗产项目——江南丝竹代表性传承人），而不是外来的钢琴、提琴之类。奏出来的正是他所求的"朴素纯真，诗情画意，抒情优美，刚柔并济"的中国乐曲。但愿他的笛声能到达人们的心灵。

接下来，就来谈谈沙白先生与另外一位上海诗人宫玺的友情了。

其实，宫玺与宁宇一样，也不是地道的上海人。宫玺祖籍在山东青岛。也是因为从军的经历，后来留在了上海。沙白与宫玺的相识与友情的起源也是在上海。上海真的是沙白先生与众多诗人们友情的发源地啊！

宫玺是1932年生人，比沙白先生小7岁。令人惋惜的是，他已于2022年1月8日去世了。

沙白有一文稿，题目是《本色之美——读宫玺诗稿》。他写作这篇文稿时，他们已经相识近四十年了。（一九）五十年代末八十年代初，沙白正在《萌芽》当诗歌编辑，宫玺是他经常联系的作者。那时，宫玺在上海空军某部服役。

"他身着一身空军军服，佩戴中尉军衔，质朴而浑厚的模样"——这就是当年的宫玺留给沙白最初的印象。

1962年，沙白先生离开上海后，不但与宫玺这位著名诗人一直保持着频繁的书信往来，而且还专门写过一首诗《答宫玺》——

羡慕你有一对闪闪的银翼
常觉你飞在高高的天上

第十九章 情浓，自有诗文留墨香

> 以诗行作桥梁向你走近
> 却嗅到一股泥土的芳香
> 不是耽于幻想的轻狂柳絮
> 旋转得春光也带几分飘荡
> 本色之美一如质朴的大地
> 从它起飞才能作万里高翔

在沙白赠予宫玺的这首诗中，他所表达的也一直难忘的是宫玺留给他最初印象中的质朴。后来沙白知道，宫玺解放初就参军入伍，成为人民空军一员。他最早的诗《星空》写于1948年，那时宫玺才十六岁；1956年，宫玺开始在上海《青年报》发表诗作。1960年代初，他先后出版《蓝蓝的天空》《银翼闪闪》等诗集。为此，沙白便情不自禁地把《本色之美——读宫玺诗稿》，作为这篇文章的题目，而且强调：

> 读完这本《宫玺诗稿》，我仍不改初衷，认为最能体现宫玺诗歌特色的，便是"本色之美"。

《宫玺诗稿》中有一首《秋水》：

> 贪欲泛滥的时日已经过去
> 尘嚣浮动的季节已经过去
> 闰六月延缓了预定的归期
> 可究竟还是来了
> 容易冲动的阶段毕竟过去了
>
> 把往事沉到记忆深处
> 把痛苦化为枯叶蝶
> 把表面的涟漪抚平
> 把芜杂的藻饰遗弃
> 把爱逐渐逐渐地分散
>
> 于是心胸旷达感情澄明了
> 拥抱大千世界
> 寄意白云青鸟

> 把悲欢荣辱
> 全都看成过客

沙白是这样理解与赏析这首诗的：

> 这首诗是写诗人感情境界的变化的，也是写他对于诗美的追求的。秋水不同于春水和夏水，没有破冰的喧哗，没有内在的骚动，没有一泻无余的泛滥，没有洪波大浪的浮躁……秋水之美在于清澈澄明，没有藻饰，甚至"把表面的涟漪抚平"，纯然是天然去雕饰的本色的美。这正是诗人的追求。

宫玺还有一首诗，是组诗《三唱之一》的《守住》，深得沙白的赞赏——

> 风雨来了，守住棚
> 夜来了，守住灯
> 狼来了，守住门
> 鬼魅来了，守住心
> 大潮来了，守住诗
> 大难来了，守住神

沙白评介这首诗说：

> 仝诗几乎是一串意念，没有任何形容词，更无藻饰，然而这一串意念却诗意盎然，因为它是诗人从长期生活体验中概括出来的，是诗人的心声。宫玺就是在物欲大潮面前，心甘情愿"守住诗"的诗人之一。

"文革"之后，宫玺从部队转业到了上海文艺出版社工作。一个曾经的年轻诗人，不仅视野有了新的扩大，思想境界也有了新的升华。正如他在《独白》中所说：

> 向三脚猫告别
> 向四眼狗告别
> 向五步蛇告别
> 把渔网撕碎

第十九章　情浓，自有诗文留墨香

　　　　把钓竿折断……

　　毫无疑问，宫玺是在向一个时代告别。而一个在改革开放春风中万象更新的时代来到了，宫玺也开始更新自己的诗风啦。《宫玺诗稿》中的大部分作品，都是这个告别之后所写的。我至今仍保留着当年在新华书店购得的宫玺的《银翼闪闪》这本诗集，但是，那本诗集确确实实是属于那个遥远的时代了。
　　用沙白先生的话说，《宫玺诗稿》"与前期收在《蓝蓝的天空》《银翼闪闪》等诗集中的作品比较，可以说跨了很大一步"。

　　接着，沙白先生进一步分析说：

　　　　本色之美的核心，是一个真字，感情是作者自己的真感情，思想是作者自己的真思想，体验是作者自己真正体验出来的，离开一个真字，便是矫饰，便是虚假。本色之美，不须要花腔女高音，不须要假嗓子唱戏，当然更容不得官腔官调，叫卖吆喝，装腔作势，用以吓人。

　　沙白先生与宫玺的友情，还有一例，那就是他们曾先后写过一首同题诗。这首诗的题目很奇特，也意味深长，叫作《与狼对视》。
　　在我的印象中，沙白老很少写同题诗的，除非是被原作者的诗深深地触动，他才会情不自禁地再去写。他还写过一首《音尘》，是与他的诗歌导师卞之琳同题的，在其他的章节会详细描述，这里只写他与宫玺的同题诗《与狼对视》。

与狼对视
沙　白

　　读宫玺诗《与狼对视》，忽有所感，因作同题诗。

　　　　那一对眼睛
　　　　本来早已忘记
　　　　沉没在记忆的湖底
　　　　陷进深深污泥
　　　　借助于你的诗
　　　　忽又沉渣泛起

沙到白时是纯色——沙白传

绿莹莹
满溢嗜血的贪婪
碧森森
隐透一股杀气
齿爪一齐颤动
蓄势作致命一击

回避是徒劳的
它正窥伺
你回过头去的瞬息
出于求生的本能
绷紧每条神经
立定脚跟相互对峙

四道剑芒在中途相遇
四支剑刃往来劈刺
以火苗对抗火苗
以蔑视回答蔑视
我终于发现自己的优势
直起腰，比它高了几尺

透过厚厚的近视镜片
我觉察到它的怯意
避开逼视的剑锋
车转身悻悻地离去
这一刻我才发现
周身瘫软如泥

狼耶人耶已经难分
人耶狼耶何必拘泥
那一对眼睛本来
早已陷进记忆的湖底
借助你的诗
忽又沉渣泛起

第十九章　情浓，自有诗文留墨香

在沙白的诗歌中，这首诗所写，绝对属于另类。诗所描述的氛围肃杀冷峻，描述的情景令人毛骨悚然，诗人明显有多种复杂心绪和爱恨情感在表达。

宫玺虽然已经离去，但他与沙白先生的友情，将永存在他们的诗文里。

我清晰地记得，上海文艺出版社2003年9月出版的《沙白散文选》及《忆明珠散文选》的策划都是宫玺。那时，宫玺是上海文艺出版社的副编审。而两本书的责任编辑，也是同一个人，叫谢锦。

这套书被称为"君子兰文丛"，在宫玺的眼里，他交往多年也热爱多年的沙白及忆明珠，肯定是在君子之列了。君子之交可以淡如水，也可以浓似酒。这两部诗人所写的散文，经由宫玺的策划得以奉献给读者，此中的情意，真的可以说是浓似酒了。

关于宫玺先生离世的消息，我是从他的一位学生在网上发文得知的。这位学生叫韦泱。韦泱在2022年4月4日《新民晚报》上，以《诗人宫玺》为题，发了很长一篇悼念文章。

其中韦泱写道：

　　宫玺善解人意，知道我喜欢与文化老人交往，在我去外地公干时，给老友忆明珠、沙白写信，让我随身带上。我从南京到南通，揣着他的信一路顺畅，叩开了忆明珠、沙白两位文坛前辈的家门。宫玺流畅的字迹，就是我与两位初见老人交流的通行证。他们信任宫玺，才会对我敞开心扉大门。我开始与他们交往，并成了一生的忘年交。

韦泱回忆说：

　　一次，他把刚出版的《宫玺诗稿》签名赠我，说"以前的诗集都不算什么，如果没有这本集子，就没有我"。他敢于如此自我否定，可见是经过反思的，是警醒的。记得老诗人蔡其矫曾评说过宫玺的诗："把人生经验压缩在每一首诗里，有巧思有奇句，却又朴素易懂，文字功夫不浅。"

老一辈著名诗人蔡其矫对宫玺的评论，与沙白先生竟然是如此的一致啊！

接下来，要记述一下沙白与芦芒的交往啦！我认为这非常重要！

沙白先生从上海国棉八厂调入《萌芽》工作期间，与上海本土诗人芦芒的交往最具戏剧性。那时，芦芒已经在上海市作家协会工作，而且早已是大名鼎鼎。除了诗名远播之外，他还是1956年轰动一时的电影《铁道游击队》插曲《弹起我心爱的土琵琶》的歌词作者，也是经久不衰的歌曲《我们年轻人》的词作者。由于沙白出版第一部诗集《走向生活》时，所用的笔名是鲁氓，与芦芒谐音，所以自从沙白进入《萌芽》后，再有人来编辑部找人，就常常搞成误会。而最大的误会，是有一次，阿尔巴尼亚有个诗歌代表团来访，沙白把诗集《走向生活》赠给了这个代表团成员，而这个代表团回国后，把《走向生活》中的一些诗翻译好后，寄了回来，收件的却是芦芒。搞清楚后，芦芒"心里很不好受"（沙白语），觉得这样重名很不好，这就促成了沙白不再用鲁氓这个笔名了，又把多年前用过的笔名莎白重新启用起来了。直至1962年《诗刊》第二期发表《江南人家·三首》，正式启用沙白这个笔名，他再也没有用过其他笔名了。

接下来，我们来说一说沙白先生与新时期著名散文诗人耿林莽的友情。

耿林莽先生比沙白老小一岁，他们是江苏如皋同乡。但两个人的第一次握手却是在1987年的秋天。那是在南通有斐饭店举办的第二届海洋文学笔会上（有斐饭店原名是张謇先生创办的"有斐馆"，是当年接待重要客人的地方）。离乡多年的耿林莽先生，特意从山东青岛赶来，一是为了参加笔会，二是为了与诸多乡友聚会。除了沙白，还有同是他的如皋老乡、南通市音乐家协会主席张乃健，以及南通市文联党组书记季茂之。

沙白先生曾经深情地说起与耿林莽的友情：

> 相知则在半个世纪之前。这是因为我们有一个共同的好友丁图。丁图是我初中的同学，四十年代初在如皋城以小学教师身份做地下工作，在他周围团结了一批热爱文艺的进步青年，耿林莽是其中之一。其后，1945年我又一次与丁图相遇，从他口中得知耿林莽及其他几位诗歌爱好者的情况，并读到耿林莽发在《诗歌线》上的诗作。抗战胜利之后，更不断在丁图那里读到耿林莽自徐州寄给他的诗稿。自此，耿林莽及他的诗，便在我记忆中留下深深的印象。

是的，沙白与耿林莽虽然相见恨晚，但是他们于1940年代，却是曾在《诗歌线》这条战线上做过战友的。耿林莽在《诗歌线》上发诗虽然远不及沙白多,但有一首《小村》,非常耐人寻味。现在就把这首诗,从岁月的流水中打捞出来,让读者们欣赏一番吧——

小 村
耿林莽

沿着哗然流响的大运河,
静静的苏北平原上;
小村是一只载梦的船——

藏在白桦林深处:
茅屋的窗户
睁着朦胧的眼,
溜出来
凄迷的灯火;
和一个十七岁的小女人
低低哼出的情歌。

那调子是使我伤情而又欲泪的,
每当它轻轻在我心头摇曳,
我恍惚又登上了那载梦的船。

这真的是一首梦幻般的好诗啊!
好了,读过了这首诞生在遥远年代的《小村》,还是让我们回到现实吧。
那次1987年的海洋文学笔会后,沙白与耿林莽这两位同乡诗人的联系,就接连不断了。
新中国成立后,耿林莽长期在青岛从事编辑工作。改革开放后,以其风格奇绝而独特的散文诗异军突起。散文诗集频繁出版,受到文艺界的广泛关注,也成了沙白与他之间的绵绵不绝的话题。
那年,沙白在读过耿林莽寄来的散文诗集《草鞋抒情》之后回忆说:"十年前,他曾写给我一首散文诗,题目是《水的诱惑》。"
而下面这首《人淡如菊》,应该是沙白对这位同乡诗友的作答。

人淡如菊（答耿林莽）

沙 白

浮花浪蕊散尽后
人淡如菊
山的诱惑，水的诱惑
远去
交响乐的急管繁弦
让位于
倚楼窗一支洞箫的苍凉

经酷暑淬火，秋光
脱尽浮躁
剪得一丛清瘦
安贫乐道
于庭院偏僻一角
雨也淡然
霜也淡然
甚至天上一轮煊赫

如酒
一杯饮得个中真醇
似人
不妨相对促膝谈心
今日之我
昨日之你
一生交托秋风

（写于1999年6月，载《沙白诗选》，上海文艺出版社2009年12月出版）

对《水的诱惑》与《人淡如菊》这两首友人唱和互答诗，沙白说：

其实，他自己也是很受水的诱惑的人。在他的笔下，水即是美，美的象征、美的外在形态。出现最多的意象则是"渴"。渴者，则是对于美的永不满足的追求与探索。然而作者面对的世界，偏又是物欲的大潮汹涌的现实，精神上的一种"干渴"之感，不得不从字里行间悠然而生。

而沙白先生的一首《人淡如菊》，在我看来，则是这两个过来之人的一次心灵的呼应，一份淡泊明志、宁静致远的超然心态了。

沙白与诗人青勃的友情，有些奇特。他们只见过一次面，但在沙白心里，却一直萦绕襟怀。

老诗人青勃是河北隆尧人，是我的河北同乡。他长沙白4岁。早年曾在洛阳、西安、北京等地的一些报纸编辑文艺副刊。后来是河南省文联的专业作家。著有诗集《号角在哭泣》《巨人的脚下》《最后的地狱》《鼓声》《愤怒》等。

沙白与青勃的相识，在1982年5月。那是在新中国改革开放事业的春风中生机勃勃的季节，《诗刊》社在屯溪、黄山等地举办抒情诗座谈会，他们俩和邵燕祥、周良沛、流沙河等聚会于名山秀水之间。

沙白善于观察人的形貌与气质，并常常用极简练的文字素描。他回忆青勃说：

> 他是与会诗友中最年长者，也是最朴实者。以花甲之龄，犹奋步攀登黄山，在登天都峰的峭壁上，在百步云梯的千百石级上，他坚实的脚步、敦厚的身影，宛然是个跋涉过漫漫长途的北方老汉。

后来，青勃把他的第9本诗集《绿色的梦》寄赠给了沙白。诗集中的《致白鸽》《渔梁镇》《醉石》《黄山杜鹃》《擦痕》《飘砾》等，都是记述这次屯溪黄山之游的。

沙白回忆说：

> 在我收到青勃寄赠的诗集后，回了一封信。不久即收到他从河南寄来的信。信封上歪歪扭扭、勉强成形的字，以致家人以为是一个孩子写来的。原信如下：
>
> 沙白同志：
> 大扎收悉，甚慰；你已康复（指沙白第一次中风），我却在扶杖学步中。去年（应是1990年）突患中风，住院两月，右侧瘫痪，一年多来，

恢复甚慢。至今,两手互助,能写个歪歪扭扭的短信……我的作品自知比较直白,但与吾兄等同游黄山、富春江诸山水之间,终生难忘,书出来后大都薄赠一册,献丑而已!现只以此歪歪扭扭信柬,向朋友们道一声祝福吧!

专此即颂诗安

青勃 (一九九一)九月十七日

沙白回忆说:

其后不久,即从报刊上见到青勃病逝的消息。一个人朴实如此,执着如此,偏偏命运多舛。于是我便把这封最后的信,加进他的最后一本诗集中,珍藏起来。

沙白继续回忆说:

我知道青勃的名字和他的诗,是早在新中国成立前的1947年。在《诗创造》丛刊上,他的泥土气息和朴实诗风,曾引起我的注意。一首《拥抱》印象尤深。翻遍藏书,终于找到。

拥 抱
青 勃

拥抱冻结的冰块
要它融解
拥抱寒冬
暖出春天来

拥抱被侮辱与被损害的
用身体挡住
刺过来的刀尖
抽下来的鞭子

拥抱暴虐的恶魔
像赫尔库莱斯

> 紧抱住巨人安大乌斯
> 而把他的筋骨折断
>
> 拥抱那脚踏人民的
> 摔不倒他
> 就连自己一起
> 滚到山谷里

青勃的这首《拥抱》沙白是一直记得的。它写作于1946年2月。后来，被选进了《中国四十年代诗选》。沙白的诗《我想望火》和《刀丛诗草》也被选进了同一部诗选。

我一直认为，每部诗歌选集都像是一座诗歌大厦，每个入选诗人，都会在这座诗歌大厦里，拥有自己独立的房间。为此，可以说，沙白与他的诗兄青勃，在1985年9月，由重庆出版社出版（等同于建造）的诗歌大厦里，就一直是亲密的永不分离的诗歌邻居了。

本章的最后，就该说说沙白与诗人魏毓庆了。

我总觉得，在沙白的眼里与心目中，魏毓庆的形象有些戚戚然。

比沙白先生小8岁的魏毓庆，是扬州人，曾任职于江苏省委宣传部文艺处，后任省作家协会创联部主任，专业作家，著有散文集《宫花寂寞红》等，1999年去世。沙白有一篇题为《跳动的诗心》的文章，深切地悼念这位江苏省作协的优秀工作者和出色的女诗人。文章便是由读魏毓庆的《宫花寂寞红》这部散文集说起的。

沙白在文写道：

> 去年，魏毓庆同志去世之后，我写过一首悼诗：
>
> > 斯人归去太匆忙，未及人前展诗囊。
> > 窗外桂香自徘徊，案头彩石伴夜长。
> > 宫花一朵春寂寂，晚风盈袖海茫茫。
> > 无缘再上鸡鸣寺，漫品新茶话炎凉。

沙白是这样记述魏毓庆的：

魏毓庆同志爱美，爱诗。从小在祖父的口授下背诵唐诗，参加工作后，一度担任诗歌编辑。在作协工作期间，多次组织诗歌座谈会、朗诵会，为新诗奔走呼号。对于一首好诗的出现，她的欣喜之情，常常超过作者自己。一生之中，与诗结下不解之缘。她极具诗人气质，富于诗的敏感，有很高的鉴赏能力。从散文集《宫花寂寞红》的短短几句题词中，我们就可以感受到，她胸中跳动着一颗诗心——

一朝
我飘然离去
如秋叶
这本小书便是
回音壁
为知我爱我者
留下
一腔心声
几许叹气

沙白继续着魏毓庆所著散文集《宫花寂寞红》的话题：

这本散文集中，许多篇章的选材、命意、取景、遣词，常流露出浓郁的诗情画意。我常想，她天生应该是个诗人，应该留下像李清照那样的哀婉动人、独具风格的诗章。

然而，命运女神从来不是一个公正、坦荡的神祇。她的专长也许便是特意给人们留下无可弥补的缺憾。有如明月之常缺，而把一轮满月留在人们的想望之中。给你半轮初八月便算十分大方了，更多的则是一弯弦月，甚至什么也不给！

魏毓庆同志去世的消息传来，我曾在给忆明珠的信中提到，似乎常听到她的叹息。的确，在她生前，在谈话的间隙，她常常不由自主地发出一声叹息。在《宫花寂寞红》的题词中，她也提到"几许叹息"。在这本书中，叹息声时有可闻。其中最最深长的一声是《蓝色的慰安》中的一句：这世上还不清债的，岂止我一个呢！

第十九章　情浓，自有诗文留墨香

行文至此，沙白情难自禁地感叹道：

魏毓庆同志的一生，似乎都在忙于"还债"。在办公室，忙不完的接待，应酬，开会，公文，上级的要求，下面的意见，殚精竭虑，没完没了，工作总是干在人前。在家庭，四个儿女和一个长期生病的爱人，她是贤妻良母。读一点书都得忙里偷闲。一本《宫花寂寞红》，已是偷偷积攒的"贴己"了。她曾寄希望于离休之后，能有较多时间，偏偏天不假年。对于一个过于认真的人，命运女神常常特别苛刻。

沙白先生又情难自已地发出了感叹——

再说，像题词那样情调的诗，像她曾背诵给我听的：

请把窗子打开
别让桂花的香味
在窗外
独自徘徊

（悼诗中的第三句，即源自此——沙白注），十七年中能找到发表之处吗？所有这类诗只能藏之诗囊，所有此类诗情只能锁之心头。若干年后，再去捡寻，为时已晚。

沙白先生在这篇悼念文字的最后，思之对魏毓庆的怀念，思之应该成为诗人却最终没有成为诗人的魏毓庆，再次表达了一种大憾纠结于心的些微欣慰，这便是：

虽说错过了季节，魏毓庆同志终究为我们留下了她的文字，虽然这只是她可以和应该写出的极少的一部分。从这些文字中，处处可以感觉到一颗诗心在突突跳动。

沙白最后说：

写到这里，窗外的水杉梢头正升起一颗寒星，凄清而又明灿。那一弯下弦的冷月呢，她正栖身在碧海青天的那一边。

过早逝去的人啊！只要有人如此地怀念（其中更有诗人沙白），这应该就是永生吧。大诗人臧克家早就说过："有的人活着，他已经死了；有的人死了，他还活着。"

何况"情浓，自有诗文留墨香"。

如此说来，魏毓庆留给人们的印象，虽然难免有些戚戚然，但在这些许的戚戚然里，却也透露出了她生命的坚韧与尊严，体现出她的敬业精神与对同事与友人的无时不在的关切，不由得让人肃然起敬，并时不时地深深怀念！

而沙白先生这篇怀念魏毓庆《跳动的诗心》的散文，文中情深意切地对于她形象的描述，将永远是一种存在。魏毓庆如若天堂有知，那就是一种永远的心灵慰藉吧……

第二十章　潜流，短诗抒情韵味长

- 太湖秋色山水间
- 山花一束燃亮眼
- 南国之什诗妖娆
- 绝句虽短多灿烂
- 纪念碑下须回眸
- 江南人家笑声欢

《沙白抒情短诗选》是1995年3月由中国文学出版社出版的诗集。主编是著名诗人雪兵。

这是一套丛书，是雪兵以《潜流诗丛》之名编辑的。入选的诗集包括《沙白抒情短诗选》《忆明珠诗选》、安谧的《通天河》、雷霆的《沉思与放歌》和雪兵本人的《凝固的音乐》等。

关于这套丛书，雪兵在《夏日漫笔——潜流诗丛》总序中，对于编辑与出版的初衷与过程，做了一个很真挚也很动情的说明。他说——

> 记得还是1991年春天，我在雷霆兄家里切磋诗艺，谈古论今，相聚甚欢。其间，也谈及诗坛有一批诗人，已经从各自的工作岗位上退下来了。虽年事过高，但激情未减，而且仍不断地有力作问世。他们是一股既未被遗忘又不被注目的潜流。如果能想方设法为这批诗人结集出书，不论对社会，还是对这批诗人本人，皆不无裨益。
>
> 过了一段时日，经过多方联系、商讨，认为此举可行，即开始组稿。不久，便得到几位诗友的支持，一一寄来书稿。我和雷霆兄合议，把这套书定名为《潜流诗丛》。
>
> 《潜流诗丛》中的作者沙白、忆明珠、安谧诸兄，早在五十年代即登上中国诗坛，并硕果累累。五十年代至今，他们已有四十年左右的创作历程。期间，虽历经曲折和坎坷，但他们的作品却给当时的诗坛

增添过活力与蓬勃。他们的佳作,也深受当时读者特别是青年读者的喜爱,起到过应有的激励、陶冶和启迪作用。雷霆兄亦是《潜流诗丛》的作者之一。他的诗歌生涯,早在中学时代已经开始。读大学时的诗作,已见之于当时的报刊,得到大中学生和诗界的承认、赞许。特别应该提出的是,新时期之后,雷霆兄的诗作坦诚而又深刻,概括而又不失含蓄,浑然形成自己独具的风格,为中国诗坛所瞩目,可喜可贺!

《潜流诗丛》中的诗人,都是我的朋友,而且大都可以同我开怀谈心。如今,除了我和雷霆兄能够三日一晤、五日一谈之外,其余几位朋友,有的蛰居海滨,有的埋头绘事,有的病卧草原,且塞北江南,天各一方,几乎再没有可能聚在一起促膝谈心了。每想于此,心里便升起几许莫名的惆怅。但转念一想,又觉得那"几许莫名的惆怅"是多余的。其实,当我翻开朋友的书稿时,等于换了一种形式——用诗谈心。从某种意义说,这种无声的交谈,这种心与心的相互感知,既是促膝谈心的延续,又是促膝谈心的深化与升华。

在出书难、出诗集更难的今天,《潜流诗丛》找到了好心的"婆家"——中国文学出版社,真是一件幸事!在此,仅代表这套诗丛的全体同仁,向中国文学出版社致以诚挚的谢意!

这套诗丛,早该问世。因种种原因以及我之拖累,故迟至今日付梓,敬祈诗丛诸兄见谅。

雷霆兄为这套诗丛做了许多案头、组织工作,在此一并致意。

《沙白抒情短诗选》作为"潜流诗丛"之一于1995年3月问世。诗丛的策划者雪兵与雷霆先生的心肠是火热的,目光是高远的。这套丛书实现了编辑对诗人们的判断,即"他们是一股既未被遗忘,又不被注目的潜流。如果能想方设法为这批诗人结集出书,不论对社会还是对这批诗人本人,皆不无裨益"。

这套丛书中的《沙白抒情短诗选》在其出版5年后,也就是2000年,获得了江苏省文学界最高荣誉的(第一届)紫金山文学奖。而且,也许更为重要的是,凭借着这套诗丛出版的东风,沙白先生对自己创作出的抒情短诗做了一次系统地梳理与总结,可以看作是沙白先生抒情短诗的集大成者,并及时地交给了喜欢沙白及其诗歌的千万读者,交给了中国诗坛及中国诗歌史,也为沙白自己建立了一座高耸的抒情短诗纪念碑。

《沙白抒情短诗选》全书共分六辑：一、太湖秋色；二、山花一束；三、南国之什；四、绝句；五、纪念碑；六、江南人家。让我们一一道来。

第一辑：太湖秋色

集中收入了以太湖为总体抒情意象的作品20首。其中，创作于1980年10月左右的有6首，创作于1981年10月左右的共16首。所以，这两个年份的10月，对于沙白来说，真的是黄金般的岁月与天赐良机的收获季节。而可以得到证明的是，1980年10月，正是沙白先生在太湖东山采风的时节，一以贯之地重视生活的他，也一直坚持"从自身的生活体验出发"写作，且把这一坚持作为"我的主张"与信条的他，真的是没有辜负那个黄金的季节，没有辜负那座太湖之滨的美丽洞庭东山，还有想浪漫地泛舟而去而没去成只能在风雨迷蒙中遥望的洞庭西山，以及范仲淹老先生的"故山"，即天平山。

是的，沙白没有辜负所有的生活赐予。从自然风貌与形胜地灵上的，到人文历史与风土人情上的。

特别需要提起的是，《秋》《红叶》和《洞庭秋色赋》这三首丰富了沙白代表作的优秀诗篇，就分别诞生在1980年10月与1981年10月。

这就像20世纪的中国音乐经典之作《太湖美》（作词：任红举，作曲：龙飞），也是诞生在一次太湖之滨的采风生活中。

因在第十一章"月下，请听《南国小夜曲》"中，对《秋》《红叶》和《洞庭秋色赋》这三首诗，已有较为详尽的记述，此处不再重复赘述。

第二辑：山花一束

集中收入了以黄山、峨眉山等为最重要的抒情主体的作品16首。其中，写黄山的有9首，写峨眉山的有3首，其他的4首。1982年五六月间，《诗刊》社在屯溪、黄山等地举办抒情诗座谈会，沙白得以与诗友邵燕祥、青勃、周良沛、流沙河等聚会于山水之间。正是在此期间，他被巧夺天工的景多、景奇、景美的黄山所感染，一口气写下9首关于黄山的诗篇。而且，从每首诗注明的时间看，全部是写作于1982年6月。这又是一次密集喷发式的创作。我们试着从这9首黄山诗中，择出2首欣赏一番。

梦笔生花

沙　白

芦笛崖边，
我没有找回被摧折的芦笛；
"梦笔生花"前
再来寻失落的彩笔。

即使能够寻到，
对着黄山哪敢挥毫！
在大自然的巨匠面前，
我显得过分渺小……

　　诗人沙白就是这样，在他觉得应该谦恭的时候，是绝对谦恭的。面对鬼斧神工下的自然造化，面对魔幻千万般的奇景黄山，他心中可以有千万般奇妙的想象，千万般的抚今追昔的感叹，却不会有一丝一毫的高傲与矫情。一句"摧折的芦笛"，一句"失落的彩笔"，似乎已经说明了他对已经逝去的黯淡岁月的无奈与喟叹。是的，在黄山这个"大自然的巨匠面前"，诗人的"我显得过分渺小"的谦恭，恰恰完成了他的自我形象的塑造，也成就了这首书写诗人特定经历与心灵的诗篇。

　　再看一首《无题》：

无　题

沙　白

人，用想象
美化山的形象。
山，用形象
丰富人的想象。
七十二峰架一座桥，
通向缪斯的殿堂。

　　"七十二峰架一座桥"已经是一个奇妙的想象了；而"通向缪斯的殿堂"

则是诗人时刻不忘的自我身份认同,在为生活不息歌唱自豪感的同时,这一切便情不自禁地在诗人笔下开始抒发了。

  前面的四句,两两对应,把人的想象与山的形象之间的关系,用极富哲理的语言,表达得何等别致而有情趣啊!是的,人是万物之灵;但永远不能忘记,只有大自然,才能把人导向"通向缪斯的殿堂"。这诗情这意境,不但令诗人想到了主司艺术的希腊女神的动人歌唱,更是中国诗人站在历史新时期的春风中,站在"天下第一奇山"黄山之巅上,所发出的"自由之神在纵情歌唱"啊!

  第三辑:南国之什

  该辑集中收入了沙白先生以云南采风生活为创作素材的抒情诗11首,写作时间为1980年10月至1980年12月;另有3首,是他赴甲天下的桂林山水时留下的诗踪,均写作于1981年1月。可见,那段时间真的是沙白先生游踪踏访不停、生活采撷不停、诗笔挥舞不停的大好时光啊!

  1980年秋,沙白刚刚结束了江南太湖之滨的抒情,又马不停蹄地飞往更南方的云南,去会会少数民族同胞,让南方的风吹开诗人的满腔情愫,敞开襟怀游吟啦!这一辑中,佳作连连,除了在第十一章"月下,请听《南国小夜曲》"中已经欣赏的几首外,还有以下几首华彩篇章——

蕉 叶

沙 白

西双版纳是一张巨大的蕉叶,
那么翠绿,那么娇嫩,
染绿了所有的平坝,
映翠了所有的山岭。

连同澜沧江的鹅卵石,
和黄昏时天上的流云。
傣家的竹楼若隐若现,
在绿色的海洋中沉浮……

太阳对它有特殊恩宠,
雨露也分外意浓情深;

月月都是结果的季节,
时时都是开花的春景。

大象迷恋于这一片翠绿,
找到了遮阳避暑的绿荫;
孔雀嫉妒傣家少女的筒裙,
不由得对着澜沧江开屏。

  记得早年间,著名的江苏矿工诗人、《雨花》诗歌编辑孙友田有一次与我谈诗,他一再讲写诗就是发现。好的诗人,成功的诗人,就是善于发现的诗人。发现什么呢?这里的含义就极其丰富而多样了。

  那么,沙白先生到了云南,到了西双版纳,他发现了什么呢?他发现了"西双版纳是一张巨大的蕉叶"。这是个奇特的发现,是在奇特的联想中的发现,他把成千上万片香蕉林,看成了一个整体;他把一片香蕉叶,扩展到了整个西双版纳,看成并比喻成了"一张巨大的蕉叶"。有了这个大胆想象中的"蕉叶",也就有了这首奇特的诗。而且,整首诗可以说是大开大合,收放自如。一会儿是奇大无比的"绿色的海洋",一会儿是"若隐若现"的"傣家的竹楼",一会儿是"孔雀嫉妒傣家少女的筒裙",一会儿是"不由得对着澜沧江开屏"。如此展开的一幅幅生动鲜明的南国生活画面,既有大自然的风貌,又有人间的服饰与风俗。

聂 耳 墓
沙 白

哦,聂耳墓!难道这就是
一个光辉生命的休止符?
不,它埋不下他的躯体,
那需要浩浩大海的空阔;
更埋不了那烈火般的灵魂,
那是活着的他的火样的歌!

千树青松如巨大的音符,
拍岸波涛高奏他的乐英。

而他，仍像当年不甘寂寞，
更无意留恋西山四季常开的花朵；
滇池太小，他要走遍整个祖国，
用那烈火般的歌，一声声催促……

作为一位中国的优秀诗人，到了云南，拜谒国歌的曲作者，是一件值得永远纪念的事。毫无疑问，《义勇军进行曲》是国魂。沙白是如何用一首短诗，如何用他的语句来表达自己对国歌曲作者聂耳的敬仰之情的呢？

我们发现，诗人的思路是开阔而宏大的，思考是深沉而热烈的。他从规模不大的聂耳墓，想到了包容五洲的激荡无边且永无止息的大海，既因为当年聂耳极其不幸地牺牲在了日本海里，更因为一座墓地，"它埋不下他的躯体"。于是，诗人进一步抒发说"那需要浩浩大海的空阔"；同样，那一座墓地，"更埋不了那烈火般的灵魂，那是活着的他的火样的歌""更埋不了那烈火般的灵魂"，言尽了聂耳与他作曲的《义勇军进行曲》，是我们的居安思危的民族魂，是与我们的新中国一起行进一起繁荣富强的永远"活着的他的火样的歌"！

虽然这是一首短诗，但是，从这首诗里，我们再次感受到了沙白先生表面柔弱实则骨子里及热血里却无比刚强的另外一面。这首短诗再次体现了沙白先生无愧为中华赤子的火热如炙、硬朗如钢的个性。笔者认为此诗可与他的长篇政治抒情诗《递上一枚雨花石》和《大江东去》比肩。

漓江雨景
　　沙　白

疏雨——
三点两点，
青山——
无数利剑。

雨，
轻似烟，
怕惊动
碧琉璃似的江面。

山,那么尖,
一心要
刺破阴沉沉的天。

天,
大概也怕了,
一会儿
雨收云散。

山,
一个倒栽葱,
跌进了
漓江里面……

  这首写《漓江雨景》的诗,在语言形式上,简洁、凝练、纯粹、干净,极好地体现了沙白短诗的古意美,虽明白如话,却不失为素朴而儒雅、活泼而庄重。
  而这一首《漓江雨景》,更是充满了宋词之长短句之美。无论是语句排列上的建筑美,还是语言节奏上的韵味美,仔细分析一下,颇有十六字令的风韵与风味,仅仅是字数略有不同而已。
  沙白先生的许多诗,是很生活、很有趣、很调皮的,也很有民间语言韵味与民间风俗情调的。他先是把"青山"比作"无数利剑","山,那么尖,一心要刺破阴沉沉的天";可笔锋一转,又说:"天,大概也怕了,一会儿雨收云散";一会儿说:"雨,轻似烟,怕惊动碧琉璃似的江面",可笔锋又一转,干脆像是开了个玩笑似的:"山,一个倒栽葱,跌进了漓江里面……"
  "一个倒栽葱",绝对是来自民间的风趣而幽默的语言。毫无疑问,沙白老是把他从生活中得来的百姓俗语,巧妙地写进诗里了。这是一种大智慧啊!此处,如果把"大智若愚"这句成语改造一下,说的"大愚若智",似乎也不无不可吧。

  第四辑:绝句

  这一辑共收入19首诗。写作的时间跨度长达21年,即从1960年5月的一首《公园篇》,一直到1981年11月写的一首苏州的《网师园》;其中的重点作品是1978年10月期间,他一口气写出的"京华短句"6首。写作这6首"京华短句"时,是沙白应《诗刊》社之邀,正在北京参与编辑《诗选(1949—1979)》三卷本期间。还另有写作于1979年12月的"长安短句"3首。

"绝句"者,又称截句、断句、短句、绝诗是也,属于近体诗的一种形式。"绝句"来源于汉及魏晋南北朝歌谣,名称大约起于南朝。有人以为"截取律之半",以便入乐传唱。绝句由四句组成,又分为律绝和古绝(即古体诗之一种)。其中律绝有严格的格律要求。沙白先生把这一辑的题目取为"绝句",只是按照"绝句"行数上的四句要求,每首入选的诗,都是四句诗。格律上他没有去追求,是自由的。也就是说,他借鉴了形式上的要求,是按照古体诗中古绝的要求来进行写作的。当然,他的"绝句"诗的韵味与内在节奏,还是颇具古意古风之风范的。

我们尝试着欣赏几首沙白先生的绝句吧。通过赏析可发现沙白先生在"绝句"这一形式上,是既有继承也有发扬的,这是他矢志不渝的一己追求,从中自可看出若干高妙之处。

水 杉
沙 白

说是在冰河期你已荡然无存,
由于偶然的发现,又繁衍子孙。
如今,到处见到你挺拔的身影,
真想问问你怎样逃脱那场厄运!

(作于1980年1月)

沙白先生一直是个博学多才的诗人。为此,他让我们得知"如今,到处见到你挺拔的身影"的水杉,"说是在冰河期你已荡然无存"。

沙白先生又一直是个善于反思的诗人。为此,面对"由于偶然的发现,又繁衍子孙"的水杉,他又"真想问问你怎样逃脱那场厄运"!

显然,诗人的这句诗既是对生生又灭灭、灭灭又生生的大自然的各种现象发出了提问,更是对人类社会发展进程中的生生又灭灭、灭灭又生生的各种历史事件,并由此衍生出的人们如何会遭逢各种厄运发出的提问。

真的,无论是在自然界,对于各种生物而言,还是在人类社会,对于普通人们而言,厄运常常是难以逃脱的。而使厄运灾难远去,幸福平安常伴,才是亿万普通百姓所向往的啊!

东汉牛耕图
——长安短句
沙 白

一千八百年前,你就拉犁耕田,
当时,你确实走在世界的前面。
多少岁月逝去,依然却未卸重轭,
缓步徐行,不管人间瞬息万变……

（作于1979年12月）

如果说这首写作于1979年岁末的扼腕长叹之作,是沙白先生对于我国的生产力长期处于极为落后状态、人们的生活水平也因之长期处于不得温饱状态的痛心喟叹,也可以说是他对于改革开放事业的大声呼唤。如果说草木感于时令,"当春乃发生",那么也可以说,诗人有感于政治气候长期不得安宁及民间多有疾苦,多么希望能早日降下改革开放的甘霖,能"随风潜入夜,润物细无声"啊!

沙白先生还有一首写作于更早一些时候（大概是1979年春）的《新月》,是对改革开放事业已经开端的大声礼赞。此处不赘。

长 城
沙 白

秦时明月曾相照,汉代硝烟城边飘,
白发萧萧,像我们的民族一样古老。
因为曾经千百次挺起胸膛,面对长矛,
你才巍然雄踞,站得比所有峰峦都高!

（作于1978年10月）

诗人沙白眼里的长城,是跨越数千年时空的思古之幽情,是古老而悠久的中华历史的象征;是"曾经千百次挺起胸膛、面对长矛"的勇士,是"巍然雄踞，站得比所有峰峦都高"的英雄！

我一直觉得，诗人沙白胸中，是有一股永不磨灭的英雄气的！

我也一直觉得，一直穿梭在婉约与豪放这两种诗风之间的沙白，坚持在这两种诗风的变换中，从不停息地写作，都可谓是得心应手的。其实，支撑起他或如似水一般柔情，或如洪流滚滚一般浩荡的是他不息流淌的脉脉深情、滚烫的铁血精神与豪迈情怀。只有这样理解，我们才能更亲切地走近诗人沙白。

再次读过沙白先生的三首古绝之后，还想再多说几句。我们都知道，沙白一直都很仰慕著名诗人贺敬之。贺敬之长沙白一岁，他在为新诗的写作奋斗了大半生且成就斐然，也影响了亿万读者。进入改革开放的新时期以来，他"开始了新的追求"，也就是新古体诗的探索与创作。贺敬之于1976年12月写出的新古体诗《赠诗友》，可以看作是他在这方面的一个宣言。他写道："历难更开新诗境，黄河九曲诗汛来。"

丁七玲在其所著《贺敬之传》中，是这样表述的：

> 贺敬之在诗歌上，新的追求体现在新古体诗创作上，他是在这一诗体中开辟出新境界的。为了更好地了解诗人的开拓之功，先对新古体诗作一说明。
>
> 新古体诗是从古体诗发展而来。按照汉魏老规则写成五古，七古，杂言、五言、七言古绝称为古体诗；严格讲究平仄变化、对仗与押平声韵的五律、七律、排律、五绝、七绝称为近体诗。而五四运动后，按老规则运用现代汉语写的诗，称为新古体诗。所以称为"新"者，就在于它运用的是白话；所以称为"古"者，就在于它合乎了讲节奏、押韵等自古以来就有的传统。
>
> 新古体诗应该是包括了新、旧诗体之长，而避免其弊端、容易掌握的诗体。
>
> 1987年秋，他（指贺敬之）偶得机会回故乡山东访问，并作泰山之行。游山本是消遣求精神放松之举，贺敬之却在他的泰山系列诗中，使我们看到他人生境界不断提升的过程。

第一首诗名为《登泰山南天门即景》：

此境天生抑人生，
相遇竟在不遇中。
月观峰上观落日，
日观峰下逢月升。

介绍了贺敬之先生在新古体诗创作方面所思所想所为之后，我们可以得出两个小小的结论：一、沙白先生一直在全身心地投入学习古典诗词，并全身心地浸染于古典诗词的长河中，进行他的新诗创作。二、他所写的绝句，应该是属于或者是接近于古体诗中的古绝，而不是近体诗中的绝句。因为，凡是对古体诗、近体诗有所涉猎研究的朋友可以发现，沙白先生标以"绝句"的作品，其实比约定俗成中理解与把握的新古体诗，要更加自由一些，也更加宽泛一些。

沙白先生是有一己的诗歌理想与追求的。他一再说，自己"遵循的仍然是'源于生活，有感而发'的现实主义创作方法，着力于继承中国古典诗歌传统"。

在这一点上，他与贺敬之先生是英雄所见略同，也大体上是殊途同归的。

关于旧体诗词的写作，还记得这样一件事，2017年岁末，我准备出《北方河诗词选》的时候（北方河者，我的笔名），曾想请沙白先生为这本书写个序，或者随便写几句鼓励的话。那天，在他凤凰莱茵苑家里，我们极为亲切地进行了一番交谈。那大概是我与他唯一的一次关于旧体诗的交谈。

我向他老人家汇报说，这本诗词选用的新声韵（即新韵，也称今韵，新声韵。关于什么是新韵，我国格律诗权威机构中华诗词学会称其为"新声韵"，就是用普通话，用新华字典、现代汉语词典的发音，来写格律诗），很多人用的"平水韵"，我搞不懂，更不会用。

听了我的汇报，沙白老笑着说：

"平水韵"我也没有下功夫去搞懂。我的普通话也不行，一直就是如皋白蒲腔调的地方普通话。你用"新声韵"写旧体诗，我不敢评论啊！我学着写点旧体诗，写点绝句什么的，其实，就是模仿古体诗的形式，表达的是我们现在的情感。近体诗的规矩，我也没有下功夫，我达不到的。

听了沙白老的一席话，我原来想再次借他的光的想法就放弃了。

他和著名的散文诗大家耿林莽一起曾分别为我的第一本诗集《回眸逝川》写过序！我已经很知足了。

第五辑：纪念碑

这一辑收有11首诗，时间跨度为15年，分别为创作于1963年2月的2首、创作于1976年12月的3首、创作于1978年11月的5首、悼念1971年不幸去世于"文革"的著名诗人闻捷1首。

沙白先生创作于1963年2月的两首诗，有其极为特殊的历史背景：1962年《诗刊》发表了他的《江南人家·三首》之后，遭到了一些批评。

为此，沙白开始思考另辟蹊径。这就是他后来写出并发表《递上一枚雨花石》（1963年第6期《人民文学》）和《大江东去》（1963年11期《诗刊》）的时代背景。

无论是《递上一枚雨花石》，还是《大江东去》，都是硬朗朗的政治抒情诗，是符合那个时代精神的（这样的诗，却也经受住了历史的考验，至今仍被传颂，同时，也证明了沙白的大智慧，他把政治抒情诗写出了长久的生命）。而沙白在此之前，即1963年2月写出的《太平天国石舫》和《史可法衣冠墓》两首诗，便可以看作是同一年代同样风格的作品了。

《太平天国石舫》是太平天国的诗歌纪念碑；《史可法衣冠墓》是史可法的诗歌纪念碑。

众所周知，太平天国是19世纪中叶中国最大的一场大规模反清运动的斗争结果，洪秀全领导的农民战争所建立的革命政权，勇敢地担负起了反封建、反侵略的任务。沙白的《太平天国石舫》一诗，便是缅怀那段历史的颇具悲壮色彩之作；而《史可法衣冠墓》这首诗，则是一首颂扬历史上的一位民族英雄之作。

让我们借此机会，再次拜读一下吧。

史可法衣冠墓
沙 白

明末史可法督师扬州，孤军抗清，宁死不屈。扬州城西梅花岭有其衣冠墓。

踏着风雪扬州路，
来寻英雄的坟墓。
走完了史可法大街，
迎我的是一片梅树。

他就躺在这里么？
面前有座白色穹庐。
也许他正昂首危坐，
起草那封复多尔衮书……

这不过是个衣冠墓罢了，
泥土怎埋得了不屈傲骨！
他仍然搞着反抗的旌旗，
走遍烽火漫天的国土——

召唤郑成功的士兵，
敲打洪承畴的膝盖骨，
留下一杆血铸标志，
用来分辨英雄与懦夫。

（作于1963年2月）

这辑中，还有写作于1976年12月的《纪念碑——写在梅园新村之三》，是献给敬爱的周恩来总理的。沙白以这种深情怀念，为周恩来总理树起了一座诗的纪念碑——

纪 念 碑
——写在梅园新村之三
沙　白

他有大山的崇高，
却没有它的倨傲；

他有大海的恢弘，

> 却没有它的粗暴；
>
> 他有云霞的辉煌，
> 却能永恒地照耀……
>
> 谁说他没有一座纪念碑呵，
> 它正和我们的事业一起升高！

在纪念碑这一辑中，有一首《会唱歌的精灵——悼闻捷》。在我还很年轻的那个年代，闻捷是我最喜欢也最敬佩的大诗人之一。他的许多诗，我都读过。尤其是那首《我思念北京》，不知道读过多少次，而且，通过收音机，也不知道聆听过多少次朗诵。

该深切怀念的一定要深切怀念；
该永远记牢的一定要永远牢记；
该大声诵读的一定要大声诵读！
沙白先生为闻捷树立起了一座诗的纪念碑！
而我则是用自己的方式，永远缅怀著名当代诗人闻捷。记得闻捷的代表作《我思念北京》首次发表在1963年10月23日《人民日报》上，而我大哥哥在那个年代是一直订阅《人民日报》的，所以我是在第一时间读到这首诗的。数十年来，我已经记不清有多少次默诵过这首诗的第一节了——

> 我是如此殷切地思念北京，
> 像白云眷恋着山岫，
> 清泉向往海洋，
> 游子梦中依偎在慈母的膝下，
> 我日日夜夜思念着北京啊！
> ……

第六辑：江南人家

这一辑中，共收入了24首诗歌。大部分是1960年代初的作品，有几首是在1979年左右创作的。从题材上看，大部分是写江南水乡的，也有几首是写海港渔民生活的。

大家都知道，当年沙白之诗名的鹊起，就是因为发表在1962年第2期《诗刊》上的《江南人家·三首》，这组诗的诗题，亦成为本辑的诗题。

沙白的生活经历，离不开江南水乡。
沙白的情感皈依，也离不开江南水乡。
沙白的诗歌创作，成名作、代表作以及太多的优秀作品，都是江南水乡生活的艺术再现与痴情歌唱。

其实，就沙白江南题材的写作而言，自然风貌、日常场景与人们的现实生活，都与锦绣江南极为相似的地方，是无论如何不能忽视的，这里就是沙白的故乡——与江南仅一江之隔的江海大平原。万里长江注入大海的时候，出现了含在长江口里的一颗明珠，这便是崇明岛的存在。长江入海的浩浩大波，很自然地就被崇明岛分成了两股江流，即紧贴江南与上海的南支，还有就是紧贴江海大平原的北支。

为此，沙白所有写江南的作品，应该都有这片江海大平原的影子。

在这片江海大平原上，无数条纵横的自然河流与人工运河，在与长江和黄海握手相牵中，勾勒出了不亚于江南的水乡风景与风情；而无数座大小渔港与海港，或沿江或滨海纷纷列队，更美化了这片土地依水而居的潮润的风景。

也就是说，虽然沙白1962年初就离开了上海，但在故乡江海大平原上的生活，随时都可以对其关于江南水乡的创作进行润泽与补充。

沙白自然会常常梦江南，但他从来没有远离江南。

毕竟，家乡与江南只有一江之隔。无论当年去江南工作，还是后来频繁地去江南游历采风，都可得舟楫之便。

下面，还是让我们继续欣赏沙白在这一辑中的优秀作品吧。

由于在其他章节中已经将沙白描写江南的代表作，比如《水乡行》《江南人家》《杏花》《春雨》等进行了赏析，那就再找出另外的几首作品吧。

忆 江 南

沙 白

江柳摇绿烟，

帆影上远天。
杏花时节，
忆江南——

烟蓝水暖
忙煞打鱼船；
湖桑吐芽
纸上见春蚕。

青山前，
红雨染桃园；
绿水边，
黄云落菜田……

望江南，想江南，
心似春归燕，
村头、屋角、水边，
一天绕三遍！

　　沙白先生每写江南，意境总是鲜美如画的，语言总是鲜活欲滴的，调子总是新嫩似水的。
　　沙白先生"望江南，想江南，心似春归燕，村头、屋角、水边，一天绕三遍"！
　　读过沙白先生的诗感到亲切无比，有如身临其境啊！
　　只是不知，他此处的江南，是当年亲自一再踏访游历的江南，还是把自己的家乡当作了江南，"一天绕三遍"！

菱　歌
沙　白

新月出山，
一弯柳叶眉；
山影月影，

倒映入湖水。

金波荡漾，
月儿碎，
湖边来了
采菱队。

双手作桨，
划秋水，
绿叶带水翻，
红菱舱里垒。

菱叶稠，
密密桶边围，
红菱肥，
菱歌满湖飞——

往日的
穷山恶水哎，
今日的
金山银水……

（作于1962年10月）

  采菱应该是湖泊密布的江苏水乡的丰收一景。这诱人的水乡人家的劳作情景，在沙白细腻的笔下，一组组生龙活现的场面，尽显无余。更何况诗人将这一场景置于一弯新月之下，更加增添了月夜中的诗情画意。
  善于拾取生活细节来造景、写意，是沙白先生驾轻就熟的艺术手法；而发自内心的温情脉脉的情感抒发，又是沙白先生一以贯之热爱生活和作为普通劳动者的自然表白。
  沙白先生的许多诗歌，都是具有节奏感和歌唱性的。
  这是他从古诗词中汲取来的深入血脉的取之不竭、用之不尽的充沛养分。

打暴的港湾

沙 白

桅杆挨着桅杆,
像一片芦苇滩。
芦滩下一座水上城,
藏在海岬臂弯。

街巷相连,
炊烟不断。
门窗里送出各种方言,
从东北直到闽南。

舢板儿送水,
运输轮收货。
好似十里长街,
"马"嘶人喧。

天上黑似锅底,
港湾繁星万点。
灯光下一片繁忙,
开会、补网、整帆……

风送鱼鲜到,
一霎不闲。
任他海岬外边,
风暴在跌跌冲冲呼喊!

(作于1962年1月)

这是一首写渔港劳动与生活景象的诗。诗人对渔港场景观察之细微、捕捉之逼真,令人叹为观止。诗中洋溢着大海笼罩的气息,散发着渔民忙碌有序的畅快,不愧为一幅"渔港月夜图"。

由于生活在江海之滨城市的缘故，南通沿海的许多渔港，我都去过多次。很遗憾的是，我缺少像沙白老这样的夜间渔港生活的亲身体验，也就根本想象不出"桅杆挨着桅杆，像一片芦苇滩。芦滩下一座水上城，藏在海岬臂弯"这种壮观景象，也没有看到过"街巷相连，炊烟不断。门窗里送出各种方言，从东北直到闽南"的只属于渔港的人间烟火，更没有体验过"舢板儿送水，运输轮收货，好似十里长街，'马'嘶人喧"，以及"天上黑似锅底，港湾繁星万点。灯光下一片繁忙，开会、补网、整帆……"的渔港之夜的繁华。

　　还是要在感叹沙白老有一双观察生活亮眼的同时，也要学习他对生活的一种贴近再贴近的态度。

　　是他发现了一座随着潮来潮往移动着的充满生机的渔港城市；

　　是他发现了这座海港城市在流光溢彩中，既梦幻又现实更温暖的渔民生活。

　　"深入生活，扎根人民"不仅仅是一个号召，更应该变成一种思想方式与行为方式。如果想写好一首传递渔港生活细枝末节、如沐浴海潮扑面的诗，就应该像沙白老一样啊！

　　想写好所有的诗，都应该是这样的呀！

　　如上所述，《沙白抒情短诗选》这部诗集，就是这样奉献给了当时的千万读者，也留存于中国新诗史。其诗歌形式或曰样式上的执着创新与长期坚守，值得珍惜；其内容呈现上的现实与浪漫的微妙结合，值得效仿。

　　正所谓，虽是岁月中的一股潜流，却也是短诗抒情韵味长！

第二十一章　心曲，独享寂寞诗有声

- 诗集《独享寂寞》获"首届艾青诗歌奖"
- "首届艾青诗歌奖"颁奖词及答谢词
- 《独享寂寞》是一种高尚的精神境界
- 寂寞中的新收获：《沙白文集》四卷本问世
- 寂寞中的"沙白诗歌朗诵会"引起一片欢乐反响

给 珠 贝

沙　白

不要求一缕非分的阳光，
不希冀一滴额外的雨露。
没有说一句浮华的话语，
悄悄在水下孕育着珍珠……

　　沙白的这首题为《给珠贝》的短诗，可以解读为写人生操守与信念的，也可以理解为写人生理想与追求的。

　　这是2002年由当代中国出版社出版的诗集《独享寂寞》开篇第一首。

　　其实，我更愿意这样解读：这是诗人的自画像，即送给他自己的最真实的写照。

　　有此"人生操守与信念"，

　　有此"人生理想与追求"，

　　他才能独享寂寞。

　　如今，二十二年过去了，沙白已近期颐之年。虽住在病房里，但是，依然还在写诗。沙白的人生始终与诗歌结缘。无论是传颂不衰的《水乡行》，还是为诗人赢得全国性声誉的《大江东去》《递上一枚雨花石》等诗篇，都是我国新诗宝库中的瑰宝。

关于诗集《独享寂寞》最珍贵的话题，是它获得了以当代大诗人艾青命名的"首届艾青诗歌奖"。

2004年9月16日，主办单位中国诗歌学会在北京人民大会堂隆重举行"首届艾青诗歌奖"颁奖典礼，诗集《独享寂寞》享受到了中国诗坛这一崇高的声誉。

中国诗歌学会授予诗人沙白"中坤杯·首届艾青诗歌奖"的颁奖词如下：

诗人沙白在二十世纪四十年代初期登上诗坛，迄今已经历60多年漫长的岁月。他在耄耋之年出版的诗集《独享寂寞》，是他近20年的佳作集萃。其中全部诗篇都是抒情短章，简洁而凝练、朴素而意蕴深长。黄山云霞、长安秋兴、古镇细雨、村野炊烟、斗室听雪、参望佛门、夏夜之梦、古寺听禅、黄河古道、江南新茶、墓园神思、水乡寄远、故交忆旧、独坐黄昏，都是一种人生境界，都包容着丰富的文化内涵。

他说："在欺世与趋时之外，寻找一条崎岖小道。"超离于世事繁华和名利纷争，自愿与孤独寂寞相伴相随，这是一种人格操守，也是一种超越世俗的审美理想。

沙白又说："儿时被芦苇割破手指/母亲为我卷一支苇笛，老来细看自己的掌中/仍是那支喑哑的苇笛/虽然喑哑，依然珍惜/有母亲的爱，自己的血"。

可见儒家入世的严肃和道家出世的飘逸，以相融互补的哲学理念，滋养了他的文化性格。因此，独享寂寞，不只是一种生存形态，而且是一种美学形态，不仅是一种人生信仰，而且是一种文化归依，以宗教般的淡恬和虔诚，供奉于神祇般的人格圣洁。

颁奖词最后说：

为着他诗歌语言的老到圆融，为着他以崇高而淡雅的情思，浇灌一片诗的绿阴，评委会决定授予沙白"中坤杯·首届艾青诗歌奖"。

颁奖词高度赞扬了沙白作为一个真正诗人的精神品格，及其诗作的卓尔不群。

获奖对沙白来说是一个新的里程。

如今思来，无论是诗集《独享寂寞》所提出的命题，还是诗集中的全部作品，都有着长久的生命力。

当年的颁奖典礼，沙白先生因为身体原因，没能亲自去北京人民大会堂领奖,而是由他的次子李晓白代领,也代为致答谢词。

沙白的答谢词如下:

> 年届八十,已到"转瞬即是夜晚"的年龄。从中学时代发表第一首诗算起,已经六十一年。
> 这部诗集,是地道的"过时风景"。这些写于八九十年代的诗,以及附录中新中国成立前的作品,遵循的仍是"源于生活,有感而发"的现实主义创作方法,着力于继承中国古典诗歌传统。与时下诗风比较,显得陈旧。这次参与评奖的目的,也在于尝试了解一下,这类风格的作品,在当前是否仍有一定生命力,是否仍可得到一些人的认可。尝试的结果便是:仍可在诸多诗家面前,"敬陪末座",即在当前不断发展、流派纷呈、多姿多彩的诗坛,仍需此类风格"聊备一格"。
> 新诗远不及古典诗歌成熟。她的进一步发展,需要各种风格流派的兼收并蓄,相互竞争,相互学习,相互渗透,相互宽容。对于我自己,则如诗集代序中所说,"在欺世与趋时之外,寻找一条崎岖小道。即从自身的生活体验出发,既不用谁也看不懂的东西去欺世,也不趋时去迎合潮流追求轰动效应"。以此自勉。
> 谢谢各位评委,谢谢各位到会的朋友们。

这无疑是沙白的诗歌宣言。

沙白就是这样,一个脚印一个脚印地走着他诗人的长途,一首诗一首诗地诠释着一个诗人的人生真谛。

徐应佩是我国著名古典文学鉴赏研究专家,与沙白既是南通同乡,又长期在南通工作,曾任南通师范学院(今南通大学文学院)教授,与沙白多年交好,他自然是既熟悉又敬佩沙白的。沙白的诗集《独享寂寞》出版后,立即引起了徐应佩先生的密切关注,并写了《〈独享寂寞〉是一种高尚境界——读沙白诗歌有感》一文。至今,这篇文稿依然在互联网上传播。

徐应佩教授评论说:

> 老诗人沙白1962年以一首《水乡行》享誉诗坛,1963年更因长诗《大江东去》《递上一枚雨花石》而声名鹊起。嗣后因环境关系,虽

诗作不绝如缕,可已不如早年诗情涌动,佳作翩翩。最近沙白将二十多年来的一百多首新作汇集,由当代中国出版社出版。诗集名曰《独享寂寞》,缘此可见诗人迈入了人生和诗歌的新境界。

  沙白在"独享寂寞"中坚守自己的精神家园。诗人是于"金涛"之外独享寂寞,不管金涛拍岸,潮涨潮落,他闭门谢客,关窗拒景,挥走"喧嚣、竞逐、诱惑、纷争",不计荣辱尊卑,不求功名利禄,只想保持志行高洁、感情纯净,追求真善美的境界,从诗人的精神家园中,可见杏花春雨江南,牧马秋风塞北;心善情真景美,童趣乡味哲理。
  "独享寂寞"是繁华花落,尽见真淳。
  长期的自我参悟,使诗人百炼钢化绕指柔,入炉火纯青的化境。诗中无火气、无杂质、无异味,洗净铅华见真朴,谢绝繁饰露本色。
  且看一首《千岛湖印象》:

    山,在水上漂
    水,在山下摇

    水,才下机
    万丈绿色鲛绡

    山,刚出浴
    一身水汽未消

    山,把水染绿了
    水,把山泡青了

    一抹斜阳抹红了千岛
    翡翠盘上托颗颗玛瑙。

          (作于1982年12月)

  "独享寂寞"是默默地潜心著述。他在《独享寂寞》代序中,引旧作《路》曰:

    内环路、外环路

> 终点也是起点
> 南京路、长安街
> 人头攒动
> 常常失掉自己
>
> 丝绸之路上
> 黄沙漫漫
> 黄金之路上
> 林海苍苍
> 古道上马蹄得得
> 走的是前贤先哲
> 新路上旗帜飘飘
> 扛旗的是当代英豪
>
> 你走你的阳关道
> 我走我的独木桥
> 在欺世与趋时之外
> 寻一条崎岖小道

沙白说:"这大约就是我的主张。"

这样,诗人怎能不寂寞,可是诗人却是以寂寞为乐,这就要"独享寂寞"了。

从上述可见,沙白的"独享寂寞",是一种高尚的境界,是他人格精神的体现,也是他审美情怀的坦陈。一般的人可能欣赏这种境界,但学不了,做不到。殊不知这要有多种因素的综合和长期的修炼。沙白出版这部诗集,他说"旨在录存",意谓在于"独享",可是由于诗作的感情诚挚、境界高尚、语言优美、诗艺精妙,广大诗歌爱好者还是会争相来分享的。

我认为,寂寞其实是个共同的话题,它与许多诗人有关,也应该与每个人都有关。因为人的一生,除了少年学业成长、青年光芒万丈、中年忙于奋斗、老了天年颐养之外,任何人都会有寂寞的时光。只是有人在追求一个个奋斗目标的忙碌状况之下,没有多少时间去寂寞,去享受寂寞罢了。

寂寞是一种人生状态。

沙白的诗歌导师卞之琳就曾写过一首以《寂寞》为题的诗,而且成了引人注目的名篇。而沙白则以《独享寂寞》为主题,成就了一部诗集。

所以,学会独享寂寞,在寂寞时有所思有所获,这是个大学问。

以我这个沙白弟子的眼光观察,他的独享寂寞的方式与境界,可以说是到了极致,很少有人能够学习和企及的。我试着举几个例子:

1980年,沙白调往江苏省作家协会去从事专业创作,直至1988年离休。这期间,省作协曾经两次安排他去国外参加国际诗会或者国际诗人节,他都婉言谢绝了。这很有些令人费解,但是,他就是没去。沙白之所以婉言谢绝,自然有他的考虑与缘由。但是,他也真的是耐得住寂寞。

沙白不是个闭塞自己视野的人,也不拒绝去国外开眼界,他对外部世界的兴趣,对国际上的著名诗人及其作品,是相当关注也极为熟悉的,其了解的程度,不比任何诗人差。他还写过许多谈论诗歌翻译方面的文字,以及评论外国诗人及诗歌的文章,而对获得诺贝尔文学奖的诗人,更常常情不自禁地议论一番,那些文字,每每读起,都令人津津有味,兴趣盎然。

沙白常常逃会于文学界的各种会议。也许,参加哪个不参加哪个,他有自己的考量与选择。年纪稍长一些后,他对各种聚餐酒会,更是"高挂免战牌",而且是决绝的。

记得那年,他的家乡如皋电视台的季健(现任如皋市作家协会主席)等人特意来南通,为其拍摄如皋名人的人物专题片,我与南通诗人冯新民一直陪同。拍摄结束后,季健邀请他到附近的饭店一起吃个午饭,他说自己不喜欢去饭店,一再婉言谢绝。做了半天思想工作,他说就请他的小儿子李晓白代替。

每年春节前,省作协领导都会特意从南京赶到南通来给他拜年,交谈过后,约请他一起到饭店聚餐,陪他一起提前过个年,他也一直是谢绝的。有时甚至还说,家人还等他上灶为家人烧菜呢!小儿子自然又成了他的代表。

他喜欢在家陪家人。

他喜欢这种寂寞。

1987年秋,南通市文联与作家协会承办了第二届海洋文学笔会。那时,沙白的身体与精神状态,都是挺好的,他兴致勃勃地全程参加,因此还见到了他的南通如皋同乡、特意从青岛赶来与会的新时期著名散文诗诗人耿林莽。笔会期间,两位同乡相谈甚欢。事后,他还专门为耿林莽写了一首诗。南通是个海港城市,自然也是个以港兴城的城市,是我们国家改革开放早期最早对外开放的十四个沿海城市之一。笔会安排采风,长江口边的南通港是必选之地。当年的情景于我而言,仿佛如昨。但是,就是那次笔会不久,他第一次轻度中风。病愈之后,沙白就更耐得住寂寞了。

上海诗人刘希涛,在沙白尚在《萌芽》当诗歌编辑时,曾得到过他的指点,刘希涛念念不忘。两人多年一直保持着联系。2005年11月暮秋初冬时节,他曾专程到南通看望沙白,还专门撰文描述过那次晤面给他留下的印象:

> 大概30年前,沙白中过一次风,一只耳朵几乎听不见。四五年前又有过一次小中风,走路就困难了。虽坚持锻炼,毕竟年岁大了,现在只能在室内拄杖走一小会儿,生活基本自理。沙白平时读书看报,通过电视看新闻和体育节目,能上电脑,从未用过手机(后来用了)。偶尔还写作,主要是整理、修改旧稿和写些怀念、悼念故人之作。

这就是沙白独享寂寞中的日常生活。
以《白洋淀纪事》开始走上文坛的孙犁先生说:"文学是寂寞的事业。"
沙白深谙此道。
沙白热爱此道。
沙白愿走此道。

或许,正是由于诗人沙白生活中耐得住寂寞,他的诗文才从来没有寂寞过。
就在他于2004年9月16日在北京人民大会堂获颁"首届艾青诗歌奖"之后的第二年,即2005年10月,江苏省作家协会策划的四卷本《沙白文集》,以江苏老作家文集的名义,由凤凰出版集团江苏文艺出版社正式出版了。
江苏省作家协会与南通市文联及南通市作家协会,于2005年11月15日,还在南通文峰饭店,隆重地举行了《沙白文集》首发式暨沙白诗歌研讨会。省作协由时任作协主席王臻中领队,共10人出席。第二天,即11月16日下午,又在南通市劳动人民文化宫,举行了盛大的沙白诗歌朗诵会。
首发式暨研讨会对沙白诗歌的创作风格、创作特色,以及沙白诗歌在中国诗坛和社会上的地位与影响,进行了深入研究与探讨,并以此推动江苏省与南通市的诗歌创作。
时任江苏省作家协会主席王臻中,副主席赵本夫、赵恺,书记处书记张王飞,著名文学评论家黄毓璜、汪政,诗人黄东成、孙友田、徐明德、王辽生等,齐聚南通,对沙白表示衷心祝贺,并对沙白的为人和诗歌创作一致作了高度评价。

参加《沙白文集》首发式暨研讨会,以及参加"沙白诗歌朗诵会"的南通市宣传文化界知名人士和诗人有张小平、尤世玮、徐仁祥、张松林、徐应佩、周溶泉、徐景熙、吴幼益、高龙民、陈建华、姚恭祥、王法、陈白子、李军、冯新民、严迪、吴丕能、仇红、王志清、卢庆平、朱友圣、李民族、鲍冬和、姚振国、严清、蔡起泉、石瑞礼、王子和、吴培军、倪禹等。其中的很多诗人都是沙白的亲授弟子。许多人诗集的序,都是沙白亲自撰写予以鼓励的。例如仇红的诗集《驿站》的序、王子和的诗集《回眸逝川》的序等。

王臻中在致词中十分动情地说:

只要是生活,只要是他足迹所至、目光所及,无不贴近群众,诗意独到,极其广阔。沙白先生的诗歌创作,是感悟人生社会的哲理提升和艺术升华的范本,他的诗歌创作功力、造诣,完全可以说到了百炼钢成"绕指柔"的境界,他是审美创造的巨匠,我由衷地敬佩!

赵本夫说:

沙白找到了他的人生状态。他的《独享寂寞》,恰恰证明了沙白相信自己的作品价值。除此之外,他的低调与谦恭,他的从不张扬,让人常常感受不到沙白的存在。

赵恺说:

诗无达诂,再过一万年也是如此。人格之高洁,是沙白的第一特征,是中国诗歌的第一标高!

诗人黄东成在慨叹:

"诗坛是什么现状呢?始终是无序的"之后,对沙白数十年来的为人与诗歌创作,表达了由衷的赞赏。

时任《扬子江诗刊》执行主编的徐明德说：

沙白是个勇于寂寞的诗人。勇于寂寞，是大智大勇。他与世无争，却是以诗与世大争，是命运之争。

时任南通市作家协会主席的张松林说：

四卷本《沙白文集》的出版，让我们感到，沙白又回来了。沙白的诗，一直受到广大读者的喜欢。沙白的散文，具有战斗性。

研讨会在欲罢不能的氛围中，热热闹闹地开了一整天，作为当年的与会者之一，当时，作为记录者的我，用了文峰饭店提供的16开的信笺，做了较为详细的记录。有些可惜的是，我所记录的内容中，有不少没有记下发言者的尊姓大名。如今面对这些尚可看清的字迹，只能做个综述了。

来自省内、市内的诸多与会者对沙白高尚的人品与处世风格，对沙白诗歌既注重从我国悠久的诗词传统中汲取养分，又尊重亲历生活的感召，以此所形成的独树一帜的卓越诗风，从不同的历史方位和艺术角度，进行了酣畅淋漓的剖析与解读。

有人感叹说：

沙白学养之丰富，在当代诗坛堪称楷模。他的诗中既有唐诗风骨，又有宋词风韵，还有元曲小令的灵动与节奏。每读沙白，都能感受到他厚重的文学积淀。而沙白人与诗的品质，则是东方文化的卓然品质。

有人赞叹说：

沙白的诗歌，是精练、精致、精美的艺术体现。多读沙白，既可得到最好的思想启迪，又可得到最美的艺术陶冶。

有人艳羡说：

沙白的诗集，只要一打开，就既有神圣感，又有愉悦感、娱乐感，还特别有韵律感。沙白的诗可默读、可诵读、可吟唱,读者尽可把沙白的诗交给眼睛,交给耳朵,尽情欣赏与陶醉。

有人畅言说:

一个成功的诗人,必须既要有成名作,又有代表作,才能走进文学史、诗歌史。诗歌有绘画美、音乐美、建筑美。这个建筑美,它不是盖一般的房子,而是故宫、是长城,就像沙白一样,一定要独特。这个独特,也就很像南通的狼山一样。狼山列于中国佛教八小名山之首。沙白的诗歌,就是南通诗歌上的狼山。

有人戏言说:

如果哪位诗人,只要能写出四首像沙白一样的诗,也就可以称为沙白了!

有人慨言说:

如果可以用三美总结一下沙白的诗歌,一是品格上的人性美;二是艺术上的经典美;三是语言上的自然美。

对于诗人沙白的一以贯之的低调与谦恭,来自省里的一位专家慨言道:

今天的研讨会与前几天(赵)本夫(即时任省作协副主席、著名小说家)的小说研讨会,值得寻味。江苏似乎嫌低调了一些啊!现在是很好的调整。组织行为与个人低调,要相辅相成。赵本夫式的东方幽默,是东方之美。要继续理解他们,宣扬他们,我们还不够到位。慢慢地悟吧,早着呢!组织配置上,翻译很重要,要继续向外推呀!

历史会记住的——

2005年11月15日全天的《沙白文集》首发式暨沙白诗歌研讨会圆满结束;2005年11月16日下午的"沙白诗歌朗诵会"也隆重地如期成功举行。"沙白诗歌朗诵会"是在碧波荡漾的南通古护城河(即濠河)之滨的南通市劳动人民文化宫三楼剧场盛大举行。这座南通文化地标式的建筑，由元帅诗人、新中国初期任上海市市长的陈毅亲笔题名。

这场"沙白诗歌朗诵会"由时任南通市文联驻会副主席高龙民任导演。

南通诗人朱友圣作为沙白先生的得意弟子，倾情为诗歌朗诵会撰写了解说词，由南通电视台著名主持人宣梁、高颖深情演绎。

为了更好地解读沙白及其诗歌，也为了存史为念，特将朱友圣先生的解说词照录。同时也将当年所朗诵的沙白诗歌篇目及朗诵者的名字照录。将沙白的三首被谱上曲的诗歌，依照演唱的顺序，亦分别照录。

上篇：苇 笛

解说：

　　六十二年前的1943年，一位热血青年，在满目凄惶的土地上，在波涛不息的扬子江边，写下了第一首诗歌《羸顽的叹息》。从此，这颗年轻的诗心，紧连着亿万生命的家园。从此，沙白成为人们喜爱的诗人。

　　他的性情连着那多情的《苇笛》，唱着母亲给了自己的血……
　　依恋着《炊烟》下面，一座《江城》在大江的臂弯里入眠。
　　《苏北》在诗人的眼中，是一组散点的历史画卷，向南天眺望——
　　春风正渡江而来。
　　忧难中的诗人想起《化蝶》，悟出化蝶是为了飞翔的自由。
　　哦！庄周化蝶，梁祝化蝶，诗人的心愿的双翼属于蓝天。
　　一曲《水乡行》，记着诗人情系江南。美词佳句，久久难忘。

（上篇的朗诵篇目如下）：

《苇笛》　　　朗诵：王美娟

《江城》　　　朗诵：胡若楠

《炊烟》　　　朗诵：任　晖

《苏北》　　　朗诵：吴培军

《化蝶》　　　朗诵：王晓英

《咏鹰》　　　朗诵：许　迅

舞蹈：顾菊萍、林茂军
编舞：陆一兵

为沙白诗歌《水乡行》谱曲、演唱——
作曲：王 剑、演唱：季芸芸

水 乡 行

水乡的路
云水铺
进庄出庄
一把橹

鱼网作门帘
挂满树
走近才见
几户人家住

要找人
稻海深处
一步步
踏停蛙鼓

蝉声住
水上起暮雾
儿童送客
一把好橹

中篇：独立苍茫

解说：

沙白的目光常在现实中回望历史。
回望定格了诗人沉思的身影《独立苍茫》。

六朝古都的金陵储存了多少历史的内涵,

也给沙白的诗句注入了历史的重量。

《紫金山》《秦淮河》《六朝松》,萦绕几多历史的悲剧,哀者、荣者,衰亡与兴盛萦绕在诗人笔下。

诗人的一生是思考的一生,看世界旋转,觉"高处不胜寒"。

结痂的伤口,提醒隐痛的回忆。

忧心无闲,思潮难眠。

让我们深深地凝注沙白的诗骨,坚挺而从容。

让我们再一次倾听他面对浮云的《独立苍茫》。

（中篇的朗诵篇目如下）:

《秦淮河》　　朗诵:徐媛媛
《六朝松》　　朗诵:叶庆霖
《紫金山》　　朗诵:徐芹霞
　　　　　　　二胡:彭艺芳
　　　　　　　古筝:陆媛媛

《登金陵饭店三十七楼》　朗诵:吴培军、任　晖、胡若楠、王晓英
《帷幕落下》　朗诵:叶庆霖
舞蹈:姜国萍
编舞:陆一兵
《在咸亨酒店》　朗诵:许　迅

为沙白诗歌《独立苍茫》谱曲、演唱——
作曲:王　剑、演唱:王　剑

独立苍茫

残辉

在枝头跳了一跳

悄然而逝

头顶飞过投林的鹊鸟

暮色四合

包围圈越缩越小

独立苍茫
连影子也弃我而逃
一座孤岛
在大海的怀抱中凝神听涛
就不能赐以片刻宁静吗
心头这片海也正风急浪高

一阵风
把黄昏星吹泊天角
一只漂流瓶
在苍茫的浪涛中飘
有人落水
有船触礁

下篇：大江东去

解说：

　　沙白的诗词体现了古今一脉的传承，让我们分享了传统与现代相互交融的快慰。
　　沙白的文采，显示了他的功力和修养，清丽中给人以隽永，大气中托出警拔。
　　国魂是他的诗魂，国风是他的诗风。
　　一首《大江东去》是他生命旺季的产物，也是他的成名之作。
　　万里大江万古流，大浪淘沙沙更白。
　　沙白在他的诗章中沉淀，思索在他的诗句中凝练。
　　关注生存状态，情注《黄河故道》。
　　黄河在诗人的心中奔流着中华生机的脉管。
　　岁月蹉跎，时风时而逆转，浮尘蒙上了英雄主义的颂歌。
　　读一读《递上一枚雨花石》吧，浸透了诗人英雄的情结。
　　想一想《史可法衣冠墓》吧，这不屈的碑记。
　　再听一听诗人为《长城》的放歌，史诗的龙魂，不倒的精神。

第二十一章 心曲,独享寂寞诗有声

(下篇的朗诵篇目如下):

《黄河故道》　　　　　　　朗诵:王美娟
《递上一枚雨花石》　　　　朗诵:徐媛媛、胡若楠、周德明
　　　　　　　　　　　　　导演:杜友渔

《史可法衣冠墓》　　　　　朗诵:叶庆霖
《披着长发的头颅铿锵一掷》朗诵:徐芹霞

为沙白诗歌《长城》谱曲、演唱——
　作曲:王　剑、演唱:韦南西

长　城

秦时明月曾相照,汉代硝烟城边飘
白发萧萧,像我们的民族一样古老
因为曾经千百次挺起胸膛,面对长矛
你才巍然雄踞,站得比所有峰峦都高

《大江东去》　　朗诵:吴培军、任晖、许迅、王美娟
　　　　　　　　　　　 王晓英、徐芹霞
　　　　　　　　舞蹈:林茂军、曹峰峰、徐鹏、杨罡
　　　　　　　　编舞:陆一兵

作为朗诵会最后一个节目,《大江东去》这首诗被吴培军、任晖、许迅、王美娟、王晓英、徐芹霞等六位朗诵艺术家集体呈现,倾情诵读,把这场既是珍贵纪念也是热烈庆贺,同时更是表达无比崇敬之情的沙白诗歌朗诵会,推向高潮,也载入了历史。

这场"沙白诗歌朗诵会",虽然已经过去了近20年,可是许多场景,依然留在我清晰的记忆里。

参加2005年11月16日下午沙白诗歌朗诵会的朗诵者,除了南通市话剧团的优秀演员,还包括了来自南通社会各界的朗诵爱好者,这些人后来都成了南通市朗诵学会的中坚力量。至今,凡是当年的参与者,回忆起这段艺术经历,仍然是津津乐道,引以为荣,念念不忘。

而正是在这次诗歌朗诵会上,沙白有三首诗歌,被南通市音乐家协会的作曲家王剑谱成了曲,并由季芸芸、王剑、韦南西分别激情演唱。这大概是沙白的诗第一次插上了音乐的翅膀吧。

而且至今,这些歌还在互联网上流传。

朗诵会导演高龙民先生后来回忆说——

2005年,江苏省作家协会一行10人,特意赶到南通,一方面是为《沙白文集》四卷本的出版,隆重举行首发式暨研讨会;另一方面也是为著名诗人沙白先生庆贺八十寿辰(沙白先生出生于1925年中秋节,至2005年秋,正好是八十周岁——作者注)。为此,省作协除了委托南通市文联组织首发式暨研讨会外,还策划举办一场"沙白诗歌朗诵会"。市文联决定,由我担任朗诵会的导演。我想,朗诵会如果"一诵到底",未免有些单调,是否可以选几首沙白先生的诗歌,请作曲家谱曲,请演员演唱,从形式上变化、丰富诗歌朗诵会呢?但是,诗与词不同,歌词讲究深入浅出,听者当场感动;诗歌则不然,诗歌多用留白,追求言外之意。因此,在歌曲创作中,很少直接为现代新诗谱曲演唱的,这有一定的难度。但是,好歌难中求,我还是选择了沙白先生的三首诗歌《水乡行》《独立苍茫》和《长城》,请来了王剑作曲,并由三位歌唱演员分别演唱。"沙白诗歌朗诵会"演出后,得到了省作协领导和作家们的一致好评,也为沙白诗歌留下了三首好听的相关歌曲。

天下的事,有时真的是凑巧——

2005年11月15日举行《沙白文集》的首发式暨研讨会;2005年11月16日的下午举行"沙白诗歌朗诵会";而2005年11月17日的《南通日报》,则无巧不巧地发表了沙白题为《以城市为纪念碑的人——写在张謇诞辰150周年》的诗歌。

平日里独享寂寞的沙白,连续三天,与省、市文艺界的众多友人们一起享受与自己的诗歌密切相关的诗歌盛宴,沉浸在了他的诗歌节日之中,也再次与大家一起品尝了他亲自酿造的优质的诗歌美酒。

独享寂寞的沙白,又一次向我们证明着:"独享寂寞诗有声"——这是一个真理啊!

沙白的《以城市为纪念碑的人——写在张謇诞辰150周年》是一首短诗,是献给南通这座被称为"中国近代第一城"的缔造者张謇先生的。

第二十一章 心曲，独享寂寞诗有声

毛主席曾说："中国的轻工业不能忘记张謇。"

2020年11月12日，习近平总书记来到南通视察，专门了解了张謇兴办实业、教育和社会事业的情况，盛赞："张謇是中国民营企业家的先贤与楷模。"

张謇先生出生于1853年7月1日，病逝于1926年8月24日。沙白先生这首怀念张謇先生的诗，标明"写在张謇诞辰150周年"，这应该是2003年的作品。沙白先生在诗的末尾，也标明出了"旧作，写于2003年"的字样，等到2005年来发表，自有深意。

因为2005年是张謇先生亲自创建的我国第一座博物馆——"南通博物苑"成立100周年。就在这年的9月24日至9月25日，在南通隆重举行了"南通博物苑一百年暨中国博物馆事业发展百年庆典和2005年中国南通港口经济洽谈会"，与此同时，一场全方位展示南通民间歌舞的名为"江海风"的专场文艺晚会，在更俗剧院上演。

为此，应该把这首极具历史意义和艺术价值的诗歌录存如下：

以城市为纪念碑的人
——写在张謇诞辰150周年①

沙 白

用一块状元及第的金牌
打造成傲立潮头的冲浪板
张謇归来
不为吟风弄月、鲈脍莼羹
父教育，母实业
南通受孕
于新旧世纪交界的年头
于风雨如磐的黑夜

如今，一百五十岁的张謇
无处不在
他在唐家闸街头背手眺望
百年老厂又换新颜

他去参加一所学校的百年校庆
对师生们大讲恒以治学、诚以做人②

他正准备讲稿，前去祝贺
第一座博物馆的百年诞辰……
他在濠阳小筑小憩
回首一生步步坎坷的历程
他在啬园悄立
迎迓渡江而来的第一缕春风
或者他正沿濠河缓步而行
望着这条五光十色的金腰带
有些儿嫉妒，更多的是欢欣

以城市为纪念碑的人
他的名字与城市共存

注：①旧作，写于2003年。
②沙白的母校南通中学校训"诚恒"，为张謇所题。

(刊于2005年11月17日《南通日报》)

沙白先生的这首诗，颇有些朗诵诗的味道，他尽情歌颂的就是张謇。遥想当年，沙白之师卞之琳的海门大乡贤张謇先生，中了清末的状元后，放着京城里的高官不做，毅然决然地回到家乡南通，开始了他在江海大平原回报桑梓父老的艰难创业之路。

还有一件巧事，说其巧，也是发生在2005年，就是关于沙白先生系列活动的次月，而且也与歌颂张謇先生密切相关，不妨赘述一下。

2005年12月22日下午，南通市委、市政府在更俗剧院，隆重举行南通城市精神大讨论总结大会，同时，"包容会通，敢为人先"的南通城市精神揭晓，相关仪式结束后，进行了"为南通喝彩——大型多媒体原创声乐组曲"演出。在12首歌颂南通城市精神的歌曲中，有一首《张謇颂歌》，歌词是我创作的。这应该是较早诞生的一首张謇颂歌吧（策划：吴幼益。作曲：黄慧。演唱：南通大学教授黄建平。音乐制作：南通高等师范教授黄忠）。

张謇颂歌
王子和

你从那京城里走来,
忧国忧民爱满怀。
你回到故乡的城市,
把太阳般热血一起带来。
兴实业,纺机声声沸腾了江与海,
办教育,书声琅琅唤醒了桃李花开。

你是一位开路先锋,
高官不做只为了一个爱。
你开创了多少个全国第一,
你使南通大放光彩在近代。

你从那历史里走来,
音容笑貌今犹在。
你活在故乡的城市,
把太阳般梦想寄托现在。
后来人,以港兴城走出了江与海,
向世界,近代名城走进了大城市带。

我们正在继往开来,
潇潇洒洒只为了一个爱。
你留下的精神正在发扬光大,
要让南通开放一个新时代!

我之所以录下此歌,只是表明,我一直都在追随着沙白师长,我与沙白师长也一直同心同爱,同心同爱于对先贤的发自内心的敬仰与永世的怀念;同心同爱于将诗歌融入满腔热血的奔流不息与矢志不渝的永世虔诚;同心同爱于南通——这座沙白先生的故乡之城,也是我的第二故乡之城。

不妨,再顺手将沙白先生的一首《江城》照录如下:

江 城

沙 白

大江有情
在这里弯了一弯
夜夜，小城
在她的臂弯入眠

踏着江浪，万吨轮
万里来归，舶来
海风，海雨，海腥
与一条新的海平线

一面临海的窗
打开，太平洋的信风
撩起那道温情脉脉
古色古香的珠帘

毅然将"状元及第"的金匾
改制成一块冲浪板
一试身手于
溅湿白云的浪尖

夜晚，新建的居民点
有虎纹贝躺在海滩
海潮声中依稀梦见
黄金铺地的遥远的海岸

这首创作于1990年10月的诗作，既歌颂了南通这座滨江临海之城的自然形貌——万里长江即将入海处的时候，在南通是向南拐了一个弯的，俗称南通湾，同时，也歌颂了改革开放为这座江城带来的可喜变化。语言的描述充满了忽而江、忽而海的跳转之中的奇妙想象。

随着年岁渐长，诗人沙白深居简出，开始了独享寂寞；但是，他的诗歌写作,却是一直没有寂寞。他在独享寂寞中,坚韧地行进着他的诗歌之旅。

本章最后,就让我们再次重温沙白先生的警世之作《独享寂寞》吧——

独享寂寞
沙 白

独享寂寞
于滚滚金涛之外
　　　　——摘自手记

闭门
关出所有不速之客
充耳不闻
潮涨潮落,金涛的拍岸声
喧响成十万雷霆
泡沫浮在浪尖
浓妆艳抹,掷过来
揶揄的窃笑
任由那只漂流瓶
前来叩门,管它传来的
是欲海沉船,还是
一万年前的问讯

关窗
把一轮夕阳关在窗外
由它深长的太息烧成
染红半个天宇的大火
溅落的加速度让群山
颤抖如暴风中的丛林
安魂曲的大合唱
庄严、高亢,壮烈而又
充溢无可奈何的酸辛

一盏灯下的世界

也有佛陀拈花的安详
也有一鸟不鸣的幽静
没有比粉墙更铁面无私的了
一挥手，挥走
喧嚣、竞逐、诱惑、纷争
对着桌上灯、灯前影
穿衣镜中白发如银
以及飘飞在千年、千里之外的
那只自由自在的风筝
独享寂寞
笔也无言
书也无声
所有什物各安其位
有如永恒

（作于1993年12月）

  这首诗，不仅仅是一首警世之作，也是历尽沧桑的诗人沙白，阅尽千古、阅尽人生，而后发出的灵魂自由、泰然处世的心声。他的《独享寂寞》，真的是识破天机、广阔无垠的精神驰骋……

  诗无达诂。愿这首《独享寂寞》的读者诸君，有更为深邃广袤、细微入心的理解与感悟……

  面对《独享寂寞》这首独特之诗，面对沙白这个独特诗人，愿读者诸君能得到人生的老而不衰的启迪，心力的泉水浇灌及强大的人格支撑。

  我们常说宁静致远。也许，诗人沙白的《独享寂寞》，便是面对生活、生命和更深远的一切之后的致远宁静……

第二十二章　流年，八十初度意何如

- 对于所有人来讲，离休或退休，都是个敏感的话题
- 诗人沙白，在离休将近二十年后，出版了诗集《八十初度》
  他以这样的一部诗集，来为自己的八十岁贺寿
- 《八十初度》中，沙白极为执着地在老之已至中
  寻找到了属于自己的生命尊严、泰然与淡然
- 人生七十古来稀，而年届八旬的沙白
  依然谦恭地面对诗神，唱着他
  "没有老去的，只有这一小点诗情"的歌

　　几乎对于所有人来讲，离休或者退休，都是个敏感的话题，而离休和退休年限，也就成了个敏感的年龄。如许多女工的五十岁，如某一级别女公务员的五十五岁，如某些级别男公务员的六十岁。因为这意味着一场意味深长的告别：告别工作岗位，告别朝夕相处的亲爱同事，告别已经相随了几十年的生活方式。

　　七十岁也是一个敏感的年龄。因为古人说"人生七十古来稀"，活到这个岁数，环顾左右，辞世的同龄人已经很多了。当然这是古人的说法，也是旧时的现实情状。穷困、生活条件差和科技不发达导致的医疗条件差，七十自然是古来稀。像唐代的时候，李白活了61岁，杜甫只活了58岁，离活到古稀年龄，都还差了一截。

　　那么，八十岁是个什么年龄呢？于人生有涯而言，人活到八十岁，肯定是一个比人生七十古来稀更敏感的年龄吧？

　　既然敏感，便会生出许多感叹。于诗人沙白而言，八十年一路走来，把八十年的感叹，化作编年史般的一行行、一首首的诗歌，甚至把这些感叹的诗句变成一本诗集，也许就是最正常不过的了。

　　沙白先生就有这么一本诗集《八十初度》，由梁平先生主编，列入"中国星星诗文库"，于2007年11月由大众文艺出版社出版。出版见书时，沙白先生

已经八十有二了。

　　毫无疑问，这部诗集的出版，引起了中国诗歌界及喜爱沙白的广大读者的广泛关注。

　　仅在沙白先生的故乡南通，当地的《江海晚报》于2008年2月29日，在中国报纸副刊优秀栏目《夜明珠》上，就同时推出了两篇评论文章，责任编辑是黄俊生。

　　《〈八十初度〉之随想》由沙白先生的老友，南通市文联党组书记、驻会副主席季茂之先生所撰写。季茂之先生与沙白同庚，他首先从这部诗集的第一首诗谈起：

> 　　读了沙白《八十初度》（诗集），（诗集的第一首诗的）第一句"活了94岁的叶绍钧……依然年轻"，很自然地联想到叶绍钧老人的《老境》，这也是一首写八十初度的诗。这两首诗的意境都极好，不同的是一首为新诗，一首为旧体诗罢了。我（随即）把叶老的诗抄录给沙白，我想他也会喜爱的。

叶诗如下：

> 居然臻老境，所幸未颓唐。
> 把酒非谋醉，看书不厌忘。
> 睡甜言夜短，步缓任街长。
> 偶发园游兴，小休坐画廊。

　　有文章说，叶老（即叶圣陶）喝酒，大公子叶子善先生必定伺左右陪着喝。这一天老人心情好，父子二人边喝边聊，老人随意吟哦，就哼出这一首五律来了。诗的语言朴质平实，作者的心境悠然闲适，细细体味，使人神往；内涵却丰富、深刻。起联"居然"二字用得极妙，按生理情况说，人生七十古来稀，活到八十岁，很不容易了。按生存环境来说，史无前例的恶劣气候并没能搞垮耄耋之年的老人。其时云头初现阳光，前景光明，老人却不颓唐，反而精神振作，把酒、看书、逛街、游园，是何等兴致。再细读颔联"把酒非谋醉，看书不厌忘"，又有实境之外的意思，值得认真玩味。从深层次看老人的前四句，自是老人劫难中品格的坚守。

第二十二章 流年，八十初度意何如

两天后，沙白将叶老的诗，写成条幅寄来了，我喜出望外。沙白的字有功底，清秀中蕴刚劲之气，很有韵味，十分耐看。我得此以叶老五律为内容的墨宝，高兴极了，布置于书房的壁上，既读叶老的诗，又看沙白的字，仿佛置身于一种至净至美的境界。

又隔一天，沙白有信来，拆开一看，原来他根据叶老原稿，写了一首自谦为"东施效颦"之作，并又写成条幅。

沙白诗如下：

> 居然过八十，自思总荒唐。
> 信步绕小区，提篮上菜场。
> 独酌家乡酒，闲赋停云章。
> 窗外兰梅菊，不语自芬芳。

诗写得极静穆。初读，见其闲适；再读，觉得诗里另有天地，值得思考。起联，何所指呢？颈联上句易懂，沙白，白蒲人，家乡酒自是水明楼（黄酒品牌）了，这是平民百姓都喜欢喝的黄酒。下句，用了典故，典出何处？尾联或非完全写实，也许另有深意。一下子来了这么多问题，只好向作者请教。

沙白在电话里笑着回答，"总荒唐"是指小时候生过两次肺结核，进入老年又两次中风，居然（活）过了八十岁。全然没有提及行吟途中，无端遭遇风雨的袭击。至于"停云章"，沙白说取陶渊明诗意，思念亲友也，但不是"时雨蒙蒙"而是"大雪纷飞"。他写这首诗的时候，正是宇宙间蒙蒙一片，大雪阻隔，所思亲友，不得相见。诗抒情，沙白诗平淡中寄寓真情，不过要细细体味，才能领会。尾联两句，既写实，又有象征意。他家南窗下有阳台一方，阳台上置盆栽的兰、梅、菊这是写实。但下句"不语自芬芳"，就不仅仅是实写了。我理解为兰、梅、菊，抵御了深秋的重霜，严冬的寒风，仍自呈欣欣向荣之态，这不就是沙白品格的坚守吗！"

季茂之的这篇评论严格地讲并不是针对诗集的诗评，而更像是一篇随笔，正如作者所说是"随想"，却写出了沙白在八十初度时的内心状态与精神境界。开头就引用了与沙白诗集《八十初度》同名的第一首诗。

这首诗如下：

八十初度
沙 白

活了94岁的叶绍钧
墓木已拱
他笔下的稻草人
依然年轻

被诱惑过的童年
老相册中瞪着稚气的眼睛
冲我
他不肯相信
也会成为老头
白发如银

  沙白先生在诗集《八十初度》中的首篇，拿叶绍钧先生来说事，既颇有趣味，又自有深意。
  叶绍钧是叶圣陶先生的原名。他是中国著名现代作家、教育家，中华人民共和国成立后，曾任教育部副部长、人民教育出版社社长和总编。早期曾创作了我国的第一个童话故事《稻草人》。为此，沙白先生的这首诗，才有"活了94岁的叶绍钧，墓木已拱，他笔下的稻草人，依然年轻"这样的诗句。
  而沙白先生在这首诗的首句中，特别强调"活了94岁的叶绍钧"，也可以看作是对自己努力健康长寿的鼓舞吧！毕竟，刚刚八十初度的沙白，与享年94岁的叶圣陶相比，还有很长的享受生命的空间呢！

  让我们再来读读同一期《江海晚报》上的另外一篇文章吧。这是沙白老极为喜欢的弟子之一朱友圣撰写的。文章的题目《睿智入诗慧光照人》。全文照录如下：

  一位低调而深沉的诗人，悄悄地度过八旬生日，只有一点热望，写好人生的尾声，吐几多苍凉的感慨。这就是我所敬仰的沙白，晚年的心态和清韵。

第二十二章 流年，八十初度意何如

不为别的费劳神，只为写诗花心血，呕成一集《八十初度》。一书在手，我细品慢读，顿感欣慰。那是《天也老了》的咏叹，而灵魂年轻的自慰，给了我欲罢不能的激动，即兴草就感叹魅力的解读文字。

本集中的诗，不因人老而褪色，既有一如既往的清丽、雄放，又有升华的精练、老到，全在峭然灵思中飞翔，令我惊喜，叹为观止。一个独特的印象便是"睿智入诗　慧光照人"。首首读来，精彩纷呈，堪称无欺无讹的真人真品。

感（沙白）其人，心境"平淡如水，清白如月"，读（沙白）其诗，"能知明镜里，何处染秋霜"。在深居简出中，是结蓄才气，充实内涵。思接千秋，情穿秋水，在诗林中遨游，冷对浮生。虽有自叹"白发比获花寒伧"，却有独立人格的操守。如一棵马路边的树《独立寒冬》，"以独有的苍老和倔强，与风雪对话"。这就是他人与诗的风骨，具有共赏的价值。

沙白的怀古诗，占其诗歌总量的比例较大。除了构思取题之巧，便是开掘的精深，透入历史的血脉和骨髓。读《焚稿》如读《长恨歌》，一个焚字，会让人联想到一幕幕历史的恶作剧，焚烧出惊心动魄的人性摧残、文化扼杀。由此你会理解诗人，为何有"著作等身，都是人生败笔"这一双重含意的悲叹。《读史》一首，更是正气凛然，一声呐喊"谁也无法宝剑一挥，斩断亿万根磁力线"。那是对叛宗离祖的抨击，对精神回归的召唤。

沙白在我心目中，是平民中的文化人，是文化人中的小人物，是小人物中的智者与高人。以诗而言，智在智取巧成，高在技艺与心境。创作手法多样，不拘一格，且运用自如："白描、微雕、排比、串联，均称对应与虚实并用"等，都匠心独运，给人以形式美、韵律美，由此衬托起诗的突出形象，风霜雨雪不空叹，与命运相系；山水树木不静观，与心境相通；花草鱼虫不戏弄，与情相生。尤其是借物抒怀，常有主客对照，内在与外在灵思相吻的妙笔，借《与邻家画眉的对话》，实显意绪与形象，写出曾经有过的同病相怜的叹息："竹笼的牢狱，只因禁翅膀不因禁歌声。""翅膀失去的要用歌声找回你，才从清晨唱到黄昏？"这就是主客对照的手法，生命形象的张力，从中可以悟出诗人为何执着于诗的缘由。那是用歌声冲破牢笼，寻找失去的自由，安抚伤痕。

本集中的诗作，以短歌为主。《短歌行》是最好的概括。最短的只有六行（见栈道、纤道、驿道）等，"精巧、简练、婉约"，犹如大师级画家"三点而泼"的神描《缥缈峰》，不逊于袖珍精品的巧造。

　　形小含量大，诗短意不短，正是沙白短诗的魅力所在。《酒徒致网迷》《明代建筑》《长巷》《寒山寺听钟》《高楼夹道中的小屋》等等，各有妙趣撩人。其中耐人寻味的惊醒和讽刺意味的贬谪，超脱与淡定的内涵，直指和谐的负面因素。更难得的是"小中见大"，把小事物扣住大背景、大时代、大事件，可见诗人的大视野、大胸怀。《空酒杯》一首，杯小容量何其大："一只空酒杯／大醖酪酊，不饮也醉"，那是对大世象中昏庸沉醉的蕴含。

　　沙白的诗总有易记难忘的妙言警句，给人以叩响心灵的震撼。如《风和浪的游戏》中，对"拜金主义"作了由表入里的透骨讽刺："金涛澎湃，深不可测的欲海，是一种险恶的深情。"深情的褒词贬用，可谓幽默中包含深刻。

　　《始皇陵》中，更有机智而诙谐的嘲讽："徐福没有找到不死药，让你在那把龙椅上坐到万岁万万岁。"而妙语连珠的集锦是《黑白棋子的咏叹调》，可说是构思、技艺、形象的综合内涵特色的饱和，把白子黑子比作"孪生兄弟"，又是"生死冤家"，"白也不由自主，黑也身不由己"（寓意受人操纵和愚弄），而绝妙正在于"最洒脱的棋枰，那张一局棋罢它无输无赢"，除了悟出棋道，还有悟透人生的最高境界以和为贵，言外之意，"和局胜过任何争斗的残局"。没有高深的智慧，何能写出慧光四射的经典绝唱，耐人寻味的妙趣无穷。

　　感谢沙白给了我们宝贵的启迪、感人的思辨、精神的愉悦，以及欲罢不能的激励，顺祝诗翁晚年康泰，再传诗的佳音……"

　　引用了与沙白先生交之甚密、对沙白知之甚深的两位南通本土诗人的评论，我也要谈谈自己对《八十初度》这部诗集的一家之言了。

　　我认为《八十初度》既是沙白先生在那个特殊年代作品的集大成者，也是他在奔八这个年龄段的心路历程和心绪坦露，较为集中地发表了他的人生哲思与处世宣言。

先请看他的一首《苍茫》：

苍 茫
沙 白

独立苍茫
立成草原上一棵孤独的树

打草的人
荷一弯新月走了
牧马的人
赶一片流霞走了
暮色从四周铁壁合围
孤独的树分外孤独

一个失路的过客
一个迟暮的归人
可须要一声驼铃引路
可须要一盏夜行的风雨灯

黄昏星一声清啸
冲决
漫无涯际的苍茫

　　沙白老的《苍茫》这首诗，以及在《八十初度》中的许多诗，都是写人生老境的，既写老境的无可奈何的若干情状，也写老境的达观心态与不肯服输的精神状态。人一老，其心绪，真的是有些类似于自然界的苍茫之感。但是，沙白老把自然界的苍茫之感（这种苍茫感其实还是要人去体验的），只作为背景，他写的是人处于老境时的苍茫之感，而且写得惊心动魄，写得透彻心扉！

　　沙白老的诗有一个特色，就是绘画美。他的诗，每一句都在试图勾勒出一幅画，是可视可观的，是鲜活的，是有温度的，他的诗情总是可以走进画意的。在此基础上，他所抒发的情感，就极易把读者引入他所设定的情景中去，也就是让读者有身临其境之感。再加上他用一己的独特语言，所描述出的新鲜意象，往往令人心旌摇荡，过目不忘。

在这首诗中，"打草的人"这个意象，与"荷一弯新月走了"这个意象，巧妙地组合在了一起；而"牧马的人"这个意象，与"赶一片流霞走了"这个意象，贴切地组合在了一起，就创造出了一幅又一幅别具一格的充满诗意的画面。到了"一个失路的过客"和"一个迟暮的归人"这两个意象，又分别与"可须要一声驼铃引路"和"可须要一盏夜行的风雨灯"，组合在了一起，不但有了逼近身旁的画面感，而且，还有了人生行旅艰难的故事感，给读者提供了想象的空间，与诗中的人物，连接起了共同的命运。

沙白老的诗，即便是短诗，在最后的几句，往往会有妙语迭出，创造出奇峰突起、格局大变、意境深远的效果。这首诗也是这样。"黄昏星一声清啸/冲决/漫无际涯的苍茫"本来不会言语的"黄昏星"，居然发出了"一声清啸"，且"冲决"了"漫无际涯的苍茫"，既紧扣了"苍茫"的主题，又开阔出了另一番境界。

再读他的一首《毋忘我与忘忧草》：

毋忘我与忘忧草
沙　白

毋忘我在说
记住
忘忧草在说
忘去
两棵小草叽叽喳喳
不知谈论什么哲理
要记住的
未必便能记住
要忘去的
又何尝能够忘去

白骨断戟埋入黄沙
而长城记得
鲜花春草掩没落叶

> 而季节记得
> 焚书坑无迹可寻
> 历史记得着真真切切
> 记忆生长白发
> 而灵魂年轻
>
> 岁月之手真能掩埋一切
> 如黑夜替代白昼
> 难免有一两三点灯光
> 一两三颗星斗
> 突出包围把春光泄露

这首《毋忘我与忘忧草》可以说是一首充满了人生哲理的诗。诗中弥漫着不可违抗的强大的唯物辩证法。诗中"毋忘我"与"忘忧草"都彻底人格化了，而且是放在生活中无所不在的情境下人格化了。"毋忘我在说/记住"，但是，"要记住的/未必便能记住"；"忘忧草在说/忘去"，但是，"要忘去的/又何尝能够忘去"。"焚书坑无迹可寻/历史记得着真真切切/记忆生长白发/而灵魂年轻"，这里的"灵魂年轻"，便是真理的不可抗拒性，就是真理会永远年轻！所有的黑暗岁月，都是是非颠倒的岁月。即使这样，"难免有一两三点灯光/一两三颗星斗/突出包围把春光泄露"，然后，春天就会全面地到来、铺天盖地的到来！沙白的这首诗，歌颂的就是这个真理！

我想再谈谈的，是第三首诗《天也老了》：

天也老了
沙 白

> 天也老了
> 早上 迟迟不肯起来
> 等它睁眼
> 不得不在床上反复辗转
>
> 地也老了
> 行走时 总在脚下摇晃

只得请杖藜搀扶
仍然步履蹒跚

月亮也老了
左望右望 昏花的老眼
总也望不圆
那一轮中秋圆月

没有老去的
只有这一小点诗情
深更半夜不请自来
像绕树三匝的鹊儿
叽叽喳喳 吵得
血管中血流翻腾

  这又是一首写老境感受的诗。诗的前三节,分别说"天也老了""地也老了""月亮也老了",然后与对应的老态相勾连,写出了"等它睁眼/不得不在床上反复辗转""只得请杖藜搀扶/仍然步履蹒跚"和"总也望不圆/那一轮中秋圆月"等诸种生理情状与切身体验。不得不说,沙白用三个"老了"来比喻老境,既是真实的老来实景,又是极妙的诗的发现。在极有画面感的同时,也极具渗透心扉的疼痛感。其中,第三节,写到"月亮也老了/左望右望/昏花的老眼/总也望不圆/那一轮中秋圆月",更是切合沙白先生自己,因为他的生日正好是中秋节。

  前三节读罢,令人心情压抑,一片怆然。但是,沙白老是不愿意把自己悲凉的心绪,引入读者的襟怀而难以排解。一辈子写诗,他都不愿意让读者读了他的诗,一直悲凉下去。在他的一生中,无论处于何种逆境,遭受怎样打击,都无法摧毁他的意志防线。于是,也便有了诗的第四节:"没有老去的/只有这一小点诗情/深更半夜不请自来/像绕树三匝的鹊儿/叽叽喳喳/吵得血管中血流翻腾。"应该说这是一首有些个悲壮的诗啊!也是一首先抑后扬、反败为胜的好诗啊!读到这里,就不由得想起曹操的那首《龟虽寿》的千古名篇了——

老骥伏枥,志在千里;
烈士暮年,壮心不已。

第二十二章 流年，八十初度意何如

　　沙白老是有意为诗吗？不是的。在江苏省作家协会2020年12月录制"江苏老作家影像——沙白"专辑时，他面对镜头就吐露过心声，他说写诗"就是兴趣，主要是兴趣，没有其他什么"。
　　写诗，就是沙白老的生活方式与生存方式，以及兴趣方式。
　　写诗，就是他的生命运动，诗已融入他的心跳与流动的血液里。
　　只要写诗，他的生命就在。
　　所以，他才写出了"没有老去的/只有这一小点诗情/深更半夜不请自来/像绕树三匝的鹊儿/叽叽喳喳/吵得血管中血流翻腾"！

　　沙白为诗而生！
　　沙白先生的次子李晓白也说：

　　　　纯粹是对诗歌的热爱。应当讲他（父亲沙白）这一辈子，中间没有产生压力。说是我一定要写，非要写。但是，八十年就是这么自己要写，一直到八十多岁，他自己还在电脑上面，敲键盘写作。我们给了他一张五笔字型的表，然后他就照着这一个表，来自己摸索的。

　　《八十初度》这部诗集的文字，一部分就是沙白先生自己在电脑上敲打出来的。
　　没有哪个诗人，是不热爱自己钟情的诗歌的。
　　但是，像沙白老这样，一辈子都离不开诗，即使走向了期颐之年，念兹在兹的依然是自己心里、血里的诗。这样的诗人，却是难得的。
　　《八十初度》之后，沙白老依然走在与诗结伴而行的路途上。

第二十三章　五洲，四海诗帆潮汐里

- 沙白一直坦承，他是个深受中国古典诗词浸染与引领的人
- 但是，在诗歌乃至更宽阔的领域，沙白又是个有着国际视野的诗人
- 他对翻译诗，顺及诗歌的翻译，有着独到的一己之见
  但是，这并没有影响他对欧美等国家诗歌的阅读
  也没有影响他对世界上诸多诗人及其作品的关注与思考
- 于沙白而言，五洲四海的诗歌樯帆
  一直都在他热血澎湃的日潮夜汐里

　　沙白先生虽然因为身体原因，以及其他考量，两次放弃了出国参加国际诗会或诗歌节的机会，但是，他对于世界各国古往今来的诗歌与诗人，一直都保持着浓厚的研读学习的兴趣，也一直关注着国际诗坛的动向风云。

　　他是个面向世界诗歌的人，
　　也是一个面向国际诗坛开放自己的人。

　　但是，毋庸讳言，能够凭借自己娴熟的外语水平，直接去阅读外国诗人原著的诗人，如大诗人卞之琳先生不但能直接读，还成了大翻译家，毕竟只是少数。为此，大多数人就只好去读译诗。

　　首先，应该关注一下沙白先生对翻译诗的见解了。

　　话题就先从这里开始。正好，沙白有一篇妙文，题目就叫作《译诗与仿作》，既谈到了他对研读学习译诗的真知灼见，又谈到了把中国古典诗词译成新诗的问题，还谈到了学习之后的仿作现象。这一切都挺有意思。他说：

　　　　近年来，翻译诗大量出版（甚至于有超过新出诗集之势），这对于开阔眼界，借鉴参考、推动新诗发展，无疑是有好处的。然而，在多种语言艺术品种中，诗歌恐怕是最难翻译的。诗歌的语言常常是最精粹、最具民族特色的，这种特色又与这个民族的厚重文化相联系。

第二十三章 五洲，四海诗帆潮汐里

诗歌的移译，不能仅仅停留于文字表面，还要传达内在的意蕴、情趣、节奏、韵律，乃至于风俗、典故以及某些可意会而难以言传的妙处，才能将原诗的诗味诗美完全表现出来。

因而，有人认为诗是不能翻译的。

这当然有点过于绝对化了。但一首译诗，实在很难把原诗的一切方面，全部移植过来。试看卞之琳先生所译瓦雷里的《海滨墓园》，用了五十多处注释不算，篇后还加了一段附记，说明"行中大顿""双声叠韵"等出色诗艺，译文不能"处处相当"。译诗之难可见。从这个意义上说，再好的译诗也已经不是原诗。

从谈论翻译外国诗的长短，沙白先生又论及注释旧体诗的细微，说明他在这两个方面，都做过仔细比较、思考与研判。

沙白老接着论述说：

不要说不同语言之间的移译了，即使把中国古典诗词译成新诗，也难得做到十全十美。前些年出版了一些古诗译本，令人满意的不多。即使人民文学出版社请了许多新诗名家所译的一本，也不能说篇篇都把原诗的精妙之处表达出来了。

众所周知，沙白先生是特别喜欢中国古典诗词的诗人，不但阅读范围非常广，而且记忆与理解也非常清晰。为此，他在撰写许多散文时，经常会即景生情，情不自禁地会引用情景与意趣相似的古典诗词中的诗句，可以说是烂熟于心，信手拈来。为此，他得出上面的结论，是深思熟虑的。

再回到关于外国诗的翻译问题。沙白继续论述说：

以翻译诗作为他山之石，借而鉴之则可；若以之作为法帖、范本，临而摹之，仿而效之，恐怕未必能"走向世界"、"登上高峰"。可惜，这样的人不是没有，报刊上也常能见到类似译诗的诗歌作品。"取法乎上，仅得其中。"何况所"法"者与原作比较，已经打了折扣。不要以为你所"法"的庞德就是庞本人，所"法"的艾略特就是艾本人，所"法"的夸西莫多就是夸本人，那些仅是多少已经变形或者似是而非（指某些粗制滥造的译品）的庞德、艾略特、夸西莫多。即使你把所有诺贝尔文学奖获奖诗人的译本读得烂熟，把他们的技巧全部学到,且运用自如,恐怕仍然得不到诺贝尔文学奖。"

沙白诗翁以上见解,可谓真知灼见,鞭辟入里!

因为沙白老在以上的论述中,提到了卞之琳先生所译瓦雷里的《海滨墓园》一诗之事,我们不妨往细里再说说。

保尔·瓦雷里是法国象征派诗人(1871年10月30日—1945年7月20日),法兰西学院院士,被誉为20世纪法国最伟大的诗人,巅峰之作是晚年的《海滨墓园》。其最优秀的诗作有《石榴》《风灵》《脚步》等。从1930年起,他就被提名为诺尔文学奖候选人,到1945年,至少已经被推荐过十次,这一次可以说是稳操胜券了。可是同年七月,他却在瑞典学院表决之前不幸去世。

沙白先生在他阅读欧洲诗人作品时,自然关注到了大诗人保尔·瓦雷里。非常有趣的是,沙白在阅读瓦雷里的优秀之作《石榴》时,与我国明代著名文学家、书画家徐渭的一幅题为《石榴》中的题诗,做了一番比较,真的是机敏发散,妙趣横生。

先看沙白如何评说徐渭的名为《石榴》的画及其题诗。

沙白说:

在一个宾馆,我曾见到一幅小品,画一榴枝,上挂一只绽开的石榴。其余一无所有,乍看实在平平。画家却在空白处题上两句诗:

生长深山人不知,
自逬明珠打雀儿。

整幅画便立即活了起来。

这里,需要停顿一下,做一点说明:沙白先生看到的这幅画及题诗,肯定是仿作。对徐渭原来的题诗也做了修改,这不重要。

原诗是:

山深秋老无人摘,
自逬明珠打雀儿。

让我们随着沙白先生的思绪跳跃一下,跳到关于法国大诗人瓦雷里及其同名诗作《石榴》上。

沙白先生继续说：

> 前文提到一幅小品"深山石榴"。由此，我忽然想到瓦雷里写石榴的一首诗：
>
> > 坚硬而绽开的石榴
> > 经不起结籽太多
> > 我想见丰硕的成果
> > 爆开了权威的额头
> >
> > 开裂的石榴啊，阳光
> > 灼烤就你们的傲骨
> > 使出苦练的功夫
> > 打通宝珠的隔墙……
>
> 在这首诗中，作者以石榴象征人类的头脑，宝石似的石榴籽为智慧，以石榴的"迸裂""隔墙的打开"，象征人类的思维活动。将一种十分抽象的东西，化作一连串可见的形象。这只石榴，便不是"自迸明珠打雀儿"的石榴了。于此，不难窥见中国旧诗与外国诗的分野，虽然同时都用象征这一手法，但瓦雷里展开在读者前的是"具象"，具体可见。中国古典诗则是"意会"，你须从"打雀儿"去意会深山之无人，从"自迸"去意会不为人们所赏识，从"明珠"去意会怀才而未遇，等等。于是作者怀才不遇之千言万语，便可由此意会而出。
>
> "士不遇"，是中国古诗中的千古题材，韩愈一句"世有伯乐，然后有千里马"，说出了无数知识分子的心声。外国又何尝没有不遇之才，但他们绝不会用韩愈这句话来诉说。瓦雷里在他的诗论中，一再讲起中国诗的"不可译性"，讲起诗对于翻译的"抵抗"。我想这种"抵抗"，很可能便出在中国诗此类"意会"上。这种"意会"，常常与我们由来已久的民族文化结合在一起。"可意会不可言传"，是我们的习惯用语。一个外国人不深入到中国文化的深层，对此类"意会"是很难理解的，翻译更难。

让我们换一个话题。

生与死是千古的话题,永远的话题。沙白先生曾经谈论过诗人之死。不但谈到了古今中国的许多诗人之死,还把他的视野放大到世界,谈到了许多外国著名诗人之死。他是一直阅读这些诗人作品的,当然了解他们的生平,也了解他们的生命是如何结束的。

而所有这些诗人之死,都与他们的诗歌密切相关。这既是沙白翁一直秉持的发自内心的人文关怀,也是他一直关注的诗人与诗歌之间命运的密切关联。

沙白首先谈起了拜伦(1788年1月22日—1824年4月19日)这位英国19世纪初期伟大的浪漫主义诗人。他说:

(拜伦)这位浪漫主义诗人不满于土耳其对希腊的统治,哀悼古希腊文明遭到践踏,将希腊视为自己的祖国,参加了希腊人民的解放斗争,在他最后的一首诗《今天我度过三十六年》的最后写道:

寻求一个战士的归宿吧,
这样的归宿对你最适合。
看一眼四周,
选择一个地方,
然后静静地安息。

三个月后,他便病死军营。这首诗既是预言,也是誓言。

沙白先生接着,又谈到了英国另外一位浪漫主义诗人雪莱(1792年8月4日—1822年7月8日)。他说:

与拜伦同时的另一位诗人雪莱,1821年写了一首哀悼济慈(1795年10月31日—1821年2月23日,英国诗人,浪漫派主要成员,代表作《夜莺颂》)之死的长诗《阿童尼》。

阿童尼是希腊神话中的美少年,为美神阿佛洛狄忒所爱,因得罪天后,被野猪触死。雪莱以此象征为舆论伤害而死的诗人济慈。

诗的最后写道:

而这时,
阿童尼的灵魂灿烂地
穿射过天庭的内幕,
朗如星斗,
正从那不朽之灵的居处
向我招手。

一年后,雪莱也结束了他三十岁的短促生命。仅比济慈多活了4岁。

从论及英国的三位诗人——拜伦、雪莱、济慈之死,沙白先生又把目光转向了俄国与苏联的诗人。他说:

俄国的叶赛宁(1895年10月3日——1925年12月28日)是自杀的,死前他从容向世界告别:

再见,
我的朋友,再见。
今天我们决定分手,
……
在这样的生活中,
死并不新鲜。
但活着,
当然,更不稀罕。

他死时,马雅可夫斯基说:"死是容易的,但活着却更难。"仅过了5年,他也自杀了。他们都生活在斯大林时代。

谈论死亡,怎么说都不是一件轻松的事,当然也不是一件让人乐意的事。诗人之死因,太过于纷繁复杂。

那就把这个话题放下,再来听听沙白先生谈论诗人获得诺贝尔文学奖的事吧。他的阅读目光与诗歌思考,当然一直关注着这个世界上最重要的文学奖项。在聆听他的谈论过程中,我们可以更强烈地感受到沙白先生诗意的深邃与思想的超拔。

关于这个话题,我们可以从沙白先生《又是一个诗人》这篇散文里得到启迪与解答。这篇散文应该写于1996年吧。

他说：

> 继1995年诺贝尔文学奖，授予爱尔兰诗人谢·希尼之后，1996年的诺贝尔文学奖，授予了波兰女诗人维斯瓦娃·希姆博尔斯卡。

诺贝尔文学奖连续两届授予诗人，自然引起了一直关注这一奖项的沙白先生的浓厚兴趣：

> 自本世纪（二十世纪）之初，颁发诺贝尔文学奖以来，获奖者共93人（自然是截止于1996年），其中小说家51人，诗人27人，其他为剧作家、评论家等。小说家与诗人之比，约为二分之一。进入（一九）九十年代，1990、1992、1995、1996，获奖者均为诗人，共4位，小说家仅3人。维斯瓦娃·希姆博尔斯卡的获奖理由是：她的诗作"以绝对精确的讽喻，融入个人和历史的经历，使历史学与生物学的氛围，表现在人类生活的琐碎片段中"。这位女诗人，1923年出生在波兹南省科尔尼克县的一个小村，长于写哲理诗，享有"诗坛莫扎特"的美誉。

沙白先生对诺贝尔文学奖，做了简要的回顾与梳理之后，不由得开始发出感叹了。他说：

> 中国号称诗国。中国古代的诗人屈原、李白、杜甫、苏轼等完全够得上世界水平，获奖应该是毫无疑问的，如果这项诺贝尔文学奖不是本世纪（二十世纪）才开始的话。然而当今中国，在文学艺术的诸多样式中，诗歌恐怕是最受冷落的了……

感叹之后，沙白先生继续把他的目光回到国际诗坛，继续他的另一种感慨——

> 1995年诺贝尔文学奖得主爱尔兰诗人谢·希尼，在一篇文章中讲到，艾略特1942年住在战时的伦敦，当时他正在写《四个四重奏》的最后一部《小吉丁》，他写信给朋友说："眼见正在发生的事情，当你坐在写字桌前，你很难有信心认为花一个又一个早晨，在词语和节奏中摆弄，是一种合理的活动——尤其你一点也不能肯定，整件事会不

会半途而废……"希尼在引述了这封信后写道:"……面对历史性的杀戮的残酷,它们(指诗歌)实际上是毫无用处的。然而它们证明我们的独一性,它们开采并掏出,埋藏在每个个体生命基础上的自我贵金属。在某种意义上,诗歌的功效等于零——从来没有一首诗,阻止过一辆坦克。在另一种意义上,它是无限的……"

其实,以上言论,无论是沙白先生的,还是1948年获诺贝尔文学奖的英国诗人艾略特的,还是1995年诺贝尔文学奖得主、爱尔兰诗人谢·希尼的,都牵涉到了诗歌的功能与效用。诗歌到底有什么用?写诗到底有多少价值?诗人存在的意义在哪里?

答案应该是两方面的,或者说是辩证的。物质的力量与精神的力量从来都是并存的,相互是不能替代的。

为此,沙白先生以他的大视野,以他的真知灼见,索性放开来,进一步论述说:

是的,"从来没有一首诗,阻止过一辆坦克"。但是,在战争年代,却有不少诗歌烧沸人们的热血,召唤人们奔赴抗敌战场,阻止的何止一辆坦克,如田间的《假如我们不去打仗》。

假如我们不去打仗
田 间

假如我们不去打仗,
敌人用刺刀
杀死了我们,
还要用手指着我们骨头说:
看,
这是奴隶!

即使那些山水诗、咏物诗、爱情诗,似乎没有直接宣扬什么、呼唤什么,然而谁又能否认它们在陶冶性情、提高精神境界、增强文化素养方面的作用。对于任何一点"美"的发现,无论是人类生活或是自然界的,都是一种"贵金属",一种精神财富。

中国诗歌的长河是一条星光灿烂的银河,一代代人的成长都曾沐浴着它的光辉。新诗的历史虽然不长,也不乏光芒四射的作品。

描写旧中国人民的苦难,艾青用《乞丐》中的"永不缩回的手";

描写农民的沉重负担,臧克家用《老马》中"总得叫大车装个够";

写旧中国知识分子,方敬用"忧郁的阔帽檐,使我所有的日子都是阴天";

写"文革"及历次运动知识分子之被扭曲,曾卓以"它的弯曲的身体,留下了风的形状";

一个意象就概括出一个时代。

沙白先生的这些思绪与笔触,跳进跳出,不断游历于国内国外之后,再次把他的感叹,留在了获诺贝尔文学奖引发的话题上:

在得知波兰女诗人维斯瓦娃·希姆博尔斯卡获得诺贝尔文学奖后,1980年的诺贝尔文学奖得主、波兰诗人米沃什说"这标志着20世纪波兰诗歌的胜利"。那么,中国的诗歌呢?中国的诗歌什么时候也能获得"胜利"呢?

沙白先生的感叹,深深触及了中国诗人的痛点啊!

沙白先生是一个既深受中国古典诗词浸染与引领的诗人,又是一个在诗歌乃至更宽阔的领域有着国际视野的诗人,而且一直在研读欧美等国家诗歌,一直在思考与关注世界上诸多诗人及其作品,他多么渴望中国诗人能早日获得诺贝尔文学奖啊!

于沙白而言,放眼五洲,那四海的诗歌樯帆,一直都在他热血澎湃的日潮夜汐里啊!

第二十四章　音尘，与风共舞天地间

- 在本书第三章，我有个命题："初心，沙白之师卞之琳"
- 很奇特的，沙白与其师卞之琳，谦恭与共，性情相邻
  他们有一首同题诗：《音尘》
- 两首《音尘》，虽然写作于不同年代，甚至相隔70余载
  其表达的却都是关于人间冷暖与深爱的无穷意蕴
- 与风共舞天地间，是他们别样的"音尘"
- 在一个极特殊的年月，我再次拜读了沙白先生的诗集《音尘》

　　在本书第三章里，我以《初心，沙白之师卞之琳》为题，详细记录、分析并阐述了为什么卞之琳先生是沙白之师的缘由。
　　是的，沙白是卞之琳先生的私淑弟子——
　　这是我对沙白与卞之琳先生之间关系的一个命题。
　　在这一章里，我要再次说沙白不愧为卞之琳先生的弟子，虽然是私淑弟子。
　　其实，我在进一步的反复深入的阅读中，将沙白与卞之琳先生进行比较，继续考察这两辈诗人在言论与作品中的思考与表达，发现两人无论在人生态度上，在诗歌态度上，在处世性情上，在交往姿态上，都有着血脉交融、源于内心的惊人而细微的相似之处。

　　首先，让我们再来重温了解一下，他们对待自己作品的谦恭态度。这种谦恭态度的深处，自然是他们不断探讨与丰盈的精神世界，是他们持续省悟自身的精神独白。
　　自然从卞之琳先生开始。

　　先从1935年12月，由上海文化生活出版社初版的《鱼目集·题记》说起吧。
　　卞之琳先生说：

　　　　可是这本小书（指《鱼目集》）的出版，也许还要算我的第一次示
　　众……现在却有一个意外的机会，又要我把这些贱骨头捞出来，仿佛

孽缘未尽，活该显丑……我倒真的为了这些小玩意欠了一小笔钱债。现在这笔小债就成了一口网，一口怪网，大约如蜘网可以捞露珠。捞出来的说得好听是"鱼目"，其实没有那么纯，也无非泥沙杂拾（石）而已。

以上是卞之琳先生关于他的《鱼目集》1935年底初版时在"题证"中的自述，既交代了这本诗集命名为《鱼目集》的文字与心路的勾连，也表达了他对这本诗集是属于"小玩意"的低调态度。这本诗集影响了几代读者，包括起始于1940年代的沙白及其众多同学，而且将继续下去。

卞之琳先生的这种态度，在沙白先生那篇《为卞之琳送行》的悼念文章中，也得到了印证。那是沙白回忆1964年的某日，与忆明珠一起去南京大学赵瑞蕻教授家探访，巧遇了卞之琳先生，那也是他们之间第一次晤面的情景，沙白有过如下文字表述：

当我提起我读的第一本新诗集，是他的《鱼目集》时，他谦逊地说"那只是过时的小摆设"。

可见，卞之琳先生对待自己作品的谦恭态度，无论是在自己的诗集中，还是在与人的当面交谈中，他都是这么说的，是一以贯之的。

让我们再来读读卞之琳先生于1979年9月，在由人民文学出版社为其出版的诗集《雕虫纪历·自序》吧。

"人贵有自知之明。"如果说我还有点自知，如果说写诗是"雕虫小技"，那么用在我的场合，应是更为恰当。

卞之琳先生认为自己写诗，是"雕虫小技"。为此，当他的诗集再度出版的时候，他的书名便由《鱼目集》变成《雕虫纪历》了。

卞之琳先生在这本《雕虫纪历》的"自序"中写道：

"一个人能力有大小"，气魄自然也有大小。回顾过去，我在精神生活上，也可以自命曾经沧海，饱经风霜，却总是微不足道。人非木石，写诗的更不妨说是"感情动物"。我写诗，而且一直是写的抒情诗，也总在不能自已的时候，却总倾向于克制，仿佛故意要做"冷血动物"。规格本来不大，我偏又喜爱淘洗，喜爱提炼，期待结晶，期待升华，结果当然只能出产一些小玩意儿。事过几十年，这些小东西，尽管还有人爱好，实际上只是在一种历史博物馆或者资料库的一个小角落里，暂时可能占一个位置而已。

又说是"规格本来不大"，又说是"小玩意儿""小东西"，由此可见，卞之琳先生对待自己新诗集的谦恭态度，是几十年如一日的。

接下来，就让我们把目光聚焦在两个字、一个词、一个诗题——"音尘"上吧。

"音尘"，最先是卞之琳先生以此为题，写的一首诗。而且，在《鱼目集》中，他还同时把"音尘"作为其中一集的题目，即第二集的"音尘集"。

在沙白1942年读过《鱼目集》70余年后，即2015年6月，他把上海文艺出版社为其出版的、离我们最近的一本诗集，定名为《音尘》。这是他很少采用的一次"拿来主义"。沙白拿来的，就是他的师长卞之琳的"音尘"这个词，这个诗意的表达。

这个时候，沙白先生九十周岁了。

上海文艺出版社为沙白先生出版诗集《音尘》，一是为了让喜欢他的读者了解这位虽届耄耋但创作状态依然朗健的老诗人的最新成果，让读者再次沐浴他的依然透彻心灵的精神光芒，同时也是为这位当代大诗人九十岁贺寿。

在此之前的漫长岁月里，上海文艺出版社曾出版过沙白的诗集《走向生活》（1956年，当时名为"上海新文艺出版社"）、《大江东去》（1980年）、《沙白散文选》（2003年）、《沙白诗选》（2009年）。一家声誉显赫的国际大都市文艺出版社，在数十年间，坚持为一位诗人不懈地推出新作，可以看作是他们对文艺精品的执着守望，还可说是对沙白卓越品格与诗品的尊重与敬礼。

关于《音尘》这部诗集，沙白老是这样说的：

> 2007年，曾将八十岁前后所写诗作编成一册《八十初度》，迄今八年。
>
> 这本集子原拟定名《迟暮的捡拾》（《音尘》诗集中有一首同名诗），因为这些东西多是垂暮之作，随手捡来。不登大雅之堂，只是别人遗漏田头地角的残穗罢了。所以把它集中起来，无非是敝帚自珍而已。后更名《音尘》，音尘者，声音也，尘土也，九十年一路走来，总会留下一点声音，带动一些尘土，表示来到这世界走过一遭。声音虽然

微弱,却是心声;尘土虽然琐细,却是人生的脚印。

读过沙白先生这段话,我们也就发现他与其师卞之琳,在一直以谦恭姿态示人上的惊人相似了。

追随沙白先生数十年,以我对他内心及品格的了解,他的上述所言,既是自谦之语,也是内心之言。平日里与沙白先生交谈,他是从来不会有任何张扬话语的。从某种意义上讲,少言寡语的他,就是一个只凭作品说话的诗人,也是一个只相信作品说话的诗人。要了解他的诗歌世界及精神世界,只需读他的作品就是了。我曾多次系统地读过《音尘》,这是一部很奇特的诗集,它的奇特就在于所收入的作品,有着非常强烈的对过往岁月的怀想与反思,其表达的爱憎鲜明的情怀较过往更加浓烈。

好奇是学习的动力之一。

既然沙白与其师卞之琳先生都以"音尘"为题写过诗,就不妨利用这个机会,来分别展示一下这两首同题诗吧。读这样的诗,已经是很难得了。

先来读卞之琳先生的《音尘》吧——

音　尘
卞之琳

绿衣人熟稔的按门铃
就按在住户的心上:
是游过黄海来的鱼?
是飞过西伯利亚来的雁?
"翻开地图看"远人说。
他指示我他所在的地方
是那条虚线旁那个小黑点。

如果那是金黄的一点,
如果我的坐椅是泰山顶,
在月夜,我要猜你那儿
准是一个孤独的火车站。
然而我正对一本历史书。
西望夕阳里的咸阳古道,

> 我等到了一匹快马的蹄声。
>
> （作于1935年10月26日）

对于这首诗，李彬先生有一个解读。大意是：

"绿衣人熟稔的按门铃"，对于那些急于盼信的人来说，邮差不啻是一位绿衣天使。现在邮差按响了门铃，这清脆的门铃声，对盼信者是一种怎样的激动，所以诗人说那按铃"就按在住户的心上"，没有多余的情绪夸张渲染，就这简单的一句，却把那难以表达的情绪，巧妙地传达出来，这正是诗人高明的地方。

这门铃声成了诗的一个开端，而且还是一个引子，一个灵感触发器，引发出一段生动的故事，触发了诗人丰富的想象。"是游过黄海来的鱼"，"是飞过西伯利亚来的雁"，鱼书或鸿雁，在中国古典诗歌中常作为书信的借代，诗人在这里涉及"鱼""雁"，似乎亦取此意。至于"游过黄海"、"飞过西伯利亚"，不过是说路途之遥远，跋涉之艰难，那位寄信人远在一方，所以"要翻开地图看"。他在何方呢？"是那条虚线旁那个小黑点。"从地图上看，那小黑点实在太微不足道了，但那收信人却有着自己的理解，她想象"那是金黄的一点"，从这里可以看出她对他是灌注了怎样的一份情爱。并且她还设想自己的"坐椅是泰山顶"，在泰岳之巅，极目眺望，这世界就可尽收眼底，那金黄的一点和他也会进入她深情的眼帘。情绪是超越时空的，诗人用了大胆的想象，把这浪漫的情意表现得极为尽致。"在月夜，我要猜你那儿／准是一个孤独的火车站"，凄清的月夜，我是那般孤独，但偏偏不说自己，而是想象遥远的他也很孤独，同病可相怜，借此既可表达内心的一份情爱，也可使心中的寂寥得到些许的慰藉。

上面这一切都是一个虚构的世界，"然而我正对一本历史书"，捧读一本历史书表明"我"从梦幻中回到了现实，如果理解得更深入一些，这本历史书亦可看作是古今中外种种欢情离愁的见证，由此隐含了诗人对人世沧桑的感叹。"西望夕阳里的咸阳古道，我等到了一匹快马的蹄声。"在夕阳里，那快马的蹄声惊起了咸阳古道的尘沙，这既是点题之句，同时又表明"我"对现实的失望。无奈只好退回到想象之境，那夕阳古道尽管凄迷，但毕竟有快马的蹄声作为希望，作为人生的安慰。不过，这最后两句的出现，却使全诗的色调不再显得单纯，而给人一种凝重。

而我再读卞之琳的《音尘》，除了读出了别的意味，最感兴趣的也印象最为深刻的，却是"如果我的坐椅是泰山顶"。我们常说无论是好诗还是美歌都是少不了金句的。这就是金句——把泰山顶比喻成了"我的坐椅"，奇哉妙哉啊！泰山顶上，正坐着大诗人卞之琳呢！

再来读沙白的《音尘》：

音　尘
沙　白

绝尘而去的那匹乌骓
嘶声吼成一阵山风
音尘穿越厚厚的历史书
蹄花踏作一行行铅字

窗外琵琶叮叮
响成十面埋伏
落日染丛林山峦尽血色
秋风穿过林木响作楚声

暮色在黄昏星指挥下
从八方铁壁合围
我的哪一位祖先
曾经是江东子弟？

掩卷
一声叹息

卞之琳与沙白先生的两首《音尘》，分别都写到了马。马是诗中的共同意象，它虽穿梭于不同的时空，却都奔腾于作者广阔的心灵。在特定的年代，马既可以是作战的必不可少的工具，也可以是传递信件的使者。卞之琳的《音尘》诗中的马蹄声，带来的是类似于"鱼书或雁信"，而沙白的《音尘》诗中的马蹄声，带来的却是"蹄花踏作一行行铅字"，是"秋风穿过林木响作楚声"；卞之琳的《音尘》，以其细腻的情真意切，写到了身处两地之情爱之人的敏感心灵与跌宕起伏的关切，而沙白的《音尘》，则以其独特的视角与方式，再次描述了楚汉相争中，楚霸王的扼腕长叹的悲壮；以至于沉浸于那段悲壮历史中的作者沙白，难以自拔地发问："我的哪一位祖先，曾经是江东子弟？"接下来，又是"掩卷/一声叹息"！

一切"音尘"都曾飞扬在现实的生活，
一切"音尘"也最终归于越来越远去的历史；
一切"音尘"都曾经生龙活虎、有血有肉，
一切"音尘"也最终"掩卷/一声叹息"。

卞之琳请"绿衣人熟稔的按门铃"，为我们描述的是千古不朽的爱情生活。

沙白则从"暮色在黄昏星指挥下/从八方铁壁合围"，为我们再次呈现了曾经叱咤风云的英雄是如何陷入生死之困境的。

总之，卞之琳与沙白先生用不同的素材与语境，为我们解读了同样重若万钧的《音尘》为何物。

卞之琳是用一首诗及一本诗集中的一个辑名。而沙白则是用一首诗加一本书。

接下来我们继续来读沙白的诗集《音尘》。

首先来读《迟暮的捡拾》这首诗。毕竟沙白先生原本是想以此诗的题目作为诗集的书名的。探讨一下他在更替书名时的心路历程实有必要。

迟暮的捡拾

沙　白

暮色从四周铁壁合围
黄昏星在天边招手

你还拾捡些什么呢
一支偶然失落的稻穗

一片随风而逝的花瓣
一缕飘失在童年的炊烟
一次失之交臂的一瞥

"时间的神殿
总括为一声叹息"
没有人能重走一回来时的路
把失落的——重头捡拾

只能捡拾头上不化的积雪
一片白茫茫大地真干净
谁知皑皑下覆盖着多少
不堪回首

  在我的印象中，沙白师长年岁渐长后，是常常慨叹人生的。这与常人无异（但是，不要忘记，沙白手中有一支诗笔，他用这支诗笔不停地创作诗歌）。与上面的那首《音尘》一样，这首《迟暮的捡拾》，亦是抒发这类情绪之作。古之圣贤也大都如此啊！

  他用"暮色从四周铁壁合围/黄昏星在天边招手"来形容老之已至，实在是再逼真不过了。他的《音尘》，感叹的是楚霸王的千古悲剧，诗中像《迟暮的捡拾》一样，也用了"铁壁合围"这个意象，扩展成的诗句是"暮色在黄昏星指挥下/从八方铁壁合围"。"黄昏星"这个意象，也分别出现在两首诗中。一个是《音尘》中的"暮色在黄昏星指挥下"，一个是《迟暮的捡拾》中"黄昏星在天边招手"，意同而诗句有别。但从中可见，沙白老并不忌讳面对黄昏，一再地寻找诗句。我一直认为，他老人家面对日益逼近的衰老，是坦然的，是通透的，是不怎么畏惧的。这种人生态度，自然是与他历经太多"不堪回首"的风浪有关，更与他阅读千古沧桑有关。而对这些经历，他从不多谈，甚至是根本不谈。只是把写诗作为唯一的宣泄渠道。他把他的诗歌，作为无所不谈的挚友了。这又是沙白老的大智慧了。

  应该再读读沙白老在《音尘》中的代序《望九解嘲》了，这同样是一首耐人寻味的人生咏叹调。这首诗是《音尘》这本诗集的代序。

望九解嘲

沙 白

虚龄八十九岁,俗称望九,九十在望也。

八达岭已过,八公山已过
把崎岖坎坷与困厄惶恐
留在后面
前面是九嶷还是九华?
我该向湘灵问声好
还是礼赞地藏大王大菩萨

小雪已过,大雪已过
即将数九
头九二九不出手
三九四九冰上走
你还想沿河看柳?

不要回过头去
寻找失落在三八枪声中的童年
不要白费心事
打捞凋谢在一场恶梦中的春天
"而立"未立
躲不脱的是风　挥不去的是浪
"不惑"大惑
没顶的风涛中挣扎　了不知南北
"天命"不可知
烟雨蒙蒙　雾霾重重……
待到从头开始捡拾
只能捡拾苍茫暮色

一个迷失的寻梦者
何须嘲笑看日早晚的稻草人?

传说入诗,民谚入诗,往事入诗,沙白老的这首《望九解嘲》,于看似随意间,却写尽了他所经历的沧桑与苦难,写尽了他内心曾经有过的一波又一波的困惑与挣扎。不去铺陈去写其中的细节,那不是他的本意,他不喜欢用细节去诉说沧桑与苦难、困惑与挣扎。只是大写意,用大家都懂的直白语言和鲜活的极具历史感的意象,对跌宕起伏的数十年,极为简练而明确地勾勒了一幅风云变幻的现实图景,让曾经一起经历过那些岁月的人们,一起来回顾,请不要忘记也不能忘记,因为千千万万的人们,曾为此付出过惨痛的代价。当然他也希望留此存念,警示后人。

诗集《音尘》,应该不会如一时的声音、一时的飞尘那样,随着岁月逝去而风流云散。诚如沙白老在《音尘·后记》里所说:

> 音尘者,声音也,尘土也,九十年一路走来,总会留下一点声音,带动一些尘土,表示来到这世界走过一遭。声音虽然微弱,却是心声;尘土虽然琐细,却是人生的脚印。

在《音尘》这部诗集的末尾,我读到了《食肉动物》,这里的"食肉动物"特指美国的一种无人机。正是这种横行世界的无人机,可以任意侵犯他国领空、肆意攻击他们选中的目标。带着无法遏制的愤怒,沙白老对美国一贯奉行的强权政治、霸道行径,以及侵略行为,进行了愤怒的控诉与无情的鞭挞。他写道:

> 萨达姆的尸体
> 在绞架上晃荡
> 食肉动物
> 在低空盘旋
>
> 卡扎菲的尸体
> 在冷藏库横陈
> 食肉动物
> 在低空盘旋
>
> 没有比食肉动物的餐桌
> 更加豪华的了
> 摆上餐桌的
> 都是独霸一方的强梁

第二十四章 音尘,与风共舞天地间

> 一张嗜血的喙
> 一个贪婪的胃
> 食肉动物
> 在空中盘旋

诗的最后,我们读到了洞察世界、关切人世的大诗人沙白,对善良人们的警告了——

> 所有的食草动物当心了
> 所有不听话的孩子当心了
> 食肉动物
> 在头顶上盘旋
>
> 弱肉强食
> 天经地义
> 食肉动物
> 在天上盘旋

此诗针砭之深刻,力透纸背!爱憎之燃烧,如腾天火焰!强国之热盼,化作了呼喊!

我心里明白,多年来我读沙白,既是读他的诗,也是读他的人,读他的高尚品格与人生态度,从中可以读到天地间的一大真理:没有爱憎分明,没有对祖国对人民的一往情深,就不会有像他这样的纯粹意义上的诗人;没有对生活对生命的透彻理喻与蜡烛一般地燃烧光照,就不会有像他这样的纯净心魄、涤荡灵魂、澎湃热血的诗人。

2017年春节前,我与沙白老的同乡诗人吴丕能及摄影师汤济新一起去拜望他,他以戏谑的口气说起自己:"老而不死是为贼。"(出自《论语·宪问》)接着解释道:"每年拿着国家那么高的离休俸禄,却不能做事了,与贼有何两样!"

沙白老所说的替国家做事,于他而言,就是不断地为读者写出好诗。执着于这一信念,沙白老自1943年3月发表他的第一首诗《飘陨的叹息》以来,已经歌唱了八十余个春秋了。行吟八十余载,一路踏歌声。他的《水乡行》,被北京大学中文系选作《新诗选读》教材;《水乡行》《红叶》《秋》等佳作,被全国各地选入中小学教材，走进了一代代莘莘学子的心灵。

2020年初，新冠疫情突袭，那时，沙白先生已经住进了南通市妇幼保健院。而我也像千千万万的人一样，因这突如其来的疫情而被迫关在了家里，感到从未有过的彷徨，从未有过的焦虑，也从未有过的茫然中的不知所以。

就在这时，我再次打开了沙白先生的这本《音尘》。耳旁隐隐传来了沙白先生的询问："我还没有听到你对这本（指诗集《音尘》）书的看法呢！"

那时我刚拿到这本诗集不久去他的家里拜访，沙白老当时这样问我。

从那以后，我数次拜读过《音尘》。每次再去他家，时不时地都会围绕这本诗集，聊上几句。疫情防控期间，我要再次阅读《音尘》，以获取新的启迪与力量！

就是在那些个极为特殊的岁月，我写下一篇读后感，一些类似于散文诗节奏的跳荡的文字。而且，我借用了多年前一篇文章的题目——《沙到白时是纯色》。清楚地记得，那篇文章发表后，许多诗朋文友读后，都说这个题目很像沙白。而于我此时此刻的心情而言，觉得这个题目再用一次最合适。文章的副题是"再读诗集《音尘》并致著名诗人沙白"。

全文照录如下：

庚子年新春，我再次捧起这部诗集，这就是您——诗人沙白的《音尘》。

这是您献给自己生日的礼物，一部从《八十初度》到九十岁的结集。我在这个时候捧起她、读起她，是因为这部诗集里有大爱，也因为这部诗集里有大恨，这是一本爱憎分明的人书。

全国人民都知道，在这个春天里，令人憎恨的瘟神来了！

这个瘟神不知穿着什么护身符，它隐藏着身影，肆无忌惮地行走在中国的乾坤！

这是一个被命名为"新冠肺炎"病毒的瘟神，成千上万的人已被它击倒；

这是个爱憎分明的春天，这是个难以让人定下心来读诗的春天。

但是，我却必须读她——读上海文艺出版社，在你九十岁时为你出版的《音尘》。

我要听听您的声音，我要看看您讲的飞尘。

这个春天，我和千千万万的人，都在被一再告诫：不到万不得已，

第二十四章 音尘，与风共舞天地间

尽量不要走出家门！因为一走出家门，难免就会在外面遇到这个瘟神。

躲在家里，我只有读书、我必须读书。

我只有读您这样的书，

我必须读您这样的书，

我的心，才能得到安慰得到抚慰，我才能平静一下我的惶恐不安的心神。

我尊称沙白您为恩师，是因为您的大爱就是我的大爱，您的大恨就是我的大恨。

这些个爱憎分明的情感，您从来没有直接对我说过；但是，我每次只要看到您的眼神，看到您眼里的海，就像看到了您每个时代的作品：

从《走向生活》《杏花春雨江南》，到《大江东去》《砾石集》《南国小夜曲》，到《沙白抒情短诗选》《独享寂寞》《沙白诗选》，再到《八十初度》和这部《音尘》。

您在不同时代奉献给读者的，都是精神食粮中的精品，脍炙人口，营养丰盈。

我知道自己的判断没有错，

我自己的判断我自己相信。

是的，沙白先生，您的每一部作品，都是一道不会消失的风景，都是一阕一直可以演奏下去的乐曲。

您走向生活的步伐坚定执着依旧，

您的杏花春雨江南的风光秀丽依旧，

您的大江东去的涛声依旧，

您的递上一枚雨花石的呐喊依旧，

您的南国小夜曲的痴情依旧，

您的短诗长吟抒情依旧，

您的独享寂寞的操守依旧，

您的八十初度的泰然执着依旧。

我的目光跟随着您的诗句的脚步，

我的目光追随着您的思想的流云，

我的双耳聆听着您的不肯歇息的潮汐，

一直到您这部九十岁思想的结晶，不会离去的《音尘》。

而在《音尘》中，您所发出的正义的声音依旧；您的双脚所踏出的每一粒尘土，仍然眷恋在东方大陆的温热的国土与乡土。

"沙到白时是纯色"——这是我几十年前，读您之后写出的一句诗，您早已是个通体透明的人。虽然您也是个少言寡语的人，是一个一直沉默在沉默里的人。

但是，您心中大海的广阔，却是许多诗人都无法比拟。

您把所有的口头语言，都尽量节约下来，再变成你心中大海的浪花。

这些个浪花全部被您，排列成珍珠般的诗句了。为此我和所有的读者，才能来到属于您的大海边，读到那一排排浪花组成的珍珠般的诗句。

您在《音尘》的后记中，用很轻很轻的语气，说起了这本《音尘》。您说其实这本书的名字，可以叫作《迟暮的捡拾》；您说这是别人遗漏在田头地角的残穗，可我却分明看到了飞越过尘世的音尘——在苍穹之上化作了闪烁的星辰！

《音尘》不是敝帚自珍的收藏，而是播撒于天下的、不肯降落神圣的声音，而是不会离开母亲大地的，一捧捧醇香的鞋泥！这一捧捧醇香的鞋泥积存了起来，上面已经长出了一片片翠绿的山林！

"沙到白时是纯色"，这是我早年间感悟出的一句诗。因为诗歌，我才结识了您，并忝列着与您在诗歌的队列里为伍。

您和我都是以文字为生的人，

您和我都是以诗歌立命的人。

只是您行走在高高的山冈，

我只是徒步在低处的平原。

我一直在平原，聆听着您在高冈上的吟唱，

此刻我又再次捧起了《音尘》！

读到最后，我突然想到：己亥年冬到庚子年春，肆虐于华夏大地的瘟神，据讲就是来自食肉动物们的饕餮大餐……

这是我第三次捧读《音尘》了，我读到了天地间的一大真理——如果没有爱憎分明，就不会有今天的中国，就不会有"富强、民主、文明、和谐、自由、平等、公正、法治，爱国、敬业、诚信、友善"的新时代中国啊！

也就不会有像您一样，纯粹意义上的诗人啊！

我再次静下心来，于阅读中，聆听并凝视您的《音尘》。

此时此刻，我再次肃然起敬！

第二十五章　传承，血浓于水骨肉诗

· 沙白先生是中国当代著名诗人
· 沙白先生的长子李曙白也成了著名诗人
· 传承之间，是血浓于水的骨肉诗

1996年10月，沙白先生以《老三届——写给儿子》为题，写了一首诗。

那是对"文革"岁月那段沉重历史的不堪回首，也是与两个儿子一起，对那段不能忘却岁月的刻骨铭心回眸。

全诗如下：

老三届——写给儿子
沙　白

初霜，无声无息
不知不觉间降临

额角的沟壑是一次
大地震留下的断层

一场林火之后，灰烬上
重新茁生密密的浓阴

季节错过了，无花果
仍有迟到的秋天

一握手，有心灵感应
那段日子仍在战栗

草色军裤老成秋叶

不肯轻易随风而逝

袖章的火焰不复熊熊
只留下一阵阵灼痛

橡胶林偶尔送一声叶笛
勿忘我时而轻轻地叮咛

当雪压华巅如著名的白卷
给儿孙讲一个真实的神话

  要读懂沙白先生这首题为《老三届——写给儿子》的诗，就必须搞明白什么是"老三届"。他的长子李曙白是1968届高中生，次子李晓白是1968届初中生。不错，沙白先生的两个儿子就都是"老三届"。当年，兄弟二人于1968年一起插队，到了沙白的老家如皋白蒲新姚乡。当时，沙白先生的夫人带着长女及二子，住在白蒲镇上。

  老三届是指"文化大革命"期间，在校的1966届、1967届、1968届三届初中学生和高中学生。当时的初中学生和高中学生，因"文革"造成了在学校的堆积，到了1968年，出现了古今中外绝无仅有的六届中学生同年毕业的奇景，造成了巨大的就业危机。因此老三届离校后，大多当了知青，并且将此前以农场（含生产建设兵团）模式为主的上山下乡，改变为以插队模式为主。

  无疑，沙白先生的这首写给两个儿子的诗，表达的心情是极为复杂而压抑的，语言色彩也是极为黯淡与沉郁的。但是，在复杂而压抑中，有激励两个儿子自强不息的情愫；在黯淡与沉郁中，有安抚自己及两个儿子的亮色光芒。虽然是回眸忆旧，却也是往事如昨。站在霞光下回看曾经的暗夜，记录历史上的坎坷，却也是过来者的一种责任。

  诗中，"初霜""大地震""林火""无花果"等意象，在回忆中令人不寒而栗；但是，沙白老是从来不甘心于只抒发消沉情绪的，诗中也有顽强生长的"浓阴"，有"迟到的秋天"的收获，和"一声叶笛"的悠悠慰藉。

  中国诗史上常出现父子（女）诗人和文学家，如"三曹""三苏"及当代诗坛的顾工与顾城、李瑛与李小雨等。沙白及其长子李曙白也是一对父子诗人。李曙白的诗可与其父平分秋色，甚至有人说父子俩可比汉代枚乘、枚皋父子。这父子二人皆为汉赋名家（诗人刘希涛语）。

  令沙白老欣慰的是，两个儿子虽然历经坎坷，但都有不甘沉沦之志。
  沙白先生长子李曙白，当年以南通地区北三县（如皋、如东、海安）第一名的成绩，考入了如皋中学高中部。1968年起插队农村8年。插队一年后，由于文章写得好，曾被抽调到当时的如皋县写作组。1977年参加"文革"后第一届高考，入读浙江大学化工系，毕业后留校。当过农民、民办教师、车工、大学团委干部、电视编导、校报编辑等。在父亲的影响下，20世纪70年代开始写诗，是中国作家协会会员，长期担任《诗建设》杂志社社长，一直居住杭州，直至2022年7月26日不幸因病辞世。
  曙白生前公开出版的诗集有五部：
《穿过雨季》（百花文艺出版社，1995年8月第一版）
《大野》（重庆出版社，2004年12月第一版）
《夜行列车》（长江文艺出版社，2014年5月第一版）
《沉默与智慧》（长江文艺出版社，2018年3月第一版）
《临水报告厅》（上海文艺出版社，2018年10月第一版）

  曙白去世后，《李曙白诗选》由他长期供职的《诗建设》诸友人策划以自印的方式，由阿诗玛出品。主策划：吕梦醒。封面设计：阿独。封面底色为黑色，封底刊有曙白的两句诗：

    他知道即使已经有一盏灯
    他还是夜的一部分

  诗者已逝，已经走进了暗夜。封底选取这两句诗，是为了悼念吧。
  2024年6月，浙江大学出版社出版了《李曙白集》三卷本。他的母校以这种方式来悼念、缅怀这位优秀的诗人。
  沙白先生的次子李晓白走的也是文学之路，大学学的是中文专业。在一家企业做了几年教育科长后，调到了南通市文联工作，曾长期担任文联文学刊物《三角洲》编辑，是江苏省作家协会会员。自1989年5月起，一直兼任南通市文联的副秘书长。这个职位是沙白先生1963年4月至1967年3月担任过的。

回忆往事，沙白先生的次子李晓白说：

父亲对我们一直是寄予希望的。在关键时期，要求也是极严格的。我当了插队知青后，很快就成了一把种田好手，耕田耙地、行船捞河泥，样样都会。后来又成了很不错的木工，常被乡亲们请去，到处盖房子，打家具。

我哥李曙白1977年考上了浙江大学后，父亲就开始关注我上大学的事情了。到了1978年，在离高考还有两三个月的时候，他一定让我快点复习，准备参加（高考）。我觉得自己只有初中二年级的水平，而且插队多年，学业早已荒废，肯定考不上的，就非常消极。这时，父亲从南通赶到了白蒲镇上的家，拿了个凳子坐在家门口，不让我再出门去做木匠活了，逼着我赶快复习。结果我当年就考上了扬州师范学院南通师资中文班，当时属于大专。后来，我又通过了南京师范大学的自学考试，拿到了本科文凭。

我对诗的兴趣不大，喜欢写小说。但是父亲对我哥（指李曙白）影响非常大。我哥大概1970年左右就开始写诗了，走上了我父亲写诗的这条道路。到现在（2020年12月）为止，他也是中国作家协会会员，也出过许多本诗集，应该讲已经是有一定成就了，所以我作为弟弟，也很欣慰。（于诗歌而言）毕竟家里有了继承人。

由于李曙白上大学和工作以及成家都在杭州，所以，只有他回南通时，我们才见过几次面。

在我的印象中，诗人李曙白的性格与性情与父亲沙白有许多相似之处。为人诚恳，阳光可人。温文尔雅，内敛含蓄。走上诗歌道路上后，虽然成就斐然，却毫无张扬之态。与其交谈，他的语言也总是极为"节俭"，似乎把所有美好的心境、所有美好的语言、所有美妙的表达，都写进他的诗里了。

这与沙白师长何其相似乃尔啊！

与曙白相识并交往的这些年间，他曾亲手送给我两本诗集。一本是《大野》，一本是《沉默与智慧》。他去世后，其弟李晓白将曙白正式出版的另外三本诗集，即《穿过雨季》《夜行列车》及《临水报告厅》，还有遗作《李曙白诗选》，一并转送给了我。

曙白的诗风有其父沙白先生的影子，而且是很浓重的影子。无论取材中的视野、语言中的诗情、结构上的形态、韵律中的寻找、节奏中的气息，都令人感受到他是另外一个沙白。我的感觉就是如此。

我知道，这是耳濡目染的结果，这是传承必定的使然。

特别令我感叹又感动的是：
曙白的情感皈依，总是坚定地爱恨表达；
曙白的思考天空，总有充沛的哲学意味；
曙白的心跳激荡，保持炽烈的热血流淌；
曙白的赤子情怀，天地可鉴且从不掩饰。

尤其是近年来，通过网络来读他的许多诗，可以清晰而真切地感受到，随着年岁渐长，阅历更深，积淀越多，他对人生与生命的思考，已经进入路遥知马力、霜重秋愈浓的境界，也愈加体验到他对普通人的人生的真切观察与体恤。对于一个有良知的诗人，这一点非常重要。

他对普通人生活的艰难情状，或感同身受，或痛彻心扉；

对社会生活中的种种真善美的赞扬，对其反面的假恶丑的鞭挞，愈加强烈与深刻。

而所有这些，正是沙白先生的为人与为诗的精神真髓！

是的，沙白先生的诗歌精神和斗争精神在曙白身上与诗里，得到了极为完美的传承与弘扬。

这应该是沙白先生的一大欣慰。

诚如文艺评论家骆寒超先生（他与曙白先后在浙江大学工作），在为曙白的诗集《大野》所作的序言中所说：

  他的诗写得那么空灵、素雅和意境深远，显然深受中国古典诗歌的影响。

骆寒超先生慧眼识珠，一语道破了曙白与其父亲沙白先生同样"深受中国古典诗歌的影响"的奥秘。

而诗人、学者柯平，则在其为曙白的诗集《临水报告厅》所作的序言中，分析说：

  让思想的痕迹，不经意地渗入身边的日常事务，或许是他多年来艺术上的主要追求。

柯平先生此言非常准确，也非常中肯。

我同样认为，曙白是执着地关注身边日常事务的诗人。他的目光，既钟情于自然山水，更痴情于他身边的普通人。曙白的爱与恨、喜与怒，曙白对真善美的追求，对假恶丑的憎恶，都是溢于言表、溢于诗行的。

他有一颗热烈而悲悯的心脏。

这与其父沙白先生的爱憎观、是非观，又是惊人地相一致的。

有其父，必有其子啊！

近些年来，我与曙白一直互通微信。我一直称其为曙白贤弟，他一直称我为子和大哥。

而私信的内容，有时是我为寻找沙白先生早年的诗集阅读，比如他老人家的第一本诗集《走向生活》我没有看到过，而改革开放后的第一本诗集《杏花春雨江南》，沙白先生曾送给我过，后来被诗友借走了，便没有归还；有时是我读了沙白先生写的诗，向他谈谈我的感想；有时是我写了关于沙白先生的文章，发给他看，也委托他转给沙白先生看。因为自从沙白先生住院后，曙白与晓白弟兄二人，经常在医院轮流陪护；还有就是，曙白经常发他的一些新的诗作给我阅读。

记得2021年10月17日，《南通日报》发表了我撰写的《长江的当代长篇抒情——重读沙白长诗〈大江东去〉》一文，曙白读后发微信给我说："谢谢子和大哥，您的这篇文章充满感情，写得太好了，本身就是一首诗。"

在微信上，曙白曾经给我发过他的许多诗歌。我查了一下，其中的不少诗没有收入他已正式出版的五部诗集，也没有收入他辞世后友人协助出版的《李曙白诗选》。情不自禁地转录几首，以示深切悼念与深情缅怀。

读这些诗，或可让我们能更深切地来感受，曙白的诗与其父沙白先生的诗，在诸多方面传承的根脉相连，以及滋养其风格多样、枝繁叶茂诗歌之树的诸多厚土之下的源泉。

手握农具
李曙白

这些年特别想回到家乡
想手握农具
在一小块土地上

种植与收获

日出而作，日落而息
不讨论国事
不争辩对错
也不看微信和诗歌

庄稼在身边饱满
河水在身边流淌
云过云的日子
风过风的日子

朋友们散落在远方
回忆中都是美好
偶尔想起一座城市
有隔世的犹疑

手握农具，生活
就会像一柄锄头一样
回到简朴，实用
与泥土亲切地摩擦

这是多么实实在在的情感，又是多么朴实无华的诗品啊。他1949年生在老家如皋白蒲镇上，在那里随母亲生活了19年。到了1968年，又作为曾经的插队知青，曙白在老家如皋白蒲的乡间生活了8年，对家乡的土地和那片土地上的乡亲有着刻骨铭心的情感。那片长江北岸的土地既是他这个离乡人的根脉所系，也是他这个离乡人的情感皈依。而作为诗人的曙白，则把对故乡、乡亲、泥土和庄稼的血肉相连的情感，永远地留在他的诗里了。

在原林镇

李曙白

在原林镇　天空瓦蓝
而云朵如泼洒的牛奶般漫溢

在原林镇　低矮的平房
红色的屋顶　蓝色的屋顶
烟囱和炊烟保留古老的创意

在原林镇　无论你朝哪个方向望去
绿色都不会太远
去林中采集蘑菇的人们
带回来一篮子一篮子
快乐的疲倦

在原林镇　一阵风吹来
你就嗅到红松林的气味
嫩草和野花的气味
牲畜粪便的气味

在原林镇　夜空渺远而星辰低垂
奶牛群踏着月色回家
养牛人告诉我
还没有亮起灯光的那座房子是他的家

（作于2017年8月）

　　曙白的东北大兴安岭之行留下了若干首极为动情的诗行。联想到沙白老在更早一些年代，也曾游历过大兴安岭的林区，也曾留下过许多精彩诗作，如此这般，父子诗人先后吟唱那片山林与人们，这肯定又是一种诗歌的传承了。

　　在这些诗里，曙白满怀对生命的敬意与悲悯情怀，逼真地描述了林区工人的艰辛劳作，也对他们的生存状态与情感世界，进行了由表及里、渗透骨髓与血液的描述与表达。作为一个优秀的抒情诗人，这些诗又生动而娴熟地彰显了他精妙的极接地气的叙事本领，曙白甚至还有着优秀画家所具有的素描功夫。

在马哥家中吃饭
李曙白

40度的玉米烧
——他已经喝了两杯
60度的高粱烧
——只喝了一杯　不是酒量
不够　是他媳妇不让他再喝

"我们往火车上搬木头
八个人　干了一整夜
装了满满两列火车
那时候　国家需要木材呀！"

马哥是林场工人
他说在山里干活　砍树
背木头　累得像头驴
能让他坚持下去的
就两件事　喝酒和想媳妇

又倒了一碗啤酒　燕京牌
罐装　血肠和烤牛肉
都还有大半　牛杆菇炒肉片
野生黄花菜（都是大碗装的）
已经凉了　星星在窗户上

大兴安岭连绵的山脉
山影幽暗　在星空下面
安卧　像一个听话的孩子

（作于 2019年6月15日）

从我的审美习惯出发，我认为好的诗歌，要尽量用让更多的人读得懂的语言，要尽量抒发能打动更多人的真情。不掩饰，不虚拟，不造作，不矫情，不炫耀，不显摆，也不故作神秘。曙白的诗非常出色地做到了。这首诗更是特别的出色。他写出了大兴安岭地区林业工人的真实生活，也写出了他们的真实的所思所想，也就是真实的人性："马哥是林场工人/他说在山里干活　砍树/背木头　累得像头驴/能让他坚持下去的/就两件事　喝酒和想媳妇。"也许，还可以加几句话："为了赡养老人/为了孩子上学。"但是，我认为，有"就两件事喝酒和想媳妇"这两句口语化的诗句，已经足够了。众所周知，作为大先贤、大智者的孔子曾说过："饮食男女，人之大欲存焉。"曙白写出了人之最初始的本性之美。

　　我猜想而且断定，曙白那一夜，在林业工人马哥家共享的那顿晚餐时光，他也是极为畅快淋漓、极有幸福满足感的。有那么多酒品与丰盛的菜肴款待，他的马哥夫妇，一定是把曙白他们当成从远方来的最难得的尊贵客人了。而曙白则把马哥夫妇和他们的生活日常，永远地留在这首诗里了。我有幸成了《在马哥家中吃饭》这首诗的拜读者，我也因此成了参与这首诗创作的马哥夫妇的一个知情者和敬佩者。

　　在南方的江海之滨，我愿表达自己遥远的祝福！

致　歉

李曙白

我应当向那些
许多年来一直教导我的人致歉

向小学的算术老师和语文老师致歉
向中学的团支部书记致歉
向南高桥村的贫下中农致歉

向我的车工师傅致歉
向大学的论文导师和辅导员致歉

向摞起来有几人高的书本致歉
向海水和一条树林中蜿蜒的小路致歉

72岁　我不幸成为每一个你们
在标准中都不合格的人

　　　　　　　　　　（作于2020年4月7日）

这首诗写作于2020年4月7日。4月是春暖花开的季节，也是曙白出生的月份。已经不可能知道这首诗的写作动机，是否与其72岁生日有关。诗的末尾两句，就是"72岁　我不幸成为每一个你们/在标准中都不合格的人"。

诗的题目是《致歉》。不知道曙白为什么写了这么一首诗，向他一路走来与其有关的几乎所有的"教导我的人致歉"。除了家人，他没有致歉。

在我的感知中，在友人的眼光中，曙白一直是低调的，谦恭的，儒雅的，彬彬有礼的，寡言的，沉思且多思的。

这首题为《致歉》的诗，必有深意。但我更愿意理解为曙白在向他一路走来的数十年间所有关爱过他的人们致以深深的谢意，而不是"歉意"。

只是，为什么在他72岁生日时，写了这么一首情感忧郁的作品。

据我所知，南高桥村是曙白成为插队知青的落脚点。那是离白蒲镇十几里的一处乡村。他一直没有淡忘那个地方。所以，他才有那首《手握农具》的诗歌。那是永久的既痛又排解不开的少年怀想。

只是，谁也没有料到，正在李曙白于生活与诗歌的激流中一路壮歌，奋楫而进的时候，却传来了他身染重疴的消息。他的胆囊炎，转化为胆囊癌了。由此，他开始了另一条战线上的拼杀与搏斗。

这个时间的节点，应该是沙白老住进南通市妇幼保健院之后。

"最是人间留不住，朱颜离镜花辞树。"

曙白离开我们了！离开他一生都挚爱着的诗歌了！

曙白离开他深爱的父母、深爱的家人、深爱的所有亲朋好友！

一时间，在互联网上，到处传递着他不幸辞世的消息。

悼念诗人李曙白·死亡是一场大雪

2022年7月26日4点30分，当代优秀诗人、《诗建设》杂志社社长李曙白因病与世长辞，享年73岁。李曙白老师是这个时代罕见的智者、勇者与醒者，他始终的警醒、旷达与慈悲，都已成为我们的一笔宝贵财富。斯人已逝，诗歌长存。

——《诗建设》杂志社

死亡是一场大雪
　　李曙白

覆盖一切　对于死者

这个世界只剩下白　无边无际的白
我们再也不能给予他什么
荣耀　财富　诽谤和嘲讽
一次意外中奖的惊喜　或者关于一桩
陈旧债务的无穷无尽的争吵

白茫茫大地真干净　只有我们
还在俗世的污泥中挣扎
无望地拒绝无望

死亡覆盖一切　一场大雪覆盖一切
雪地上的足印　我们的
从未消退　也从未更加清晰

（2020年7月24日）

  这首诗写作于2020年7月24日。曙白为什么要写作这么一首如此悲凉如此悲切的寒彻骨髓的关于死亡的诗呢？

  虽然，生与死，是每个生命都必须面对的。

  《死亡是一场大雪》，铺天盖地的大雪，雪藏一切生命的大雪。"死亡覆盖一切　一场大雪覆盖一切"，这就是曙白笔下的死亡，从来没有人这么写过死亡。

  这首诗写作的4个月后，即同年的2020年11月，曙白被确诊罹患胆囊癌了。

  《死亡是一场大雪》写出的第2天，即2020年7月25日，曙白又写了另外一首诗《悲伤书》。《悲伤书》对我们身边时有发生的跌破普通人道德底线和超出承受能力的丑恶劣行进行了无情的鞭挞。此处不再详述。

  在曙白的诗歌写作中，有几首写到了母亲与父亲，这既是骨肉亲情的精神维系，也应视为诗人发自内心的血浓于水的诗歌表达，更是父亲与曙白之间诗歌传承的最好证明。为此，在他所有的诗歌作品中，这几首诗就弥足珍贵。让我们一一读来。

坐在海岸上的母亲

李曙白

母亲坐在海岸上　她凝然不动

像一块石头
一块伫望海水的石头

我不知道她看到了什么 真的不知道
八十六岁的母亲 她有太多的故事
太多的辛酸 太多的不平 太多的艰难
因此 我无法看到她所看到的东西

我从来没有看到过母亲落泪
也从来没有听见她叹息命运
母亲一直都是一块石头
坚硬地坐着 坚硬地 面对风浪与苦咸
而把我们藏在她的背后
藏在风吹不到浪打不到的地方

现在 母亲坐在海岸上
她的面前是大海 落日坐在大海的对面
此刻大海就是一架天平
母亲一生的岁月就和一颗太阳
放在天平的两端

（刊于诗集《夜行列车》，由长江文艺出版社2014年5月出版）

在这首诗中，曙白找到了"石头"这个意象，来比喻他的母亲。而且稍微扩展了一下这个意象，母亲是"一块伫望海水的石头"，我觉得曙白寻找得太好了、太准确了，也太让人心灵震撼了。这里，"海水"是指什么？自然不是真正的大海之水。曙白在诗中其实已经说得再恰当不过了,那就是她经历过的岁月与生活，就是在生活之海里，"她有太多的故事，太多的辛酸，太多的不平，太多的艰难"。沙白先生与其夫人顾婉芬都出生于较为富裕的农村家庭。在那个十分注重阶级出身的年代，其遭遇，其坎坷，其不堪回首、难以启齿言状的种种日常处境，凡是从那个年代过来的人都懂。虽然沙白先生在新中国成立之前的1949年2月就参加了革命工作。

以上种种境况，沙白先生从来没有对我提起过一个字。

所有的母亲都可以是伟大的母亲。生养了长女李微白、长子李曙白、次子李晓白的母亲顾婉芬当然也是的。自从沙白先生搬进南通市新桥新村，住进那个他们在南通市区的第二个家后，我每次去看望沙白先生，都有幸能见到这位长辈。但是，除了简单的相互问候，却没有过其他交谈。其实，我最起码应该叫她一声师母。每次见我来了，她都会走进其他的房间，让沙白老与我单独说话。

母亲在曙白一生中的地位是难以估量的。为此，曙白找到了这样的诗句表达："此刻大海就是一架天平／母亲一生的岁月就和一颗太阳／放在天平的两端。"曙白用一颗诗人的敏感的心，感受到了属于他的母爱，就像太阳一样重要啊！

李曙白曾经为母亲顾婉芬写过好几首诗的，除了这首，还有《母亲来信》《最后一个给我写信的人》《晒太阳的母亲》等。应该记录下来的，因为无论是母亲还是曙白，现在都已经不在人世间了。我把这些珍贵的诗稿，记录在《沙白传》里，应该就是最好的纪念吧……

母亲来信
李曙白

当我们习惯于提起话筒
把远方那些熟悉的名字
简化成为一串阿拉伯数字
对于我们　收到信件
已经成为一种奢侈

在依然给我写信的人中
母亲的坚持最为绵长
她不给我写太多的信
也不会太少
在我开始盼望的时候
那只整洁的白色信封
总会像鸽子一样扑进我的窗口

母亲当过小学教师
她写信的字迹
一如她工整的板书
母亲总是用最简短的语言

讲述她要说的一切

在一封封来信中
我聆听到的母亲
娟秀　朴素　细密
像古老的汉字一样
经得住长久的回味

（刊于诗集《大野》，由重庆出版社2004年出版）

最后一个给我写信的人
　　　　李曙白

已经有好几年
母亲也没有给我写信了

母亲读过私塾
她的来信总是在一张有线条的纸上
排列一行行的小楷
娟秀　齐整　还有一些淡淡的倔强
像她早年缝补衣服　密密匝匝
一丝不苟的针脚

母亲已经九十岁了　她说她老了
眼花了　一写字
手就抖　她说她已经没有力气写完一封信了
这些年她终于
也把写信改成了一年数次的电话

不过每一次拎起话筒
我都能清晰地听到一行行
娟秀的小楷

（刊于诗集《临水报告厅》，由上海文艺出版社2018年10月出版）

情不自禁地，又要照录曙白写给母亲的诗《晒太阳的母亲》了。虽然，他的母亲已在2019年5月辞世了，曙白于2022年7月26日也离世了，唯一还在的，就是曙白的诗，包括他写给母亲的诗了。此刻我的内心，还是想把曙白写给母亲的诗尽量多照录几首，也希望多一些读者能看到。虽然，读者多与不多，母亲与曙白都不会再知道了。依然活着的只有曙白的诗了。读与不读，只与生者有关。

每个人都有自己的母亲的。母子之情、母女之情，凡是为人子女者，都会一辈子铭记在心的。因为这是血脉传承之情，是骨肉相连之情。

而我们每个人的母亲，都会老去。面对一天天老去的母亲，作为子女的目光，真的会是越来越复杂、越无奈、越伤感、越心疼的……这是痛彻心扉的那种疼啊——

晒太阳的母亲
李曙白

母亲坐在阳台上
在一张旧藤椅上晒太阳
晒着晒着　她就睡着了
晒着晒着　她就在阳光中飘浮起来

大概是要将过往的岁月中
那些欠缺的睡眠都弥补回来
母亲睡得很熟
睡得像树林中一截低矮的树桩

上帝是公平的　母亲一生
都在艰辛中度过
她的晚年　上帝让她无忧无虑
让她拥有一张阳光中的藤椅

九十三岁的母亲在阳台上睡着了
九十三岁的母亲现在是一只鸟儿
她愿意飞翔就飞一小会儿

愿意睡觉就落在一根树枝上

闭上眼睛　听凭
太阳和上帝安排

（刊于诗集《沉默与智慧》，由长江文艺出版社2018年3月出版）

很珍贵的，李曙白还有一首题为《九十岁》的诗，是他写给父亲沙白和母亲顾婉芬两个人的。

九　十　岁
李曙白

去年母亲九十岁　而今年
则是父亲　在八月
他也度过了九十岁生日
他们都老了　行动迟缓
很少说话　当他们坐在一起时
就像两只并排放着的旧水杯
时光在穿过他们的身体时
不停地消耗着存储
内部的水位一再降低
直到现在几乎空可见底
而我们　他们的子女
在认可了这种修改的同时
以为这就是他们　以为木讷的
把一串钥匙攥在手中
还在四处寻找的就是他们
对他们的过去已经渐渐淡忘
就像淡忘了贫瘠岁月中
一再给予我们温暖的谷草和灯光

（刊于诗集《临水报告厅》，由上海文艺出版社2018年10月出版）

曙白的母亲顾婉芬比父亲沙白大一岁。在我的印象中，这位师母的身材很适中，脸庞很干净，也一直把自己收拾得干干净净、利利索索的。每次我去沙白老家看望，她与我点头颔首、相互问候时，也是细声慢语，极为和蔼可亲的。她老人家就是以这样的形象，存留在我永远的记忆里了。

该来读读曙白写给父亲的这首诗了。这首诗本身就与读诗有关。

父亲读我的诗集
李曙白

斜靠在那张旧藤椅上
这是父亲习惯的姿势
在我的记忆中他以这个姿势
读了大半辈子的书
读王维和艾青
读普希金和朗费罗

现在　父亲读我的诗集
他读得很仔细
一页一页地翻过
偶尔停下来　抬一抬手
好像要把什么东西赶走
老花眼镜的镜片后面
一双目光像灼烫的火钳

我悄悄地离开
那一刻我觉得自己就是一个
走进医院因为害怕打针
又悄悄带着病例逃走的孩子
我已经69岁了
但是我从来都不知道
该如何与父亲相处

我把父亲和我的诗集
留在屋内　留在他的藤椅上

> 留在从落地玻璃窗
> 斜照下来的薄薄的光芒中

（作于2018年9月12日，选自《李曙白诗选》，2022年由阿诗玛出品）

这首诗中沙白先生读的诗集，从出版时间分析，应该是由长江文艺出版社2018年3月出版的《沉默与智慧》。2018年，曙白还由上海文艺出版社出版了另一部诗集《临水报告厅》，但那已是2018年10月了。而此诗写作时间是2018年9月12日（——笔者注）。

多年来，沙白先生习惯于坐在躺椅上读诗读书，甚至是一些诗歌的写作，也在躺椅上完成。这个画面我是很熟悉的。为此，旷日持久，年深日久，他是换过几把躺椅的。他的次子李晓白对我说过此事。

《父亲读我的诗集》这首诗，李曙白去世后我才第一次读到。父与子两辈诗人以诗为媒介的情感交流场景，被曙白观察得细致入微，描绘得惟妙惟肖。所以，我说曙白是叙事素描的高手：

> 他读得很仔细/一页一页地翻过/偶尔停下来/ 抬一抬手/好像要
> 把什么东西赶走/老花眼镜的镜片后面/一双目光像灼烫的火钳。

沙白老读儿子的诗时的心理活动，一个"抬一抬手"的动作，被曙白理解为"好像要把什么东西赶走"的无声表达，真的是极为传神而有趣。

这个场景引起了我的联想，每次我把自己的诗草递给沙白师长请他指教时，他读过后从不说哪里好哪里不好这样绝对的话。他经常的一个动作就是指着某几行诗说"这里你再想想，有没有更好的（表达）办法"；或者，他会指着某一行诗说"不要放过这句，你再好好想想，能不能再丰富一些"。其实，就在沙白师长的几个手指动作上，我已经得到了修改的暗示了。相对于谈诗，沙白老更愿意与我聊天。我在部队工作时，他喜欢听我讲部队的事，偶尔会插话询问；我1989年10月转业到南通市委宣传部分工联系文艺工作后，就与我聊地方上文化上的事，聊我们共同熟悉的文化界的人。总之，沙白老觉得，与我聊天是一件很开心很享受的事。

曙白的这首《父亲读我的诗集》，在我的理解里，表达的既有他对父亲诗风的传承，也有两代诗人的差异与不同。而这个差异与不同，既牵涉某些题材处理上方式的把握，也涉猎语言表达上分寸的把握。曙白是很敏感的，他得到的启示,应该是明确的。父亲在读时,没有抬手的诗,大概就是喜欢啦!沙白老是不太会说这首诗好那首诗不好的话的。这仅是我这个不合格的观察者的一家经验了。

  传承之间,是血浓于水的骨肉诗。
  这大概就是我对于沙白老与曙白诗歌之间关系的观察了。
  我的观察也许有偏颇。好在,我分别引用了沙白先生与曙白的多首诗,读者可以明察。
  关于沙白老与其子李曙白在诗歌上的血脉传承与骨肉相连,还是当代著名诗人、诗歌评论家唐晓渡,表达得更细微、更深刻、更具专家的深邃目光与纵论贯通吧。唐晓渡在给曙白的诗集《夜行列车》作序时,是这样表述的:

  同样令我感到亲切的,还有《江边秋意》一诗。诗不长,照录如下:

江边秋意
李曙白

江水凉了　有人在喊
凉得咬手指了

苇叶就黄了
芦花就白了
黄的叶白的花随江风起伏

把木船泊在江岸
归来的人
一身芦絮如霜

  其凝练淳厚、不着痕迹堪比古典绝句,笔笔真切,又笔笔写意:那江水,那木船,那苇叶芦花,那身披如霜芦絮归来的人。如果说在我眼中,这以一派萧瑟为背景,而又凝聚着满目苍凉的归来者,多多少少也是一代人写照的话,那么换个角度,亦不难从中辨认出,我们父辈(已至父辈的父辈……)的身影。眼前《江边秋意》上,就叠映着另一首诗,那是前辈诗人、曙白的父亲沙白先生的《秋》:

> 湖波上
> 荡着红叶一片，
> 如一叶扁舟
> 上面坐着秋天。

此诗当年曾与《大江东去》《水乡行》等一起，令沙白先生名动一时，并在他多年后的《红叶》一诗中，再次得到呼应——

> 风，把红叶
> 掷到脚跟前。
> 噢，
> 秋天！
> 绿色的生命也有热血，
> 经霜后我才发现……

回头看去，在不细究风格差异及背后"本事"的前提下，说这是曙白的少作，似也无不可。就这样，两代人的命运，同一种心路历程，经由不同人生阶段对秋意的不同辨识和体悟，被有机地融合在一起；至于其间的酸甜苦辣，却又只能是各各（包括读者在内）决心自食，暗下品味的了。

（摘自李曙白诗集《夜行列车》唐晓渡所写的序言，该书由长江文艺出版社2014年5月出版）

本章篇末，很想把沙白先生的一首《送孙女出国》，全文照录下来。我觉得曾有过两次出国参加国际诗会机会的沙白先生最终却没有踏出国门，如果这是一个遗憾的话，那么，他的踏出国门去留学的孙女，就可以理解为是替他这个爷爷了却一个未了的心愿了。

送孙女出国
沙 白

被一辆婴儿车推起的笑声

依稀留在那条熟稔的田埂
一个离不开母亲奶头的孩子
这就跨出家门跨出校门跨出国门
一滴落叶上珍珠般的朝露
也会蒸腾成一朵出岫的云

真嫉妒你晚生了五十七年
祖父的梦由孙女兑现
那年月何敢向海那边一瞥
自安于茧中的日月壶中的天
总把新月错当一面窗
幻想着探头看看天那边

异国的语言异国的人群异国的涛声
异国的海风可也带有南黄海的微腥
雁字横空悄声儿飞过头顶
只为把双翎磨砺得更坚韧
远行的云终须化作故土田塍上的雨
记得遥隔大海期待的白发雪白如银

毫无疑问，沙白先生孙女的留学出国，也是一种传承吧。是的，是除了血脉的传承之外的另一种传承。其中的多种意味与感叹，化作了沙白先生的这首《送孙女出国》的心绪纷繁、感慨万千的诗歌……

第二十六章　夕阳，诗星歌月抱在怀

- 写到这本《沙白传》的尾章
  我想再找出几首沙白先生的诗
  并付诸一些文字，作为结语
- 我找到了下面几首诗，一一录下
- 这几首诗，或与夕阳及老了有关
  或与生命的哲学思考有关
  或与故乡与乡愁有关
  或与生命有涯却可以声名不息及精神不朽有关

　　写到这本《沙白传》的尾章，就想从他的数千首诗歌中，再找出几首来，作为一个小结，呈献给一直热爱着、惦念着这位世纪诗人的人们面前，以更多地展现他诗歌的时代风姿、思想光芒、内涵丰饶、艺术风格、斑斓色彩与独特样貌。当然，还可以有更多更多的展现……

　　于是，我再次阅读他的十本单独出版的诗集，再次阅读他的四卷本的《沙白文集》中的三本诗歌卷。

　　我找到了这样几首诗。
　　或与夕阳及老了有关；
　　或与生命的哲学思考有关；
　　或与故乡及乡愁有关；
　　或与生命有涯却可与声名及精神不朽有关。

　　这些，肯定都与沙白的诗人本色及诗歌本体有关！
　　就让我们一一展开来读读吧！

一个过客的独白

沙 白

早晨,路在脚前伸展
很远
夜晚,路在脚底终结
很长
一天过去,乒乒乓乓
昨日之门从背后关上
你再也无法跨进

一条路向东,一条路向西
你只能选择其一
却不知通往罗马
还是各地
或者你选的路荆棘遍地
却把一路阳光遗弃

一路雨雪阴晴
一路严寒酷暑
一路捡拾采摘
一路随手丢弃
无法再走一次来时的路
把失落的重新捡起

有多少蓦地相逢
就有多少失之交臂
有多少踌躇不前
就有多少悔不当初
待到两手空空进入暮年
忽地如有所悟一声叹息

　　这是沙白先生九十岁时出版的诗集《音尘》里的一首诗。从一般意义上讲,每个人的一生,对这个世界的贡献是有大有小的,人生的轨迹也是千差万别的。但是,在绵长无涯的人类历史长路上,每个人又毫无疑问地,都是一个只能走在其中,走上几十年,至多百余年的过客。沙白自然清楚自己也是一个过客。我此处所说的这个"过客",不可能有任何别意。

每个过客到老了的时候,都会有属于自己的感叹与独白。

诗人沙白自然不会忘记,用自己喜欢的方式,即诗歌的方式,留下属于自己的独白,正如这首《一个过客的独白》。

诗的第一节写人生没有回头路。从早上到晚上,每天都只有一天天地向前。然后,"一天过去,乒乒乓乓/昨日之门从背后关上/你再也无法跨进"。这是每个人都要面对的,既很无奈,也很现实。

诗的第二节,是写人生的选择:"一条路向东,一条路向西/你只能选择其一。"而选择有时即命运:"或者你选的路荆棘遍地/却把一路阳光遗弃"。

诗的第三节写人生历程的艰辛"一路雨雪阴晴/一路严寒酷暑";同时,也写人一生的努力情状与价值,寓含着劝慰与自励,因为"无法再走一次来时的路/把失落的重新捡起"。

诗的第四节,便是面对人生的一声浩叹了:"有多少蓦地相逢/就有多少失之交臂/有多少踌躇不前/就有多少悔不当初。"

沙白先生的这首《一个过客的独白》,自然有着很浓重的个人经历与心路历程的色彩。诗人情感的抒发,诗人对这个世界与人生的深刻认知与处世态度,经由他一己的感悟与参透,却有了更加普遍的对于人生的理解与价值。

诗的最后两句"待到两手空空进入暮年/忽地如有所悟一声叹息",既有诗人对自己大半生的某些遗憾的叹息,其实,也是他视自己为普通人的谦恭姿态的再次表达。

我前面说过,虽然从一般意义上说,人人都是这个世界的过客,但是每个人都是可以留下一些东西的。于诗人沙白而言,他所留下的,就是他献给祖国与故乡的诗歌,他唱给母亲与生活的诗歌,他的行吟与求索的诗歌,他闪光与隽永的诗歌……

蟋　蟀

沙　白

春去无痕　夏过无迹
唯你墙角一吟
便成了秋天
木叶纷落

这一头白发
如何经受得

也懂得有意撩逗
纵身一跳便跳回童年
炸弹坑边寻你
瓦砾堆里逮你
教室中惊心一啼
送走《最后一课》
大头将军与短促童年
一起失落于一次
皇军的突然袭击

别来无恙乎
蟋蟀问我　我问蟋蟀

诗人对于秋天的敏感，来自蟋蟀——"唯你墙角一吟/便成了秋天"；诗人对于童年的怀念，也来自蟋蟀——"也懂得有意撩逗/纵身一跳便跳回童年"；诗人对于民族恨的难以磨灭，一部分还是来自蟋蟀——"炸弹坑边寻你/瓦砾堆里逮你/教室中惊心一啼/送走《最后一课》/大头将军与短促童年/一起失落于一次/皇军的突然袭击"。

诗人怀念起蟋蟀，是因为在蟋蟀的鸣叫声中，秋天又到来了，童年又回来了，日本军国主义企图亡我中华的惨痛历史又涌现心头。

这是永远不会忘记的！

"别来无恙乎/蟋蟀问我/我问蟋蟀。"

这是不会消失的心灵感应！

这也是情不自禁地奔涌到诗人心头的别样诗情！

中 秋 月
——七十自寿
沙　白

七十年

第二十六章　夕阳，诗星歌月抱在怀

雨侵风蚀。岁磨。月镂
唯你
不添一丝白发
不生一痕皱纹
不显一星龙钟老态
若我

呱呱坠地时，无缘
仰面一窥你是哭泣
还是笑逐颜开，正将
一泓清辉注满中庭
而你，该当
听到我的第一声啼哭

无福分得一份明灿
阴暗的老屋，大门上
大书着"能忍自安"
注定此生，心口插一柄
推之不去的利刃
几时揽得一轮圆满

有无数条路可走
偏偏卖身投靠诗神
做一名托钵的苦行僧
一路乞讨，几枚砾石
便是上苍最大的怜悯

步步血痕穿越荆榛
生命本来只是漫长的追寻
无悔无恨，用一生
去叩打一扇
百叩难开的大门
此心
唯你可鉴

> 今宵
> 仍不肯赏赐一轮姣姣?
> 漫天的云情雨意
> 潇潇滴落枕边,将梦
> 扯得零零落落,断断续续

(作于1995年9月)

　　沙白先生的生日很好记,就是农历中秋节当天。应该说这首七十周岁的自寿诗,开始写得还是很有些乐观的,说天上的那轮月亮:"唯你/不添一丝白发/不生一痕皱纹/不显一星龙钟老态/若我。"一句"若我",说明七十岁的沙白,还显得挺年轻的。这一点,我和他的无数学子可以作证。

　　中间一段,忽地有些自嘲走上职业诗人之路了,沙白老经常这样自嘲自己的——"有无数条路可走/偏偏卖身投靠诗神/做一名托钵的苦行僧/一路乞讨,几枚砾石/便是上苍最大的怜悯"。但是,他所说的"偏偏卖身投靠诗神",恰恰表明了自己对诗神的一心一意,忠心耿耿。只是,这一路走来,却也是"步步血痕穿越荆榛"。

　　对人生有着透彻参悟的沙白老,自然知道"生命本来只是漫长的追寻",为此他才"无悔无恨,用一生/去叩打一扇/百叩难开的大门/此心/唯你可鉴"。写了一辈子诗的沙白自然知道,诗歌之路的百般艰辛,此中千般甘苦,寸心自知。"吟成五字句,用破一生心。"(唐·方干)"两句三年得,一吟双泪流"(唐·贾岛)。

　　沙白先生在七十岁生日当天,有满腹心事与迎接自己来到这个人世间的中秋月诉说。无奈"今宵/仍不肯赏赐一轮姣姣/漫天的云情雨意/潇潇滴落枕边,将梦/扯得零零落落,断断续续"。

　　这就是沙白先生七十岁生日的大遗憾啦!

　　但是,我觉得,沙白先生在七十岁生日这天,写成了这首情感丰盈、意绪饱满、跌宕起伏、意味深长的诗作,作为自寿大可以聊以自慰!

　　沙白老还有一首《望七自寿》的诗,不妨也照录一下,由此可以对应看出他在两个年份的生日之夜心绪的相似与不同。

望七自寿

沙　白

古人把虚龄六十九岁，称为望七。
今年中秋，我亦居然"望七"，因作诗自寿

　　望海，望山
　　望云，望月
　　望天边那只鸟
　　翅膀一闪

　　又倏地不见……
　　白发萧萧
　　居然"望七"
　　望明年的中秋月
　　一轮
　　从东海上升起
　　银辉洒向明年的
　　水杉、月季、紫茉莉
　　明年更加稀疏的
　　萧萧白发

　　悄回首，六十八年前
　　月过中秋时呱呱坠地
　　一个光辉与圆满的梦
　　与生命一起开始
　　年年望月，常常是
　　云遮雾掩，连绵秋雨

　　素娥也解人意
　　难得今宵风清月圆
　　连桂树婆娑的影子
　　也没有让清光稍减
　　举头望月

望成黄山上那个望海的石猴
一任夜露打湿衣衫
只有你仍然皎洁
如六十八年前那一轮

（作于1993年9月）

  显然，这首《望七自寿》，相比较于两年后写成的《中秋月——七十自寿》，要清明一些也开朗一些了。夜空的清明带来了诗人沙白心情的清明与开朗。这个中秋之夜，"一轮从东海上升起"的"银辉洒向明年"了吧？是的，沙白老的"望七"之夜，"素娥也解人意/难得今宵风清月圆/连桂树婆娑的影子/也没有让清光稍减"。而不像有些年月那样，"常常是云遮雾掩，连绵秋雨"。1925年中秋节生人的沙白，在新中国成立前，度过了24年。那是凄风苦雨、国破家残的岁月啊！新中国成立后，又有过许多波折与磨难。所以，中秋望月，有时是天公不作美，有时是心情难舒畅啊！

  正是在这个"望七"之夜，诗人沙白才浮想联翩，不由得想起了早年间，与众多诗友的黄山之旅，想起了曾经忘情地"举头望月"，把自己"望成黄山上那个望海的石猴/一任夜露打湿衣衫"。无疑，沙白老是特别感念他的"望七"之夜的，因为那一夜的中秋月，被沙白老夸赞为"只有你仍然皎洁/如六十八年前那一轮"。

活在唯一的一首诗里
——读《春江花月夜》致张若虚

沙　白

活在唯一的一首诗里

看春天去了又来
看花儿谢了又开
看月亮缺了又圆
看江流不断，流走唐宋元明清
半部中国史

>   活在唯一的一首诗里
>
>   看无数诗篇刚写成便已死去
>   看无数诗人刚成名便已朽去
>   看无数等身著作一文不值
>   看无数"名著"味同嚼蜡
>   干瘪的语言如干瘪的木乃伊
>
>   活在唯一的一首诗里
>   夜夜
>   海上明月共潮生

在唐代诗人里，张若虚是个异数，也是个奇迹；
在当代诗人里，沙白是个特例，也是个奇迹。

不说别的，就说沙白写出了这首致敬张若虚的诗，发现张若虚依然活在他流传下来的"唯一的一首诗里"，因为"夜夜/海上明月共潮生"。

"海上明月共潮生"，既然是大自然的一个真理，那就是一个千古不变的真理。海上潮涨又潮落，海上日落月又生，只要有这个真理在，人们总会触景生情，就不会忘记唐代诗人张若虚，以及他的这首题为《春江花月夜》的千古大诗！

当年，是张若虚发现并写出了这个真理，并把这个真理化作了一首绝美的《春江花月夜》这样的艺术诗篇。而沙白先生在感叹了"看春天去了又来/看花儿谢了又开/看月亮缺了又圆/看江流不断，流走唐宋元明清/半部中国史"之后，又感叹了一番"看无数诗篇刚写成便已死去/看无数诗人刚成名便已朽去/看无数等身著作一文不值/看无数'名著'味同嚼蜡/干瘪的语言如干瘪的木乃伊"。

沙白先生深知，这是为什么。

所以他才说出了下面这样一席话，不妨让我们再次提起：

>   在欺世与趋时之外，寻找一条崎岖小道。即从自身的生活体验出发，既不用谁也看不懂的东西去欺世，也不趋时去迎合潮流追求轰动效应。

长江三角洲
　　　沙　白

长江水

才是填海的精卫
一滴衔泥沙一粒
飞身直下离天三尺的崔巍
长江三角洲
就是这样日聚夜垒

日聚夜垒呵
一代代江南人辛勤的手

垒烟雨江南
垒水村山郭
垒吴宫晋苑
六代豪华的春梦
垒湖泊列珠玑
庄田如锦绣，富甲天下
垒一句"人人都说江南好"的赞美
垒那么甜那么柔的
吴侬软语的清脆
只有它才唱得出
吴歌、子夜歌、水陆山歌
剪不断柔情似水……

大海的潮音如鼓似鼙
长江水把潮汛
送到江南江北
大河小河涨盈盈春水
三角洲再也无法安睡
无法在田田的莲叶里安睡
无法在吴歌子夜歌中安睡
吴蚕也有个漂洋过海的梦
面对世界，打开一面
又一面临海的窗扉
数十个亿元村缀在
万里长江的飘带上

如一枚枚华光四射的珠翠

　　大上海
　　人的海、楼的海、烟突的海
　　隔一条黄浦江
　　炸响一声摇天撼地的春雷
　　大江上浪卷涛飞……

　　长江水才是填海的精卫
　　三角洲就是这样日聚夜垒
　　垒年年岁岁
　　春草先绿，燕子先归，雏莺先飞

这是沙白先生的又一首《大江东去》啊！
她是献给整个长江三角洲的颂歌！
长江三角洲的优雅歌谣声声入耳，
长江三角洲的历史繁华历历在目；
长江三角洲的腾飞今天蒸蒸日上，
长江三角洲的明天梦想触手可及！

　　这首《长江三角洲》，既是沙白先生多年生活积累的又一次厚积薄发，又是他的《杏花春雨江南》的接续华彩篇章。既有绿水悠悠、青山叠翠、湖上荷花，放眼江海依依中，情意绵绵大自然的曼妙身姿；又有上海领衔、江南江北奋起直追！春潮浩荡、莺歌燕舞中，聆听大气磅礴进行曲的酣畅淋漓。
　　我以为，沙白这样的大诗人不但梦想如长江一般源远流长，而且他思想的长江也源远流长啊！

　　沙白先生看似一轮夕阳，
　　却依然是诗星歌月抱在怀呢，
　　也定会是诗星歌月永在怀啊！
　　行文至此，情不自禁地就想把艾青的两句诗，记录下来。艾青是沙白先生一直崇拜的大诗人！
　　这两句诗是："我生活着，故我歌唱。""诗，永远是生活的牧歌。"

第二十七章：归乡，诗声朗朗入童心

・江苏省如皋市白蒲小学是沙白的母校
　他在那里完成了初级小学的学业
　种下了最初的诗歌种子
・当沙白先生虚龄99岁的时候，他迎来了一次心灵的返乡
　这也是他的诗歌的返乡——2023年5月23日下午
　一场以"香蒲草之歌"为主题的"沙白诗歌朗诵会"
　在白蒲小学溢香楼隆重举行
・诗人沙白的故乡盛产蒲草
　蒲草干爽色愈白，白蒲因之而得名
　沙到白时是纯色，沙白因之而得诗坛盛名

2023年5月23日，在沙白先生的诗歌历程中，是个特别值得喜庆的日子——就在这天下午，作为南通市第18届"五月风"文艺展示月"文艺进校园"系列活动之一，一场题为《香蒲草之歌》的"沙白诗歌朗诵会"，在沙白先生少年时代的母校——如皋市白蒲小学隆重进行。

2023年是如皋市白蒲小学成立120周年。主办单位之所以选择这一天，亦是为了纪念毛主席《在延安文艺座谈会上的讲话》发表81周年。

这场题为《香蒲草之歌》的"沙白诗歌朗诵会"，可以视为是沙白老的一次精神归乡，既是他的诗歌的归乡，也是他的一颗游子之心的归乡。

当天下午在如皋市白蒲小学2015年迁建的崭新校园里，在宽敞明亮的溢香楼三楼报告厅，沙白先生的26首诗歌，在朗朗诵读声中抑扬顿挫，此起彼伏，时而高亢激烈，时而默默倾诉，于声声入耳中，直抵又一代莘莘学子的童心。

这天下午，溢香楼里溢满了香蒲草的馨香！

是啊，有280名师生在现场聆听，2000多名师生在47间教室里收看现场直播。而就在朗诵会的当天下午，通过"深度如皋"及"江苏公共文化"云直播等诸多平台，收看及点击量迅速达到了12.4万人！

历史应该记录下并永远感念如下单位和人士。

第二十七章 归乡，诗声朗朗入童心

指导单位：南通市文学艺术界联合会
　　　　　中共如皋市委宣传部

主办单位：南通市戏剧家协会、如皋市全民阅读办、如皋市社科联
　　　　　如皋市文联、如皋市白蒲镇人民政府
承办单位：南通市朗诵学会、如皋市朗诵学会、如皋市白蒲镇文联、
　　　　　如皋市白蒲小学

总　策　划：纪树华　吴正隆　张　成
策　　　划：张小凤　杨　海　胡宗华　杨春和

艺术总顾问：高龙民　李中慧
文 学 顾 问：王子和
撰　　　稿：徐芹霞　王子和
总　编　导：王美娟　徐芹霞

舞 台 监 督：魏小荣
统　　　筹：石春晖　李春亮
总　协　调：张小波
协　　　调：石卫明　冯　杰　马　洁
舞 美 设 计：李　杨
灯 光 音 响：沈　靖
网 络 直 播：陈　奇
节目单设计：冯　杰

主　持　人：张　蓓　宋劲乔
特 邀 嘉 宾：李晓白（南通市文联原副秘书长、沙白先生之子）

出席并指导活动的还有：
中共南通市委宣传部三级调研员吴信林，南通市文联党组成员、副主席宋红鑫，江苏省朗诵学会副会长、南通市朗诵学会副会长吴培军，南通市朗诵学会部分朗诵名家，如皋市朗诵学会会员，如皋市部分文学爱好者。

借此机会，让我们简单了解一下沙白先生的母校如皋市白蒲小学吧——

1903年，在著名实业家张謇的影响下，得风气之先，集各界之力，由白蒲书画家吴宗海等人筹划，得到乡董沈广庭的支持，在"秋在阁"创办了"白蒲小学堂"，设初级小学四个班，俗称"南校"。

1907年，乡贤吴维森在蒲北镇三牌楼，创建"白蒲第一初等小学"，俗称"北校"。

1949年，北校归并南校，改称"白蒲小学"，俗称"蒲小"，一直沿用至今。

这就是沙白的小学母校，他在这里读了4年书，完成了初级小学的学业，是他最初开启学业的地方。那时，他的名字叫李乙，后改名叫李涛。

世上万事皆有缘，不信还真的不行——

这场《香蒲草之歌——沙白诗歌朗诵会》的首席策划者是徐芹霞。她是白蒲人，曾在白蒲小学做过十年语文老师。她家的老宅在白蒲镇的秀才巷。沙白先生夫人顾婉芬家的故居也在这条明清建筑居多的秀才巷里。顾婉芬家的这座故居，也是沙白先生曾长期居住过的地方。

徐芹霞说，她家的老宅离沙白家的老宅不远。而一直酷爱朗诵艺术的徐芹霞，一直热爱沙白及其诗歌的徐芹霞，担任南通市朗诵学会副会长兼如皋市朗诵学会会长的徐芹霞，她的心离沙白先生更近。

她一直有个心愿，就是要在沙白先生的故土举行一场"沙白诗歌朗诵会"，让沙白先生的诗歌在家乡的上空嘹亮起来，在白蒲人民的心中传播开来！

2023年4月末的一天，她的这个愿望又一次燃烧了起来，便在微信上与我提起。她知道我与沙白先生一直走得很近，对沙白先生及其作品也熟悉，她想得到我的协助。我说好的呀！不过，要先把准备朗诵的沙白先生的作品遴选出来。那时，我认为筹划准备总需要一段时间。

徐芹霞说做就做，她和我一边找作品选作品，还接连找了白蒲小学、白蒲镇的领导，又马不停蹄地找了如皋市委宣传部和如皋市文联的领导，还特意陪同如皋市委宣传部副部长吴正隆，赶到南通市区，找到了南通市戏剧家协会主席兼南通市朗诵学会会长李中慧，一路绿灯，各方面纷纷举手赞成，鼎力支持。

原本只想搞一场小型"沙白诗歌朗诵会"，以了却自己多年心愿的徐芹霞，明知道虽然没有多少经费，但也知道事情搞大了！好在所有答应参加的单位与个人，都没有计较报酬问题。

其间自然也有波折与变故，比如已准备参加的两位朗诵艺术家任晖与颜梅因新冠感染，不得不中途退出。

闻此消息，徐芹霞有些失意。我鼓励她不忘初心，初心似箭，开弓没有回头箭!

而此时的我,也早已停下了手上的其他写作,与徐芹霞一起遴选沙白先生的作品。我的指导思想之一就是尽量选用2005年11月16日那场"沙白诗歌朗诵会"上没有用过的作品;指导思想之二就是尽量选用比较适宜朗诵的作品。第一批我选了10首,这些作品大部分进入最后的节目单。后来,根据徐芹霞撰写的朗诵会大体框架中的四个篇章,即"似水乡愁""流金岁月""江风海韵""蒲草飘香"的主题要求,我又找到并置换了几首题材相符的作品。

世上万事皆有缘,此理又被我后来经历的事实再次证明——

杨春和是白蒲镇党委的老书记,他得知沙白老的儿子李晓白将作为特邀嘉宾参加"沙白诗歌朗诵会"的消息后,便特意约请我们5月23日上午提前赶到白蒲,由他引路,去看看秀才巷沙白老的故居。同行的还有受到如皋市委宣传部邀请的南通市文明办原副主任吴信林,他刚巧也是如皋人,对沙白先生一直很敬仰,对白蒲古镇也一直很有感情。吴信林还是江苏省作家协会会员,一个出过专著的散文作家,他喜欢读沙白先生的诗,也收藏了沙白的一些诗集。他的心早就与沙白先生相通了。

去踏访一下白蒲秀才巷,这正中我下怀!

这里还有一个缘由,即自从我接受了撰写沙白传记的任务,就想再到沙白老的家乡白蒲镇看看,虽然我曾多次去过。但是,秀才巷我没去过。借此良机,我可以补上这一课。

我们终于走进白蒲镇的秀才巷!

我们终于见到在一处民居的大门外,在左侧灰色砖墙上,挂着非常醒目的"秀才巷36号建筑"的蓝色门牌——杨春和老书记指点说,这里便是沙白老及其夫人顾婉芬的故居了!这块蓝色门牌的上方,注明是"如皋市历史建筑"。挂牌单位:如皋市人民政府。

虽然世事沧桑,人是物非,这所老房子早已更换了主人,但是,历史的留存还在,这座"秀才巷36号建筑"的内外,秀才巷的麻石路上,仿佛还踏响着沙白及其夫人顾婉芬的足音。

我必须在这里补上两笔。

一笔是在迎接新中国诞生黎明前的黑暗岁月里,一直追随着敬爱的党的沙白,一直向往着光明的沙白,曾把处于危难中的南通地下党的同志,带到这座"秀才巷36号建筑"中避难。

另一笔是沙白先生的夫人顾婉芬毕业于南通县立女子师范学校,曾担任过白蒲小学的国文教员,有好多年,她都会从这座"秀才巷36号建筑"中走进走出,去为学童们"传道、授业、解惑"。

在秀才巷,我们还来到了沙白妻弟的家,见到了他的妻弟媳,一位年届98岁却耳聪目明的老人家——这又一次证明,白蒲这个长寿之乡,果然名不虚传。在他弟媳家的大门口,我们看到了镌刻在月亮门两侧的一副对联:

绵世泽　莫如为善
振家声　还是读书

这是沙白老的亲笔手书。

结束了对秀才巷的踏访,杨春和老书记按照事前安排,又陪同我们到了白蒲镇党委、镇政府,特意拜会镇党委张成书记。

张成书记虽然是学农出身,却有一副好文采。白蒲镇对外界的推介片《蒲涛之约》,撰稿就是他亲自操刀的,这让我们深感意外。

蒲涛,白蒲的旧名也。东晋义熙七年(411年),蒲涛与如皋曾一起置县。

虽然是第一次见面,张成书记却让我感受到他的文化情怀。他绘声绘色地向我们讲述了2018年春节后一上班,带队到山东潍坊去买麻石的情景。购买麻石是为了修复铺就秀才巷、驸马桥巷、井儿口巷、市大街等古老街巷的地面。那次他们用比较低廉的价格购买了八辆卡车的优质麻石!

那次,杨春和老书记也去了,他压的是第一辆车。而张成书记及副书记朱志聪,则分别居中和压阵。闻此消息,我不由得感叹,白蒲镇党委是个多么尊重家乡历史又热爱家乡文化的领导班子啊!

这是一次春天的出征!

张成书记等人深知,他们抓的是一件大事——

这些虽然有些破落的古老街巷,恰恰是享有1600余年历史的白蒲古镇的文脉,是白蒲古镇的灵魂与象征。众多走进中国名人行列的白蒲人,就是从这些古老街巷走出去的。白蒲镇现任领导班子有责任也必须把这些街巷修复起来,保护起来,让这些古老街巷,有模有样、有尊严地挺立在世人面前——对先人有个回报,对后人有个交代。

张成书记又和我们探讨对沙白等白蒲籍文化名人的认知,说这是白蒲的文化名片。他们正在想方设法寻找合适的地点,想把沙白先生的生平与创作,用适当的方式陈列出来,既让白蒲人更好地了解属于自己家乡的历史与文化名人,可以增强自豪感,也可对来白蒲的客人们,进行一种推介。

我顺水推舟建议他们干脆就搞一个"沙白文学馆"。沙白先生的儿子李晓白极为赞成,说到时候可以把老先生的著作、照片、藏书等,都捐献出来。

张成书记安排白蒲镇纪委书记石春晖,与我们保持联系与对接。石春晖也是个文化人,他还兼任着白蒲镇文联主席,是江苏省书法家协会会员。

还是回到这场朗诵会的主题吧。

在如皋市委宣传部副部长纪树华发表了简短而深情的致辞后,朗诵会的大幕随即拉开。

为了存史留念,我特意把《香蒲草之歌——沙白诗歌朗诵会》的文本节选如下:

【解说】

今天是2023年5月23日,是毛主席《在延安文艺座谈会上的讲话》发表81周年。

在这个值得纪念的日子,南通市及如皋市的文艺家们,来到历史悠久的白蒲小学,与全校的师生们一起,用"沙白诗歌朗诵会"的形式,来一起庆祝这个光辉节日。

今年,又恰逢这座沙白先生的母校——如皋市白蒲小学成立120周年,这真的是双喜临门!

作为今天朗诵会的主角,也就是白蒲小学的老校友——中国当代著名诗人沙白先生,今年已经是99岁高寿了,我们以他的诗歌朗诵会的形式,来为他老人家祝寿,这就应该是多喜临门!

我们今天欢聚一堂,就是为了一个文艺界的光辉节日,为了一座历史悠久的名校,也是为了沙白先生这个从如皋白蒲走出去的文化名人!

第一篇章: 似水乡愁

【解说】

白蒲是一座有着1600余年历史的古镇。这片飘着蒲草馨香的乡土,身旁长江日夜而歌，通扬运河穿境而过，自古物阜民丰，人杰地灵，如今欣逢盛世，进入崭新时代，借现代交通之便，得八面来风吹拂，我们家乡的名字，更是闻名遐迩，四海传播。

为此，我们给今天的"沙白诗歌朗诵会"，取了个名副其实的主题，叫作"香蒲草之歌"。

我们为自己的香飘四海的家乡——白蒲而骄傲，为我们的大乡贤、著名诗人沙白先生而骄傲——蒲草干爽色愈白，沙到白时是纯色！

在第一篇章里，我们将聆听到沙白先生吹起的《苇笛》，看到依恋这片乡土的《炊烟》，喝到"水明楼"牌《家乡酒》，乘船来一次《水乡行》，游历我们南通所在的《长江三角洲》。然后，在《乡愁》中，展望又一个丰收的《秋》，举起一片火红火红的美丽《红叶》！

朗诵篇目：

1.《苇笛》　　　　　　朗诵者：王美娟
2.《炊烟》　　　　　　朗诵者：常竞文
3.《家乡酒》　　　　　朗诵者：盛　超
4.《水乡行》　　　　　朗诵者：唐晓梅
5.《长江三角洲》　　　朗诵者：冯君扬　褚筱玲
6.《乡愁》《秋》《红叶》朗诵者：王益明　钮丝辰　浦樾

选录篇目如下：

炊　烟

沙　白

那一种温柔
被一阵轻风吹动
袅袅，欲上青天
那一缕思念
没有一柄利剑
可以一挥两段

不是一条飘带

一头系住记忆
一头在眼前飘展
不是十万丝雨
把无端闲愁
渲染作迷蒙一片

欲飞不飞
欲断不断
欲凝不凝
欲散不散
说是早已忘却
又在眼前一闪

新米饭的清香
醺醉天边的云片
隔着迢迢天河
传来母亲的召唤
在那黄昏星下面
升起故园的炊烟

第二篇章：流金岁月

【解说】

岁月如金，流金岁月。沙白先生在整整80年的诗歌创作生涯中，一直在为人民而歌，为生活而歌，为我们的革命先烈与先辈而歌，为我们生活的土地与城市而歌。

他深深地知道，我们之所以有今天的美好生活，离不开无数革命先烈抛头颅、洒热血，为此，他写出了歌颂巾帼英雄秋瑾壮烈牺牲的《披着长发的头颅铿锵一掷》；歌颂了我们南通这座"中国近代第一城"的缔造者张謇，赞扬他是"以城市为纪念碑的人"。

同时，沙白先生也一直没有忘记，自己是"给长江口的一朵浪"；没有忘记自己的母校——白蒲小学，他也没有忘记给我们的小学生写诗：《写给植树的小学生》和《桃儿熟了》，描写的就是小学生的生活！

岁月如金,流金岁月。比金子更珍贵的,就是沙白先生爱乡的一颗赤子之心!

朗诵篇目:

1.《写给植树的小学生》　　朗诵者:顾志新
2.《桃儿熟了》　　　　　　朗诵者:崔怀美
3.《披着长发的头颅铿锵一掷》朗诵者:徐芹霞
4.《给长江口的一朵浪》　　朗诵者:石高峰
5.《以城市为纪念碑的人》　朗诵者:程　铿
6.《勿忘我与忘忧草》　　　朗诵者:徐从容

选录篇目如下:

写给植树的小学生
沙　白

栽一株柳,
栽一株桃,
栽一路绿荫,
栽一片花红,
栽一园青春。

刨呵,刨开冻土,
挖呵,挖得深深。
让大地从心脏,
向每一支须根
注进暖流,给它生命……

朝着太阳,
紧傍河滨,
土好水足钻天地长。
桃要结果,
柳要成荫……

插呵栽呵,
树要和人
一起长高,
人要和树
同样成人!

桃儿熟了
    沙　白

桃儿熟了,
桃儿熟了!

雪中发芽,
雨中抽条,
暖洋洋的春风里,
绽蕾含笑!

拂晓抗旱,
漏夜排涝,
汗水浇得它,
又大又饱!

绿得撩人,
红得发娇,
藏在叶底,
压弯树梢……

桃儿熟了,
桃儿熟了!

一闪一闪,
似笑非笑。
谁打林边过,

也要瞧一瞧！

看着喜人，
等得心焦。
手痒难熬，
心痒难熬。

筐也备好，
车也备好，
只等一声哨音，
要收甜心蜜桃！

桃儿熟了，
桃儿熟了！

给长江口的一朵浪
沙　白

一万里云影
一万里月影
你从巴颜喀拉山来

激动地一跳
便跳上我的衣襟
长江口的幸会
纯属偶然

九十年风雨
九十年红尘
我从何处来

你无法回归
一片雪的玉洁冰清
一如我无法回归

儿时的一尘不染

我们都将蒸腾
蒸腾成一缕烟
或者一朵云
然后回归

第三篇章：江风海韵

【解说】

沙白先生热爱流经家乡的万里长江，热爱长江注入的万顷大海，同时，也把热爱献给了江海之间的大平原。所以，他的许多诗歌题材，都与江与海有关，都与江风海韵有关。

《江雨霏霏》是献给生活的礼赞；风和浪、风和云、风和山，像是一个寓言，充满了生活的哲理与思索；《给搁浅的鲸》描述的是生活中的严峻；《大潮从天际来》《帆，别无选择》和《江城》，则是献给改革开放的一首首赞歌！

朗诵篇目：

1.《江雨霏霏》　　　　朗诵者：徐　婧
2.《风和……》　　　　朗诵者：朱新瑞　左晴　大麦
3.《大潮从天际来》　　朗诵者：许　迅
4.《给搁浅的鲸》　　　朗诵者：姚　云
5.《帆，别无选择》　　朗诵者：朱慧灵
6.《江城》　　　　　　朗诵者：李中慧

选录篇目如下：

江雨霏霏

沙　白

江雨霏霏，
江雨霏霏……

如烟,
如雾,
漫天地洒,
自由地飞。

无声,
无息,
梦一样轻,
风一样微……

江雨霏霏,
江雨霏霏……

绿了——
迎风柳
红了——
桃花蕊。

有色——
山添翠,
有情——
地也醉……

江雨霏霏,
江雨霏霏……

淋湿了——
蓑衣与牛背,
淋不湿——
田头鞭声脆。

雨中——
满湖菱抽叶,

雨中——
千里麦孕穗……

大潮从天际来
　　沙　白

大潮从天际来
每朵浪都叮叮作响
它席卷一切
它冲刷一切
它裹胁一切
从巨鲸大鲨
到晕头转向的小鱼虾米

它所向无前
摧枯拉朽
每一滴水都是勇士
每一朵浪都是猛虎
山岳张皇
天摇地动
每一朵浪都紧跟它的脚步
每一滴水都服从它的指挥

大潮从天际来
每朵浪都叮叮作响
它席卷一切
它冲刷一切
每一滴水都是勇士
每一朵浪都是猛虎

海市蜃楼是永远的诱惑
所有的泡沫自称珍珠

给搁浅的鲸

沙 白

只差一步,是的
只差一步
你又可以拉住潮头的巨掌
从此岸到彼岸
去追潮逐浪

一个大洋的王者
双鳍一拨
就可以作千里之游
尾鳍一掀
就是一股滔天巨浪
横行大海
如猛虎之在山林

浮上水面
脊背就是一座小小山冈
潜入水底
是一条真的蛟龙
巨口一张
大鱼小鱼纷纷流入你的胃里

乘潮而来
弄潮而去
朝发北海
暮还南海
你是真正的王者

弄潮儿的每一步失足
都必须以生命作代价
这野草杂乱的荒滩

不是你的王国

你的吞舟巨口呢
你的兴风作浪的巨尾呢
你的不知餍足的胃呢
你的击水千里的双鳍呢

只差一步,是的
一步
即永恒

帆,别无选择
沙 白

海平线是永恒的诱惑
总说
前面是一片新的大陆

任凭船前
耸起十万浪的铁壁
季候风总想
把你从桅顶扯落

没有一条运河
把险恶航程缩短
不见一头白鸽
口衔橄榄枝飞落

斗柄倒转
寻不见北极星了
或者已经沉沦于
一次天河的泛滥
只有天狼星瞪着血红的眼睛

每一次日出
总把希望之帆鼓满
船重又突破围城
蹒跚着爬越浪山……

帆,别无选择
一生与风浪同呼吸
坚信走过好望角
便能寻到新大陆

第四篇章:蒲草飘香

【解说】

在不计其数的唐代诗人中,张若虚绝对是个奇迹:他虽然只有两首诗流传了下来,其中一首诗就是《春江花月夜》,但是,他却被我们称为大诗人!因为他的这首诗太棒了!

从我们白蒲小学走出去的著名诗人沙白先生,也绝对是个奇迹:他虽然已经99岁了,但还在坚持写诗。而且,2022年岁末,2023年初,新冠疫情形势极为严峻的时候,他虽然也被感染了,一度发烧到39摄氏度,可是,他还是跨过了这道坎,闯过了这道关!

这就让我们不由得想起,南通与如皋都是长寿之乡,而我们白蒲,更是被誉为"中华长寿第一镇"。沙白先生和我们大家一样,都有着长寿的强大基因!

今天,虽然沙白先生不能亲自前来参加我们的"香蒲草之歌"朗诵会,但是,他的诗来了,而且,他还请他的儿子李晓白代表他来了,带来了对我们家乡白蒲的祝福,带来了对大家的良好祝愿!

同时,受沙白先生的委托,李晓白带来了沙白先生的几部诗集,赠送给他心心念念的母校——白蒲小学。

有请白蒲小学校长胡宗华上台,接受赠书。

接下来,请聆听沙白先生的诗《活在唯一的一首诗里——读〈春江花月夜〉致张若虚》,同时,也让我们一起再来聆听一遍张若虚的千古名篇:《春江花月夜》。

借此机会,我们也一起来聆听一下,沙白先生在95岁和96岁时,分别写的两首诗——《聊以卒岁·在病房与郁金香、红月季同度新春》和《四月》。

朗诵篇目:

1.《活在唯一的一首诗里——读〈春江花月夜〉致张若虚》 朗诵者:杨宝红
2.《春江花月夜》(唐·张若虚) 朗诵者:王美娟 杨宝红
3.《聊以卒岁·在病房与郁金香、红月季同度新春》 朗诵者:石高峰
4.《四月》 朗诵者:徐芹霞
5.《在那一条田埂上》 朗诵者:陈 凯
6.《大江东去》 朗诵者:李中慧 许 迅
　　　　　　　　　　　　　　　　　徐芹霞 盛超等

选录篇目如下:

春江花月夜
（唐·张若虚）

春江潮水连海平,海上明月共潮生。
滟滟随波千万里,何处春江无月明。
江流宛转绕芳甸,月照花林皆似霰。
空里流霜不觉飞,汀上白沙看不见。

江天一色无纤尘,皎皎空中孤月轮。
江畔何人初见月?江月何年初照人?
人生代代无穷已,江月年年只相似。
不知江月待何人,但见长江送流水。

白云一片去悠悠,青枫浦上不胜愁。
谁家今夜扁舟子?何处相思明月楼?
可怜楼上月徘徊,应照离人妆镜台。

玉户帘中卷不去，捣衣砧上拂还来。

此时相望不相闻，愿逐月华流照君。
鸿雁长飞光不度，鱼龙潜跃水成文。
昨夜闲潭梦落花，可怜春半不还家。
江水流春去欲尽，江潭落月复西斜。

斜月沉沉藏海雾，碣石潇湘无限路。
不知乘月几人归，落月摇情满江树。

聊以卒岁·在病房与郁金香、红月季同度新春
沙　白

清晨
下弦月的银钩
在窗口一闪
报道：岁云暮矣
除旧布新将从它的沉默开始

我以95岁的陈年浊醪
斟满郁金香的空杯
与俏丽的红月季同饮
共度新春

红月季大声笑言
新年里
它以每月一次的火红
征服病室白色的忧郁

【解说】

　　一首《聊以卒岁·在病房与郁金香、红月季同度新春》，一首《四月》，让我们看到了热爱生活与生命、泰然走向人瑞的沙白先生。

在生活中,沙白先生一直爱花,所以,在《聊以卒岁·在病房与郁金香、红月季同度新春》这首诗中,他写到了郁金香,写到了红月季,正是这些花,在陪伴着他跨越生命的世纪;而在《四月》这首诗中,沙白先生写到了家乡白蒲的蒲塘,写到了蒲塘的蛙鸣,他的乡愁一直与他形影不离。

就让我们再次随着沙白先生的诗歌,一起回到他生命出发的地方,回到生长香蒲草的乡间——温馨依旧的那片乡土,《在那一条田埂上》,他的跑来跑去的童年,正等待在那里!

在那一条田埂上
沙 白

在那一条田埂上
留下的脚印
已经发芽
生长出的蒲公英
已经开花

小小降落伞
带着儿时的梦
在尘海上空飞翔
从天涯到天涯
飞翔得已经疲乏

云端里它在寻觅
寻觅那一条田埂
寻觅一条降落的跑道
一边是紫云英
一边是油菜花

【解说】

沙白先生是个非常热爱家乡的赤子,这首《在那一条田埂上》,表达的就是他对白蒲这片乡土的深切怀念。

沙白先生把自己比喻为飞离了家乡的蒲公英,而把那一条田埂,则比喻成他随时都想降落的跑道了。今天,他老人家虽然不能来到我们演出的现场,但是,他的一颗心,一定会像蒲公英一样,降落在我们大家身旁的。

让我们再次聆听沙白先生的成名大作《大江东去》。

这首政治抒情诗,充满了我们中华民族百折不挠、勇往直前的奋斗精神!

今天,在我们奔向中国式现代化的征程中,大江东去,就是我们不可阻挡的奔腾步伐,就是我们勇往直前的千军万马!

大江东去【节选】
沙 白

一

大江东去……

雪浪万里,
惊涛万里,
鼓角万里,
风雷万里。

不到大海
不回头!
白昼黑夜
无休止!
摇醒
一片片土地,
跨越
一重重峡谷,
汇流
一条条水系……

流啊,
奔啊,
闯啊,

第二十七章　归乡，诗声朗朗入童心

大山
一劈两半，
平原
一分两片。
摇撼大地，
拍击长天。

浪追着浪，
浪挤着浪，
浪拽着浪，
浪推着浪，
向东啊,向东!
大海在前，
旭日在前!

留在后面了——
那山头的雪冠，
高原的花香，
萧森的峡谷，
湍急的险滩。

融进江流了——
神女的泪,
楚王的梦，
船夫的哀歌，
诗人的吟诵。

每一滴水
都是山洪的子女，
每一朵浪
都像那"夸父逐日";
纵百次迂回，
千遭曲折，
被岩石撞回一万次，

还是向东,
向东啊,向东!

二

大江东去……

一切向往大海的,
一切向往太阳的,
一切向往曙光的,
千溪万河,
都赶来汇合——

来了,来了,
从雪山呼啸而来,
从丛林奔窜而来,
从丘陵夺路而来,
从草地迂回而来,
从天边飞掠而来,
从地底喷涌而来;

来了,来了,
挣脱锁链,
揩尽泪水,
亮着红缨,
闪着红旗,
披着硝烟,
顶着风雨……

一个个欢跃的浪花,
一串串闪光的水滴,
汇入壮阔的队伍,
汇入滚滚的波涛,
迈开同一步伐,

向着同一方向，
唱着同一进行曲，
一路战鼓，
浩浩荡荡。

越聚越众啊，
越流越广，
从通天河
涓涓细流，
到出海口
烟波渺茫。

呀，这就是大江！
八百里洞庭
容不下脚掌，
三万顷太湖
拉不住衣襟，
看拥来多少子弟，
卷起漫天烟云！

三

大江东去……

大海在前，
旭日在前！
挡不住激流，
挽不住狂澜！
是山洪的儿女，
就要冲击而过；
是瀑布的子孙，
就要飞掠而过；

是水滴，
是浪花，
仍要汇入洪流。

四

大江东去……

今天的波浪，
接着昨天的波浪，
今天的战歌，
接着昨天的战歌；
永无休止，
永不改向！
……
一片波澜，
一卷诗章。

而大江，
大江呀大江，
还要向前，
向着东方，
向着大海，
向着太阳。

一路战鼓，
浩浩荡荡。
无限空阔的海洋
将属于他，
无限光亮的旭日
将属于他，
无限瑰丽的虹彩霓霞
都将属于他！

第二十七章 归乡，诗声朗朗入童心

【解说】

八十多年前，沙白先生是带着一颗诗歌的种子，从我们白蒲小学出发的；

八十多年后，沙白先生的诗歌回来啦！他的一颗热爱家乡的心，又回到养育他的白蒲来了！

从遥远的过去，到美好的今天，我们白蒲的名字，都与香蒲草紧紧相连；

从河边，到塘边，那生生不息的香蒲草，都与我们一代代白蒲人的生活与生命紧紧相连！

我们有幸生活在这片历史悠久、欣欣向荣的乡土，我们有幸与享誉华夏的著名诗人沙白先生互为乡亲！

让我们再次向沙白先生致敬，他是为我们白蒲带来无限荣光的大乡贤、大诗人！

让我们再次祝沙白先生健康长寿，为白蒲这个长寿之乡也为整个南通与如皋这个长寿之乡，创造新的奇迹！

让我们在奔向第二个百年奋斗目标的征程上，加油鼓劲，快马加鞭，奉献出我们的全部智慧与力量，为了中国式现代化的如期实现！

《香蒲草之歌——沙白诗歌朗诵会》虽然在掌声与欢呼声中结束了，但是，后续效应却在不断地出现。

其一是，南通市朗诵学会会员颜怀淮接连精心制作出了四期相关链接，两期是图片，两期是视频，既记录下了演出实况，又记录下了演出结束后参加朗诵会的艺术家们一起游览白蒲古镇的情景，发在了公众号及朋友圈里，扩大了传播效应。

其二是，南通市朗诵学会的副会长王美娟，按照朗诵会的四个篇章，接连精心制作了四期链接，分四天发在了"朗诵汇"公众号和朋友圈里。里面有全部朗诵作品的视频，还有高龙民先生的精彩点评。此举再次把本次朗诵会在更加广阔的范围内传播开来。

借助于现代传媒，当代著名诗人、《诗刊》编委赵恺先生看到了"沙白诗歌朗诵会"的相关报道，立即给我发来了微信：

> 向百岁诗人致敬！
> 沙白百岁，诗歌万年！
> 沙白，永远的老师、永远的沙白！

另一位当代著名诗人、我的河北同乡刘小放也接连给我发来微信说：

> 气象高迈！
> 江南诗圣、长江诗魂！
> 太棒了！大贺特贺！

我知道，这一切都源于热爱！

在节目单的工作人员名单中，没有颜怀淮的名字，也没有朗诵会实际的执行导演潘光宇的名字，但是，出于对沙白老和他的诗歌的热爱，出于对诗歌朗诵艺术的热爱，他们默默地从事着创造性劳动，奉献着自己！

本章末尾，或许，应该再次用事实说说人所共知的一个真理了——没有人能随随便便成功。

徐芹霞之所以成为这场《香蒲草之歌——沙白诗歌朗诵会》最初策划者，首先自然是因为她热爱并崇拜沙白先生及其诗歌，而我们应该承认热爱并崇拜所具有的无穷力量。除此之外，我们也要承认她个人的人脉积累及感召力和执行力。

徐芹霞在白蒲小学做了十年语文老师后，调到如皋市区去发展了。

后来，她当选南通市第十四届、十五届、十六届人大代表，如皋市第十二届党代会代表，江苏省如皋中等专业学校语文高级讲师，国家级心理咨询师，国家级普通话水平测试员，江苏省职教语文中心组成员，先后被评为"江苏省语言文字先进工作者""南通市语文学科带头人""南通市优秀教育工作者""南通市教科研能手"。

她在长期兼职语言文字工作中，荣获"江苏省首届职工演讲艺术家明星"等称号，担任"江苏省推广普通话形象大使"，南通市朗诵协会副会长、如皋市朗诵学会会长，如皋市"徐芹霞语言文字工作室"导师，如皋市首届阅读推广人。曾多次参加全国及省、市朗诵演讲比赛，获得特等奖、一等奖，是江苏省优秀领读员。

第二十七章 归乡，诗声朗朗入童心

她还曾参加"亲情中华"文化艺术团，赴洛杉矶、旧金山和纽约，传播中华文化、讲好中国故事、讲好南通故事、传递中国好声音，受到了广大在美侨胞的欢迎和广泛赞誉。

相信，沙白老会为有这么一位优秀的小老乡而倍感自豪的；正是这么一位小老乡，成了沙白诗歌归乡、精神归乡的首席策划者！

是的，没有人随随便便就可以成功！
沙白先生如此，徐芹霞也是如此！

我本以为，行文至此，作为《沙白传》这本书的尾章，到这里就该画上完美的句号了。但没有料到的是，2023年5月23日的《香蒲草之歌——沙白诗歌朗诵会》胜利结束后，刚刚半月有余，沙白老次子李晓白在微信中告知：一度停笔的沙白老，在二阳好转之后，又开始写诗了！而且还发来了他老人家现场创作的时长1分18秒的视频。

我有感于此，情不自禁地又补写出了以下文字：

看着沙白先生那再次提笔写诗的怡然自得的神态，犹如看到了一个身经百战的将军，又一次从容不迫地走进了战场，对他的诗歌士兵进行着全新的布阵，一路高唱着进行曲，向着人生的又一次胜利冲锋：

看着沙白先生那一笔一画的优雅书写姿态，犹如看到了春风又吹起了万千条杨柳枝，在无涯的天空中，编导着他心中摇曳着的诗歌文字的舞蹈；

看着沙白先生那一行又一行自上而下排列下的文字，犹如看到了无声的流水从天上而降，自然地汇成了又一条全新的诗歌的河流……

我以一颗热爱数十年而依然火热的心，期待着，早日读到沙白先生最新的诗章……

附 录

附录一

小注：1993年5月，我在出第一本诗及散文诗的合集《回眸逝川》时，沙白及耿林莽师长，曾分别作序，沙白师长评论我的诗，耿林莽师长评论我的散文诗，两位在中国诗坛享有盛誉的大家，就是这样联袂提携我这个名不见经传的后辈的。沙白及耿林莽师长都出生在江苏南通的千年古城如皋，既是同乡，又是同道。生于1925年的沙白比耿林莽年长一岁。1940年代，在诗歌创作伊始他们便建立了少年之间的神交。但是，直到1987年11月的第二届海洋文学笔会在南通召开，耿林莽携他的得意弟子韩嘉川特意从青岛赶来，两人才得以晤面，不但了却了多年的思念，而且自此书信及各种交往频繁，谈诗论道，愈加情深意长。我在本书中，专门有详尽的记述。今人扼腕长叹的是，多年来一直关爱我且书信不断的耿林莽师长，已经于2023年1月5日辞世。现将两位恩师当年为我的处女诗集所作的两篇序言，以附录一、附录二的格式，原稿存录。而耿林莽师长在他的序言中提到的另一位我在军中的敬爱师长张乃健，他也是1925年出生的如皋人，不幸也于2024年春天驾鹤西去了。

诗集《回眸逝川》序一

沙 白

中国是个多神教的国家，但在诸多神祇中，唯独没有诗神。如果有的话，定然是一边行吟，一边沿门托钵，介于乞儿与苦行僧之间的角色。正如诗圣杜甫的诗句所说的："朝扣富儿门，暮随肥马尘。残杯与冷炙，到处潜悲辛。"

近年来，诗神更是越发穷困潦倒了。然而，即便如此，他依然拥有千百万信徒。王子和同志便是其一。我与他相识时，他还是个二十刚出头的青年军人，而今早过不惑之年，已从部队转业到地方。二十余年来他对诗神的虔诚始终不变。面前放着他厚厚的一叠诗稿。诗稿中有一卷题为《人生之帆》。帆影掠过海面后便无迹可寻，然而人生之帆不同。王子和从燕山边的小村扬帆出发，帆影过处留下一路形迹，便是这本厚厚的诗稿。

王子和的诗不同于时下流行的许多诗，不是不着边际的想象，也不是故弄玄虚的心灵独白，绝大部分是生活的实录。这大概由于四分之一世纪以来，他当的不是"空军"，而是"陆军"，不是在空中飞翔，而是立足大地。从《故乡二重奏》到《军旅之羽》，从《人生如帆》到《爱的独白》，他所描写的绝大部分是生活中的亲身感受。

> 故乡，小村背倚着大山
> 村前，铺展着一马平川
> 隆冬正把小村浸泡在冰水
> 毛驴车开始颤抖着歌唱
> 就这样，我离开了你
> 上路了，一条长绸在飘动

诗人就是这样踏上他的人生之旅的。

写生活，其难点在于如何抓取生活中的诗意。这要比写内心世界、写想象、写景、写情都难。王子和找到了自己独到的方法，这便是抓取富于诗意的生活细节。在《海防小夜曲》中，他写战士在海堤上吹琴；在《车站》中，他写军人远地归来第一次拥抱自己的儿子；在《爱》中，他写了"怀念你时""想见你时""在一起时"的种种心情之后，笔锋一转，由抽象而具体：

> 当我整理着行装
> 不会忘记
> 把你的嫣然一笑带上

便是这一细节，让整首诗活了起来。王子和长于叙事，他经常将抒情与叙事结合在一起，让抒情在叙事中完成。

王子和着眼于写生活，写亲身感受，是由于他热爱生活。从他的诗中不难看出，无论是对于第一故乡的燕山小村，对于第二故乡的窗口城市南通，对于呆了四分之一世纪的部队，以及足迹所到的苏北、闽南……都是充满感情的。

王子和是善于思索的。他常在诗中着意寻求生活中的哲理。这一点在《看海》《淡化自己》等篇章中都可看到。

> 火烧云自然炫目而美丽
> 淡淡的白云是淡淡的自己
> ……
> 轰轰烈烈不是唯一的生活
> 淡化自己才能不消失自己

　　读到这里，我忽地感到这一张"人生之帆"，已由追求轰轰烈烈的青年时代，驶入了追求"淡泊明志"的中年，一方面不得不与海上的风浪为伴，一方面又在向往一片鸥鸟四翔的宁静的海港。

1993年2月于南通

附录二

诗集《回眸逝川》序二

耿林莽

我与王子和同志的相识,是经由我年轻时的伙伴张乃健兄的介绍。后来,在1987年的深秋,我去南通参加海洋笔会,见到了他,并有过几日的晤聚。他那时还穿着草绿色的军装,敦厚而爽直的性格,自然源之于燕赵北国的风霜和多年军旅生涯的磨炼。但他却留在江海之滨的苏中平原,这便使他的诗有了江南水乡的清秀与苏北沿海之粗犷的交流,使他的诗里既有浪漫主义的豪放,又有婉约缠绵的柔情。现在,他将诗与散文诗合成一个集子,即将与读者见面了。这在出书难出好书尤难的今天,自然是一件令人高兴和值得庆贺的事情。他写信给我,表达了希望我为他集子中的散文诗写序的愿望,并告诉我,诗的部分请沙白兄写。盛情难却,我就随便写点对于他的散文诗的印象吧。

他有两章《苏北沿海》,一章题为《黑女子》,一章题为《白女子》。他写了海风,沿海滩涂,混沌沌的黄海水,荒滩红草,和衣衫不整肤色黧黑的农家女,又写了丹顶鹤飞来,盐滩银棉,白珍珠和雪白水嫩的水灵灵的白女子,构思十分精巧。巧在将自然景观、时代变化与对于人的素描十分自然贴切地组织起来,且又随意潇洒地大笔挥毫,写得大度,灵巧,色彩鲜明,节奏流畅。现实、浪漫,而又现代。我想这是他散文诗的代表作。

《白沙岛》也是成功之作。风情画一般,笔力简练雄劲,色彩却是淡淡的,有烟波浩渺之风韵——

你在宽容三十里之遥的春江花月夜里,
独享了多少长江口的爱情——或壮烈,或温柔。

正是这样,他的散文诗中的若干精品,既壮烈,又温柔。

《海边的女子》两章,尤其是《诞生》,将一个"古铜色紫黑色粗犷"的与狂暴大海为伴的男人的柔情,刻画得细致动人。

王子和语言的调子是绵长的,他喜欢用长句子,却不生冗汰繁琐之感,我想，是因为有一种情流贯其间，遂形成一种气韵，使得语言超越了字面上的局限而进入读者的心灵。有些，看似平淡，由于捕捉了独特的准确的诗美内涵，而骤生出隽永的诗意。

如他的《夏日午间》，便有出色的创造——

烈日当空，大地静如无槌之鼓。

他写的骄阳、蝉鸣、小河、清风原都是常见的事物，但写出一个为他的童年执扇的妈妈，便生出了许多动人的情思。由于这扇下风的温馨，"我的童年回忆，便因之亦凉亦爽"。写到思乡之泪乃有："而我的夏天，总是多雨的季节"这样的警句。

语言的美，语言的诗意，原不必借助于华丽词藻的堆砌，而要善于建构特有的语境。恰恰因为以思乡之泪为语境的背景，才"得来全不费工夫"地造就了"我的夏天，总是多雨的季节"这样含蓄深厚的灿然生辉的佳句。

子和写道："只要爱加入到人们的生活，便一定能诞生无尽的和谐的歌声。"这是深刻的体会和中肯的表述。以之来照亮今后的创作之旅，将是一盏不灭的灯火。

为了爱和为了和谐的歌声，每一个真诚的诗人，都需要不断地向人生和生活的深处开掘，向生命和心灵的深处开掘，并在艺术上作永不休止的艰苦追求。这一条路，从来是布满荆棘的。我想，既然许身丁诗，既然路还要走下去，那么，我们便只有踏着它前进了。愿以之与子和共勉。

1992年12月于青岛

附录三

小注：我所敬爱的沙白师长的《关于〈散步与随想〉的随想》一文，是他读过我的散文集《散步与随想》之后写的，发表于2007年1月15日南通《江海晚报》上。在这篇美文里，沙白师长以其表象轻松、内涵深邃的笔调，钩连古今、纵论东西的学养，对散步与人生，对为人与为诗为文间所蕴含的丰富人生哲理，做出了朴素而精彩的解答，令我感佩至今，永志不忘。因为我把本书，看作是我追随沙白师长的脚步，以传记这种艺术形式的一次执手间的诗歌之旅、人生散步，所以，特别把这篇论及人生犹如散步这一宏大主题的美文，作为附录三，收在了这本传记里，借此机缘，既忠实地记录我与沙白师长的心灵交往，也想与能读到这本书的诸位同道，作一次情感交流。还有一点，沙白师长为人处世的低调与谦恭，在他的那辈诗人及朋友圈中，是有口皆碑的。读过这篇短文，便可再次得到印证。

关于《散步与随想》的随想

沙　白

日前，王子和同志来访，赠我一册洋洋50万言的散文集《散步与随想》。在我的印象中，王子和只是个诗人，我还为他的一本诗集（即《回眸逝川》，1993年出版）写过一篇小序。打开散文集，见到作者介绍，他不仅是作家协会会员，而且是中国音乐家协会会员和戏剧家协会会员。除诗歌外，还创作了大量歌词、散文、小说，他在文艺大花园中自由"散步"，涉猎多个门类。

《散步与随想》，是个极好的书名。他的散步是从燕山脚下的故乡开始的。一跨步便从"雪花大如席"的北方，来到"莺飞草长"的江南。在六朝古都完成了学业，又跨过长江，来到南通，一住30多年。南通已成为他的第二故乡。

从第一故乡，散步到第二故乡，是一次漫长的散步。

"行者如风。"王子和秉承他的活了94岁的父亲爱散步的习惯，他把辽阔的祖国大地当作散步场，从东南到西北，从海岛台湾到故城交河，一路留下足迹，一路留下随想。拜谒鲁迅、茅盾、叶圣陶、郁达夫，直至轩辕黄帝、敦煌飞天……沐浴历史和文化的阳光雨露，丰富人生，启迪文思。

他从东方大陆，一飞万里，去西欧散步，流连于雨果、歌德、海涅、贝多芬的故乡，欣赏异国风情，感受那里不同于中国的特有的文化气息。他的散步也并非一路顺风，在马克思的故乡特里尔，便遭遇到一次小小的尴尬。中国的马克思主义信仰者，在马克思的故乡，险些成为不受欢迎的"非法入境者"。读罢这段记述，真有些令人浮想联翩。

散步倦了，他便回到他的"精神别墅"，在"游子斋"中小憩。或者，不如说是开始另外一种"散步"。散步在书卷与书卷之间，领略书中风景。把"读万卷书"与"行万里路"结合起来，这恐怕是文化人特有的一种散步方式。

俄罗斯作家瓦·罗扎诺夫的《落叶》中，有一段是讲"散步"的。他写道：

> 我们生下来赤身裸体，我们进坟墓时还是赤身裸体。我们的衣服是什么？是官阶、门第、地位？给我们散步用的。

这是把整个人生当作一次散步。就像我国俗语所说，"来到世上走一遭"。想想也对，一个人的一生，不就是一场漫长的散步吗？作为有思想的人，常常一边散步，一边随想，记录了下来，便成为《落叶》和其他作品。当然，也有人忙于置办衣服（官阶、门第、地位），没有时间记下散步中的"随想"。

卢梭把他的一部作品命名为《一个孤独的散步者的遐想》，其实，"遐想"也是一种"随想"，不过想得更深更远罢了。他的这一"遐想"，可不得了了，遐想出"天赋人权""自由平等""主权在民"等等，从而启蒙出一场法国大革命，敲响了封建统治的丧钟。在中国，250年前，大约就少了这样一位"孤独的散步者"，以致到今天，"康熙王朝""雍正王朝""乾隆王朝"的赞歌总也唱不完，而没有像路易十六那样被送上断头台，其实雍正的专横残暴，一点也不比路易十六逊色。

王子和同志赠书的扉页上，称我为老师，自谦为学生。其实我这个人，在工厂里修过机器，在农村里挑过粪、种过菜、养过猪，在报社、杂志社当过编辑，就是没有上过讲台，当过老师。我比他年长二十一年零一天，但当老师还是很不够格的。他生于中秋节后的一天，我比他早一天，恰逢中秋。一个是十五的月亮，一个是十六的月亮，还是如他书中所写的互相辉映的两个月亮吧！

当然，"十五的月亮十六圆"。

原载于南通《江海晚报》2007年1月15日

代 跋

沙白，诗心不老

储成剑

  第一次见沙白先生是在十年之前，是岁末陪省作协书记处王朔书记等领导去他家中慰问。那时候，我刚刚从卫生系统调入市文联工作，心中十分期待见到这位仰慕已久的文学前辈。
  沙白先生的家在南通城南的凤凰莱茵苑，和他的次子李晓白家门对门。父子为邻，显然是为了便于小辈照顾老人。叩门而入，沙白先生和他的老伴顾老师，以及他们的长子李曙白都在家里。他们早已备好了水果、瓜子，热情地招呼我们坐下。我仔细地打量了一下沙白先生，身材中等，不胖不瘦，头上戴着一顶鸭舌帽，面色白里透红，根本看不出当时的他已至九旬高龄。
  大家坐定之后，刚刚闲聊了几句，沙白先生就急忙拿出一个信封交给王书记，说是自己一年的党费。王书记开玩笑说："我们来看望您，这慰问的'红包'还没给您，倒先收您的'红包'了！"一句话把大家都逗笑了。闲聊中，王书记问沙白先生："您现在还写诗吗？"沙白先生摇摇头，带着浓浓的如皋乡音回答道："写不动了，年纪大了，早就落伍啦！"
  其实，沙白先生只是自我调侃。李晓白老师后来告诉我，这些年来，父亲沙白从来没有中断过读书写作。尽管他老人家现在已经跨入百岁老人的行列，患病住院也有好几个年头了，但是读书写作一直是他生活中不可或缺的一部分。在他的病床床头，长年放着一些文学书籍，有辛弃疾、王维的诗词，也有恩师卞之琳的作品。他的身边还备有一个小本子，时不时就在上面划拉一些文字。这些一般人难以辨认的诗稿经过家人的整理，有的还在一些报刊上发表出来。
  后来，省作协书记处书记、副主席汪政、丁捷等领导也先后多次来南通看望过沙白先生。汪政主席的岳父母和沙白先生是故交，因此见面时又多了一份亲切，常常一聊天就忘了时间。前段时间，南通作家王子和完成了《沙白传》的创作，出版之前想请汪政主席写个序，汪政主席欣然答应。在这篇序言中，汪政主席就深情回顾了这样一些温暖场景。
  为了写好《沙白传》序言，身为著名文学评论家的汪政主席认真查阅了很多资料，结果发现学界对沙白这位拥有广大读者、在中国当代诗坛树立了自己鲜明风格的诗人研究甚少，与他在新诗史上的地位严重不匹配。故而汪政主席在文中感慨道："作家和诗人有好多种类型，有的人经历丰富，故事远远大于作品，而有的人经历相对简单，为人又低调安静，不事张扬，对外界来说，只见作品不见人，沙白先生大抵上属于后一类。"

是的，即便是在百度词条里，对沙白先生的介绍也十分简短：沙白，1925年生，原名李涛、李乙等，后更名理陶，笔名鲁岷等，江苏如皋人。大学肄业。1949年参加工作，中国作家协会会员。

然而，相对于这寥寥数言的百度词条，沙白先生的人生、创作经历又是何其悠长而丰富！1941年，16岁的沙白即从他的家乡白蒲考入南通中学。不过，那时候他的爱好并非文学，而是数学，一度立志要当个数学家。也正因为如此，沙白先生从事诗歌创作后，常常和朋友自嘲说："我的诗写不好，有时就是逻辑思维多了。"

到了高二，班上的几个进步同学借给他一些文学书籍，有鲁迅、茅盾、巴金等作家的作品，还有几本新诗。沙白先生曾经在一篇回忆文章中提到，他读到的第一本新诗，就是南通海门籍诗人卞之琳的《鱼目集》，后来则是臧克家的《烙印》、艾青的《大堰河》等作品。这些新诗所散发的语言魅力和时代、生活气息，深深感染了年轻的沙白，进而让他产生了浓厚兴趣。

也就是从那个时候起，沙白先生开始尝试着写一些新诗了。再后来，沙白先生看到一些同学向地方上的《江北日报》副刊投稿，他也仿效着把自己的习作寄了过去。那时的南通城，是在日本侵略者和汉奸的统治下，共产党已转入地下工作，但《江北日报》的这个副刊，从创刊起就一直掌握在进步力量的手中。

1943年3月，沙白先生以孔庙中驮碑的"赑屃"为题，写了一首诗——《赑屃的叹息》，借以表达沦陷区人民在历史和现实重压下的深重苦难。出乎意料的是，这首诗不久竟然发表了。更令沙白先生感到意外的是，习作发表后数日，编辑顾迅逸还专程来学校找他，对他赞赏有加，并带来了二元钱稿费。不仅如此，顾迅逸后来又把这首诗推荐给《诗歌线》发表。《诗歌线》当时的主编是被誉为江苏文坛"伯乐"的章品镇，从此，沙白先生时有新作在《诗歌线》及其他几家报刊上发表。

高中毕业后，沙白先生读了私立南通学院的"纺织工程"专业。然而到了1949年初，由于解放战争步步推进，江南江北交通阻隔，本应于次年毕业的沙白毫无选择地肄业了。走出校园后，沙白先生经历过很多次工作变动，南通《江海报》社、南通人民广播电台、江苏人民广播电台、上海国棉八厂、《萌芽》杂志社、南通市文联……都留下了他勤勉的足迹。1980年，沙白先生被调到江苏省作家协会从事专业创作，直至离休。其间的1978年8月到1979年初，他还曾被借调到《诗刊》编辑部参与编选《建国三十年诗选》（正式出版时，书名定为《诗选（1949—1989）》）。

有人说，沙白先生一直在进行着自己的诗歌实验，我深以为然。他的诗可以豪放，《大江东去》《浙江潮》《太平天国石舫》《史可法衣冠墓》等作品便有一股磅礴气势；他的诗也可以婉约，《苇笛》《江南行》《杏花春雨江南》《南国小夜曲》等作品又是那么清新唯美。他的不少作品被选入《中华百年诗歌精华》《中国新文艺大系1937—1949·诗集》等选本，部分作品被译成多国文字。诗歌《红叶》《水乡行》《秋》等作品，被选入各地中小学教材。

2004年，中国诗歌学会"首届艾青诗歌奖"颁奖典礼在北京人民大会堂举行，沙白先生的诗集《独享寂寞》获此殊荣。时任江苏省作协主席的王臻中，在致词中动情地说："沙白先生的诗歌创作，是感悟人生社会的哲理提升和艺术升华的范本，他的诗歌创作功力、造诣，完全可以说到了百炼钢成'绕指柔'的境界，他是审美创造的巨匠，我由衷地敬佩。"

我曾经对沙白先生的笔名有点好奇，有一次忍不住问他的次子李晓白老师，"沙白"二字是否有什么来历。李晓白老师想了想说，他的父亲特别喜欢张若虚的《春江花月夜》一诗，"沙白"二字应与之有些关联。我若有所思，不禁想起"空里流霜不觉飞，汀上白沙看不见"的句子。这当然未必确切，但有一点可以肯定的，沙白先生对"白"字情有独钟。他为1945年1月出生的女儿取名李微白，为1949年4月出生的长子取名李曙白，为1952年9月出生的次子取名李晓白，让我们可以真切地感受到他炽热的家国情怀。当然，关于这个"白"字，我们还可以生发许多联想，比如沙白先生的故乡——白蒲，比如诗仙李白……

如今，沙白先生的床头又多了一本书——《李曙白自选集》。李曙白是沙白先生的长子，早年毕业于浙江大学化工专业，毕业留校后却从事了宣传工作，也和诗歌结下了不解之缘。令人痛惜的是，两年前，他便因病辞世了。最初家人都不敢把这一噩耗告诉沙白先生，但没过多久就被他猜测到了。他长叹一口气说："曙白走得太早了，不然在诗歌上一定会超过我的。"

沙白先生是一个特别安静的人，极少在外应酬。有一次在南通开他的作品研讨会，他参加完活动就匆匆赶回家了。平时，他在家里也不太喜欢说话，更不会拿出长者的架势，和晚辈们讲什么大道理。单位有一些出国考察和外出疗养的机会，他都一一婉拒了。离休之前，省里有关组织部门到南通来和他谈话，想让他主持《雨花》杂志的工作，也被他毫不犹豫地推辞了。他说自己年岁大了，还是让年轻人去做更为合适。沙白先生最喜欢做的事，就是躺在家里的藤编躺椅上，读书或者冥想。偶尔也在旧报纸上练练毛笔字，或者自己一个人下下围棋。在李晓白的记忆中，单单是他给父亲买的躺椅就不少于四张了。沙白先生也不善于社交，他最要好的朋友可能要数诗人、作家忆明珠了。多年以来，两个人书信往来频繁，每当彼此完成了一首（篇）新作，都会在发表之前互相讨论一下，提出一些中肯的意见。有时候，他们也互相交换一下各自的字画，这自然也是文人之间的雅事。2017年，忆明珠先生仙逝，其家人通过电话告诉沙白先生。沙白先生难过极了，很长一段时间里，他的情绪都十分低落。

  2019年，我曾经受省作协的委托，去医院给沙白先生送一份中国作协颁发给他的"从事文学创作七十周年荣誉证书"。如今，我还清晰地记得当时他眼里流转的光彩。又是五年过去了，百岁老人沙白先生依然以一种执着的姿态，与他钟爱的诗歌相携而行！

（原文载于《江苏作家》杂志2024年第2期）

【作者系南通市文联秘书长、市作家协会主席】

后 记

很多年以来，我一直有个想法，虽然没有与任何人提起过，却是萦绕于怀、挥之不去。这想法围绕一本书，即《沙到白时是纯色——沙白传》。

沙白作为当代著名诗人，他起步于1940年代初，成名于1950—1960年，又一路行吟于改革开放春风岁月，继而乘风高歌走进了新的世纪、新的时代，并以一部振聋发聩的诗集《独享寂寞》，斩获中国诗歌学会"首届艾青诗歌奖"。

为此，无论从其对中国当代诗歌的影响广度与深度而言，还是对其独树一帜的多样诗歌风格而言，以及他为人处世的风范而言，都应该有一本集他的履历、他的为人、他的诗歌观，以及关乎他的诗歌大体样貌的全书，这就是《沙白传》。

2019年中秋节前夕，我登门为沙白老祝贺生日（他生于中秋节圆月清朗的光辉中，所以其父为他取了个乳名叫作月儿），巧遇沙白先生的长子李曙白从杭州回南通看望父亲。就在那天，在闲聊的时候，曙白说：已经在考虑了，这应该是一本《沙白评传》。我一听，很欣慰。在我的印象中，一直话不多的曙白既然说出了这句话，而且沙白老就在旁边听着，那我的这个热望中的成果，肯定不久就可以看到了。

曙白子承父业，诗名早已鹊起，已有多部诗集问世。与父亲一样，早已是中国作家协会会员了。知父莫过于子，由他撰写《沙白评传》，是再恰当不过的了，而我的内心，也一直是这么想的。

如此将近三年过去，一直耳闻曙白在为其父的《沙白评传》做着准备。可是，万万没有料到，到了2022年7月26日，噩耗传来，曙白因病医治无效，突然辞世。沙白先生的次子李晓白在杭州料理好哥哥的后事，回到南通之后，打电话对我说经他与父亲商量，《沙白传》授权于我来撰写。我一听，感到非常突然。而内心，是觉得自己难以胜任，我选择了推辞，与李晓白商量，看是否有更合适的人选。

李晓白当即回答我说：就是你，老父亲就是要你来撰写。我知道这个千钧之托的分量。作为沙白先生的弟子，我虽不才，但恩师如此信任，以我的个性，我作为回报，必须尽快摆脱犹豫与彷徨，把这个任务承担下来。何况，曙白已辞世，我必须替他完成沙白老的这个夙愿。

正所谓受师之托，忠师之事啊！

说起来，我从年轻的时候就与沙白先生相识，已有五十余载。我是沙白先生诗歌与人品的崇拜者、追随者、见习者。虽然我一直都很清醒，自己很不够格。多年来，我曾不揣冒昧和浅薄，把我心目中的崇拜、追随与见习的感悟，付诸一些文字，并有多篇诗文见于报纸、诗集与纪念文集。

这些文字有《沙到白时是纯色》（《江海晚报》1996年7月27日）、《沙白：一支长江口协奏曲》（《南通日报》1997年2月15日）、《沁园春·新春寄沙白师长》（写于2012年1月18日，刊于《北方河诗词选》2017年12月）、《著名诗人沙白笔名的由来及其他》（《南通日报》2019年10月12日）、《我与沙白师长的一些往事》（南通市文联成立70周年纪念文集《守望》2020年11月）、《长江的当代长篇抒情——重读沙白抒情长诗〈大江东去〉》（《南通日报》2021年10月17日）等。

我还一直珍藏着并时不时地阅读出版于不同年代的《诗歌线》《诗战线》《江海诗抄》这三本书，因为在这三本诗集里面，记录着沙白先生起步于1943年代的诗歌足迹，记录着他和同辈诗友们为新中国诞生而发出的呐喊。这三本诗集，既是南通的地方史、革命史，也是弥足珍贵的诗歌史。

正是在《江海诗抄》中，我还有幸与沙白先生做过一次诗歌邻居。我以一首歌颂解放战争中的《交通员的故事》，成了这本书中唯一的没有经历那个战争年代的作者。

再说起来，这五十余年来，沙白先生每有新书出版，大多会赠我一本的。也就是说，我是沙白先生许多作品的最及时的阅读者、感受者与学习者。

其中有《大江东去》（上海文艺出版社1980年2月）、《砺石集》（江苏人民出版社1980年6月）、《沙白抒情短诗选》（中国文学出版社1995年3月）、《独享寂寞》（当代中国出版社2002年3月）、《沙白散文选》（上海文艺出版社2003年9月）、《沙白文集·四卷本》（江苏文艺出版社2005年10月）、《八十初度》（大众文艺出版社2007年11月）、《沙白诗选》（上海文艺出版社2009年12月）、《音尘》（上海文艺出版社2015年6月）等。

想到上面这些，我的一颗忐忑不安的心，稍稍有了些平静。

但是我知道，光读过并拥有这些诗集是远远不够的。要写《沙白传》就必须尽力阅读他的所有作品，以便纵观全貌，了然于胸。所以，我网购了《杏花春雨江南》（百花文艺出版社出版于1979年1月）和《南国小夜曲》（黑龙江人民出版社出版于1983年11月）。这些出版较早的诗集，虽然沙白先生也送给了我，我也读过，可是后来被诗友借走至今未曾归还。

我还网购了收有沙白先生《刀丛诗草》《火的想望》等早期作品的《中国四十年代诗选》（重庆出版社出版于1985年9月），为的是切身感受那个时代的风云变幻与诗歌气息。

阅读中，我更加走近了《沙白传》所应该呈现的必不可少的元素，即沙白诗歌（包括散文）当年的声涛激烈与繁华缤纷。

我在重温与学习沙白诗歌与人品的进程中，情不自禁地开启了一次追随诗歌的人生之旅。

特别需要提及的是重读卞之琳之旅，因为我提出了"初心，沙白之师卞之琳"这一命题。为此，我网购并认真阅读了卞之琳的《雕虫纪历》（人民文学出版社1979年9月版）、《鱼目集》（浙江文艺出版社1997年5月版）、《三秋草》（华夏出版社2011年1月版）、《十年诗草·1930—1939》（北京联合出版公司2021年9月版）、《人与诗》（生活·读书·新知三联书店1984年11月版）等。我一边读，一边为自己多年来对卞之琳先生认知的浅薄而心跳、汗颜，更为自己能借此机会重新深入学习卞之琳，并扩展了对卞之琳这位现当代著名诗人、文学家及翻译家的认知而深感庆幸。

我知道，要撰写《沙白传》，就必须了解诗人与评论家们在漫长岁月中怎样从不同的切入点，用不同视角不同语调及评判方向，来评价评论沙白其人及诗歌的。这些材料的适当撷取与引用，对于还原历史情境与当时的话语氛围，还原沙白诗风与时代一起流变的踪迹，还原沙白的精神风貌与心路历程，增强并扩展对沙白诗歌、内心世界及人格认知的厚度至关重要。这不但可以提供具有历史感的最为真实的依据，而且可素描勾勒出一个更接近生活本真的诗人沙白的影像。

是的，这是绝对不可少的作业与功课。

为此，我想办法购买了与沙白有三同之谊（同乡、同学、同年）的著名诗人丁芒的诗歌评论集《诗的追求》（花城出版社1987年3月版），因为书中有《论沙白诗的艺术个性》的长篇论文。另外，为了打通思路，我还购买和阅读了《丁芒新诗选》和《丁芒诗论》这两部书。

更不能忘记的是：我又仔细阅读了沙白的诗歌挚友、著名诗人忆明珠的《中国当代才子书——忆明珠卷》（长江文艺出版社1997年9月版）和《忆明珠散文选》（上海文艺出版社2003年9月版）。正是《忆明珠散文选》收录有忆明珠先生分析沙白诗歌及人格魅力的万字长文——《"小草闲花"也要一片蓝天》。这些书自然而然地就引领着我和未知的读者们,可以更深入地走近沙白、更深刻地认识沙白,不由自主地跟随着沙白先生,踏上了他独特的思想与诗歌艺术之旅。

我还买到了沙白先生在上海《萌芽》担任诗歌编辑时,他的同事兼挚友宫玺的《宫玺诗稿》,也研读了沙白在那个年月的诗友宁宇与芦芒。芦芒之名因与沙白先生原来的笔名鲁氓谐音,自然发生了许多历史上的趣事。而所有这些似乎早已湮没在历史风尘中的往事,我知道自己必须老老实实地做功课,才能将这些往事从记忆中打捞出来,记录下来,并把其中重要的部分交还给历史。

既然要写作传记,阅读、领略并参照已出版的传记,是起码的一次学习。早年间我只读过《马雅可夫斯基小传》(生活·读书·新知三联书店1986年8月版)。当年我曾是狂热的马迷,用压岁钱在旧书店购买过他多部诗集中的三部。在那年月,这对于我这个贫家之子而言,是近乎奢侈的消费;前几年,我又读过《小兵张嘎之父——徐光耀心灵档案》。

为了扩大视野,我开始阅读著名诗人们的传记了,如《艾青传》(北京十月文艺出版社1999年1月版,作者程光炜)、《东方芦笛·艾青》(安徽教育出版社2013年6月版,作者刘屏)、《贺敬之传》(江苏人民出版社2014年10月版,作者丁七玲)、《郭小川传》(湖北人民出版社2008年1月版,作者张恩和)等。

我除了读这些诗人的传记,还特别读了《孙犁传》(北京十月出版社1990年12月版,作者郭志刚、章无忌),这是因为自己从小就喜欢他的诗化小说《白洋淀纪事》;我又读《沈从文传》(北京国际文化出版社2009年3月版,作者【美】金介甫)。我从小喜欢他的《边城》等小说的格调,他也是"抒情诗人沈从文"(金介甫语)。为此,我还第一次系统阅读了《沈从文诗集》(广西师范大学出版社2019年7月版,张新颖选)。

这些阅读令我如登临于文学与诗歌高原上的辉煌殿堂,也仿佛走进了广阔无垠的乡野河畔,再次沐浴春风雨露,仰望雨后彩霞。

这些阅读除了让我领会人物传记一般的写法是掌握好基本要素,还让我看到了各种风格人物传记的版本,增强了写出具有一己特色《沙白传》的信心。

后 记

是的，诗无达诂，文无定法。我当勉力书写沙白！

我一直认为，沙白先生是个学贯中西的大诗人。他曾在《诗人之死》《又是一个诗人》《石榴》等散文华章中，纵论过许多欧美著名诗人。为了间接感受沙白先生论及这些著名诗人时的思考与心绪，我特意阅读了《法国诗选》中的有关篇章，重点自然是20世纪法国诗人保尔·瓦雷里，因为沙白先生论述过他的代表作《石榴》和《海滨墓地》等。

当然，还有一项工作是必须做的，这就是对沙白先生的创作年表，要进行一次梳理核对，以免发生以错传错的遗憾。尤其是他最重要作品的写作与首次发表的年代。比如，《江南人家·三首》（其中包括久负盛名的《水乡行》《江南人家》《秧歌》），许多人认为是发表在1963年第2期《诗刊》上，连沙白先生自己和他的老友忆明珠，有时也这样认为。其实是错的，应该是发表在1962年3月出版的第2期《诗刊》（当时的《诗刊》是双月刊）。我曾经请在南通市图书馆工作的友人明朗查阅过当年的样刊，从他传给我的照片得到了确认。这次动笔撰写《沙白传》后，我还特意网购了当年的样刊，再次得到了确认。关于沙白先生的另外一首政治抒情诗《递上一枚雨花石》，我也查到了首发依据，即《人民文学》1963年第6期。而他影响深远的《大江东去》，则是首发在《诗刊》1963年11期上。20世纪60年代是沙白一系列政治抒情诗写作发表的时期。

需要说明的是，沙白老的长子、诗人李曙白曾说想写一部《沙白评传》，为此他与父亲也有过多次交流（也做了一些录音及其他资料准备，后来却都找不到了）。但是，我深知自己诗歌理论水平的低下，无力详细而准确地评述沙白先生的诗歌。所以，还是像大多数诗人的传记一样命名表述了。沙白老也同意了。

最后，在写作进程中，忽然想到了《孙犁传》的卷首语，作者郭志刚和章无忌写道："本书大量引用了作家（指孙犁）的第一手资料，有时改动字句，乃为省去引号之烦，非敢班门弄斧。在某种意义上，是作者（指孙犁）自己写了他的传记，我们不过是做了一点文书工作。读者明察，作者幸甚！"

还有，《郭小川传》的作者张恩和也在他这部传记的后记里写道："现在的这本《郭小川传》，在一定程度上，不过是通过我的手加以整合，是凝聚了许多人心血的结晶，也是我们这些热爱郭小川的人对诗人的纪念。"

我想，上面这两段话，所表达的实情与心迹，与我撰写《沙白传》时的心路历程、心绪与情景，何其相似。

享誉世界的奥地利作家斯蒂芬·茨威格，在他的人物传记《人类的群星闪耀时》一书的序言中，也曾经写道："历史是真正的诗人和戏剧家，任何一个作家都甭想去超过它。"

诚如斯言，是沙白先生自己写出了《沙白传》。

我只是以沙白弟子的身份，以"景行行止，高山仰止"的敬爱与受教，以"受师之托，忠师之事"的忠诚与谦恭，写出了这本《沙白传》。

我只是个沙白先生的处世与为人、创作与生平、评价与论述的缤纷而繁盛，丰饶而夺目成果的收集者与整理者而已。

沙白是中国诗歌的奇迹，
沙白创造了自己的诗歌历史。
沙白有自己的处世操守，
沙白塑造了他自己的人格雕像。

还有一个小小的生活细节，必须交代一下：也许是因为巧合，也许是冥冥中有一个命运之神在运作安排，几乎就在我接受了沙白先生的千钧之托，开始进入《沙白传》的思考与写作状态的同时，我的孙女王之悦有幸考入了沙白老的母校，即南通中学读书。为了方便我们陪读，就在南通中学东大门对面的富贵北园，租了一套住房。为此，我就可以经常在学校周围，一边散步一边思考，也可以对沙白先生开始诗歌写作时的母校环境，以及历史经纬与当年气息，做一番实地考察与亲身感受。

同时，对沙白老1962年初，从上海回到南通工作后，一住就是25年的那座就在南通中学附近的木楼的具体方位，对南通中学西邻寺街的人文遗存，对南通中学东大门外的曾被称为蒋家巷（今已改为北濠桥路）的历史演变，也通过我在南通中医院工作的资深医师高想先生及我租住的富贵北园的年长住户南通大学的陈世荣教授，还有我的居住在寺街的文友施宁，做了许多往事细节的钩沉，这些无疑都极大地丰富了这本《沙白传》的地理、历史、变迁的情境描述。

我觉得所有这些，都是非常珍贵的。因为南通是沙白一生中最重要的三个城市之一（另外两个肯定是上海与南京了），而南通中学一带，是对沙白老产生重大影响的地域之一。

总之，这很类似于做了一次常听说的属于人类学范畴内的"田野调查"。

当年南通中学东侧蒋家巷的灯光，还依稀照耀着灯下苦读的学子沙白；那座离他的母校仅一街之隔、近在咫尺的木楼上的微弱灯光，还辉映着诗人沙白灯下笔耕的瘦削身影……

我知道，我今天在南通中学及寺街一带的徘徊，更重要的是思想的徜徉，更重要的是对曾属于沙白先生高中岁月的缅怀……

这一刻，在完成了这部沙白先生交办的书稿后，我的心绪释然了。

我尽心了，我也尽力了。

最后，要特别感谢江苏省作家协会对本书创作出版给予的关切与指导；感谢南通市委宣传部领导的倾力支持，将本书纳入了南通市2023年度精神文明建设"五个一工程"重点作品扶持项目；感谢南通市文联及市作家协会领导悉心热诚地推进；感谢江苏省作家协会副主席兼省文艺评论家协会主席汪政先生精心撰写的序言；感谢南通市作家协会储成剑主席撰写的代跋。

感谢南通市作家协会副主席兼秘书长朱一卉先生的真诚举荐，感谢东南大学出版社对本书出版的特别关注与鼎力支持。

要感谢的人还有很多，在此一并拜谢！

所有方方面面的合力，既可以看作是对中国诗歌的致敬，也是对沙白这位百岁诗人传主的致敬！

幸甚至哉！

交代如上，是为后记。

并就教于能读到这本《沙白传》的各位方家师长，及诸位文朋诗友们！

王子和

2024年初夏

参考书目及资料

1.《江苏名镇志·白蒲镇志》江苏人民出版社2021年8月出版。
2.《诗歌线》主编：尤世玮、钱泽麟，中共南通市委党史办公室、南通市文联编印，2002年2月。
3.《诗战线》主编：钱泽麟，中共南通市委党史办公室编印，2000年3月。
4.《诗人沙白》作者：白万清，南通市档案馆编印，2013年6月。
5.《沙白：识途犹报百年心》（江苏省作家协会组织编写的"江苏文学·文坛记忆"2021年7月。
6.《走进沙白先生》作者：顾雨，刊于《南通画报》2021年5月。
7.《南通中学百年发展史》主编：缪建新，江苏教育出版社2009年3月出版。
8.《寺街——通州古城的缩影》作者：施宁，苏州大学出版社2010年12月出版。
9.沙白诗歌朗诵会，2005年11月16日举行，主办：江苏省作家协会、南通市文联、南通市作家协会；协办：南通市戏剧家协会、南通市音乐家协会、南通市舞蹈家协会；撰稿：朱友圣。
10.《卞之琳纪念文集》江苏省海门市政协文史资料编辑部，2002年12月。
11.诗集《走向生活》作者：沙白（笔名：鲁珉），上海新文艺出版社1956年9月出版。
12.诗集《杏花春雨江南》作者：沙白，天津百花文艺出版社1979年1月出版。
13.诗集《大江东去》作者：沙白，上海文艺出版社1980年2月出版。
14.诗集《砾石集》作者：沙白，江苏人民出版社1980年6月出版。
15.诗集《南国小夜曲》作者：沙白，黑龙江人民出版社1983年11月出版。
16.诗集《沙白抒情短诗选》，中国文学出版社1995年3月出版。
17.诗集《独享寂寞》作者：沙白，当代中国出版社2002年3月出版。
18.《沙白散文选》，上海文艺出版社2003年9月出版。
19.《沙白文集·四卷本》，江苏文艺出版社2005年10月出版。
20.诗集《八十初度》作者：沙白，北京大众文艺出版社2007年11月出版。
21.《沙白诗选》作者：沙白，上海文艺出版社2009年12月出版。
22.诗集《音尘》作者：沙白，上海文艺出版社2015年6月出版。
23.《忆明珠散文选》，上海文艺出版社2003年9月出版。
24.《长江口大潮》作者：卢庆平、李军、王子和，文化艺术出版社1994年9月出版。
25.《诗人沙白——水清沙白故人在》作者：刘希涛，刊于《解放日报》2019年6月16日。

26.《诗的追求·论沙白诗的艺术个性》作者：丁芒，花城出版社1987年3月出版。

27.《〈独享寂寞〉是一种高尚境界——读沙白诗歌有感》作者：徐应佩，载于如皋市委新闻网 2018年2月5日。

28.《十年诗草·1930—1939》作者：卞之琳，北京联合出版社，2021年9月再版。

29.《雕虫纪历》作者：卞之琳，人民文学出版社1979年9月出版。

30.《鱼目集》作者：卞之琳，上海文化生活出版社1935年12月初版，1937年2月三版；浙江文艺出版社1997年5月再版。

31.《人与诗：忆旧说新》作者：卞之琳，生活·读书·新知三联书店1984年11月出版。

32.《一生只看风景》作者：卞之琳，北方联合出版公司2022年3月出版。

33.《未名诗人》——《诗刊》刊授版·月刊（1984—1987）。

34.《答〈未名诗人〉问》，刊于《未名诗人》1987年第8期。

35.《中国新文艺大系1937—1949·诗集》主编：公木，中国文联出版公司1996年10月出版。

36.《中国四十年代诗选》重庆出版社1985年9月出版。

37.《诗选（1949—1979）》三卷本（诗刊社编·人民文学出版社·第一卷：1980年3月，第二卷：1981年2月，第三卷：1981年5月）。

38.《诗刊》（1962年第2期）。

39.《诗刊》（1963年第11期）。

40.《人民文学》（1963年第6期）

41.《攀登文峰》（南通市文联成立50周年纪念文集，2000年10月）。

42.《守望》（南通市文联成立70周年纪念文集，2020年11月）。

43.《霜红簃文存·严迪昌诗文选》南通市文联编"江海文库"第6辑，2009年12月出版。

44.《百年激荡——世纪风云中的南通人口述史》作者：宋捷，古吴轩出版社2021年5月出版。

45.《穿过雨季》作者：李曙白，百花文艺出版社1995年8月出版。

46.《大野》作者：李曙白，重庆出版社2004年12月出版。

47.《夜行列车》作者：李曙白，长江文艺出版社2014年5月出版。

48.《沉默与智慧》作者：李曙白，长江文艺出版社2018年3月出版。

49.《临水报告厅》作者：李曙白，上海文艺出版社2018年10月出版。

50.《李曙白诗选》阿诗玛出品，2022年岁末。

51.《蝴蝶与乌狗》作者：沙白，南通市文联2010年10月编印。

沙白创作出版年表

1.1943年在江苏省南通中学读高中时开始写诗,并在当地《江北日报》副刊《诗歌线》上连续发表。《颥屃的叹息》是1943年3月公开发表的第一首诗。

2.《刀丛诗草》《颥屃的叹息》(署名:沙白)等收入《中国新文艺大系1937—1949·诗集》(中国文联出版公司1996年10月版)。

3.《刀丛诗草》(署名:沙白)、《火的想望》(署名:穆雷)等,收入《中国四十年代诗选》(重庆出版社1985年9月版)。

4.1956年9月,诗集《走向生活》(笔名鲁岷)由上海新文艺出版社出版。

5.1979年1月,诗集《杏花春雨江南》由天津百花文艺出版社出版(1982年修订重印)。

6.1980年2月,诗集《大江东去》由上海文艺出版社出版。

7.1980年6月,诗集《砾石集》由江苏人民出版社出版。

8.1983年11月,诗集《南国小夜曲》由黑龙江人民出版社出版。

9.1995年3月,诗集《沙白抒情短诗选》由中国文学出版社出版。

10.2002年3月,诗集《独享寂寞》由当代中国出版社出版。

11.1982年起,开始散文创作。作品见诸《人民日报》《上海文学》《随笔》《钟山》《雨花》等报刊。

12.2003年9月,《沙白散文选》由上海文艺出版社出版。

13.2005年10月,《沙白文集》四卷本由江苏文艺出版社出版。

14.2007年11月,诗集《八十初度》由北京大众文艺出版社出版。

15.2009年12月,《沙白诗选》由上海文艺出版社出版。

16.2010年10月,诗集《蝴蝶与刍狗——沙白自选诗》由南通市文联编印。

17.2015年6月,诗集《音尘》由上海文艺出版社出版。